CONGRÈS NATIONAL

DES

SOCIÉTÉS FRANÇAISES DE GÉOGRAPHIE

D'ALGER

SOCIÉTÉ DE GÉOGRAPHIE D'ALGER

CONGRÈS NATIONAL

DES

SOCIÉTÉS FRANÇAISES DE GÉOGRAPHIE

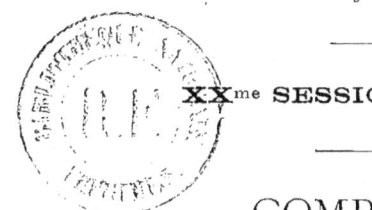

XXme SESSION. — Alger — 1899

COMPTE RENDU

DES

TRAVAUX DU CONGRÈS

ALGER
IMPRIMERIE TYPOGRAPHIQUE ET LITHOGRAPHIQUE S. LÉON
15, Rue de Tanger, 15

1900

LISTE

DES

MEMBRES DU CONGRÈS

Président : M. P. SAVORGNAN DE BRAZZA

Commissaire Général Honoraire du Congo français

Délégués des Ministères

MM. A. DE MUSSY, chef de bataillon d'infanterie H. C., attaché au Service géographique de l'armée, délégué du *Ministère de la Guerre*.

GUY, Camille, agrégé de l'Université, chef du Service géographique et des missions au Ministère, délégué du *Ministère des Colonies*.

JEANMAIRE, recteur de l'Académie d'Alger, délégué du *Ministère de l'Instruction publique*.

GRIMAULT, Maurice, premier secrétaire d'ambassade à la Résidence générale de Tunis, délégué du *Ministère des Affaires Etrangères*.

LECQ, inspecteur de l'agriculture en Algérie, délégué du *Ministère de l'Agriculture*.

SERVAN, contre-amiral, commandant la marine en Algérie, délégué du *Ministère de la Marine*.

BASSET, chef adjoint du Cabinet du Ministre, délégué-adjoint du *Ministère des Colonies*.

HOUDAS, professeur à l'Ecole des langues orientales, délégué de l'*Ecole spéciale des Langues orientales vivantes*.

PONEL, Ed., administrateur colonial H. C., délégué du *Congo français*.

MM. VERSINI, agrégé de l'Université, inspecteur de l'Enseignement secondaire, délégué de la *Direction Générale de l'Enseignement public en Tunisie*.

WOLFROM, consul de France à Tunis, délégué du *Gouvernement Tunisien*.

Délégués des Sociétés de géographie et Sociétés assimilées constituant le Comité du Congrès

Société de Géographie d'*Alger* : M. le capitaine N. LACROIX, attaché au Gouvernement général de l'Algérie, secrétaire général adjoint.

Société de Géographie Commerciale de *Bordeaux* : M. Charles BÉNARD, secrétaire, administrateur des Docks maritimes.

Société de Géographie de l'Ain, à *Bourg* : M. CORCELLE, professeur agrégé d'histoire à Chambéry.

Société de Géographie du Cher, à *Bourges* : M. le lieutenant-colonel GAERTNER, président.

Société Académique de *Brest* (section géographique) : M. Emile FOURNIER, ancien avoué.

Société bourguignonne de Géographie à *Dijon* : M. AZAN, lieutenant au 2e Zouaves, à Tlemcen.

Société de Géographie de *Dunkerque* : M. Félix COQUELLE, vice-président.

Société de Géographie Commerciale du *Havre* : M. PRESCHEZ, docteur en droit, avoué.

Société de Géographie de *Lille* : M. Oscar GODIN.

Société Bretonne de Géographie à *Lorient* : M. Augustin BERNARD, professeur de géographie à l'École supérieure des Lettres d'Alger.

Société de Géographie de *Lyon* : M. Auguste RAMPAL, docteur en droit.

Société de Géographie de *Marseille* : M. Auguste RAMPAL, docteur en droit.

Société languedocienne de Géographie à *Montpellier* : M. GUERRE.

Société de Géographie de l'Est à *Nancy* : M. P. COLLESSON, secrétaire général.

Société de Géographie Commerciale de *Nantes* : M. C. de VARIGNY, ancien diplomate.

Société de Géographie et d'Archéologie d'*Oran :* M. le lieutenant-colonel DERRIEN, président (1).
Société de Géographie de *Paris :* M. Camille GUY, chef du service géographique et des missions au Ministère des Colonies.
Société de Géographie Commerciale de *Paris :* M. le commandant Napoléon NEY.
Société de Géographie Commerciale de *Paris* (section de *Saint-Etienne*) : M. Georges FOREST.
Société de Géographie Commerciale de *Paris* (section de *Tunis*) : M. Paul BONNARD, avocat.
Société de Géographie de *Poitiers* : M. Ernest GAILLARD DE LA DIONNERIE.
Société de Géographie Commerciale de *Saint-Nazaire :* M. Etienne PORT, professeur au collège.
Société de Géographie de *Toulouse* : M. Stanislas GUÉNOT, receveur des postes et télégraphes, secrétaire général.
Société de Géographie de *Valenciennes* : M. CELLIER, avocat.
Alliance française pour la propagation de la langue nationale dans les Colonies et à l'Etranger, *Paris* : M. GASTU, ancien député, président du Comité régional d'Alger.
Club alpin français, *Paris* : M. Ch. de GALLAND, président de la section de l'Atlas.
Comité de l'Afrique française, *Paris* : M. Auguste TERRIER, secrétaire général.
Union coloniale française, *Paris* : M. Ch. NOUFFLARD, secrétaire de la rédaction de la *Quinzaine Coloniale*.
Comité de Madagascar, M. Ch. NOUFFLARD.
Société de Topographie de France, *Paris* : M. le lieutenant-colonel PÉRISSÉ.
Institut de Carthage, *Tunis* : M. Raoul VERSINI, inspecteur de l'Enseignement secondaire de la Régence.

Autres Sociétés représentées au Congrès

Société de Géographie de *Genève* : M. Maurice LUGEON, docteur ès sciences, professeur de géographie physique à l'Université de Lausanne.

---

(1) M. le Colonel DERRIEN, indisposé, a été remplacé au cours de la session, comme délégué de la Société d'Oran, par M. Paul RUFF, professeur au Lycée de cette ville.

Société de Géographie de *Madrid* : M. Baldasano y Topete, consul général d'Espagne à Alger.
Société italienne de Géographie à *Rome* : M. Revest, consul général d'Italie à Alger.
Association Coloniale Française de la Jeunesse, *Paris* : M. Louis Ohl, professeur de géographie coloniale à l'Association philotechnique, secrétaire général.
Ligue Coloniale de la Jeunesse, *Paris* : M. Eugène Baton.
Réunion des Etudes algériennes, *Paris* : M. Riquet, secrétaire général.
Société africaine de France, *Paris* : M. Henri Mager, explorateur.
Société Française des Ingénieurs Coloniaux, *Paris* : M. le lieutenant-colonel Périssé, membre de la Société de Topographie de France.
Société Géologique de France, *Paris* : M. E. Ficheur, professeur à l'Ecole supérieure des Sciences d'Alger.
Société Nationale d'Acclimatation de France, *Paris* : M. Ch. Rivière, directeur du Jardin d'Essai du Hamma.
Société de Propagande Coloniale, *Paris* : M. Henri Mager.
Société d'Agriculture d'*Alger* : M. Arthus, vice-président.
Société Historique Algérienne, à *Alger* : M. V. Waille, professeur à l'Ecole supérieure des Lettres, président.

Congressistes étrangers à Alger

MM. Allard, de la Société de Géographie d'Oran, ingénieur de la Cie Franco-Algérienne, à *Perrégaux*.
Armaignac (Dr H.), vice-président de la Société de Géographie commerciale de *Bordeaux*.
Baron-Larcanger (Roger), Comité de l'Afrique Française, à *Paris*.
Barrion, de la Société de Géographie commerciale de *Paris* (section de *Tunis*), ingénieur-agronome à Tunis.
Begouen (Vte), de la Société de Géographie de *Toulouse*, à Saint-Girons.
Mme Bénard-Sursol, de la Société de Géographie commerciale de *Bordeaux*.
M. Beyssac (Jean C. de), de la Société de Géographie commerciale de *Bordeaux*.

Mme BEYSSAC (Jean C. de), de la Société de Géographie commerciale de *Bordeaux*.
MM. BLANCHET (Paul), de la Société de Géographie de *Paris*, professeur agrégé d'Histoire et de Géographie.
BLONDELLE (Félix). de la Société de Géographie d'*Oran*, inspecteur des Contributions Directes à Constantine.
BONEMAISON (Louis), de la Société de Géographie de *Toulouse*.
BOUTY, secrétaire général de la Société de Géographie d'*Oran*.
BRIAU (Louis), de la Société de Géographie commerciale de *Bordeaux*.
BRUNACHE (Paul), de la Société de Géographie d'*Oran*, explorateur, administrateur de la commune mixte d'Aïn-Fezza.
BURGART, de la Société de Géographie d'*Oran*.
CAIX DE SAINT-AYMOUR (Robert de), du Comité de l'Afrique Française à *Paris*.
CANY (Félix), de la Société de Géographie de *Toulouse*.
CASTRIES (Comte Henry de), de la Société de Géographie de *Paris*.
CELLIER, de la Société de Géographie de *Valenciennes*, avocat.
CLOSTRE (Richard), de la Société de Géographie de l'Est, à *Nancy*.
Mme CORCELLE, de la Société de Géographie de l'Ain, à *Bourg*.
MM. COUDRAY-JOLLIVET (Gustave du), de la Société de Géographie commerciale de *Paris*, publiciste.
COUZIN DE LAVALLIÈRE, de l'Association Coloniale Française de la Jeunesse à *Paris*.
DÉCORET, de la Société de Géographie commerciale de *Paris* (section de *Tunis*).
DECRAMER (Louis), de la Société de Géographie de *Lille*.
DELMAS (Philippe), de la Société de Géographie commerciale de *Bordeaux*, négociant.
Mme DELMAS (Philippe), de la Société de Géographie commerciale de *Bordeaux*.
M. DEMANCHE (G.), du Club Alpin Français, *Paris*, publiciste.
Mme DOUTRIAUX, de la Société de Géographie de *Valenciennes*.
MM. DOUTTÉ (Edmond), de la Société de Géographie d'*Oran*, professeur à la Médersa de Tlemcen, S. G. A.
DUBOIS (Marcel), de la Société de Géographie de *Paris*, professeur de Géographie Coloniale à la Sorbonne.
DUBOIS (Fernand), de la Société de Géographie commerciale de *Paris*.

MM. Dufour, lieutenant-colonel, vice-président de la Société de Géographie commerciale de *Bordeaux*.
Duthil (J.), vice-président de la Société de Géographie de *Bordeaux*, avocat.
Mme Duthil (J.), de la Société de Géographie de *Bordeaux*.
MM. Fache, de la Société de Géographie de *Lille*, négociant.
Fleury (A.), de la Société de Géographie commerciale de *Paris*.
Foucard, de la Société de Géographie commerciale de *Paris*.
Foulquier, de la Société de Géographie commerciale de *Paris*.
Franconie, de la Revue des *Questions Diplomatiques et Coloniales*.
Francs (des), de la Société de Géographie commerciale de *Paris*.
Gaillard de la Dionnerie (Henri), de la Société de Géographie de *Poitiers*.
Gareau (Henri), de la Société de Géographie commerciale de *Paris*.
Gentil (L.), de la Société de Géographie d'*Oran*, préparateur au Collège de France.
Mlle Girard, à *Paris*, S. G. A.
MM. Girard, de la Société de Géographie commerciale de *Bordeaux*, professeur de Géographie au Lycée d'Agen.
Godin (Georges), de la Société de Géographie de *Lille*.
Gourraigne (G.), de la Société de Géographie commerciale de *Paris*.
Goury, de la Société de Géographie de *Poitiers*.
Mme Grimault, à Tunis.
MM. Grosclaude, de la Société de Géographie commerciale de *Paris*.
Guillot (Denis), de la Société de Géographie commerciale du *Havre*.
Hoffmann (Paul), de la Société de Géographie de *Lille*, à Roubaix.
Idoux, de l'Institut de Carthage, à *Tunis*, professeur agrégé au Lycée Carnot.
Imbert (Louis), de la Société de Géographie commerciale de *Bordeaux*.
Jacotin, de la Société de Géographie de *Paris*, enseigne de vaisseau de réserve, propriétaire viticulteur à Boufarik. S. G. A.
Journet, de la Société de Géographie commerciale de *Saint-Nazaire*, principal du Collège.

Mlle JOURNET, de la Société de Géographie commerciale de *Saint-Nazaire*.
MM. KESTER, de la Société de Géographie commerciale de *Paris*
KLEIN, directeur de l'Institut commercial à Paris, S. G. A.
Mme KNŒRTZER, à Paris, S. G. A.
MM. LABORDÈRE (Marcel), de la Société de Géographie commerciale de *Paris*.
LAMY (Félix), de la Société de Géographie de *Toulouse*.
LANIER (Lucien), de la Société de Géographie de *Paris*, professeur agrégé d'Histoire et de Géographie.
LATHAM (Charles), de la Société de Géographie commerciale du *Havre*.
LE COMTE (Maurice), de l'Association Coloniale Française de la Jeunesse, *Paris*.
LE MIRE, de la Société de Géographie de l'Ain, à *Belley*.
LEYMARIE (de), de la Société de Géographie commerciale de *Paris*.
LORIN (Henri), de la Société de Géographie de *Bordeaux*, professeur à l'Université.
MAILLER (Raoul de), de la Société de Géographie de l'Est, à *Nancy*.
MAISTRE (Casimir), explorateur, de la Société de Géographie de *Paris*.
Mme MAISTRE (Casimir), de la Société de Géographie de *Paris*.
M. MANHÈS DE L'HARPE (J.), de la Société de Géographie de *Lyon*.
Mme MANHÈS DE L'HARPE (J.), de la Société de Géographie de *Lyon*
M. MENGEOT (Albert), de la Société de Géographie de *Bordeaux*, sous-directeur de la Maison Fenaille et Despeaux.
Mme MENGEOT (Albert), de la Société de Géographie de *Bordeaux*.
MM. MESSEIN, de l'Association Coloniale Française de la Jeunesse, *Paris*.
MILSOM, de la Société de Géographie d'*Oran*, ingénieur civil S. G. A.
MONPILLIÉ (Georges), de la Société de Géographie commerciale de *Bordeaux*.
MOULIÉRAS, de la Société de Géographie d'*Oran*, professeur à la chaire d'arabe d'Oran.
NATAF (M.), interprète judiciaire à Lourmel, S. G. A.
NOÉ DES SALLES (DE LA) de l'Association Coloniale Française de la Jeunesse, *Paris*.

MM. PIAT, de la Société de Topographie de France, à *Paris*, inspecteur du service topographique à Tunis.
PIQUET, de la Société de Géographie commerciale de *Paris* (section de *Tunis*), à Bizerte.
PLUM (Paul), de la Société de Géographie commerciale du *Havre*.
Mme PORT, de la Société de Géographie commerciale de *Saint-Nazaire*.
MM. PROST (Henri), de la Société de Géographie commerciale de *Paris*, à Lons-le-Saulnier.
RAOUX, de la Société de Géographie de *Toulouse*.
REYNARD (Joseph), de la Société de Géographie de *Paris*, à Riom.
ROLLIN (L.), receveur de l'Enregistrement, à Blida, S. G. A.
Mme ROLLIN (L.), S. G. A.
MM. ROMESTIN (A.), de la Société de Géographie de *Toulouse*, architecte.
ROVIRA (René de), explorateur, membre de la mission Gentil, de la Société de Géographie de *Paris*, à Montpellier.
RUFF (Paul), de la Société de Géographie d'*Oran*, professeur au Lycée d'Oran.
SAAR, administrateur de la commune mixte de Gouraya, à Cherchell, S. G. A.
SAINT-LAURENT (de), de la Société de Géographie de *Bordeaux*.
SALLERON, de la Société de Géographie commerciale de *Paris*.
SCAIFE (Walter B.), D^r Ph., à Pittsburgh.
SCHURR, de la Société de Géographie commerciale de *Paris*.
SENTILHES, de la Société de Géographie commerciale de *Bordeaux*, ingénieur des Ponts et Chaussées.
TANDONNET (Maurice), vice-président de la Société de Géographie de *Bordeaux*, négociant-armateur.
TAVERNIER, de la Société de Géographie de *Lyon*, ingénieur des Ponts et Chaussées.
THÉODORE (A.), de la Société de Géographie de *Lille*.
VERBECKMOES (Georges), président de la Société de Géographie de *Dunkerque*.
VERSINI, de la Société de Géographie commerciale de *Paris* (section de *Tunis*), propriétaire à Tunis.
WEBER (Victor), de l'Association Coloniale Française de la Jeunesse, *Paris*.
Mme WOLFROM, de la Société de Géographie commerciale de *Paris* (section de *Tunis*).

BUREAU DE LA SOCIÉTÉ D'ALGER

Président .... MM. C. de VARIGNY, ancien diplomate.

Vice-Présidents ....
- ARMAND MESPLÉ, agrégé d'histoire et de géographie, professeur de littérature étrangère à l'Ecole supérieure des lettres d'Alger.
- EUGÈNE BONZOM, propriétaire et médecin vétérinaire à Alger.

Secrétaire Général .... AUGUSTIN BERNARD, professeur de géographie à l'Ecole supérieure des lettres d'Alger.

Secrétaire général adjoint. Le Capitaine N. LACROIX, attaché au service des affaires indigènes du Gouvernement général de l'Algérie.

Secrétaires ....
- A. PÉRIÉ, archiviste départemental.
- H. BUSSON, professeur d'histoire au Lycée d'Alger.

Trésorier .... ROLLAND, directeur des contributions indirectes, à Alger.

Archiviste-Bibliothécaire .. L. DUJARDIN, bibliothécaire de la ville d'Alger.

Ouverture Solennelle du Congrès

La séance d'ouverture a eu lieu le Dimanche, 26 Mars, dans le hall du Palais Consulaire, mis gracieusement à la disposition de la Société de Géographie par la Chambre de Commerce d'Alger, et magnifiquement décoré par les soins de M. Périé, archiviste départemental, membre du bureau de la Société. Les murs disparaissaient sous les tapis de fabrication algérienne, provenant des ateliers indigènes dirigés par M⁰ᵉ Delfau, et obligeamment prêtés par elle. Des rosaces, des panoplies d'armes, appartenant à l'artillerie, avaient été disposées de place en place, tandis qu'un velum aux couleurs tricolores, en diminuant la hauteur du hall, le rendait plus apte à l'usage auquel il allait être réservé pendant la durée de la session, en empêchant la voix de se perdre dans la coupole. Enfin un pavoisement, gracieusement prêté pour la circonstance par la Marine, encadrait ce velum.

M. Ed. Laferrière, Gouverneur général de l'Algérie, avait tenu à rehausser par sa présence l'éclat de cette solennité. De nombreuses notabilités algériennes l'entouraient. On remarquait parmi elles M. le général Boissonnet, doyen de l'armée d'Afrique. Un public des plus nombreux et des mieux choisis emplissait la salle. La musique du 1ᵉʳ Régiment de Zouaves prêtait son concours.

A 5 heures précises, M. le Gouverneur général fait son entrée dans la salle, aux sons de la *Marseillaise*, et prenait place au bureau, ayant à sa droite M. Savorgnan de Brazza, Commissaire général honoraire du Congo français, Président du Congrès, et M. C. de Varigny, Président de la Société de Géographie ; à sa gauche, M. le général Humbert Droz, représentant M. le général Larchey, commandant des forces de terre de l'Algérie et de la Tunisie, absent ; et M. Augustin Bernard, secrétaire général de la Société de Géographie.

M. C. de Varigny, Président de la Société, prend le premier la parole en ces termes :

« Monsieur le Gouverneur général,
« Messieurs,

« Au moment d'ouvrir dans Alger, nid de pirates au début de ce siècle qui finit, aujourd'hui seuil d'accès et métropole de l'Afrique du Nord, la session du XXᵉ Congrès National des Sociétés françaises de Géographie, un devoir de reconnaissance s'impose à nous : celui de souhaiter la plus cordiale bienvenue aux membres du Congrès, aux notabilités de la Science qui siègent parmi nous, aux pouvoirs publics, aux initiatives privées et à la Presse d'Alger qui ont si généreusement secondé les efforts de votre Société de Géographie. Tous ici ont eu à cœur de coopérer à l'œuvre entreprise par la France, il y a 68 ans, œuvre de nos marins et de nos soldats, de nos diplomates et de nos explorateurs, de nos administrateurs, de nos colons et de nos commerçants, de nos missionnaires et de nos savants, œuvre humanitaire entre toutes, qui, affranchissant la Méditerranée de la piraterie, a conquis un continent au monde, ouvert un vaste champ à l'activité humaine et donné un Empire à la France.

« Le passé a été héroïque, l'avenir sera fécond ; celui d'Alger s'annonce glorieux. Tête de ligne des voies ferrées de pénétration dans le Sud, le jour approche où, franchissant la région saharienne moins infertile qu'on ne le croit, plus riche qu'on ne le soupçonne, la vapeur et l'électricité relieront notre grande et belle cité à nos autres possessions africaines et ouvriront à notre trafic l'accès de ce continent mystérieux que nous révèlent nos héroïques explorateurs.

« Vous êtes de ceux-là, Monsieur, et avant de vous remettre la présidence de ce Congrès que vous avez bien voulu accepter, nous tenons à vous remercier de nous apporter ici, avec l'éclat d'un nom cher à la France, celui de l'émule souvent heureux de Stanley, celui du pionnier africain qui incarne à un si haut degré le génie profondément humain de notre race. Sur cette terre africaine vous avez noblement porté notre drapeau, et si c'est à Stanley que l'Association internationale, alors présidée par le Roi des Belges, est redevable de la conquête de l'Etat indépendant du Congo ; c'est à vous, Monsieur, que la France doit d'avoir gagné Stanley de vitesse, de l'avoir devancé sur le Congo navigable et d'avoir annexé le Congo français au Gabon.

« Ce fut, Messieurs, une lutte héroïque, celle de ces deux hommes sur cette terre inhospitalière. Permettez-moi de vous la rappeler en peu de mots. C'est une page d'histoire. Elle vaut d'être dite alors qu'il est de mode de nous dénier les qualités d'endurance patiente qui font les hommes vraiment forts et les nations vraiment grandes.

« D'une part, Stanley, soutenu par les missions de l'Association internationale, ayant 314 hommes derrière lui, Européens, Zanzibarites et Congolais ; de l'autre, Brazza n'ayant que de maigres subsides, deux blancs et vingt Sénégalais. Des deux parts même énergie, même vaillance. Brazza part du Gabon, remontant l'Ogooué, atteignant l'Alima. Stanley emprunte le cours du Congo. Les rapides l'arrêtent et le retardent ; mais Brazza, à court de vivres, attend vainement les vapeurs et le ravitaillement qu'on doit lui envoyer avec les 100,000 francs votés par le Gouvernement. Rien ne vient, et il sait que tout dépend de la rapidité de sa marche. C'est alors qu'il prend la résolution de pousser de l'avant. Il part, dénué de tout, et, selon l'expression railleuse de Stanley, « il arrive au Congo comme un mendiant, maigre à faire pitié, un grand va-nu-pieds, vêtu d'un uniforme en loques et d'un chapeau défoncé. » Mais il arrivait le premier.

« Stanley le suivait de près. Après avoir atteint la falaise qui domine le Stanley-Pool, il s'arrêta contemplant avec un légitime orgueil les vastes solitudes qu'il avait traversées en 1877 comme un flamboyant météore et dont il allait prendre possession. Soudain son regard s'assombrit. Là-bas, à l'horizon, sur la rive droite du Pool, il venait d'apercevoir quelque chose d'étrange, comme un drapeau qui flottait sur la rive. Il s'élance et, derrière lui, toute l'expédition se presse, anxieuse, car l'inquiétude du chef a gagné tout le monde. Parvenu à une faible distance de l'objet qui avait attiré son regard, il pâlit, et de la main montrant au lieutenant Vaseko la bannière qui flottait devant eux : « Le drapeau français », dit-il. C'était vrai. Et déjà, sur le seuil d'une hutte bâtie à la hâte et devant laquelle était planté un mât de pavillon, apparut une escouade de soldats sénégalais ayant à sa tête le compagnon de Brazza, le sergent Malamine. Le Stanley-Pool, la clef du Congo navigable, était officiellement occupée par la France.

« En consacrant, au Congrès de Saint-Nazaire d'abord, à celui de Marseille, ensuite, le choix d'Alger pour la réunion du XXᵉ Congrès national, les délégués des Sociétés de France ont eu à cœur, non seulement d'adresser à leur sœur d'Algérie un cordial souhait de bienvenue et de confraternité, mais de lui épargner, par l'unanimité de leurs votes, l'importance du concours qu'elles attendent d'elle.

« Il est grand, en effet, et la création de la Société de Géographie d'Alger s'imposait dans cette Afrique que l'Europe envahit, et dans laquelle les grandes puissances se disputent et s'annexent des territoires plus grands que des royaumes. Soldat de la civilisation, libératrice de la Méditerranée, la France tient une place importante dans ce continent où elle a prodigué son sang et son or. Aux questions qui s'agitent en Afrique, Alger ne pouvait rester indifférente. Sa place était marquée dans cette pléiade des Sociétés savantes qui centralisent, en chacun de nos grands centres, les informations géographiques et les renseignements scientifiques nécessaires à nos explorateurs, indispensables à nos diplomates ; combien plus nécessaires et plus indispensables quand il s'agit d'un Empire qui s'étend de la Méditerranée au Niger et du Niger au Tchad, de régions encore aussi peu connues que le Sahara, le Touat, les territoires des Chaamba et des Touareg. A cette question, qui est celle de l'Hinterland Algérien, se rattache celle du Transsaharien, sur laquelle se concentre l'attention de la France et dont la solution s'impose à bref délai.

« Dans d'autres ordres d'idées, les questions de la colonisation et de la main d'œuvre, de la démographie algérienne et des relations commerciales avec la France et la Tunisie, de l'acclimatation, se poseront devant vous ; questions vitales sur lesquelles vos discussions peuvent éclairer l'opinion publique et dont vos vœux peuvent hâter la solution.

« Voilà l'œuvre que vous avez entreprise et que vous avez à cœur de mener à bien. Elle est grande et sera féconde. Elle est pour tenter de nobles ambitions. En dehors des luttes des partis et des compétitions d'ambitions, elle fait appel à tous. Sur le terrain scientifique et patriotique où nous nous plaçons, il n'est pas d'efforts inutiles, il n'est pas de labeur improductif. La présence parmi nous de M. le Gouverneur général de l'Algérie, des délégués des ministres, des représentants les plus autorisés des forces vives de la colonie, témoignent de la part qu'ils prennent à vos travaux. Nous les remercions de ce témoignage de haute sympathie, comme du concours si bienveillant qu'ils ont tenu à nous donner.

« Envisageons donc l'avenir avec confiance, Messieurs et chers Collègues, à la foi et à la persévérance desquels notre Société doit son existence et sa prospérité, efforcez-vous de resserrer les liens qui nous unissent, liens d'amitié, de fraternelle entente, de noble et généreuse émulation. La France attend beaucoup de ses enfants et, plus heureux que quelques-uns de nous, vos aînés, que l'âge atteint et que la fatigue gagne, vous contribuerez à ramener vers les hautes destinées qui l'attendent, notre chère patrie dont la fortune adverse et les épreuves subies n'ont fait qu'attester la vitalité puissante et l'indomptable énergie.

« Certes les prophètes de malheur ne lui ont pas manqué à notre France. Ils lui disaient qu'elle était finie. Elle, comme Galilée, devant ses détracteurs niant le mouvement, elle s'est levée et elle a marché.

« Au nom de la Société de Géographie d'Alger que j'ai l'honneur de représenter ici, je déclare ouverte la XXe session du Congrès National des Sociétés françaises de Géographie, sous la présidence de M. de Brazza. »

Ce discours, fréquemment interrompu par les applaudissements, se termine au milieu des bravos unanimes.

M. Savorgnan de Brazza, Président du Congrès, prenant alors la parole, prononce le discours suivant :

« Je suis profondément touché, mon cher Président, des éloges que vous m'avez décernés ; je le suis d'autant plus qu'ils me viennent d'un homme comme vous, qui avez joué un rôle dans la politique internationale comme représentant de la France aux îles d'Hawaï et comme premier ministre de cet archipel du Pacifique, dont vous avez préparé la prospérité

« Après avoir parcouru le monde en voyageur, vous l'avez décrit en écrivain et avez élevé un véritable monument de littérature géographique. »

« Monsieur le Gouverneur général,
« Mesdames, Messieurs,

« Quelque flatteuses que soient vos paroles, je vois dans le choix de la Société de Géographie d'Alger, quelque chose de plus qu'un hommage à ma personne et à mon œuvre. En m'appelant à présider ce Congrès, vous avez voulu surtout mettre en lumière les liens qui rattachent désormais nos belles possessions méditerranéennes au Congo et aux autres colonies d'Afrique. Le succès des dernières opérations entreprises au nord de la colonie que j'ai eu l'honneur de gouverner pendant de longues années et la consécration qu'elles ont reçue des traités internationaux réalisent aujourd'hui, au point de vue diplomatique, la réunion, sur les bords du lac Tchad, de l'Algérie, du Soudan et du Congo français.

« Voilà ce que vous avez voulu rendre en quelque sorte sensible, en me faisant l'honneur de m'appeler parmi vous.

« Cet honneur, je dois en reporter la plus grande part à mes collaborateurs du Congo que représente parmi nous M. Brunache — à M. Maistre qui a ouvert la voie vers le Tchad, enfin à M. Gentil et à ses vaillants collaborateurs. Un des membres de cette glorieuse mission, M. de Rovira, est aujourd'hui parmi nous et c'est pour moi une joie de le voir assister au Congrès de Géographie d'Alger.

« Je suis fier aussi de voir que, grâce à l'initiative de la Société de Géographie de Paris, accomplissant les dernières volontés d'un de ses membres, M. des Orgeries, grâce au concours des Ministères de la guerre et de l'instruction publique, la mission Foureau-Lamy a répondu à l'appel que le Congo français lui a adressé à travers le Sahara, et, partie de notre colonie algérienne, s'est mise en route, elle aussi, vers l'Afrique centrale.

« Mais avant de parler de ces événements qui me valent l'honneur de présider ce Congrès, et qui offrent pour vous un intérêt tout spécial, je veux me faire l'interprète des sentiments d'admiration qu'ont éprouvés en arrivant ici les délégués des Sociétés françaises de géographie qui, pour la première fois, ont traversé la mer pour venir siéger dans la capitale de l'Algérie, aux portes de ce que j'appellerai la géographie militante.

« Quand la marche du paquebot se ralentissant les a rapprochés de la cité qui offre l'hospitalité au XX⁰ Congrès de géographie, ils ont vu apparaitre Alger toute blanche au milieu de ce cadre splendide que forment les collines du Sahel et les montagnes de la Kabylie, dominées par les cimes neigeuses du Djurdjura, panorama grandiose que peu de sites au monde égalent en beauté. Puis ils sont entrés dans ce port déjà trop petit pour son activité commerciale intense. Ils ont débarqué sur ces quais dont l'encombrement témoigne de l'étendue de la zone livrée à la pleine culture et à la colonisation.

« Alors, ils n'ont pu se défendre d'un sentiment d'admiration pour l'œuvre accomplie en Algérie. Ils ont rendu hommage à la race vaillante et forte qui a arraché ces rivages au fanatisme et à la barbarie.

« Le mot « barbarie » appliqué à la ville d'Alger, prononcé dans ce splendide palais de la Chambre de Commerce, peut, Messieurs, vous sembler étrange et vous faire sourire. Pourtant c'est seulement en vous reportant à cette époque barbare que vous pouvez mesurer la grandeur de la transformation accomplie en si peu de temps.

« Une vie entière d'homme ne s'est pas écoulée depuis que, à deux pas d'ici, dans la darse entourée de constructions qui ont à peu près conservé leur physionomie ancienne, débarquaient les Pères de la Merci.

« Envoyés par la chrétienté pour le rachat des captifs, ils venaient au secours des malheureux enlevés dans la Méditerranée par les galères des corsaires et détenus en esclavage dans les bagnes de la ville et dans les campagnes environnantes. Ils étaient plus de 3,000 en 1815.

« Cet état de choses, si loin de nous qu'il semble se perdre dans la nuit des temps, n'a pourtant pris fin qu'à une époque toute récente. Il n'y a guère plus d'un demi siècle que s'est accomplie la conquête de l'Algérie et nous sommes heureux de compter aujourd'hui parmi nous, dans sa verte vieillesse, un contemporain de Bugeaud, un souvenir vivant de la grande épopée : j'ai nommé le général Boissonnet, soldat de cette armée d'Afrique dont la page est si belle dans l'histoire de notre France d'outre-mer.

« C'est l'armée de la première conquête qui a donné à l'Algérie sa belle devise *Ense et Aratro* ; beaucoup de vos compagnons d'armes, après avoir fait œuvre de soldats, ont fait œuvre d'agriculteurs : ils ont donné le premier exemple aux colons qui les ont suivis et qui, par leur activité, leur travail, persévérant et leur endurance, ont mené à bonne fin la tâche dont nous voyons aujourd'hui les fruits et dont nous pouvons être légitimement fiers : la mise en valeur du sol de l'Algérie.

« Le XXe Congrès de Géographie, sur cette terre d'Afrique, terrain de tant d'héroïsme et de dévouement, est heureux de saluer en vous, mon Général, la première génération d'une race de vaillants soldats dont les héros de Fachoda sont aujourd'hui les dignes descendants.

« Après la conquête du Tell, les campagnes et les explorations de nos officiers ont préparé la prise de possession des Hauts-Plateaux. Puis leurs reconnaissances ont poussé notre occupation jusqu'aux limites de la zone saharienne où les Duveyrier et les Flatters ont ouvert les voies vers le pays des Touareg, où d'autres se sont engagés après eux.

« Sur d'autres rivages africains, Faidherbe avec ses émules ont porté les traditions d'honneur, de courage et de dévouement puisés ici. Leurs successeurs, partis du Sénégal, ont reconnu, exploré et conquis le Soudan ; ils continuent encore, à l'heure actuelle, leur marche vers l'est, sur la limite des terres fertiles qui s'étendent au sud du Sahara, et tracent ainsi les limites du grand empire africain français dont Alger est la future métropole. (Applaudissements).

« Je ne doute pas, Messieurs, que dans vos délibérations vous ne fassiez une grande part aux questions qui se rattachent à cette situation nouvelle de l'Algérie, situation due aux progrès des explorations entreprises pendant ces dernières années.

« Voici que la mission Foureau-Lamy s'avance vers les régions soudanaises ; ces régions furent pendant des siècles, le territoire d'expansion et la source de richesses des anciens états barbaresques.

« Un proverbe arabe que je ne traduis pas textuellement, dit :

« Si vous êtes pauvres allez au Soudan ».

« Le temps n'est-il pas venu pour nous aussi de faire un pas en avant et de nous rapprocher de ces régions, pour y préparer à nos descendants un avenir prospère ?

« Cette idée de marche en avant était déjà à l'ordre du jour, il y a quelques vingt ans. Une commission, qu'on nomma la grande commission du transsaharien, fut chargée de tracer tout un programme d'expansion coloniale, dont l'Algérie devait être le point de départ. Programme grandiose, trop grandiose peut être. C'était à l'époque où siégeait à Bruxelles un congrès qui décidait la fondation de *modestes* stations scientifiques et hospitalières, pour servir de point d'appui à l'œuvre humanitaire entreprise par l'Association internationale africaine, à laquelle M. de Varigny faisait tantôt allusion.

« Tandis que chez nous des préoccupations d'intérêt local détournaient les esprits d'une juste perception des intérêts généraux, et que l'idée du transsaharien dont on a tant parlé et pour lequel on a si peu fait restait à l'état de lettre morte, l'initiative d'un souverain, dont la haute intelligence eut la perception de l'avenir, reliait par le rail du chemin de fer ces stations à la côte, et aujourd'hui, les locomotives et les steamers fluviaux mettent en contact avec l'Europe des millions d'hommes naguère encore étrangers à tout mouvement commercial des peuples civilisés.

« J'ai dit dans une autre circonstance pourquoi le rôle économique de la France ne fut pas là aussi grand qu'il aurait pu — qu'il aurait du être... Néanmoins, nous avons continué notre marche en avant, et aujourd'hui les steamers du Congo français arrivent sur le Tchad, aux limites mêmes de notre Sahara.

« Les voies qui relieront un jour le bassin fluvial du Congo et celui du Chari et du lac Tchad sont à l'étude, et j'espère que la civilisation pourra bientôt aussi faire avec la vapeur un nouveau pas en avant.

« Notre Algérie, au sud des territoires occupés, offre une série d'oasis que la nature semble avoir placées comme des étapes intermédiaires entre la côte méditerranéenne et l'Afrique intertropicale.

« Je ne doute pas que le XXᵉ Congrès de géographie ne fasse faire un pas décisif à cette question de la pénétration saharienne et qu'il n'ait pour résultat de faire reporter plus avant dans le Sud la base d'opérations des explorations futures.

« Je suis persuadé qu'il trouvera à cet égard, auprès du Gouverneur général de l'Algérie, un appui efficace et des encouragements précieux.

« Dans le récent discours qu'il a prononcé à la réunion du groupe diplomatique et colonial, M. Laferrière a montré tout l'intérêt qu'il porte à nos études, intérêt dont sa présence au milieu de nous, aujourd'hui, est un gage plus certain encore. (Applaudissements). Il a appelé l'attention sur la nécessité de s'occuper de l'arrière pays algérien et d'user des droits et des devoirs qui nous y sont dévolus.

« La Société de Géographie d'Alger, Messieurs, a compris toute la portée de ces paroles et elle a exprimé à M. le Gouverneur sa profonde gratitude pour son initiative si favorable à l'avenir de l'Algérie.

« Le XXᵉ Congrès National de géographie s'associe tout entier à l'expression de ces sentiments. Il saura entrer dans cette voie et provoquer l'envoi d'explorations nouvelles qui, prenant comme centre d'action ces oasis sahariennes, nous donneront une connaissance précise aussi bien au Sud qu'à l'Est et à l'Ouest des territoires que le XXᵉ siècle qui commence verra mettre en valeur.

« Les congrès qui nous succèderont entreprendront l'étude de questions semblables pour d'autres continents, et c'est ainsi que nos assemblées périodiques pourront contribuer à la prospérité de la Patrie.

« Car l'avenir appartient aux peuples qui auront su préparer et sauvegarder leur champ d'action dans le monde.

« Je ne doute pas, Messieurs, que nous sachions être de ceux-là dans la zone d'expansion dévolue à l'Algérie, ce point de jonction entre la France continentale et la France africaine.

De chaleureux et unanimes applaudissements avaient fréquemment interrompu le discours de M. de Brazza. Très ému des paroles le concernant, prononcées par l'orateur, le général Boissonnet remercie en quelques mots au nom de l'ancienne armée.

M. le Gouverneur général se levant alors, prononce le discours suivant :

« Mesdames, Messieurs,

« J'ai bien des devoirs à remplir envers les orateurs que nous venons d'entendre et envers la savante et brillante assemblée qui vient de les applaudir.

« Je dois tout d'abord remercier la Société de Géographie d'Alger et son éminent président, M. de Varigny, d'avoir fait adopter par leurs collègues de France le choix de la ville d'Alger comme siège du Congrès.

« L'Algérie est heureuse de répondre à un choix si flatteur en offrant à ses hôtes sa plus sympathique et sa plus déférente hospitalité. Je me permets de remercier tout particulièrement les dames qui n'ont pas craint de traverser le beau lac — un peu ému quelquefois — qui sépare Alger de Marseille, et de venir donner aux travaux du congrès l'attrait qu'elles savent répandre sur toutes les œuvres auxquelles elles veulent bien s'intéresser.

« L'importante série de travaux que vous inaugurez aujourd'hui s'ouvre sous une présidence dont nous avons le droit d'être fiers, car elle affirme, en la personne de M. de Brazza, l'étroite union de notre Afrique équatoriale avec notre Afrique du Nord. Et laissez-moi vous dire, mon cher Président, qu'en honorant en vous le conquérant du Congo, nous n'admirons pas seulement votre conquête, nous admirons aussi la manière dont vous l'avez faite, moins par la force que par l'ascendant moral, et en faisant aimer autant que respecter le drapeau tricolore.

« Lorsqu'on voit, Messieurs, l'intérêt, l'affluence que provoquent chaque année vos congrès, on ne peut s'empêcher de reconnaître que la science à laquelle ils sont consacrés n'a pas toujours été aussi renommée et aussi populaire qu'elle a su le devenir. Il y a eu une époque où elle apparaissait, même à des esprits cultivés, comme une branche un peu sèche et épineuse du savoir humain ; on l'accusait d'être surtout une nomenclature, un assemblage de noms, de chiffres, de descriptions, plus capable d'exercer la mémoire que d'intéresser l'esprit et surtout d'émouvoir l'imagination.

« C'est sans doute à cette époque que prit naissance le reproche si souvent adressé aux Français de ne pas savoir la géographie et, ce qui est encore plus grave, de n'avoir aucun goût pour l'apprendre.

« D'où vient, Messieurs, que ce reproche, à supposer qu'il ait jamais été mérité, ait si complètement cessé de l'être ? Est-ce le Français qui a changé ou bien est-ce la géographie ? Je crois que c'est surtout la géographie. Elle a élargi ses méthodes, étendu son champ d'investigations, puisé des forces nouvelles dans une étroite alliance avec toutes les sciences qui étudient l'homme et la terre ; elle a transformé sa cartographie, en la rendant à la fois plus précise et plus artistique. Elle a su ainsi se mettre en contact plus direct avec la nature, l'étudier sur le vif, et cela lui a permis d'éveiller des curiosités nouvelles, de satisfaire le sens du pittoresque et de développer en elle-même et chez autrui cet amour du vrai qui est l'honneur et la raison d'être de la science.

« La géographie a fait plus, elle a pris une part active à la grande œuvre d'expansion coloniale qui caractérise la seconde moitié de ce siècle ; elle a prêté à l'exploration conquérante le concours de l'exportation scientifique ; elle a eu ainsi, et en toute justice, sa part de popularité et de gloire dans le grand mouvement qui ne cesse d'entraîner les gouvernements et les peuples vers les profondeurs les plus reculées de ce qu'on appelait encore il y a vingt-cinq ans, le « Continent mystérieux ».

« Je crois, Messieurs, qu'aux yeux des générations qui viendront après la nôtre, ce sera un honneur pour notre siècle — pour ce grand XIX· siècle qui va finir, après avoir remué tant d'idées, soulevé tant de problèmes, suscité tant d'initiatives hardies — ce sera, dis-je, un honneur d'avoir entrepris, aussi résolument qu'il l'a fait, la conquête de ces mondes ignorés ou peut être oubliés, qui vivaient à côté de nos mondes modernes, aussi étrangers les uns aux autres que s'ils avaient appartenu à des planètes différentes. Mieux que nous, la postérité jugera la grandeur de l'effort auquel nous assistons et auquel plusieurs d'entre nous ont pris une part glorieuse ; je crois qu'elle honorera cet effort comme nous honorons celui qui a été fait sur d'autres points du globe par ce hardi et vaillant XVI· siècle, auquel le nôtre ressemble à tant d'égards.

« Ils ont été l'un et l'autre des siècles de transitions, agités de nobles inquiétudes, moins orgueilleux peut être de l'importance de leurs découvertes que tourmentés par la grandeur des problèmes entrevus ; et l'on dirait que, désespérant de réaliser eux-mêmes leur idéal, ils aient voulu le réserver à une humanité nouvelle à laquelle ils s'efforçaient d'ouvrir des mondes nouveaux.

« Aussi j'imagine que, lorsque la conquête de la terre sera achevée et que les congrès géographiques de l'avenir feront la synthèse des forces mises en œuvres pour l'accomplir, ils associeront dans un même hommage le XIX· siècle au XVI· et les Colomb les Cortez, les Pizarre d'autrefois aux Livingstone, aux Stanley, aux Marchand, aux de Brazza d'aujourd'hui.

« Grâce aux grandes choses accomplies par ceux qui ont porté notre drapeau sur l'Atlas, le Congo, le Niger et le Tchad, la France possède à l'heure qu'il est, dans le continent africain, un empire grand comme l'Europe. L'Algérie, France Africaine, devenue elle-même partie intégrante de cet empire, paraît destinée à le relier au territoire de la Mère-Patrie par les voies les plus courtes et les plus rapides.

« C'est de là qu'a pris naissance, soit en Algérie, soit en France, cette grande idée du Transsaharien qui a déjà donné lieu à tant d'initiatives généreuses, à tant de polémiques instructives, et que nous sommes heureux de voir figurer dans le programme si varié, si riche et permettez-moi d'ajouter si africain des délibérations du congrès.

« On a dit quelquefois qu'il y avait dans cette idée une part d'imagination et de rêve ; mais quelles sont donc les grandes œuvres humaines qui n'ont pas commencé par quelque grand rêve ? Et la science elle-même, qui se vante d'être si positive, n'a-t-elle pas aussi ses rêves qu'elle appelle des hypothèses, et qu'elle arrive à transformer en réalités après les avoir soumises à ses méthodes de sévère investigation scientifique ?

« Qu'on ne traite pas le Transsaharien de chimère, sous prétexte que nous ne serions pas en mesure de décider, dès aujourd'hui, par où il passera et où il devra aboutir ; s'il n'existe pas encore à l'état de tracé définitif, nous savons qu'il existe à l'état de conception réalisable. Cela ne suffit-il pas pour lui assurer, dès à présent, l'étude des hommes de science, l'attention des hommes d'Etat et le dévouement des hommes d'initiative et d'action ?

« Mais, Messieurs, en attendant que les solutions espérées soient nées d'un concours d'efforts auxquels je me ferai toujours un devoir de m'associer, en attendant que l'œuvre de l'ingénieur ait été suffisamment préparée par l'œuvre de l'explorateur, l'Algérie n'a-t-elle pas déjà des tâches toutes prêtes, soit dans l'Oued Rir, soit dans la région du Touat ? Déjà on entrevoit le jour où la locomotive pourra rouler vers Ouargla ; ne pourrait-elle pas aussi suivre nos colonnes dans ces oasis dont vous parlait M. de Brazza, et où la nature

— 19 —

des choses et les accords diplomatiques nous donnent le droit de planter notre drapeau ?

« On pourrait ainsi associer la pénétration stratégique à la pénétration économique et créer un Saharien qui précéderait et préparerait le Transsaharien.

« Ce sont là, Messieurs, des questions sur lesquelles les Algériens sont heureux de voir se porter votre étude ; et je suis sûr que vous les trouverez dignes de votre science et de votre patriotisme.

« Mais il est d'autres questions encore, que les Français d'Algérie espèrent voir ajouter à celles dont je viens de parler. Vous avez, en effet, décidé que les délibérations prévues par votre programme ne seraient pas la seule forme de votre activité ; que vous y joindriez des excursions destinées à vous mettre en contact avec les hommes et les choses de la colonisation algérienne. Il est aujourd'hui d'usage de faire des enquêtes sur l'Algérie ; ne craignez pas de faire la vôtre ; allez voir de vos propres yeux la grande œuvre qui a été accomplie dans ce pays ; mesurez d'après leurs résultats le labeur et la persévérance de nos colons. Ne vous bornez pas à admirer ces grandes et belles cités où s'allient si curieusement le luxe des villes d'Occident et le pittoresque des villes d'Orient. Visitez quelques-uns de nos six cents villages agricoles, quelques-unes de nos quatre mille fermes ; parcourez du regard ces vignobles algériens qui occupaient trente mille hectares il y a vingt ans et qui en occupent aujourd'hui plus de cent quarante mille. Causez avec les braves gens venus de France ou nés en Algérie qui continuent ici les bonnes et vieilles traditions du paysan français, rajeuni et stimulé par les qualités propres du colon algérien. Faites le compte des richesses produites ; faites le compte des enfants qui se pressent dans les écoles devenues trop étroites. Vous pourrez voir ainsi l'Algérie telle qu'elle est, non telle qu'on l'a quelquefois montrée dans des miroirs faussés où elle ne reconnaîtrait pas son image et lorsque, revenus en France, vous rapporterez ce que vous aurez vu, vous contribuerez à assurer ainsi à notre grande colonie tout ce qui lui est dû de sympathie, d'estime et de justice.

Des applaudissements chaleureux et répétés accueillent cette superbe péroraison.

La séance est levée à 5 h. 45.

Le soir, la Chambre de Commerce recevait les Congressistes dans le hall du Palais Consulaire. M. le Gouverneur général assistait à cette réception.

JOURNÉE DU LUNDI 27 MARS 1899

RÉUNION DU COMITÉ DU CONGRÈS

La réunion des Délégués spéciaux des Sociétés constitue le Comité du Congrès (Art. IV du règlement des Congrès) ; ce Comité est chargé d'élire au scrutin secret et à la majorité relative ceux d'entre les délégués présents à qui la présidence des séances du matin et de l'après-midi sera confiée à tour de rôle.

Sous la présidence de M. P. S. de Brazza, la réunion des délégués est ouverte à 9 heures du matin.

Il est procédé à l'élection des huit Présidents pour les diverses séances du Congrès. Le scrutin donne les résultats suivants :

Sont élus présidents des séances ;

MM. le Colonel GAERTNER, le Colonel DEBRIEN, Paul BONNARD, GASTU, DE VARIGNY, PORT, C. GUY, BÉNARD, TERRIER.

Conformément au règlement, on procède, par tirage au sort, à l'ordre dans lequel seront lus les rapports sur les travaux des Sociétés. Le tirage au sort désigne Tunis.

SÉANCE DU MATIN

Président : M. P. S. DE BRAZZA.
Assesseurs : M. GODIN, de la *Société de Géographie de Lille*.
M. DE GALLAND, du *Club Alpin français*.

La séance est ouverte à 10 heures.

Le Président annonce qu'il va être donné connaissance à l'Assemblée, par les délégués des Sociétés de Géographie et Sociétés assimilées, représentées au Congrès, des travaux de ces Sociétés pendant l'année qui vient de s'écouler.

Société de Géographie Commerciale de Paris

(SECTION DE TUNIS)

RAPPORT DE M. PAUL BONNARD

Les travaux de la section Tunisienne de la Société de Géographie de Paris, dont il y a lieu de faire mention aujourd'hui, ne comprennent que ceux accomplis pendant une période de six mois, c'est-à-dire du mois de septembre dernier au mois de mars courant. La section s'est surtout préoccupée de favoriser l'extension des relations commerciales entre l'Algérie et la Tunisie. Il y a en effet un très grand intérêt à resserrer les liens qui unissent les deux pays et à affirmer notre solidarité en ne négligeant aucune occasion de rapprocher les Français d'Algérie de ceux de Tunis.

La section Tunisienne s'est aussi vivement intéressée au projet de construction du Transsaharien ; elle en a fait une étude spéciale, et elle est heureuse de rendre hommage à la bienveillance toute particulière qui lui a été témoignée, au cours de ce travail, par M. le Résident général de France à Tunis, et par M. le Résident Adjoint. Enfin, la Société s'est occupée des projets de construction des chemins de fer de Kalaat-Djerda et Kalaat-el-Esnam à la mer, en recommandant le tracé de Thala-Bizerte. Cette question a déjà fait l'objet d'un vœu au dernier Congrès de Marseille.

Il y a lieu d'espérer que le Congrès d'Alger témoignera le même intérêt à ces projets.

Société de Géographie de Poitiers

Rapport de M. Ernest GAILLARD de la DIONNERIE

Notre Société, de création toute récente puisque la première séance remonte à un mois à peine, compte cependant déjà 120 adhérents et est entrée en relations avec un assez grand nombre d'autres Sociétés. Elle a eu, il y a quelques jours à peine, la bonne fortune de recevoir le sergent Bernard, membre de la mission Marchand, qui a bien voulu, dans une conférence des plus intéressantes, faire l'exposé des travaux auxquels il avait participé.

Notre Société est encore trop jeune pour avoir pu faire œuvre utile, mais nous avons le ferme espoir qu'elle saura bientôt se distinguer.

Société de Géographie Commerciale de Saint-Nazaire

RAPPORT DE M. ETIENNE PORT

Messieurs,

Six mois seulement se sont écoulés depuis le Congrès de Marseille et dans ce court espace de temps l'histoire de la Société de Géographie commerciale de Saint-Nazaire, — à peu près comme celle des peuples heureux, — n'offre guère matière à de longs développements.

Notre Société, conservant toujours le même nombre d'adhérents, a poursuivi avec méthode le cours de ses travaux. De nombreuses conférences ont été faites.

Aidés nous-mêmes par des subventions de la ville et de la Chambre de Commerce, nous subventionnons, dans la mesure de nos ressources, diverses Sociétés, celles de l'Afrique française, de l'Alliance française, de la Loire navigable. Nous publions un bulletin annuel. Dernièrement enfin, notre bureau a examiné divers autres moyens d'action et particulièrement la création de bourses de voyage.

Nos travailleurs, unis de tout cœur dans l'intérêt de tout ce qui touche à la Géographie, assurés que nous sommes que le développement de notre ville et celui de notre port qui se placera dans quelques années au premier rang accroîtront le nombre de nos adhérents et par suite notre budget.

Mais si restreinte que puisse être la contribution de notre Société aux travaux de ce Congrès national, notre bureau a tenu à ce qu'elle y fût représentée parce qu'il a conservé le souvenir de l'honneur que vous avez fait à notre ville en la choisissant pour siège du Congrès de 1897 et que c'est à Saint-Nazaire que fut désigné le choix de la ville d'Alger pour les assises du Congrès de 1899.

Et je dois vous dire, Messieurs, qu'il m'est particulièrement agréable d'accomplir une mission dont m'ont chargé mes Collègues, celle d'exprimer publiquement à M. de Varigny, l'éminent Président de la Société de Géographie d'Alger, les plus respectueuses sympathies pour son caractère si élevé, — et le souvenir profond et reconnaissant que nous avons conservé de sa parole éloquente, ainsi que de la part active et dévouée qu'il a prise aux travaux du Congrès de Saint-Nazaire.

M. de Varigny, Président de la Société de Géographie d'Alger, exprime à M. Port toute sa reconnaissance pour l'affectueux souvenir qui lui est adressé par son intermédiaire, et le prie d'assurer la Société de Géographie de Saint-Nazaire de son très vif attachement.

ALLIANCE FRANÇAISE

Association nationale pour la propagation de la Langue Française dans les Colonies et à l'Étranger

RAPPORT DE M. GASTU

L'Alliance Française soutient la cause de l'enseignement des indigènes par le concours qu'elle y donne dans la mesure de ses forces. C'est dire que ce concours est faible, eu égard à l'œuvre immense qu'il s'agit de réaliser. Il y a en effet, en Algérie, plus de 680,000 enfants musulmans manquant d'instruction primaire et étrangers à notre langue. En ce moment, l'Etat et les Communes ne distribuent l'enseignement qu'à 23,000. Il reste donc 657,000 enfants qui sont privés de ce bienfait. Quel vaste champ ouvert, dans cet ordre d'idées, à l'activité et à la prévoyance gouvernementale, et que de temps il faudra pour le parcourir entièrement ! C'est évidemment une œuvre de longue haleine, qui nécessitera de grands efforts. La nation seule est capable de les supporter. Mais encore faut-il qu'elle y soit favorablement disposée. Si l'instruction des indigènes à ses partisans, elle a aussi ses détracteurs.

Il n'est pas rare d'entendre proclamer qu'en instruisant les indigènes, on se prépare des mécomptes, qu'on risque même de leur rendre un mauvais service en en faisant des déclassés.

C'est contre cette tendance que cherche à réagir l'Alliance Française. Elle affirme par ses actes l'utilité d'un enseignement indigène bien dirigé. Dans la plupart des Communes importantes, elle a ouvert, avec l'aide des Municipalités, des cours au profit des adultes musulmans. C'est ainsi qu'à Alger, elle fait instruire annuellement près de cinq cents enfants. Les résultats sont des plus encourageants. Ces jeunes élèves sont dociles, attentifs aux leçons, respectueux envers leurs maîtres et manifestent le plus vif désir d'apprendre.

La preuve en est dans ce fait que l'année dernière, la plupart de nos jeunes pupilles à qui on avait fait, en signe de satisfaction pour leurs progrès, une distribution de petites sommes d'argent, n'eurent rien de plus pressé que d'aller, chez le libraire voisin, convertir en achats de livres classiques leurs pièces blanches.

Pourvus de la connaissance de notre langue et des plus indispensables notions élémentaires, nos indigènes, qui appartiennent presque tous à la classe pauvre se procurent plus aisément des moyens d'existence. Notre œuvre est donc éminemment philanthropique.

Mais sans perdre ce caractère, l'enseignement indigène dans les mains de l'Etat doit avoir surtout un caractère politique, et c'est par là qu'il se recommande à son attention. Il ne saurait lui échapper que, si la conquête matérielle est faite, il reste à s'emparer des esprits pour y ajouter la conquête morale. Or, le seul moyen de consolider l'une par l'autre, n'est-ce pas de répandre d'un bout à l'autre du territoire algérien la langue française, unique et tout puissant véhicule des idées et des sentiments français ?

Union Coloniale Française

RAPPORT DE M. CH. NOUFFLARD

L'Union Coloniale française possède actuellement près de six années d'existence. Elle compte aujourd'hui environ 1,000 membres en chiffres ronds.

Ce qui caractérise son œuvre, c'est l'action de plus en plus développée de l'Union Coloniale dans le sens des intérêts généraux de la colonisation.

A cet égard, elle a pris des initiatives qui méritent d'être signalées à l'attention du Congrès.

Elle a cherché à créer des intérêts nouveaux et à populariser l'idée de la mise en valeur des colonies par l'agriculture.

Pour atteindre ce but, l'Union Coloniale s'est faite Société de Propagande.

Parmi les moyens employés, il convient de citer les nombreuses conférences faites à Paris et en province, chaque hiver, sous les auspices de l'Union Coloniale ; les cours publics d'enseignement colonial organisés depuis trois ans à la Sorbonne et sanctionnés par une bourse de 2,000 francs. avec un passage gratuit pour une colonie française à l'auteur du meilleur mémoire sur un sujet traité dans un des cours; nos publications, notamment la *Quinzaine Coloniale*, les guides de l'Émigrant distribués gratuitement à des milliers d'exemplaires, etc.

Un des témoignages les plus frappants du succès obtenu à cet égard par l'Union Coloniale, se trouve dans l'adhésion des gouvernements de la Tunisie, de la Nouvelle-Calédonie, de l'Indo-Chine, de Taïti et du Soudan qui ont chargé l'Union Coloniale, d'une façon officielle, du soin de renseigner le public sur les ressources qu'offrent nos colonies à l'agriculture, au commerce, à l'industrie.

Mais pour que cette propagande si efficace soit heureuse également dans ses résultats, il faut encore certaines conditions.

L'outillage économique de nos colonies est une des principales de ces conditions. Aussi l'Union Coloniale, par les études qu'elle entreprend et par son influence, prête-t-elle un concours très actif à toutes les questions de travaux publics et notamment de chemins de fer aux colonies.

La science de l'agriculture coloniale a également attiré son attention comme complément de l'idée qu'elle a mise en lumière: commencer par faire de l'agriculture dans les colonies pour les enrichir.

Dans cet ordre d'idées, elle a puissamment contribué à la création du Jardin d'Essai colonial du Bois de Vincennes.

Cette œuvre a valu récemment à l'Union Coloniale d'être qualifiée par le Ministre des Colonies lui-même de précieux auxiliaire de son département.

L'Union Coloniale Française se rattache également par des liens très étroits à nos colonies de Madagascar et de la Réunion.

Dans ses bureaux se trouvent :

Le *Comité de Madagascar*, dont le Président est M. Charles-Roux, membre sociétaire de l'Union Coloniale, et dont M. Chailley-Bert, secrétaire général de l'Union Coloniale, est le Vice-Président.

Le *Syndicat des planteurs de la Réunion*, dont le Secrétaire général est M. Milhe-Poutingon, chef de service à l'Union Coloniale.

L'Union Coloniale Française a provoqué et encouragé la création d'œuvres et d'associations ayant un caractère d'intérêt général au point de vue colonial. Parmi celles-ci il convient de citer les suivantes qui ont leur siège dans les bureaux de l'Union :

La Ligue Coloniale de la Jeunesse.

La Société d'émigration féminine.
La Revue des cultures coloniales.

Cette extension continue de son rôle, la création successive de ces rouages, la part de plus en plus large faite dans ses préoccupations et dans ses travaux aux questions d'intérêt général, la multiplicité de jour en jour croissante des services qu'elle rend au public, à des personnes qui strictement, d'après la lettre de ses statuts, n'y auraient aucun titre, ont fini par transformer complètement le caractère de l'Union Coloniale Française.

Ce qui, au début, était pour elle l'accessoire est devenu le principal.

Ce qui était le principal est devenu l'accessoire.

Au lieu d'un groupement fermé et travaillant exclusivement pour lui-même, on a une SOCIÉTÉ POPULAIRE qui consacre la plus grande partie de ses ressources à une œuvre d'intérêt général et national dont profite gratuitement le grand public.

En résumé, l'Union Coloniale Française, créée pour l'utilité de quelques-uns, est aujourd'hui la chose de tous. Elle est devenue, dans toute la force du terme, sinon par sa composition, du moins par la nature, le nombre, l'importance et la gratuité des services qu'elle rend, une SOCIÉTÉ NATIONALE.

COMITÉ DE MADAGASCAR

RAPPORT DE M. CHARLES NOUFFLARD

Le Comité de Madagascar (Paris, 44, Chaussée d'Antin), a été fondé en 1895, au lendemain de la conquête, par un groupe de vieux *Malgaches*, c'est-à-dire de quelques Français ayant tous séjourné, plus ou moins longtemps, dans la grande Ile.

Il est constitué aujourd'hui, de par le Gouvernement général, en bureau officiel de colonisation, sous la Présidence d'honneur de M. A. Grandidier, Membre de l'Institut, et la Présidence effective de M. J. Charles Roux, ancien député, Commissaire général des Colonies à l'Exposition de 1900.

Son but est de faire connaître utilement les ressources de la colonie et de contribuer à sa mise en valeur en favorisant le développement du commerce, de l'industrie, de l'agriculture, de l'élevage, etc., ainsi que l'émigration des capitaux indispensables à l'exploitation économique de l'île.

Il s'efforce d'encourager dans leurs entreprises les colons qui, pouvant disposer d'un capital d'au moins 20 à 25,000 francs, paraissent réunir les conditions nécessaires pour réussir. Il détourne en revanche de l'expatriation les Français qui, privés de ressources pécuniaires suffisantes, ne se trouvent pas dans la situation désirable pour coloniser actuellement à Madagascar et ne rapporteraient de leur séjour inutile dans l'île, avec leur découragement, que des idées erronées de nature à répandre le discrédit sur notre nouvelle colonie.

Le groupement de ses nombreux adhérents lui permet de mettre en relations d'affaires ceux qui cherchent des associés, des patrons ou des employés.

Il veut être utile à tous, dans l'intérêt général de la colonie. C'est pourquoi il s'adresse non seulement aux personnes qui s'occupent des « choses de Madagascar », mais à tous les Français, à toutes les bonnes volontés.

Le Comité de Madagascar fait chaque année de nombreuses conférences à Paris et dans les départements. Son organe est la *Revue de Madagascar,* qui paraît tous les mois et où sont traitées toutes les questions malgaches, tant au point de vue politique, économique, agricole qu'au point de vue scientifique, historique et pittoresque.

Société de TOPOGRAPHIE de FRANCE

RAPPORT DE M. LE COLONEL PÉRISSÉ

M. le Gouverneur général nous disait hier avec juste raison, à l'occasion de l'ouverture du Congrès, que la Géographie avait changé depuis quelques années, qu'elle avait su devenir intéressante et presque aimable. La Société de Topographie de France, qui m'a fait l'honneur de me déléguer ici, a largement, il me semble, contribué à ce résultat : les Topographes ont en effet gardé pour eux la partie la plus aride, mais non pas la moins utile de la science géographique. La Topographie est indispensable aux Géographes pour leur apprendre à lire une carte, et plus encore, à recueillir sur le terrain les éléments de sa construction. La Société de Topographie a pris pour principale tâche de répandre les connaissances nécessaires pour une bonne et rapide lecture des cartes.

Dans ce but, elle organise, tous les hivers, à Paris et en province, des conférences du soir auxquelles assistent, avec une assiduité vraiment louable, des personnes de tout âge et de toute condition. A la belle saison, ces conférences se terminent par des exercices sur le terrain. Des cours sont également faits dans les Cercles Militaires. A Paris notamment, l'hiver dernier comme tous les ans, un cours mensuel du soir réunissait chaque fois plus de cinquante officiers de la réserve et de la territoriale qui, leur journée de travail terminée, n'hésitaient pas à venir s'enfermer dans une salle d'études pour se préparer à rendre de meilleurs services en apprenant à bien voir un terrain et à le bien reconnaître d'après la carte.

Tous les ans vers le mois de janvier, a lieu une distribution de récompenses décernées aux diverses personnes qui ont fourni les meilleurs travaux soit dans ces cours, soit en prenant part aux concours que la Société organise dans les groupements de ses nombreux adhérents.

Tel a été, Messieurs, notre programme, cette année comme les précédentes ; il est moins brillant assurément que celui des

Sociétés de Géographie proprement dites, mais j'espère que vous jugerez qu'il est fort utile pour la diffusion populaire de la connaissance des questions de géographie, diffusion indispensable au succès dans un régime démocratique.

Société de Géographie d'Alger

RAPPORT DE M. LE CAPITAINE LACROIX

Messieurs,

La Société de Géographie d'Alger est une des plus récemment fondées parmi les Sociétés françaises de Géographie. Sa croissance a été des plus rapides, car elle compte aujourd'hui près de 400 adhérents.

La réunion du Congrès de Géographie dans notre ville est une consécration de sa vitalité, et un précieux encouragement pour l'avenir. Aussi, tient-elle tout d'abord, à vous marquer sa reconnaissance pour le témoignage de haute sympathie que vous lui accordez.

Il était plus que désirable qu'une Société de Géographie se constituât dans la Métropole de l'Afrique du Nord. Si ce résultat a pu être obtenu, c'est à l'infatigable dévouement, à la persévérante conviction de notre éminent Président, M. de Varigny, que le monde savant en est redevable.

La Société s'attache particulièrement aux questions géographiques qui intéressent l'Afrique du Nord et notre empire colonial africain. Elle est divisée en trois sections : la section technique, la section coloniale et la section commerciale, qui, sous la vigoureuse impulsion de leurs présidents respectifs, préparent la solution des problèmes algériens et coloniaux.

La Société tient des réunions bimensuelles, assidûment suivies par un grand nombre de membres. Elle donne aussi des conférences très brillantes, où se presse un public d'élite.

Notre bulletin trimestriel renferme des travaux originaux, relatifs, pour la plupart, aux questions algériennes et coloniales. Il contient en outre un grand nombre de renseignements bibliographiques et statistiques. Nous souhaitons vivement que nos ressources s'accroissent, de manière à nous permettre d'en faire une des plus importantes publications périodiques de ce genre, et de pouvoir apporter plus de soin encore aux cartes qui y sont contenues.

Notre bibliothèque s'enrichit tous les jours, par des dons et des échanges.

La Société a institué un concours annuel, à la suite duquel elle décerne un prix. Les résultats du dernier concours ont été particulièrement brillants.

Nous avons toujours trouvé l'appui le plus bienveillant et le plus efficace auprès des pouvoirs publics. Nous voulons espérer que les subventions annuelles qui nous sont données s'augmenteront à mesure que l'on connaîtra davantage l'œuvre vraiment française et vraiment algérienne à laquelle nous consacrons tous nos efforts, c'est le vœu de tous ceux qui se sont dévoués à notre Société depuis sa fondation.

Société de Géographie Commerciale de Bordeaux et du Sud-Ouest

RAPPORT DE M. CHARLES BÉNARD

Messieurs,

Depuis le dernier Congrès, six mois seulement s'étant écoulés, nous ne pouvons avoir, en dehors de la reprise de nos travaux habituels, rien de bien nouveau à vous signaler. Notre Société, si éprouvée par la perte de son Rédacteur en chef, a dû pourvoir au remplacement du regretté Gebelin, et son choix s'est porté sur

M. Henri Lorin, docteur ès lettres, professeur agrégé d'histoire et de géographie, qui depuis 1897 occupe à la Faculté des lettres de l'Université de Bordeaux la Chaire de géographie coloniale.

M. Lorin est loin d'être un inconnu pour les membres des Congrès des Sociétés Françaises de Géographie ; ils l'ont vu en 1895, au Congrès de Bordeaux, auquel il assistait en qualité de délégué du Ministère de l'Instruction publique et aucun de ceux qui l'ont entendu n'a oublié la brillante conférence qu'il nous a faite à cette occasion sur le Canada. Nous sommes donc assurés d'avoir, par cette nomination, donné un digne successeur à celui dont la perte a été pour notre œuvre un irréparable malheur.

Un nouveau deuil devait, hélas ! dès la dernière rentrée, frapper notre Société : le 19 novembre 1898, M. le Commandant Bonetti, l'un de nos plus dévoués vice-présidents, nous a été enlevé. Pendant quinze ans, il a rendu de trop grands services à notre Société pour n'avoir pas été par nous très profondément regretté. Collaborateur précieux de notre bulletin, il a été notre délégué à plusieurs Congrès, notamment à ceux de Lyon, de Toulouse et de Tours. Aussi la plupart d'entre vous se rappellent certainement sa physionomie si sympathique que caractérisait une frappante expression de franchise et de loyauté toute militaire.

Après ces malheurs répétés, notre Société se recueille, elle se prépare à prendre part à l'exposition de 1900, elle pense à fêter à la fin de cette année son vingt-cinquième anniversaire, et en même temps elle continue à organiser, comme par le passé, ses séances mensuelles, ses excursions, ses conférences publiques tout en apportant ses meilleurs soins à la rédaction de son Bulletin. Elle a jusqu'à ce jour à son actif, pour cette année, six assemblées générales, six conférences et une excursion. Elle est aussi mêlée aux sages campagnes qui se font à Bordeaux, en faveur de la création d'un port franc et d'un institut colonial.

Quant à son Bulletin, il a repris sa régularité, momentanément troublée par la mort de son Rédacteur en chef. Dans un de ses derniers numéros, une notice biographique a été consacrée à M. Gebelin ; des exemplaires tirés à part en ont été offerts à sa famille et je me fais un devoir d'en déposer quelques-uns sur le bureau du Congrès au nom de la Société de Géographie Commerciale de Bordeaux et du Sud-Ouest.

Société de Géographie de l'Ain

RAPPORT DE M. CORCELLE

La Société de Géographie de l'Ain a été fondée le 21 avril 1881. Dès le début, elle a nettement délimité son champ d'action. Elle s'est efforcée de faire connaître les principaux voyages qui élargissent ou précisent notre connaissance de la terre. Mais elle a consacré le meilleur de ses efforts à une étude de la petite patrie, précise, exacte. Cette rédaction de notre Géographie départementale reste notre œuvre principale, celle à laquelle nous pensons toujours et qui est comme notre raison d'être.

Voici les principaux travaux originaux sur l'Ain que renferment nos derniers bulletins trimestriels : J. Tardy : *Météorologie,* avec une série d'observations sur le climat de notre région, l'*Ain préhistorique.* Le *Bassin fermé et les eaux souterraines de Drom.* Le *Tunnel du Simplon et le percement de la Faucille.* J. Corcelle, *Etude sur la population de l'Ain*, où sont résumées toutes les données statistiques de notre siècle et où sont étudiées les questions d'émigration de dépopulation, etc. *Etude sur la géographie militaire du département de l'Ain*, où l'auteur montre combien sont incomplètes nos défenses du Jura. MM. Fournier et J. Corcelle, dans *A travers notre département* et *A travers les livres et revues*, indiquent les publications locales importantes.

La géographie générale est représentée par les articles suivants : M. Fournier, le *Mouvement géographique*, M. Brencès, la *Mission lyonnaise en Chine*, M. J. Corcelle, *Michelet géographe*, le Commandant Marchand (né à Thoissey, Ain), l'*Alliance française*. La Société a donné quelques conférences : l'une a eu un remarquable succès, elle a été faite par notre secrétaire général, M. Loiseau ; le sujet était à la fois local et général. M. Loiseau nous a parlé de l'expédition de M. Marchand à travers le bassin du Congo et du Haut-Nil. Le Commandant Marchand est né et a été élevé chez nous.

Je conclus ainsi : Nous avons conscience d'avoir fait notre devoir dans la mesure de nos forces ; nous nous sommes efforcés de répandre autour de nous le goût des études géographiques. Nous avons cherché à mieux faire connaître le pays où nous vivons et ce faisant, nous croyons avoir servi modestement, mais utilement la science et la patrie.

Société de Géographie du Cher

Rapport de M. le Lieutenant-Colonel GAERTNER

La Société depuis 1889, ne fait plus de géographie scientifique, elle se contente par des conférences de faire connaître nos colonies. Elle en fait dans les plus petites communes.

Elle n'engage à aller dans nos colonies que des agriculteurs, assez jeunes, très actifs, possédant un capital minimum variant de 6 à 70,000 francs, suivant qu'il s'agit de la Nouvelle-Calédonie ou du Tonkin et atteignant au moins 20,000 francs, s'il s'agit de l'Algérie-Tunisie.

Pour engager dans cette voie ses sociétaires et auditeurs, la Société s'efforce de leur faire saisir les avantages qu'ils peuvent retirer là bas de l'exploitation de capitaux qui, ici, ne leur rapportent que 2 1/2 %, qui ne leur permettent pas de vivre, d'élever une famille, même avec le faible appoint qu'en supplément leur donnera le traitement d'un emploi civil.

Les efforts de la Société ont été couronnés de succès : elle a envoyé pas mal de colons, en Nouvelle-Calédonie, au Tonkin, en Tunisie et même à Madagascar. Aucun d'eux ne regrette la détermination prise ; loin de revenir découragés, ils engagent leurs amis à les rejoindre.

Société Académique de Brest

(SECTION DE GÉOGRAPHIE)

RAPPORT DE M. E. FOURNIER

La section de Géographie a été créée à la Société Académique de Brest, sur l'initiative de son Président, M. Coutance, les 5 juillet et 7 août 1882.

Je ne crois pouvoir mieux faire que d'énumérer les principaux articles contenus dans le bulletin annuel de la Société, afin de renseigner sur les travaux de ladite Société jusqu'en 1898, et de permettre aux Sociétés correspondantes de retrouver dans les bulletins échangés entre elles les travaux énumérés ci-après.

10 Décembre 1882. — Séance solennelle d'inauguration de la Section de Géographie. — Discours de M. Coutance, pharmacien en chef de la marine, Président et créateur de la Société.

1883. — Voyage à la Nouvelle-Grenade. — Récit d'exploration à travers l'ancienne Colombie par M. Lejanne, compagnon de Crevaux, pharmacien de la marine.

1883. — Quinze jours à travers les pampas de l'Uruguay. (Les Saladeros) par M. Féris, professeur à l'Ecole de médecine navale de Brest.

1883. — La Société crée un prix de 300 francs pour 1883 à titre d'encouragement et met à l'étude le sujet suivant : Histoire des campagnes et missions d'un ou de plusieurs navires de guerre français pendant les quarante dernières années.

1884. — Excursion aux Iles Alacrans par le docteur Marion.

Le Congo (langage, mœurs, religion, gouvernement de peuplades de cette région de l'Afrique équatoriale) par M. Turiault.

Archipel des Pomotu (Paumotu, Tuamotu), par M. G. Cuzent.

Ethnographie et démographie des populations de la Hollande, par le Dr Féris.

1885. — Campagne de l'Antilope en Indo-Chine par le capitaine de frégate Fovet (Annam, Tonkin, Siam, Cochinchine Française.

Athènes par M. le médecin principal Cerf Mayer.

L'Archipel de la Société (l'annexion de Taïti à la France) par M. Cuzent.

Les puissances européennes sur la côte occidentale d'Afrique par le Dr Féris.

Origine et progrès de la puissance Hova à Madagascar par le Dr Brémaud.

1886. — La frégate la *Médée* 1838-39 par M. Jouan, officier de marine (Expédition au Mexique).

1886. — Le sol de la Nouvelle-Calédonie par M. Ed. de Brousmiche, pharmacien de la marine.

Voyage dans la Mellacorrée (extrait d'un récit de campagne de l'aviso le *Magicien*), par le Dr Kergrohen jeune.

1887. — La frégate la *Belle-Poule* (1839, 40, 41, 42, 43, sous le commandement du prince de Joinville), par M. Jouan, officier de marine. Voyages en Orient, Constantinople, etc., puis à Saint-Hélène pour en rapporter les restes de l'Empereur Napoléon, Hollande, Terre-Neuve, Nouvelle-Ecosse, Lisbonne, côte d'Afrique, Sénégal, Gabon, le Brésil. Jean Dubuc et le pacte colonial. — Etudes sur la Martinique.

1888. — Le Far-West, par M. Ed. Jardin, inspecteur de la marine.

Souvenirs d'un officier de la corvette l'*Ariane* (six mois à travers l'Océanie) par l'amiral Halligon. La Société a eu la primeur du 1er chapitre.

Exploration du grand Chaco. — Rapport adressé au Président de la Société de Géographie par M. D. Thouar, explorateur et membre de la Société.

1890. — Etude ethnographique sur les indigènes de l'Amérique du Nord. (Galerie Indienne de Georges Catlin), par M. Jardin.

De Toulon à Tourane (souvenirs et impressions de voyage), par M. Audouard.

1891. — Le Cyclone de l'Enéïde, par le Dr Brémaud.

1892. — Le brick-aviso l'*Agile* (1844-45) voyages dans la Méditerranée, la Grèce, etc., par M. Jouan, officier de marine

1893. — Animaux récemment disparus ou qui menacent de disparaître, d'après les collections du muséum d'histoire naturelle. (Analyse du rapport fait par M. Frédéric Lucas, aide naturaliste à la Société smithsonienne en 1889), par M. Jardin.

Le 4e centenaire de la découverte de l'Amérique à Huelva, par M. Coutance.

1896. — Campagne humoristique et authentique du croiseur le *Luron* (de Brest à Nangasaki), par M. le Contre-Amiral Galache.

1898. — Un coin du pays chinois, par M. Henry Ollivier, Lieutenant d'Infanterie de marine.

En outre de ces publications insérées aux bulletins de la Société, de nombreuses conférences ont été faites à Brest sur des sujets divers, dont un certain nombre concernent la géographie, et notamment les voyages, par des personnes appartenant à la Marine. Ces conférences n'ont pas été reproduites.

Société Bourguignonne de Géographie et d'Histoire

RAPPORT DE M. LE LIEUTENANT AZAN

La Société bourguignonne de géographie et d'histoire a tenu à participer au Congrès parce qu'elle s'intéresse d'une manière toute particulière aux choses algériennes. Je n'en prendrai pour preuve que les communications qui y ont été faites dans le courant des dernières années sur le Transsaharien, sur les sectes religieuses, sur les moyens agricoles en Algérie, sur les expéditions africaines. D'ailleurs, notre Vice-Président, M. Paul Gaffarel, est un fervent des questions coloniales, et les ouvrages qu'il publie sont trop connus dans les bibliothèques pour que je les rappelle ici.

C'est grâce à lui et à notre Président l'ingénieur très distingué M. Mocquery que la Société a pris un développement considérable, et qu'elle rayonne actuellement dans toute la Bourgogne avec un fort grand nombre d'adhérents.

Beaucoup de nos Sociétaires se sont occupés des vieilles institutions bourguignonnes ; les uns ont déchiffré des parchemins retrouvés dans des archives ou des abbayes, d'autres ont reconstitué la vie et les exploits des ducs de Bourgogne, d'autres ont raconté des épisodes inédits de 1814 et 1815 ; enfin beaucoup se sont occupés de questions locales qui intéressent au plus haut point notre région.

La Bourgogne est en effet un pays riche en antiquités de toutes sortes, et qui a gardé en bien des endroits son allure pittoresque et sa physionomie du moyen âge. Nous voudrions que vous appreniez à l'aimer comme nous avons appris à aimer l'Algérie et pour y arriver, il n'y a guère qu'un moyen, c'est de la visiter ; vous pouvez être assurés d'y être les bienvenus.

Pour nouer des relations qui, j'espère, n'en resteront pas là, je demanderai à notre Société d'envoyer à celle d'Alger les derniers volumes de ses travaux. L'échange de publications qui se continuera par la suite, vous prouvera, quand vous prendrez connaissance des nôtres, qu'en Bourgogne aussi bien qu'ailleurs on s'occupe passionnément de l'Afrique, et qu'on y aime d'une façon toute particulière l'Algérie et les Algériens.

La Société de Géographie Commerciale du Havre

RAPPORT DE M. PRESCHEZ

La Société de Géographie Commerciale du Havre maintient son état de prospérité ; son budget s'équilibre facilement et ses réserves assurent son existence.

Ses moyens d'action sont :

1° Une bibliothèque de circulation très complète et suivie avec assiduité.

2° Des conférences publiques, généralement avec projections, faites par des savants ou explorateurs.

3° Des concours avec prix pour l'enseignement primaire, et des prix seulement pour l'enseignement secondaire, le concours ayant dû être supprimé pour ce dernier.

4° Un bulletin trimestriel publiant les travaux des membres, rapports, etc.

Société Bretonne de Géographie (Lorient)

RAPPORT DE M. Augustin BERNARD (1)

La Société Bretonne de Géographie, qui entre déjà dans sa 17e année, ne peut que se réjouir du nombre croissant de ses adhérents et de l'intérêt que les Lorientais attachent à ses études.

Nos travaux continuent à porter sur la Bretagne, les colonies françaises et l'exploitation rationnelle de la mer.

Nous pensons rendre ainsi service à nos compatriotes et faire œuvre pratique en même temps que scientifique.

La Bretagne, nous voulons la faire connaître avec toutes ses ressources et ses beautés pittoresques ; les excursions, que nous organisons et auxquelles nos membres sont toujours très empressés, préparent la mise en œuvre de monographies locales.

Comment aussi ne pas s'intéresser à cette science nouvelle qui se développe avec les travaux de MM. Thoulet et Hautreux, l'océanographie, dont les découvertes conduiront certainement à la culture scientifique des mers ? Nous suivons en ce moment la transformation de la pêche à voiles en pêche à vapeur.

Quant aux colonies et à leur utilisation, nous ne pourrions nous en désintéresser, car à Lorient, comme le rappelait autrefois Jules Simon, on est plus près du Sénégal que de Paris.

Notre œuvre est modeste, cependant nous devons dire que notre bulletin ne publie guère que des articles inédits dus, la plupart, à nos membres.

Nous ne restons pas inactifs, et notre vulgarisation se sert toujours des mêmes moyens : les conférences et les prix.

---

(1) D'après des notes fournies par le Secrétaire général de la Société, M. A Layec.

Société de Géographie de Marseille

Rapport de M. Jacques LÉOTARD, Secrétaire général
Présenté par M. A. RAMPAL

Depuis le mois de septembre 1898, époque à laquelle notre Société avait le grand honneur de recevoir à Marseille le précédent Congrès national de Géographie, notre Société a repris son activité normale, en poursuivant la vulgarisation des sciences géographiques et coloniales. La présidence a été dévolue à M. E. Delibes, Vice-Président fondateur, et M. Charles Roux, désormais fixé à Paris, a été nommé Président honoraire de la Société ; M. F. Bohn, directeur de la compagnie française de l'Afrique Occidentale, a été élu Vice-Président.

Deux grandes conférences publiques ont été données avec succès par la Société, l'une de M. Louis Brunet, député de la Réunion, sur « Mahé de Labourdonnais et la France dans l'Océan Indien », le 27 janvier, et l'autre de M. Marcel Monnier, explorateur, sur le « Tour d'Asie » (1894-98) le 22 février, cette dernière avec projections lumineuses.

Dans les séances de la Société, plusieurs communications intéressantes ont été faites par MM. Raymond Teisseire, avocat, sur la « question du Haut-Nil au point de vue juridique » ; Hubert Giraud, armateur, sur la « Mission archéologique française en Perse » ; Gascon, négociant, sur le « Congo portugais » ; Jacques Léotard, secrétaire général, sur la « France au Bahr-el-Ghazal et au Tchad » ; Léon Laffitte, ingénieur, sur le « chemin de fer transsaharien ». Enfin, dans notre séance du 16 mars, a eu lieu une originale conférence-causerie sur « les événements géographiques et coloniaux de 1898 », qui ont été successivement commentés par MM. Henriet (Orient), Giraud (guerre hispano-américaine), Teisseire (Afrique), Jacques Léotard (Asie).

Dans la séance consacrée le 2 mars au chemin de fer transsaharien, le vœu suivant a été adopté :

« La Société de Géographie de Marseille émet le vœu que le Gouvernement étudie la réalisation prochaine du chemin de fer transsaharien, en raison de son importance stratégique et commerciale et de la nécessité de relier entre eux nos trois groupes de colonies africaines. »

Le Bureau de notre Société s'est fait un devoir de saluer à leur débarquement à Marseille les vaillants compagnons de l'héroïque Commandant Marchand sur le Nil : le Capitaine Baratier, en octobre, et l'Adjudant de Prat, en janvier. Au nom de la civilisation, il a félicité également à son passage le Général Kitchener-Pacha de la destruction du Mahdisme et de sa courtoisie envers la mission Marchand.

Le cours populaire de géographie, hebdomadaire et public, de notre Société, a repris le 24 novembre ; M. Masson, professeur chargé du cours, consacre cette session aux « colonies européennes de l'Afrique ». Quant au « Bulletin trimestriel », les derniers fascicules parus renferment des mémoires attrayants sur les colonies portugaises, par M. H. Barré, bibliothécaire de la ville ; le port australien de Melbourne, avec carte par M. G. Bourge, capitaine au long cours ; la part de la France en Chine, par un officier de marine ; le chemin de fer dans l'Asie Centrale, par M. P. Gourdet, Conseiller d'Etat de Russie ; l'Erythrée italienne, par M. G. Saint-Yves, explorateur, à la suite d'un voyage dont notre collègue a été chargé dans ce pays africain. La chronique géographique avec bibliographie de notre Secrétaire général, a continué à former un répertoire complet du mouvement géographique et colonial.

Notre bibliothèque ne cesse de s'enrichir et la place va nous manquer bientôt pour les 7,000 ouvrages et 2,600 cartes que possède la Société, qui reçoit 200 périodiques.

Dans ces conditions favorables, — avec un effectif de 534 membres dont 357 actifs, qui d'ailleurs est en voie d'accroissement, — nous croyons pouvoir bien augurer de l'avenir et considérer que notre Société remplit dignement à Marseille le but scientifique et patriotique assigné à nos associations.

M. Rampal donne ensuite connaissance de la suite donnée par les Ministères compétents aux vœux du 19ᵐᵉ Congrès tenu de Marseille, en 1898.

VŒUX ÉMIS AU 19ᵐᵉ CONGRÈS	SUITE DONNÉE PAR LES MINISTÈRES COMPÉTENTS
I Le Congrès émet le vœu : Qu'il soit procédé le plus promptement possible à la confection d'une carte lithologique et bathymétrique détaillée du littoral sousmarin français.	**I** Le Ministre de la Marine a accordé à M. le professeur Thoulet, le report sur pierre des cartes du service hydrographique pour sa carte lithologique.
II Le Congrès émet le vœu : 1º Que dans l'enseignement secondaire moderne le nombre d'heures accordé à la Géographie soit augmenté, de manière à donner plus d'importance à la Géographie Coloniale et à la Géographie de la France. 2º Que l'enseignement de la Géographie ait la même place dans l'enseignement classique que dans l'enseignement moderne.	**II**
III Le Congrès émet le vœu : 1º Dans l'intérêt de la mise en œuvre méthodique des richesses coloniales, que le Gouvernement, persévérant dans ses intentions, mette le plus promptement possible en exécution, avec le concours de l'initiative privée, des municipalités et des corps élus, son projet d'organisation de l'enseignement colonial dans un certain nombre d'Universités :	**III** Le Ministre de l'Instruction publique tient prêt le projet d'organisation de l'enseignement colonial, mais le décret présidentiel ordonnant son application est subordonné au vote par le Parlement d'une proposition de loi qui lui est soumise, pour étendre au certificat d'études coloniales le privilège de la réduction à un an du service militaire.

VŒUX ÉMIS AU 19ᵐᵉ CONGRÈS	SUITE DONNÉE PAR LES MINISTÈRES COMPÉTENTS
2° Que la ville de Marseille, à raison de sa situation topographique, de son importance et des efforts qu'elle a déjà faits, en prévision de cette organisation, soit une des premières Universités dotées de cet enseignement et cela sur les plus larges bases ; 3° Que le Gouvernement mette en exécution un programme d'enseignement technique de l'Agriculture et du Commerce aux Colonies.	
IV Le Congrès, dans le but de favoriser le développement économique de notre domaine colonial : 1° se déclare favorable à l'idée de la constitution, à Paris, d'un Institut Colonial ; 2° Invite les Bureaux des Sociétés de Géographie à soumettre cette idée à leurs Sociétés respectives.	**IV**
V Le Congrès émet le vœu : 1° Qu'il soit créé en Guyane Française un réseau de voies ferrées reliant Cayenne aux régions aurifères de l'intérieur ; 2° Que la main-d'œuvre pénitentiaire soit affectée à la construction et à l'entretien du réseau.	**V**

VŒUX ÉMIS AU 19me CONGRÈS	SUITE DONNÉE PAR LES MINISTÈRES COMPÉTENTS
VI Le Congrès émet le vœu : Que le Gouvernement décide la création d'un Port Franc à Marseille.	**VI**
VII Le Congrès émet le vœu : 1° Qu'il soit procédé le plus tôt possible à l'exécution du canal de jonction du Rhône à Marseille, conformément au projet de loi déposé par le Gouvernement et rapporté devant la Chambre des Députés ; 2° Qu'il soit pourvu à l'utilisation de l'Etang de Berre.	**VII** Le Ministre des Travaux publics a déposé à nouveau sur le bureau de la Chambre, le projet de canal de Marseille au Rhône, dont le Parlement avait été saisi pendant la précédente législature.
VIII Le Congrès émet le vœu : Que le Gouvernement veuille bien entreprendre le plus promptement possible les travaux nécessaires au rétablissement de la navigabilité du lit de la Loire.	**VIII**
IX Le Congrès émet le vœu : Que le Gouvernement mette à l'étude sans retard et coopère à l'exécution aussi prompte que possible du projet de canal reconnu depuis longtemps nécessaire entre la Loire et la Garonne, et qui doit emprunter les lits de la Vienne, du Clain, de la Charente et de la Dronne.	**IX**

VŒUX ÉMIS AU 19me CONGRÈS	SUITE DONNÉE PAR LES MINISTÈRES COMPÉTENTS
X Le Congrès émet le vœu : Que le Gouvernement prenne des mesures efficaces et promptes en vue d'arrêter l'œuvre de désorganisation produite par les inondations. Il exprime particulièrement le désir que les Sociétés de Géographie veuillent bien, dans la mesure de leur action, s'attacher à déterminer la création de Syndicats Départementaux dont la mission consistera : 1º A empêcher le deboisement ; 2º A rechercher toutes les surfaces qu'il y aurait intérêt à reboiser, et à faire tous leurs efforts pour qu'elles le soient ; 3º A faire les démarches nécessaires pour empêcher la destruction des réservoirs naturels des eaux pluviales, étangs, pièces d'eau, mares, etc., et s'opposer à l'envahissement des cours d'eau par des matériaux étrangers à leur lit.	**X** Le Ministre de l'Agriculture a donné l'assurance que les travaux du service des eaux et forêts seront poursuivis avec activité, dans la mesure des crédits budgétaires.
XI Le Congrès émet le vœu : 1º Que l'heure de l'Europe occidentale ou du premier fuseau horaire universel soit adoptée en France ; 2º Que les heures du jour soient comptées de 0 à 24, de minuit à minuit.	**XI**

VŒUX ÉMIS AU 19me CONGRÈS	SUITE DONNÉE PAR LES MINISTÈRES COMPÉTENTS
XII Le Congrès émet le vœu : Qu'il soit donné à un poste de l'Extrême Sud algérien le nom de Duveyrier.	**XII** Le Gouverneur général de l'Algérie a donné le nom de Duveyrier à la station de Zoubia, sur l'Oued Dermel, terminus actuel du chemin de fer du Sud Oranais.
XIII Le Congrès émet le vœu : Que le Gouvernement poursuive avec rapidité la construction du chemin de fer d'Arzeu à Aïn-Sefra jusqu'à Igli.	**XIII** Le Gouverneur général de l'Algérie a fait ressortir au Gouvernement, les importants avantages du prolongement du chemin de fer d'Arzeu à Aïn-Sefra, qui va atteindre Djenien-bou-Rezg et bientôt Duveyrier.
XIV Le Congrès émet le vœu : Que les Pouvoirs publics fassent étudier un tracé de chemin de fer des Nefza et de la région de Thala à Bizerte.	**XIV** Le Ministre des Affaires étrangères a fait savoir qu'une compagnie française s'occupe d'un projet de chemin de fer des Nefza à Bizerte.
XV Le Congrès National de Géographie, réuni à Marseille, avant de se séparer, vote de chaleureuses félicitations au général Galliéni, pour son habile administration de Madagascar et son dévouement éclairé aux intérêts nationaux.	**XV** Le général Galliéni, Gouverneur général de Madagascar, a chaleureusement remercié le Congrès de son vote de félicitations et de son précieux appui.

Quant aux vœux restés jusqu'ici sans solution, les Ministres compétents en ont simplement accusé réception.

Société de Géographie de l'Est

RAPPORT DE M. P. COLLESSON

Comme vous l'avez appris, Messieurs, lors de la dernière session du Congrès des Sociétés de Géographie, la Société de Nancy a fait une perte irréparable en la personne de son regretté secrétaire général, M. J. V. Barbier.

Je ne reviendrai pas sur ce qu'était cet homme, et ne retracerai pas même brièvement les travaux nombreux qu'il a élaborés.

En raison même de sa mort, la Société de Géographie de l'Est est restée, cette année, quelque peu stationnaire, mais durant la saison d'hiver qui s'étend du mois d'octobre dernier à aujourd'hui 27 mars, les conférences se sont succédées mensuellement à Nancy.

Nous avons eu l'honneur d'entendre M. Camille Guy, chef du service géographique et des missions au Ministère des colonies, qui nous a fait l'historique de l'exploration du Niger.

M. Thoulet, professeur à la Faculté des sciences de Nancy, a raconté d'une façon charmante le voyage qu'il a fait en Norvège et au Cap Nord, avec les membres de la *Revue générale des sciences*.

MM. Gentil, Veermeersch, Marcel Monnier, Mme de Mayolle et M. Auerbach, sont venus successivement prendre place à notre tribune.

Le *Bulletin* a pu, grâce à l'activité de nos membres, paraître très régulièrement.

La section nancéenne nous a poussé à faire paraître mensuellement un supplément au *Bulletin*, supplément qui relatera les faits les plus récents intéressant la Géographie.

Notre Société est actuellement à la 20e année de sa fondation, anniversaire qu'elle aurait voulu célébrer, mais en raison du deuil qui l'a frappé, elle a cru devoir remettre à plus tard cette cérémonie.

Nous comptons à l'heure actuelle environ 600 membres actifs, et nous sommes en relation avec de nombreuses Sociétés de Géographie françaises et étrangères.

Notre Société, bien qu'éprouvée profondément puisque M. Barbier était, comme l'a dit si bien notre sympathique Président M. Pfister, « l'âme de la Société », a su comme les braves réagir contre la fatalité, et sa situation n'est pas trop précaire à l'heure actuelle.

Vous m'excuserez, Messieurs, d'être aussi bref, mais j'ai été pris au dépourvu ; nommé récemment Secrétaire général, j'ignorais l'habitude que vous avez de faire faire un rapport sur la Société par les délégués.

Société de Géographie et d'Archéologie d'Oran

Rapport de M. le Lieutenant-Colonel DERRIEN

Messieurs,

La Société de Géographie d'Oran, que j'ai l'honneur de représenter à ce Congrès, a célébré l'an passé le XX° anniversaire de sa fondation. Elle a publié, à cette occasion, la Table générale des matières traitées dans son *Bulletin* depuis 1878.

Cette publication constitue pour ainsi dire nos Etats de service : elle prouve que notre Société a suivi de point en point le programme qu'elle s'est imposé : *Concourir au progrès de la Géographie en faisant connaître l'Algérie, le continent africain et tout particulièrement la province d'Oran.*

L'exploration géographique de notre région ne pouvait que mettre en pleine lumière le nombre et l'importance des vestiges archéologiques éparses à la surface du sol. L'étude de cette partie de la Géographie historique tenta plusieurs de nos collègues et, en 1882, notre Société d'abord exclusivement de *Géographie*, prenait le titre de *Société de Géographie et d'Archéologie d'Oran*.

Notre *Bulletin* et le Catalogue raisonné du Musée d'Oran, permettent de juger des résultats accomplis, grâce à la savante activité de M. le Commandant Demaeght, dont la mort récente est un deuil irréparable pour notre Société.

Nous lui devons de nombreuses découvertes et élucidations épigraphiques, mais son plus beau titre à notre reconnaissance est d'avoir reconstitué la carte de la Mauritanie Césarienne avec son réseau de voies stratégiques et les postes qu'elles desservaient.

Pour en revenir exclusivement à notre œuvre dans le domaine spécial de la Géographie, je dois dire, tout d'abord, que toutes les questions se rattachant aux intérêts communs de l'*Oranie* ont fait l'objet de nos études et parmi elles, je citerai les questions du *Transsaharien*, du *Touat*, des *Caravanes du Sud*, des *Entrepôts francs* de la *Frontière marocaine*, etc.

Nombreuses aussi ont été les monographies sur certains points de notre région et du continent africain ou de nos possessions coloniales telles que le *Dahra*, le *Djebel-Amour*, l'*Arrondissement de Tlemcen*, *Oudjda*, *Figuig*, le *Tafilalet*, le *Cap Bougaroun*, *Bizerte*, *Ouargla*, le *Fouta-Djalon*, *Obock*, le *Haut-Sénégal*, le *Congo*, l'*Adrar*, le *Tonkin*, la *Nouvelle-Calédonie*.

Dans la région oranaise, les souvenirs si récents de l'occupation maure et espagnole devaient nécessairement s'imposer comme sujet d'étude ; c'est ainsi que figurent dans notre *Bulletin* : les *Fastes chronologiques d'Oran* pendant la période arabe, le *Dialogue sur la guerre d'Oran*, le *Récit sur la guerre de Tlemcen*, la *Croisade de Ximénès en Afrique*.

Les questions d'islamisme, d'ethnologie et de sociologie arabes ne devaient pas nous laisser indifférents. Dans cet ordre d'idées ont été publiés des articles sur les *Confréries musulmanes*, sur la *Femme kabyle*, sur les *Beni-Izguen* du Mzab, sur le *Haut enseignement musulman dans l'université de Fez*.

Parmi ces études, la plus remarquable, tant au point de vue de l'érudition qu'à celui de son caractère encyclopédique, est la *Revue bibliographique de l'Islam*.

Ce travail, qui constitue une œuvre de Bénédictin des plus précieuses, paraîtra *in extenso* dans notre prochain *Bulletin*.

La géologie et la climatologie de l'Oranie ont été aussi mises à contribution.

Des conférences enfin ont été faites sous les patronages réunis de la Société *de Géographie* et de celle de l'*Enseignement par l'aspect*, dont les projections lumineuses animent si heureusement le récit des explorateurs ou des narrateurs.

Les sujets des conférences ont été des plus variés ; entre autres : l'*Empire Ottoman à notre époque*, le *Tonkin*, la *Pénétration au*

Sahara, le *Maroc inconnu*, la *guerre Hispano-Cubaine*, les *Italiens en Éthiopie*, la *Géologie du Santa-Cruz* d'Oran, etc.

Vous le voyez, Messieurs, notre champ d'action n'a point été exclusivement restreint à notre région ; il s'est étendu sur beaucoup de points où notre expansion coloniale était en jeu.

En vue de favoriser l'étude des sciences géographiques, nous distribuons annuellement des prix aux élèves les plus méritants du Lycée, du Collège de jeunes filles et d'autres établissements d'instruction publique faisant partie de la Société.

C'est pour suivre la même voie que nous ouvrons des concours publics ayant pour objet l'étude géographique, historique et statistique de certaines localités du département : des médailles d'or, d'argent et de bronze sont décernées aux lauréats.

En terminant ce bref exposé de nos travaux, je dirai sans modestie, car le mérite en revient à mes prédécesseurs, MM. le Lieutenant de vaisseau Trotabas, Hugonnet, Monbrun, Bédier, que la Société de Géographie d'Oran, la 7e par rang d'ancienneté de toutes les Sociétés de Géographie de France, peut-être fière de son œuvre ; si le nombre de ses membres (129 au début, 300 aujourd'hui) n'a pas suivi la progression désirable et est resté dans la période de stationnement, son activité toutefois ne s'est pas ralentie.

Elle a affirmé ses 21 ans d'existence par des actes nombreux, par des labeurs, des énergies, des dévouements incessants ainsi que par de savantes collaborations, aussi précieuses que désintéressées.

Mais ce qui la récompense de tous ses efforts en vue du but commun qui nous réunit ici, c'est l'aimable et gracieux accueil que lui fait aujourd'hui sa jeune sœur d'Alger, c'est la sympathique estime qu'elle nous témoigne et que nous lui rendons largement avec tous nos vœux pour la continuation de sa prospérité.

Société de Géographie de Paris

Rapport Communiqué par M. CAMILLE GUY

La dernière session du Congrès national des Sociétés françaises de Géographie ne remontant qu'à quelques mois, nous n'entreprendrons pas de retracer la vie de la Société de Géographie depuis le Congrès de Marseille ; mais nous essaierons de préciser son objet et d'indiquer le but de certaines fondations qui développent ses moyens d'action et engagent sa reconnaissance.

De 1821 à 1875, la Société a rempli le rôle de précurseur et l'on a pu dire sans exagération que « par ses publications, par ses conférences et par le prosélytisme dévoué de ses membres qui éclairaient les ignorants, convertissaient les incrédules et lui amenaient de nouveaux adhérents — elle a démontré que la Géographie était une science vivante, digne d'occuper une large place dans le pays ».

Cette place a été conquise le jour où le patriotisme a pris ce qu'on pourrait appeler la forme coloniale. Sous cette impulsion la Géographie a étendu son domaine, englobant dans sa sphère d'action les sciences qui servent de point d'appui au découvreur et au colon. Ainsi la Société a été naturellement amenée à s'occuper d'économie politique, de géologie, d'ethnographie, sans négliger cependant la géographie descriptive ni la géographie mathématique. A ceux qui redouteraient une intrusion de la géographie dans le domaine de la politique, il suffirait de répondre avec son Président, M. Milne Edwards :

« Je ne dirai pas qu'elle se mêle des questions les plus graves, je dirai qu'elle y est mêlée par la force même des choses, ce qui est bien différent. Elle a à connaître des rapports des peuples entre eux, de leurs débouchés commerciaux, de la détermination des zones qui leur sont soumises dans ces contrées où chacun s'efforce de pénétrer le premier. C'est elle encore qui doit tracer le programme des recherches à faire pour régler une expansion quelquefois blâmée, mais sans laquelle, pourtant, la France serait bien diminuée » (1).

Ces paroles sont bonnes à retenir et trouveront certainement un écho dans un Congrès national.

De même, nous devons revendiquer pour la Société de Géographie l'honneur d'avoir provoqué et d'avoir rendu possible l'organisation de la mission saharienne confiée à M. Foureau et au Commandant Lamy. En exécution du testament de M. Renoust des Orgeries qui l'a fait sa légataire universelle, la Société a consacré deux cent cinquante mille francs à cette exploration dont les résultats sont déjà considérables et permettent aux esprits clairvoyants de considérer l'Algérie comme le seuil de notre empire africain.

Il n'a pas dépendu de la Société de Géographie d'étendre ses subventions à d'autres missions qui travaillent sur des points différents à la grandeur de la patrie. Les conditions mises à toutes les donations qui lui ont été faites jusqu'à ces derniers jours ne lui ont pas permis de reconstituer un fonds de voyage. Elle a dû se contenter de faire des démarches, souvent heureuses, en faveur des explorateurs, de leur prêter des instruments, enfin de les récompenser au retour quand leurs travaux les désignaient à l'attention de la Commission des prix.

Grâce au legs que vient de lui laisser M. Henri-René Dumont, la Société bénéficiera désormais d'une rente annuelle de 1,000 francs pour le fonds des voyages. Cette généreuse disposition, digne d'être signalée et citée comme exemple, répondait à l'un des besoins de notre Société, qui n'a pas d'ambition plus légitime que d'apporter une aide efficace à l'exploration française.

Mais il ne suffit pas de faciliter les voyages, d'aider le voyageur en cours de route, de le récompenser au retour. Il faut encore le secourir en cas d'infortune et lui assurer une existence possible quand l'âge a trahi ses forces et qu'il ne lui reste plus rien que le souvenir des services qu'il a rendus. Pour les infortunes passagères, par exemple les cas d'accidents ou de maladies, la Société ne possède aucun fonds spécial et si elle use largement de son influence en semblables circonstances elle ne peut intervenir d'une façon plus directe. Par contre, elle rend des services appréciables aux vétérans de l'exploration, grâce au legs Poirier qui lui permet de constituer un certain nombre de rentes viagères au profit de voyageurs, français d'origine,

---

(1) Discours d'ouverture, 2ᵉ assemblée générale de 1898. (Compte rendu des séances de 1899, p. 5).

qui se sont signalés par les voyages les plus utiles au point de vue de la science et du commerce. La rente viagère, sur chaque tête, ne peut excéder une somme de 1,500 francs.

Marche (Alfred) que nous avons perdu en août 1898 et qui remplissait les fonctions d'archiviste à Tunis, s'est trouvé dans ces conditions et nous avons été assez heureux pour augmenter, dans une certaine mesure, ses moyens d'existence. On comprendra que nous ne parlions pas des vivants, mais il nous est permis de dire que sur le fonds Poirier la Société de Géographie fait aujourd'hui le service de deux rentes viagères de 1,200 francs à des explorateurs marquants dont la situation difficile méritait d'attirer tout particulièrement son intention. Le nombre de ces rentes, qui peuvent être constituées par fraction de 600 francs, ne pourra qu'augmenter grâce aux mesures prises par M. Poirier.

D'autres dispositions généreuses qu'il ne nous appartient pas de préciser permettront plus tard à la Société d'améliorer ses publications et par conséquent de faire ressortir plus encore que par le passé les travaux des voyageurs et des érudits.

Il est question de fondre les *Comptes rendus* et le *Bulletin* en une seule revue mensuelle qui tiendra les membres au courant des explorations diverses et permettra de consacrer une part plus grande aux différentes branches de la Géographie.

Toutes ces fondations augmenteront dans une notable mesure le rôle utile de la Société et à certains points de vue elles combleront des lacunes. Les legs sans affectation spéciale, comme celui que nous a laissé récemment le regretté M. Boutroue, concourront au même but.

Les autres donations concernent principalement les récompenses. Citons d'abord le prix Herbet-Fournet (une médaille d'or et 6,000 francs à décerner tous les deux ans) ; le prix Pierre Félix Fournier (une médaille spéciale et 1,000 à 1,200 francs) ; puis les médailles d'or des prix Alexandre de La Roquette, Aug. Logerot, Erhard, Jean-Baptiste Morot, Conrad Malte-Brun, Léon Dewez, Barbié du Bocage, Louise Bourbonnaud, Henri Duveyrier, Ducros-Aubert ; les médailles d'argent des prix Alphonse de Montherot, Charles Grad, Janssen, William Huber.

Bien que ce nombre paraisse considérable il ne permet pas de récompenser tous les candidats dont le mérite s'impose. La Société y pourvoit de son mieux par l'attribution de différentes médailles d'or ou d'argent et elle réserve sa grande médaille d'or aux voyages hors ligne et exceptionnellement aux œuvres capitales. C'est ainsi que pour 1899 elle a attribué cette haute distinction à M. Emile Gentil pour son exploration du Chari et du Tchad et au Général Galliéni à titre exceptionnel pour l'ensemble de ses travaux au Soudan, en Indo-Chine et à Madagascar (1). La Commission n'a pas eu à examiner jusqu'ici les résultats géographiques obtenus par nos compatriotes dans les hautes vallées du Congo et du Nil ; mais la Société a déjà pris des mesures pour fêter avec éclat les membres de la mission Marchand.

Les séances ont porté sur l'Afrique avec MM. Gentil, reçu solennellement à la Sorbonne, de Bonchamps, qui aurait atteint le Haut-Nil sans les entraves placées sur sa route, capitaine Salesses, auteur du projet du chemin de fer de Conakry au Niger, le professeur Blanchet dont les découvertes archéologiques s'effectuent en Algérie même. L'Asie a été l'objet de plusieurs communications. Nous avons applaudi le grand et fructueux voyage de M. Marcel Monnier, de même que les études de M. Paul Labbé dans l'Oural, de M. de Baye au Caucase et de M. Delaporte à Ceylan. Avec M. Loicq de Lobel nous avons abordé l'Amérique du Nord par le Klondyke et avec M. Brousseau l'Amérique du Sud par le contesté franco-brésilien ; enfin M. Verc Barclay et M. Jules Garnier nous ont promenés à travers l'île de Pâques et le centre australien.

---

(1) De plus la Société a décerné en 1899 les médailles suivantes :
Médaille d'or du prix Léon Dewez, à M. le Lieutenant de vaisseau G. E. Simon.
Médaille d'or du prix Ducros-Aubert, à M. Marcel Monnier.
Médaille d'or du prix Alex. de La Roquette, à M. F. G. Jackson.
Médaille d'or du prix Aug. Logerot, à M. C. de Bonchamps.
Médaille d'or du prix Louise Bourbonnaud, à MM. les Capitaines Voulet et Chanoine.
Médaille d'or du prix Henri Duveyrier, à MM. les Capitaines Baud et Veermeersch.
Médaille d'or du prix Erhard, à M. Emile Delaune.
Médaille d'or du prix Conrad Malte-Brun, à MM. de La Martinière et le Capitaine Lacroix.
Médaille d'or du prix Jean-Baptiste Morot, à M. le Lieutenant Paul Blondiaux.
Grande médaille d'argent du prix Ch. Grad, à M. Léon Darragon.
Grande médaille d'argent du prix Alph. de Monthérot, à Mme I. Massieu.
Grande médaille d'argent du prix J. Janssen, à M. J. Marc Bel.
Grande médaille d'argent du prix William Huber, à M. Louis Duparcq.
Grande médaille d'argent de la Société, à MM. le R. P. J. P. Piolet, Emile Deschamps et Jules Cauvière.
Prix Jomard, à M. Arthur Malotet.
Outre ces médailles la Société décerne chaque année deux prix au concours général des Lycées de Paris et de Versailles, un prix au Prytanée militaire de la Flèche et un prix à l'Ecole militaire d'infanterie de Saint-Maixent.

Nos conférences continueront en avril et jusqu'à juillet et nous permettront de compléter notre tour d'horizon ; puis il nous fraudra songer à l'exposition de 1900 où la Société de Géographie a retenu un double emplacement. Elle compte également organiser une session extraordinaire pour le courant de l'été de 1900 et offrir à cette occasion dans son immeuble la plus large hospitalité aux Sociétés de Géographie qui voudraient bien répondre à son appel.

Société de Géographie Commerciale de Paris

Rapport de M. Ch. GAUTHIOT, Secrétaire Général

Présenté par M. le Commandant NAPOLÉON NEY

A la fin de 1898, à la suite de son accroissement continu et très régulier, le nombre des membres de la Société — fondateurs, titulaires et correspondants — a dépassé 2,300. C'est le fait satisfaisant que veut signaler tout d'abord le Secrétaire général.

Le Bureau central et le Conseil se sont acquittés, l'année dernière, avec leur sollicitude et leur activité habituelles, et la Société doit leur en savoir grand gré, des soins qui leur incombaient. Les collaborations et les concours précieux ou utiles ne leur ont pas manqué, les séances générales et des Sections et la correspondance en sont la preuve. Par suite de diverses circonstances, toutefois, plusieurs séances de section n'ont point eu lieu, au regret de ceux de nos collègues qui savent quel grand profit on peut tirer de ces réunions sans apparat. La Commission des finances a exercé ses fonctions avec le soin habituel et n'était le retard causé dans la rentrée des cotisations par la négligence de quelques membres, il n'y aurait rien à dire de nos finances, si ce n'est qu'elles supportent tout examen. Enfin notre bibliothèque a reçu un notable accroissement par suite du legs Castonnet des Fosses.

Nous reportons l'honneur de cette situation satisfaisante au Bureau de 1898, à notre Président, M. Lourdelet, à nos Vice-Présidents,

MM. Cheysson, Anthoine, de Leymarie et d'Orgeval, et à leurs collaborateurs des Bureaux et du Conseil.

La séance générale du 15 mars, que présidait M. Lourdelet, à laquelle s'étaient fait représenter M. le Ministre de la marine et M. le Ministre du commerce et de l'industrie, et qu'honorait de sa présence M. le prince d'Arenberg, Président du Comité de l'Afrique française, a montré, par son éclat, de quelles sympathies la Société est entourée, quelle action utile elle exerce, quels services elle rend au pays. Le rapport sur les prix, fait par M. Octave Noël, a été l'occasion de manifestations bien précieuses pour les hommes dont il signalait les travaux : MM. Brenier (médaille Berge) ; MM. Voulet et Chanoine (médaille Caillé) ; M. Ch.-E. Bonin (médaille Dupleix) ; M. Georges Blondel (médaille Gauthiot, décernée pour la première fois) ; M. Roché (médaille Meurand) ; M. le Dr Mialaret (médaille La Pérouse) ; Mme L. Massieu (médaille Dewez) ; M. de Pouvourville (médaille de la Presse coloniale) ; M. Aubert et M. Franquet (médaille des négociants commissionnaires) ; MM. Blondiaux, Castonnet des Fosses, Deville, Verbeek et Fennema (médailles de la Société).

Cette partie de l'œuvre de la Société est celle qui frappe le plus le public, c'est aussi la plus brillante. Mais il en est une autre qui n'a pas moins d'importance, tant s'en faut, et sur laquelle, en raison de sa nature même, de son caractère personnel, l'attention n'est point, et avec intention, spécialement attirée. Nous allons la signaler exceptionnellement pour prouver à nos collègues que l'on ne se borne pas dans notre Société à prêcher les bonnes idées, mais qu'on sait aussi les appliquer.

Dans les réunions familières des sections, à la bibliothèque de la Société, aux déjeuners, se retrouvent ou se rencontrent des hommes que poursuit le désir d'appliquer telle ou telle idée, de réaliser telle ou telle entreprise, de faire valoir ou d'exploiter tel ou tel produit. L'un a la science, l'autre, la pratique ; celui-ci le capital, celui-là l'idée ; l'un est tenu au rivage, l'autre cherche à s'employer au dehors. Ces hommes, que l'occasion met heureusement en rapports, causent, échangent leurs idées, exposent leurs projets. Souvent ils en arrivent à s'unir pour arriver à leur but et mettre en commun leurs efforts. Qu'il s'agisse d'une entreprise industrielle, commerciale ou agricole, les chances de succès apparaissent alors, les obstacles sont vaincus ou paraissent devoir l'être, les chances de réussite augmentent et bientôt se forment des associations dont le succès, dans de pareilles conditions, est presque assuré.

Tel est le côté de l'œuvre de la Société, côté peu brillant mais bien utile, que votre Secrétaire général voulait exceptionnellement signaler. Et il n'ajoutera ici qu'une phrase : c'est qu'il ne s'est guère passé de mois, en 1898, sans que des collègues soient partis, pour les colonies ou pour l'étranger, dans les conditions auxquelles il vient de faire allusion et sans qu'il y ait lieu de douter de leur succès, obtenu sans bruit et sans réclame. N'avons-nous pas lieu d'être contents de pareils résultats ?

Nous pourrions encore insister sur le grand nombre et la variété des renseignements fournis à nos collègues, oralement ou par écrit, par l'un ou l'autre de nous. A quoi bon ? On sait fort bien maintenant quelle bienveillance et quelle bonne volonté on rencontre rue de Tournon, quelle scrupuleuse attention on y donne aux demandes, quel appui cordial on y rencontre.

A l'extérieur, la vie de la Société est démontrée par la collaboration active de ses membres à divers Congrès et à diverses commissions. Le Congrès des Sociétés de Géographie à Marseille, celui des Sociétés suisses de Géographie à Genève, le Congrès pour l'avancement des sciences, à Nantes, ont été l'occasion pour bon nombre d'entre nous de défendre leurs idées et de vulgariser cette science plus utile que jamais : la géographie économique. Partout nos collègues ont trouvé le meilleur accueil et ce serait une longue liste que celle de ceux d'entre eux qui, à Paris, en province et en Tunisie, où travaille activement une de nos sections sous l'impulsion de MM. Proust et du Fresnel, ont voulu semer la bonne parole et nous faire des amis.

En somme, on le voit, c'est à l'activité et au dévouement désintéressé de tous ses membres que la Société de Géographie commerciale doit son succès. Aussi se gardera-t-elle d'oublier ceux de ces membres que la mort lui a enlevés et dont le *Bulletin* a signalé la perte. Le dernier mot de ce rapport ira donc à celui d'entre nous qui a été si longtemps notre tout dévoué collaborateur et qui a voulu prouver à la Société son affection et son dévouement même après sa mort en lui faisant un don princier (50,000 fr.) : à Henri Castonnet des Fosses notre bon souvenir et notre reconnaissance ! Nous avons la volonté d'utiliser au mieux de sa chère France ce qu'il nous a légué de sa fortune et de faire naître des dévouements qui égalent le sien.

Société de Géographie Commerciale de Paris

(SECTION DE SAINT-ETIENNE)

Rapport de M. Georges FOREST

La Société de Géographie Commerciale de Paris (*section de Saint-Etienne*) dont j'ai l'honneur d'être ici le représentant existe depuis trop peu de temps pour avoir un rapport à présenter au Congrès.

Il y a un mois à peine en effet que M. Noël Pardon, ancien Gouverneur de la Nouvelle-Calédonie et de la Martinique, tenait sur les fonds baptismaux cette enfant nouveau-née, dont il avait bien voulu être le parrain, en acceptant la présidence d'honneur de la première réunion officielle de la Société, réunion dans laquelle M. Bobichon, gouverneur du Haut Oubanghi a retracé, en illustrant son récit de nombreuses projections, les fatigues et les travaux de la mission Marchand, dont il avait fait partie.

C'est pour montrer sa bonne volonté que la Société de Géographie de Saint-Etienne n'a pas hésité à envoyer un délégué à Alger : jeune Société, elle a choisi, en remplacement de M. B. Braud empêché, un jeune représentant qui ne peut que remercier M. le Président de l'accueil qui lui a été fait, et lui promettre que la Société de Géographie de Saint-Etienne, par les moyens d'action dont elle dispose, par ses relations influentes et le nombre de ses adhérents, saura se créer une place importante parmi les Sociétés de Géographie déjà existantes.

Le Président remercie bien vivement les délégués des Comptes rendus si intéressants qu'ils viennent de soumettre à l'assemblée.

La séance est levée à 11 h. 1/2.

SÉANCE DE L'APRÈS-MIDI

La séance est ouverte à 2 h. 1/2 de l'après-midi, sous la présidence d'honneur de M. Revest, Consul général d'Italie à Alger, délégué de la Société italienne de Géographie à Rome, et la présidence effective de M. le Lieutenant-Colonel Gœrtner, délégué de la Société de Géographie du Cher, à Bourges.
M. E. Ficheur, professeur à l'Ecole des Sciences d'Alger, délégué de la Société géologique de France, M. Preschez, délégué de la Société de Géographie Commerciale du Havre, et M. le Capitaine Lacroix, délégué de la Société de Géographie d'Alger, remplissent les fonctions d'assesseurs.

M. Revest, Président d'honneur prononce l'allocution suivante :

Messieurs,

Je tiens, au début de cette séance, à vous remercier de l'insigne honneur que vous avez fait à la Société de Géographie de Rome en me décernant la présidence d'honneur de la réunion de ce soir ; je tiens également à vous remercier d'avoir bien voulu inviter la Société italienne de Géographie à prendre part à vos travaux. Ces derniers, s'ils intéressent particulièrement la France, intéressent aussi le monde civilisé tout entier ; car votre but, commun à tous les peuples civilisés, est de porter le flambeau de la civilisation dans les pays barbares et d'amener les peuplades sauvages à un meilleur état social.

Dans une récente circonstance, le doyen du corps diplomatique de Paris, en présentant ses collègues au nouveau Président de la République française, lui exprimait les vœux sincères et unanimes de tous les Etats pour la grandeur et la prospérité de la France, qui, dans l'histoire du genre humain et dans l'œuvre du progrès joue un rôle si grand et si élevé qu'on ne saurait oublier.

Je n'ai pas besoin de vous rappeler ces paroles pour vous dire avec quels sentiments vos travaux seront suivis, car, je puis le proclamer sans crainte d'être démenti, l'antique devise : « *Gesta Dei per Francos* ». — en langage moderne nous dirions : « *L'œuvre de civilisation de la France* » — est toujours d'actualité.

Je n'étais pas préparé à vous faire un discours. Acceptez donc ces quelques paroles comme une manifestation sincère et spontanée de la sympathie envers vous de la Société de Géographie de Rome, que j'ai l'honneur de représenter, et, je puis le dire aussi, du peuple italien tout entier.

L'allocution du délégué de la Société de Géographie de Rome est accueillie par les applaudissements unanimes de l'Assemblée.

Le Président remercie M. Revest des sentiments si sympathiques qu'il a exprimés à l'égard de la France, et le prie de faire part à la Société italienne de Géographie de la satisfaction avec laquelle les Sociétés françaises ont vu cette association se faire représenter au Congrès.

M. le Capitaine Lacroix, secrétaire général adjoint de la Société de Géographie d'Alger donne communication d'un télégramme de M. Gauthiot, Secrétaire général de la Société de Géographie commerciale de Paris, s'excusant de son absence motivée par la mort de M. Meurand, ancien Président et fondateur de cette Société.

M. H. de Sarrauton de la Société de Géographie d'Oran, donne lecture de la communication suivante :

PROGRÈS RÉALISÉS PAR L'HEURE DÉCIMALE DEPUIS UN AN

Messieurs,

Le plus grand nombre des personnes ici présentes ont certainement connaissance du projet de loi sur l'heure décimale déposé le 16 janvier dernier, et pris en considération, par la Chambre des Députés, dans sa séance du 6 février. Cependant cette proposition de loi est un événement d'une si haute importance au point de vue politique, au point de vue scientifique, en général, et particulièrement au point de vue de la science géographique, qu'il est impossible que, dans un congrès des Sociétés françaises de Géographie il n'en soit pas question. Je vous demande donc la permission de vous donner lecture de cette proposition de loi et de l'exposé des motifs qui l'accompagne et en démontre l'urgence.

PROPOSITION DE LOI

ayant pour objet de compléter, par l'adoption de l'heure décimale, le système des unités décimales créé par la Convention nationale, système que presque tous les peuples ont successivement emprunté à la France

Présentée par MM. Paul GOUZY et DELAUNE, députés

EXPOSÉ DES MOTIFS

Messieurs,

Le 27 octobre 1896, M. Gabriel Deville, député de la Seine, proposait de « substituer officiellement, en France, comme méridien initial, le méridien de Greenwich au méridien de Paris. »

Cette proposition, dont la conséquence pratique eût été de retarder l'heure légale française de 9 minutes 21 secondes, avait l'inconvénient moral de faire adopter par la France l'heure anglaise, c'est-à-dire l'heure de la nation qui a montré le plus d'obstination à ne pas accepter les unités décimales, cependant si supérieures aux siennes, théoriquement et pratiquement. Aussi souleva-t-elle d'ardentes protestations ; elle resta à l'état de proposition et ne fût pas soumise à la discussion publique.

Elle fut reprise plus tard par l'honorable M. Boudenoot, et rapportée par l'honorable M. Deloncle en ces termes :

« La proposition de l'honorable M. Boudenoot portant modification de l'heure légale française, pour la mettre en concordance avec le système universel des fuseaux horaires, a pour objet de mettre fin à la gêne réelle que cause aux services internationaux des télégraphes, des chemins de fer et des bateaux, la multiplicité des heures dans l'Europe occidentale.

« L'enquête longuement conduite en cette matière par votre Commission, a établi que nous ne saurions, sans dommage pour nos intérêts économiques, persister plus longtemps dans un isolement que rien ne justifierait plus ; *mais la réforme peut et doit s'effectuer sans que nous ayons le moins du monde à substituer le méridien anglais de Greenwich au méridien de Paris, qui est et doit rester notre méridien national.* Il nous suffira seulement de retarder de 9 minutes 21 secondes notre heure légale, ou, ce qui revient au même, de 4 minutes 21 secondes, l'heure intérieure de nos gares de chemin de fer, de manière à mettre ces deux heures en concordance pratique avec l'heure de l'Europe occidentale. »

Messieurs, si nous avons souligné une phrase du rapport de l'honorable M. Deloncle, c'est que c'est incontestablement cette phrase qui, le 24 février 1898, a déterminé le vote sans discussion d'une loi ainsi conçue :

Article unique

« L'heure légale en France et en Algérie est l'heure, temps moyen de Paris, retardée de 9 minutes 21 secondes. »

Autrement dit : l'heure légale en France est l'heure de Greenwich.

Il n'est pas douteux que les mêmes députés devant qui on n'avait même pas osé mettre en discussion la proposition Deville tendant à substituer au méridien de Paris le méridien de Greenwich, n'auraient pas voté la loi du 24 février 1898, si, après la phrase précédemment citée et soulignée du rapport Deloncle, ils n'avaient pas cru la substitution de l'heure de Greenwich à l'heure de Paris indépendante de la substitution comme méridien origine des longitudes, du méridien de Greenwich au méridien de Paris.

Or, cette indépendance n'existe pas. Les longitudes et les heures sont une seule et même quantité sous deux noms différents, et nous n'aurions pas plus tôt adopté l'heure de Greenwich, que la nécessité fastidieuse d'apporter à tous les calculs de longitude une correction de 9 minutes 21 secondes, et le danger des erreurs auxquelles ce calcul exposerait les marins, nous feraient fatalement renoncer au méridien de Paris.

Est-ce à dire qu'il soit possible, qu'il soit même désirable de conserver comme méridien origine le méridien de Paris, dont la France est presque la seule nation à faire usage ? Est-ce à dire surtout que la France doive rejeter le système, aussi rationnel que pratique, des fuseaux ? Les auteurs de la présente proposition ne le pensent pas. Mais ils estiment que, si une réforme est nécessaire, et ce n'est pas douteux, la France doit en prendre l'initiative et adopter, loin de se mettre à la remorque de l'Angleterre, un système assez rationnel, assez logique, assez simple, pour s'imposer aux autres nations, comme s'est peu à peu imposé à elles le système métrique décimal.

C'est précisément en complétant le système décimal, en l'étendant aux deux seules mesures qui y aient échappé jusqu'ici, la mesure du temps et la mesure du cercle, que la réforme qui fait l'objet de la présente proposition se fera accepter par toutes les nations, après avoir été adoptée par la France.

Cette réforme a un double objet :

1° Compléter le système décimal ;

2° Adopter un mode rationnel et universel de compter les longitudes.

Premier objet : Compléter le système décimal :

Il suffit de remarquer que, pendant que pour exprimer 1 mètre et quart, et demi, trois quarts, on écrit 1^m25, — 1^m50, — 1^m75, et de même 1 gr. 25, — 1 gr. 50, 1 gr. 75 : 1 are 25, — 1 are 50, 1 are 75, etc. ; on écrit, pour une heure et quart, et demie, trois quarts : 1 heure 15 minutes, — 1 heure 30 minutes, — 1 heure 45 minutes, pour constater le défaut de logique d'un système qui, rendant décimaux les sous-multiples de toutes les unités, a fait exception pour l'heure, unité de temps.

Ce défaut de logique disparaîtrait si l'on divisait l'heure, unité de temps, en 100 minutes, la minute en 100 secondes, la seconde en 100 tierces, etc. On écrirait alors, pour une heure et quart, et demie, trois quarts : 1 heure 25, 1 heure 50, — 1 heure 75, comme on écrit 1^m25, 1^m50, 1^m75, et il est inutile, tant elles sautent aux yeux, de faire remarquer les simplifications que la « décimalisation de l'heure » apporterait dans le calcul du temps.

Cette décimalisation de l'heure, qu'a proposée un ingénieur distingué, M. Henri de Sarrauton, inspecteur du service topographique à Oran, a reçu l'approbation de savants, parmi lesquels il suffit de citer des hommes comme MM. Adolphe Carnot, Loewy, Poincaré, Bouquet de la Grye, etc., membres de l'Institut, et l'illustre géographe Élisée Reclus.

Mais cette réforme serait incomplète si l'on ne faisait rentrer dans le système décimal l'autre mesure qui en est restée exclue jusqu'à ce jour : nous voulons dire : la mesure de la circonférence. Cette remarque n'a pas échappé à l'auteur de la proposition de l'heure décimale.

Mesurer la circonférence et mesurer le temps, c'est en effet la même chose, puisque le jour, est le temps qu'emploie le soleil moyen à décrire sa circonférence apparente autour de la terre.

C'est pourquoi, pour faire concorder la mesure de la circonférence et celle du temps, il suffit de remplacer la division actuelle de la circonférence en 360 degrés, par la division en 240 degrés, nombre qui n'est qu'un multiple décimal du nombre 24 d'heures, en lequel un usage universel et qui date d'un temps immémorial partage le jour, puis de partager chaque degré en 100 minutes, chaque minute en 100 secondes, etc.

Cette réforme a, comme la précédente, l'approbation d'un grand nombre de savants. Toutefois, nous ne devons pas dissimuler que d'autres savants, veulent conserver la division de la circonférence en 360°, mais tout en admettant, ainsi que les partisans de la division en 400 grades, la subdivision décimale des degrés ou des grades.

Ceci nous amène au second objet de notre proposition, savoir :

2° Adopter un mode rationnel et universel de compter les longitudes.

S'il est rationnel, et, pour ainsi dire, nécessaire, de distinguer les latitudes, qui ont une origine naturelle, l'équateur, en latitudes nord et latitudes sud, rien n'est plus irrationnel que de distinguer en longitudes est et longitudes ouest les longitudes, dont l'origine est un méridien essentiellement arbitraire et que rien ne distingue des autres.

La première réforme à faire dans la manière de compter les longitudes consiste donc à les compter toujours dans le même sens, de 0 à 240 degrés (en admettant adoptée la division de la circonférence en 240 degrés).

La seconde doit consister dans le choix le meilleur possible du méridien origine.

Or, si le meilleur méridien n'est pas celui de Paris, il est encore moins celui de Greenwich.

De même que le mètre, lorsqu'il fut choisi comme unité de longueur, le fut, non comme unité française, anglaise, allemande, etc., mais comme unité *neutre*, en même temps que naturelle, de même le premier méridien doit être neutre, soustrait aux fluctuations de la politique, déterminé par des considérations exclusivement scientifiques.

Et d'abord il ne doit pas être continental, comme celui de Greenwich et de Paris, mais maritime ; il ne faut pas que, dans une même ville, il soit, par exemple, en même temps lundi à la porte de Vincennes et dimanche à la porte de Saint-Cloud, pas plus qu'il ne faut que ces deux points de l'enceinte de Paris, dont l'un, la porte de Vincennes, serait à la longitude 0°05, l'autre, la porte de Saint-Cloud, à la longitude 239°95, soient à des longitudes différant entre elles de près de 240 degrés, quand ces deux points ne sont distants que d'une douzaine de kilomètres et font partie d'une même ville.

C'est ce que le cardinal Richelieu avait compris quand il choisit pour méridien origine celui de l'île de Fer, la plus occidentale des Canaries, méridien qui laissait d'un même côté toutes les terres alors fréquentées par les nations civilisées et savantes ; c'est ce que comprennent aujourd'hui les marins et les géographes qui, à l'exemple d'Elisée Reclus, proposent de faire passer le méridien origine quelque part dans le détroit de Behring.

Où ? Ce n'est pas à nous, législateurs, c'est à l'Académie des sciences qu'il appartient de donner la solution précise de cette question. Notre rôle, à nous, c'est :

D'abord d'achever l'œuvre de la Convention nationale en décrétant la décimalisation de l'heure, c'est-à-dire la division de l'heure en 100 minutes, de la minute en 100 secondes, etc.

Puis d'épargner à la France la faute d'adopter l'heure, et, par voie de conséquence, le méridien de Greenwich. Puisque l'adoption par toute l'Europe du système des fuseaux horaires nous oblige à abandonner le méridien de Paris, ce qui entraînera la réfection des cartes françaises et d'un grand nombre d'ouvrages scientifiques, n'est-il pas plus honorable et plus profitable de faire servir cet inévitable sacrifice à l'achèvement du système décimal, plutôt que de nous mettre à la remorque de l'Angleterre, en remplaçant le méridien de Paris, — scientifiquement mauvais, — par le méridien de Greenwich, — plus mauvais encore ?

En conséquence, nous avons l'honneur de soumettre à la Chambre la proposition de loi suivante :

PROPOSITION DE LOI

Article 1er. — Le jour solaire moyen est divisé en 24 heures : l'heure en 100 minutes ; la minute en 100 secondes, et ainsi de suite.

L'heure civile se compte de 0 à 24 à partir du moment où il est minuit moyen dans l'axe du fuseau considéré.

Art. 2. — L'heure décimale, telle qu'elle est définie à l'article premier, sera rendue officielle en France et dans les colonies françaises à partir du 1er janvier 1900.

Art. 3. — Les longitudes se comptent de 0 à 240 degrés, de l'est à l'ouest, à partir d'un premier méridien qui devra passer dans la région de Behring, en un point que l'Académie des sciences est chargée de déterminer exactement.

Art. 4. — Le système des fuseaux horaires donnant l'heure légale et résultant du choix du premier méridien, conformément à l'article 3, sera adopté en France et dans les colonies françaises à partir du 1er janvier 1900.

Messieurs,

Comme vous venez de le voir, par le vote du projet de loi Boudenoot nous étions fortement menacés de nous réveiller, un matin, affligés de l'heure et du méridien de Greenwich. Je ne sais si je me fais illusion, mais il me semble que ce danger est écarté.

Je ne puis croire qu'après avoir pris connaissance de l'exposé des motifs de MM. Gouzy et Delaune, il se rencontre un français pour demander encore l'adoption du méridien anglais.

Il me semble que maintenant tout le monde, en France, doit comprendre que l'adoption du méridien anglais serait, au point de vue national, une humiliation, au point de vue scientifique, une absurdité, au point de vue politique, une lourde faute. Et ici, Messieurs, je crois nécessaire d'expliquer ma pensée afin d'éviter toute interprétation fâcheuse.

Si j'emploie le peu de science et de notoriété que je possède à combattre le méridien anglais, ce n'est point du tout parce qu'il est anglais et que nous venons d'avoir quelques difficultés avec l'Angleterre. J'espère que vous ne me croyez pas capable de ce sentiment mesquin. Je m'efforce de repousser le méridien anglais, non parce qu'il est anglais, mais parce qu'il est mauvais ; parce que, consacrant la division sexagésimale de l'équateur et l'usage vicieux de longitudes orientales et occidentales, il n'est plus à la hauteur de la science moderne. Je repousse le méridien anglais parce que j'estime qu'il serait indigne de la France, contraire à toutes ses traditions, et en outre, fort maladroit, d'aller chercher à l'étranger un système horaire et géographique très défectueux, alors qu'il nous suffit d'achever l'œuvre commencée, à la fin du siècle dernier, pour nous trouver en possession d'un système incomparablement supérieur qui se répandra sur le monde avec l'influence et le génie français.

Adoptons l'heure décimale qui comporte le méridien maritime neutre et international de Behring, et tous les peuples bientôt poussés par l'irrésistible loi du progrès, viendront nous emprunter ce complément de nos mesures décimales, comme ils nous empruntent déjà notre mètre, notre gramme, notre franc.

La loi Gouzy et Delaune réalise, en effet, trois progrès considérables :

L'assimilation du jour et du cercle ;

La décimalisation de l'unité horaire et angulaire fournie par la géométrie ;

La numération des heures et des longitudes de 0 à 24, en un seul sens et en une seule période, comme il est logique et naturel de les compter, et comme on les compte déjà, en ce qui concerne les heures, dans certains pays, l'Italie et la Belgique, par exemple.

Cette loi achève, à la fois, le système américain des fuseaux horaires, et le système français des mesures décimales.

La décimalisation des unités de longueur, de poids, de surface, de volume, n'a pas été seulement un bienfait pour les savants et les spécialistes auxquels elle économise du temps et du travail. En rendant la science plus claire et plus accessible, elle est aussi un bienfait pour la Nation toute entière.

Il en sera de même de la décimalisation de l'heure et de l'arc de cercle correspondant. Cette réforme profitera peut-être plus encore au public qu'aux savants. Ceux-ci connaissent des procédés de calcul et possèdent des tables de conversion qui leur permettent de surmonter les difficultés inhérentes à l'incohérent système horaire et angulaire que nous avons hérité des premiers âges de l'humanité. Mais ces difficultés rendent inaccessibles au public bien des questions de mécanique, d'astronomie, de géographie qui devraient être familières à toute personne un peu instruite, et qui pourraient l'être, car la Nature les a faites très simples, et c'est notre ridicule manière de supputer le temps et les angles qui les fait artificiellement, compliquées et obstruses.

La loi Gouzy et Delaune sera donc un puissant moyen de vulgariser la science.

Passera-t-elle du premier coup? On ne peut rien prévoir à ce sujet. Nous manquons d'éléments d'appréciation. La Commission de l'Heure décimale ne s'est encore réunie qu'une fois, et pour décider, sur la proposition de son président, M. Gouzy, qu'elle ne se mettrait au travail qu'après le vote du budget. Assurément, il y aura des résistances. La routine va se cabrer. Les esprits larges sont, dès à présent, acquis à la réforme, et ce qui le prouve, c'est que, presque sans exception, les officiers de marine et les hommes qui ont passé par l'Ecole Polytechnique sont partisans de l'heure décimale. MM. Gouzy et Delaune sont eux-mêmes deux anciens élèves de Polytechnique. Mais, d'autre part, il ne manque pas de demi-savants, d'esprits étroits qui préfèrent, de parti pris, un outil mauvais, mais habituel, à un outil excellent, mais nouveau.

Ce que je puis vous donner comme certain, c'est qu'un échec ne serait qu'un retard. Toute œuvre commencée tend nécessairement à son achèvement.

Il faut donc que le système décimal s'achève dans la mesure du possible. Or, il est démontré que, de ces deux institutions également univervelles, le jour duodécimal, la numération décimale, si dans la suite des temps, l'une doit disparaître, ce n'est pas le jour duodécimal qui est parfait, mais bien la numération décimale qui est défectueuse. L'ensemble des mesures décimales ne peut donc s'achever que par la décimalisation de l'heure et de l'arc du cercle correspondant.

Si, par hasard, la loi Gouzy échouait, elle serait bientôt reprise, en France ou à l'Etranger, et le succès définitif ne saurait être douteux, puisque cette loi est l'unique moyen de compléter l'œuvre commencée par la première République.

Selon l'expression de ses auteurs, il serait « *honorable et profitable* » pour notre Patrie qu'elle réussit d'abord en France. Nous avons en mains, Messieurs, un puissant moyen de la faire réussir : c'est d'apporter notre appui moral à MM. Gouzy et Delaune, et c'est pourquoi j'ai l'honneur de vous soumettre le vœu suivant :

Le XXe Congrès des Sociétés françaises de géographie, réuni à Alger, vote de chaleureuses félicitations à MM. Gouzy et Delaune, pour leur patriotique projet de loi.
Et émet le vœu que le Gouvernement prenne telles mesures qu'il jugera convenables pour instituer le méridien maritime et achever le système français des mesures décimales, dans le plus bref délai possible.

Le vœu proposé par M. de Sarrauton est adopté à l'unanimité des membres présents et renvoyé au Comité du Congrès.

M. le Capitaine Godchot, du 1er régiment de Zouaves, M. S. G. A., donne lecture de la communication ci-après :

DU ROLE DE L'ARMÉE EN ALGÉRIE

Messieurs,

Le 14 juin 1830, l'Armée Française débarquait à Sidi-Ferruch ; le 4 juillet suivant Alger capitulait et notre Drapeau flottait sur la Kasbah. 69 Ans après vous tenez dans les murs d'une grande ville le XXe Congrès national de Géographie, et notre Algérie voit s'étendre chaque jour ses limites géographiques, tandis que, à côté d'elle, l'ancienne Africa prospère et la prolonge à l'Est, et que la Tingitane tente vainement de faire oublier à l'Ouest, l'occupation de Rome.

Parcourez cette Algérie moderne ! Voyez tous ces ports, tous ces villages, tous ces postes ! Considérez ce réseau de routes quoique encore incomplet ! Laissez-vous aller au rêve lorsque vous traversez en chemin de fer, de l'Est à l'Ouest, les deux Maurétanies, ou lorsque vous promenez vos loisirs vers les oasis dont les palmes agitées murmurent encore le nom de la Kahena ! Voilà ce que la France a fait sur cette terre d'Afrique en une vie d'homme, tandis que les légions romaines ont mis plus de quatre siècles pour essayer de dompter ce pays, et n'ont pu assurer sur lui la domination des Césars.

Quand le canon tonna dans la plaine de Staouéli ; quand le Fort de l'Empereur entrouvrit ses flancs dans une explosion formidable, les plaines et les monts tressaillirent ; les sables du désert furent soulevés, et leur frémissement se marqua par des rides légères ; dans les Ergs les caravanes durent s'arrêter un instant : le Grand Souffle de la France civilisatrice portait sur toute cette terre l'écho des premiers combats ; une aube nouvelle se levait venant du Nord annonçant les fécondations futures.

Qu'il y ait eu des hésitations, des lenteurs, des erreurs et des luttes, qui pourrait s'en étonner ?

Dieu tira tout en sept jours du néant et du cahos. La France, en 39 ans, a tiré ce pays de la Barbarie ; et elle l'en a tiré grâce tout d'abord à son armée ; grâce ensuite à ses propres colons, premiers défricheurs et premiers pionniers qui sont venus essuyer tous les risques, mourir des fièvres et des coups de l'ennemi pour permettre aux autres peuples de jouir ensuite de la sécurité et du fruit de leurs cruels labeurs.

Telle est, Messieurs, en raccourci, l'histoire de la conquête violente puis pacifique de notre Algérie, de cette colonie si belle déjà et si florissante ; que, dans notre impatience, nous voudrions plus belle et plus florissante encore, et qui, presque inconsciemment, s'est approprié la devise d'un de ses Gouverneurs les plus remarquables. C'est par l'épée, c'est par la charrue, c'est par le sang et par la sueur de nos soldats et de nos colons que s'est élevée cette enfant de la France dont les pieds sont baignés dans les flots bleus et dont les bras s'étendent journellement comme pour embrasser toute l'Afrique.

Quel fut le rôle de l'armée dans cette œuvre de conquête et de colonisation ? Voilà ce que je voudrais vous dire, Messieurs, quoique une voix plus autorisée que la mienne eût été sans doute nécessaire. Mais vous m'écouterez néanmoins avec bienveillance, j'en suis sûr, j'en suis persuadé, car déjà je sens vos cœurs s'émouvoir aux souvenirs que j'évoque et pour un peu vous auriez voulu vivre en ces temps héroïques si près et déjà si loin de nous, alors qu'il fallait des escortes pour aller donner les premiers coups de pioche sur les bords de l'Harrach ou sur ceux de l'Oued Kerma.

La puissance turque s'était à peine évanouie : le vieil Alger, déjà hélas! disparaissait pour faire place à une ville moderne, qu'une révolution emportait le gouvernement qui, sans se soucier de l'Angleterre, avait décidé de mettre fin à la Piraterie.

L'Algérie naissait dans les convulsions, éloignée des luttes politiques ; l'Armée d'Afrique préludait à ses hauts faits sur cette terre, s'entraînait en des luttes incessantes contre les Hadjoutes qui venaient la braver jusque dans ses camps répandus sur les coteaux qui nous environnent.

On eut dit qu'elle attendait quelque force nouvelle pour sortir des limites étroites assignées tout d'abord à son courage.

Impatiente, elle voulait les élargir. Son chef, le Général Clauzel, rêvait de gouverner de Siga à Cirta.

Mais quelque chose manquait. Etait-ce la compréhension nette de la guerre en ce pays ? Etaient-ce les ressources en hommes et en argent ? Non ! Mais un souffle ! Un rien !... Une idée d'énergie, une volonté d'initiative, une audace prête à tous les assauts, à toutes les entreprises !

Le 1er octobre 1830, les Zouaves étaient créés ; la guerre d'Afrique allait s'incarner en eux ; ils allaient devenir des modèles pour toutes les troupes engagées ; et l'on allait les doter de cet uniforme merveilleux de souplesse et d'originalité qui semble enlever son homme et le transporter sous le souffle de la bataille aux points les plus dangereux de la lutte !

D'un premier bond, avec les Zouaves à l'avant-garde, on s'élança sur les crêtes pour aller châtier le Bey du Tittery et occuper Médéah. Le Mouzaïa trembla de cette audace, et le coup fut porté. Sans doute nous ne demeurâmes pas sur les sommets, car, derrière nous, s'agitait la plaine. Mais les kabyles de l'Atlas, et avec eux toutes les tribus comprirent que rien n'arrêterait plus notre expansion. Et si l'écho des discussions parlementaires vint leur apporter quelque réconfort, du moins trouvèrent-ils toujours devant eux des bras fermes et invincibles !

Plus que jamais, la fermeté et l'esprit de suite devenaient nécessaires. La colonisation ne s'étendait qu'avec une timidité extrême ; la Ferme Modèle, à 11 kilomètres d'Alger, se voyait journellement en butte aux attaques de l'ennemi ; déjà nos colons, à peine installés, pouvaient prévoir les habitudes de pillage qu'ils devaient supporter si longtemps, tandis que la fièvre commençait ses ravages et que l'on ne savait si l'on conserverait l'Algérie à la France.

L'Armée, par ses victoires, força la main au Parlement au moment même où, sous l'inspiration d'un grand patriote, l'Algérie entière allait se soulever contre nous.

Bône, Oran, avaient été occupées pour esquisser de suite nos intentions. Des relations avec Tunis étaient créées. Et l'on songeait seulement à s'établir à Blidah d'une façon définitive après avoir commencé les travaux d'installation de Boufarik, alors que, en France, si l'on n'osait demander directement l'abandon, du moins s'efforçait-on de réduire les effectifs.

Thiers et Guizot eurent alors la vision de l'avenir. Grâce à eux, l'Algérie fut sauvée. Et la conquête, toujours quelque peu entravée, put néanmoins se développer donnant à nos soldats mille occasions d'héroïsme.

Médéah et le Col de Mouzaïa furent de nouveau le théâtre de belles luttes. Bougie à son tour fut occupée, tandis que le bey de Constantine, par un guet-apens, nous fournissait une occasion d'agir contre lui, et que le Général Desmichels s'essayait malheureusement du côté d'Oran.

La lutte devenait acharnée Les Français avaient en face d'eux un ennemi digne de leur Patrie. J'ai nommé Abd-el-Kader, cet homme simple et d'allures superbes, aussi fin diplomate qu'aventureux soldat, capable seul de réveiller le patriotisme des anciens berbères si les çofs le lui eussent permis ; Abd-el-Kader, auquel tant de soldats ont déjà rendu hommage, et qui reste en face de Bugeaud, et du côté arabe, la seule belle figure de ces temps antiques.

Ah ! Cette lutte avec ses alternatives quelque fois cruelles pour nous ! Ces poursuites contre des ennemis insaisissables et toujours présents alors qu'on les croit en fuite ! Ces combats où souvent il n'y a pas de quartier, où les mutilations s'ajoutent aux blessures, où les têtes tombent et vont orner le triomphe de l'ennemi ! Que de héros et que de braves y prirent part ! Il n'y a qu'à glaner des noms dans tous les sillons aujourd'hui fécondés par leur sang !

Mais ici je mettrai hors de pair dans ces débuts de la conquête, Duvivier, Lamoricière avec leurs Zouaves qui surent faire oublier le désastre de la Macta, quelque temps après que le Maréchal Clauzel, pour la deuxième fois, était venu comme Gouverneur général.

Rachgoun, l'ancienne Siga, nous offrait dès lors, plus à l'Ouest, un point d'appui ; Mascara voyait une expédition lancée contre elle ; les combats du Sig et de l'Habra commençaient la réputation de Bugeaud ; et les fils du roi s'apprêtaient à venir cueillir des lauriers auxquels l'un d'eux devait un jour de vivre, vrai fils de France, non en exil, dans cette demeure princière offerte depuis au génie de la Patrie.

Abd-el-Kader battu à l'Ouest, se rejette vivement dans l'Est. Le Tenia de Mouzaïa, le Col des Oliviers virent de superbes corps à corps. Puis Tlemcen, à son tour, fut entourée par la fusillade. Constantine, sur son rocher, protégée par son Rhummel écumant, se préparait une première fois à narguer nos efforts et à rendre désastreuse notre retraite du Coudiat, retraite pendant laquelle Changarnier s'illustrait. A ce moment, après la Sikak, Abd-el-Kader songeait à prendre quelque repos, à refaire ses forces, et signait avec nous le traité de la Tafna.

La colonisation commençait à prendre plus d'essor. Dély-Brahim, Coléah, Boufarik, la plaine de la Mitidja, si fiévreuse alors, couverte de broussailles, de tourbières et d'étangs, voyaient nos soldats préparer les moissons futures, ces belles moissons dorées qui tombent sous la faucille des Kabyles aujourd'hui vaincus.

Déjà montaient vers les pentes de Mustapha, les rêves des Algérois de la première heure ; et les coteaux du Sahel perdaient peu à peu leurs lentisques et leurs jujubiers sauvages que devaient remplacer les pampres verts surchargés de grappes blondes.

Une sorte de trêve régnait alors. Mais elle ne fut pas longue. Le combat du Boudouaou, la deuxième expédition de Constantine qui se termina si heureusement après l'héroïque folie de Lamoricière et de ses zouaves ; la Chevauchée à travers les Portes-de-Fer : tout annonçait une reprise des hostilités. D'ailleurs, Abd-el-Kader avait reconstitué ses forces régulières. Et la Mitidja fut dévastée ; le traité de la Tafna fut furieusement dénoncé. L'Oued l'Alleug fut insulté ! Le 2me Léger, Mazagran, El-Affroun, le Mouzaïa, Milianah : tels furent les noms qui frappèrent au début de ce renouveau.

Le général Valée était rappelé en France ; Bugeaud était nommé Gouverneur général, et si sa voix n'avait pas été jadis assez puissante pour arrêter un élan qui était l'œuvre du destin, il s'engagea dès ce moment à consacrer à cette œuvre tout ce que la nature lui avait donné d'activité, de dévouement et de résolution. « *Il faut, dit-il en prenant son commandement, il faut que les Arabes soient soumis; que le drapeau de la France soit seul debout sur cette terre d'Afrique. Mais la guerre, indispensable aujourd'hui, n'est pas le but. La conquête serait stérile sans la colonisation. Je serai donc colonisateur ardent, car j'attache moins de gloire à vaincre dans les combats qu'à fonder quelque chose d'utilement durable pour la France....* » Puis, se tournant vers ses soldats : « *Soldats de l'Armée d'Afrique, le Roi m'appelle à votre tête. Un pareil honneur ne se brigue pas, car on n'ose y prétendre. Mais si on l'accepte avec enthousiasme pour la gloire que promettent des hommes comme vous, la crainte de rester au-dessous de cette immense tâche modère l'orgueil de vous commander. Vous avez souvent vaincu les Arabes, vous les vaincrez encore ; mais c'est peu de les faire fuir, il faut les soumettre.... »*

Et la campagne de 1841 commença.

Dès lors, Abd-el-Kader n'eut plus de repos et n'en laissa pas à nos troupes. Médéah fut ravitaillée ; Milianah vit couler le sang sous ses murs ; Takdempt fut détruit, Mascara occupé ; Boghar, Taza, Saïda tombèrent successivement entre nos mains et furent démantelés. Baraguey d'Hilliers, Changarnier, Lamoricière, continuèrent leurs exploits avec une activité dévorante.

A la fin de cette première campagne qui mit définitivement en présence ces deux rudes lutteurs, Abd-el-Kader et Bugeaud, ce dernier écrivait à Guizot : « *On a cru que nous avions peu fait, parce que nous n'avons pas rédigé de pompeux bulletins pour de petits combats ; mais on devrait savoir que nous ne pouvons pas avoir en Afrique des batailles d'Austerlitz et que le plus grand mérite dans cette guerre ne consiste pas à gagner des victoires mais à supporter avec patience et fermeté les fatigues, les intempéries et les privations.* »

Telle était, en effet, la caractéristique de cette guerre d'Afrique, telle elle est toujours. Ici ce ne sont point les hommes que l'on a devant soi qui peuvent arrêter nos troupes, aujourd'hui moins que jamais : Ce sont comme au temps des légions, le climat et la terre.

De cette terre l'Emir faisait, sans se lasser, sortir de nouvelles hordes de plus en plus fanatisées, hypnotisées pour le Djehad.

L'étincelle sacrée allumait partout de nouveaux feux !

Les Hadjoutes, que l'on pouvait croire domptés, surprenaient alors Blandan, et sur son corps percé de coups achevaient d'autres victimes héroïques.

Dans la vallée du Chéliff, sur les pentes du Dahra et de l'Ouarensenis, Bedeau et Changarnier ; dans la division de Mascara, Lamoricière conduisaient vaillamment leurs régiments si disciplinés Les combats de Loha, de l'Oued Fodda, de Bess-Ness, assuraient la soumission des Djafra, des Beni-Ourag, des tribus du Mouzaïa, des Beni Messad et des Soumata.

Les Hadjoutes eux-mêmes demandèrent l'aman. Et Bugeaud put écrire au Maréchal Soult : « *Je vais tourner mes regards vers l'autre quart de cercle que forme l'Atlas, depuis les Beni Sala jusqu'à l'embouchure de l'Isser.... Alors, M. le Maréchal, nous verrons autour de la Mitidja l'obstacle continu qui convient à une grande nation comme la nôtre.* »

Mais, en vérité, l'on doit dire « que la direction de la guerre lui échappait : C'était Abd-el-Kader qui la menait à sa guise ; sans égard aux saisons, et lorsque ses adversaires avaient le plus besoin de repos, c'était ce temps là qu'il choisissait justement pour les empêcher de faire la sieste ». Il devait bientôt en être puni.

Ce fut en 1843. L'insurrection avait de nouveau gagné l'Ouarensenis et le Dahra ; les Beni Menacer et les Beni Messad avaient répondu à l'appel de l'Emir.

Bugeaud, de son côté, s'était créé des points d'appui. El-Esnam, Ténès, Tiaret, Teniet-el-Haâd sortaient de terre et permettaient au Gouverneur de jeter des colonnes mobiles à la poursuite d'Abd-el-Kader qui, tantôt dans le Tittery, tantôt dans la plaine d'Eghris, ne cessait de nous tenir en haleine.

Alors la Smala fut prise le 16 mai, à Ras-el-Aïne-Taguine, le Duc d'Aumale s'illustra d'un seul coup, et avec lui les Colonels Morris et Yusuf ; puis comme toujours, les Chasseurs d'Afrique, les Spahis, les Zouaves ainsi que leurs camarades du 33e et du 64e de Ligne. Leur audace frappa de terreur cette multitude désordonnée ; leur décision, leur impétuosité, leur à propos, leur élan, tout contribua à donner le succès.

Mais, « toujours plus grand que la fortune », trois semaines après le désastre de la Smala, Abd-el-Kader s'était jeté sur les Harrar, puis s'était retiré dans le Sersou, aux Sebaïn-Aïoun, puis avait paru chez les Hassasna, dans la Yacoubia, pour vider les silos de Djidda. Le Colonel Géry lui infligea une défaite.

L'Emir qu'on avait vu, au milieu d'un groupe d'une trentaine de cavaliers, animant ses troupes à la résistance, prit la fuite au galop pour aller reparaître sous les murs de Mascara.

Cette pointe audacieuse ne réussit pas. Mais que de perplexités pour le Gouverneur ! « *Comment empêcher les incursions d'un ennemi qui se jouait des colonnes mobiles, qui passait insolemment ou se glissait furtivement entre elles, qui ne traînait ni convois, ni bagages, vivant au jour le jour, trouvant partout des espions habiles à le renseigner, des cavaliers prompts à le suivre, ayant la vitesse, les zigzags et l'imprévu de la foudre ?* »

L'on créa des colonnes légères. Et l'Emir vint se heurter à elles successivement à Sidi-Youssef et à Sidi-Yahia où le trompette Escoffier et le brigadier Gérard se firent remarquer.

Dans l'Est, la province de Constantine était moins agitée ; et nos colonnes visitaient Tébessa, avec le Général Randon ; le Dira et le Hodna avec le Général Baraguey d'Hilliers ; Batna et Biskra avec le

Duc d'Aumale ; tandis que dans le Sud de la province d'Alger, le Général Marey campait successivement près d'Aïn-Madhi, et sous les Ksour de Tadjemout et de Laghouat.

Déjà l'on avait compris que la partie habitée du désert nous était nécessaire politiquement et commercialement ; que ce n'était que par notre domination que nous pourrions ouvrir à notre commerce des relations avec l'intérieur de l'Afrique, et qu'il était nécessaire d'enlever à Abd-el-Kader les ressources qu'il pouvait trouver dans ces contrées et jusqu'à l'apparence même d'un reste de puissance.

Il fallait plus encore. Nous avions remplacé les Turcs et contracté des obligations envers les tribus diverses que nous avions soumises ou que nous voulions soumettre. Quelle conduite devions nous tenir envers nos nouveaux sujets ? Le problème était délicat. Il fallait changer les hommes sans toucher à leurs institutions fondamentales ; faire succéder notre autorité à l'autorité déchue ; supprimer par des réformes successives les abus inséparables de tout gouvernement absolu ; moraliser les nouveaux chefs indigènes par l'exemple de notre probité politique et administrative ; conquérir peu à peu l'affection des administrés en leur offrant des secours contre l'injustice et l'arbitraire des chefs, leurs coreligionnaires. L'Armée se dévoua à cette nouvelle tâche ; et les officiers des affaires arabes, Rivet, Daumas, Martimprey, Bosquet, Barral et tant d'autres surent atteindre le but fixé à leurs efforts.

Aussi notre conquête progressait-elle toujours, et la série de nos postes se développait. A l'Ouest, on avait créé ceux de Saïda, de Sebdou, de Lalla-Maghnia qui portèrent ombrage au gouvernement de Fez. Faut-il vous rappeler nos difficultés avec lui ? Les agressions diverses dont nous fûmes l'objet en 1844 ? La marche sur Oudjda ? L'occupation de Djema-Ghazaouat ? L'intervention du Prince de Joinville et le bombardement de Tanger ? La bataille d'Isly et la prise de Mogador ? Et les susceptibilités de l'Angleterre qui alors, comme toujours, se montra jalouse de nos succès ?

Ces succès parurent un instant subir une éclipse. Abd-el-Kader refugié au Maroc, ne tarda pas à rentrer en scène, profitant des résultats heureux obtenus par toute une série de Bou Maza et des intrigues des Khouan Derkaoua.

Bientôt le Dahra était en feu ; la Kabylie frémissait ; Abd-el-Kader se portait sur Stitten et razziait les Harrar. A la tête de quelques centaines de cavaliers, il faisait partout des courses d'une rapidité extraordinaire, suppléant à son infériorité matérielle par son influence morale et religieuse.

Et le 23 septembre, il nous infligeait les désastres de Sidi-Brahim. Montagnac, Chargère, Froment-Coste, Dutertre, Burgard, de Gereaux, vos noms et ceux de vos intrépides compagnons ont été tout dernièrement solennisés ! « *Les glorieux enfants de notre chère France ont versé sans compter leur sang pour la défense de l'Algérie, et ils sont nombreux les monuments commémoratifs qui marquent dans notre colonie les étapes de notre vaillante armée d'Afrique !* »

L'échec de Sidi-Brahim donna le signal d'une insurrection générale. Dix-huit colonnes furent organisées pour donner la chasse à l'Emir qui vint menacer même la Mitidja, mais dut bientôt battre en retraite, traqué partout, et se réfugier de nouveau au Maroc.

Bou Maza, Ben Salem se soumirent alors.

Et le Maréchal Bugeaud put être fier de son œuvre ; car, dans cette campagne de 1846, il avait refait pour ainsi dire la conquête de l'Algérie.

Son heure cependant était sonnée. L'œuvre étant devenue quelque chose, tout le monde désirait s'en emparer ; chacun cherchait à y mettre sa pierre ; et, ne pouvant s'opposer au torrent et ne voulant pas le suivre, le Duc d'Isly songeait à quitter l'Algérie refusant d'être l'artisan des idées fausses qui régnaient, comme toujours, sur les grandes questions d'Afrique.

Messieurs, dans le dernier *Bulletin* de la Société de Géographie d'Alger, vous trouverez, sous la signature de mon éminent collègue M. le baron de Vialar, une étude très sérieuse sur la colonisation telle que l'avait comprise le Maréchal. Vous y verrez que dans cet ordre d'idées l'armée sut bien souvent quitter le fusil pour la pioche ou la charrue. Et l'on ne sait ce que l'on doit le plus admirer ou de l'endurance dont elle fit preuve dans sa lutte contre Abd-el-Kader, ou de l'ingéniosité qu'elle mit aux premières créations des centres nouveaux.

Il suffisait alors d'étendre ses regards au delà du cercle d'Alger pour juger ses travaux ; les routes, les ponts, les édifices de toute nature, les barrages, les conduites d'eau, les villages avaient surgi sous ses pas. Et le Maréchal, en partant, pouvait être fier de ce qu'il avait obtenu d'elle, et pouvait aussi se rendre cette justice qu'il avait préféré servir les intérêts des colons que flatter leurs passions et leur amour propre, et qu'il avait bien légitime sa devise : *Ense et aratro*, qui est toujours celle de la colonie.

La période héroïque de la conquête allait bientôt prendre fin. Le 5 octobre 1847, le Duc d'Aumale, nommé Gouverneur général, débarquait à Alger. Le 23 décembre Abd-el-Kader se rendait au général Lamoricière devant le Marabout de Sidi-Brahim.

« L'événement s'accomplissait à l'heure que Dieu avait marquée ! »

Il en fut de même pour la royauté. Le mois de février suivant vit la chute de Louis Philippe. Le Duc d'Aumale dut quitter son commandement, mais avant de partir il écrivit au Ministre : « *Fidèle jusqu'au dernier moment à mes devoirs de citoyen et de soldat, je suis resté à mon poste tant que j'ai pu croire ma présence utile au pays...... La France peut compter sur son armée d'Afrique. Elle trouvera ici des troupes disciplinées, braves, aguerries ; elles sauront partout donner l'exemple de toutes les vertus militaires et du plus pur dévouement au pays. J'avais espéré partager leur dangers et combattre avec elles pour la Patrie...... Cet honneur m'est enlevé, mais du fond de l'exil, tous mes vœux seront pour la gloire et le bonheur de la France.* »

La gloire et le bonheur de la France, tels étaient aussi les vœux que formaient les troupes d'Afrique ! Quand on souffre pour la Patrie, quand pour elle on brave des dangers, il semble qu'on l'aime mieux de tout l'amour dont elle vous est un peu redevable.

Et si la pacification générale semblait dès lors assurée en Algérie, bien des points restaient encore inoccupés, bien des combats partiels devaient encore être livrés.

Citerai-je Zaatcha où s'immortalisa Canrobert avec ses Zouaves ? Laghouat qui fut prise le jour même de la proclamation de l'empire ?

Il était réservé au général Randon de réduire les Kabyles dont les montagnes superbes et les villages fortifiés semblaient former un rempart inexpugnable au milieu de notre conquête.

Le Maréchal Bugeaud avait traité la Kabylie comme une place forte. Il l'avait investie à distance ; avait poussé des cheminements, laissant à ses successeurs l'honneur de dompter ces montagnards intrépides contre lesquels avaient échoué les légions romaines.

Le Maréchal Randon fut leur vainqueur.

Icheriden, le dernier refuge où s'étaient concentrées toutes leurs forces pour permettre à l'Armée d'Afrique, représentée par des fractions de toutes ses troupes, de cueillir un nouveau mais sanglant triomphe : Icheriden ! Ce nom venait s'ajouter sur les drapeaux à ceux si glorieusement illustrés en Crimée dans cette lutte grandiose mais courtoise avec des ennemis dignes d'une amitié féconde !

Icheriden ! Ce combat marquait l'établissement définitif de notre conquête.

Et depuis, l'Armée d'Afrique sut, comme l'avait dit un de ses généraux, donner l'exemple de toutes les vertus militaires et du plus pur dévouement au pays.

Après la Crimée, après l'Italie, après le Mexique, pour lesquels l'Algérie avait su se priver de ses défenseurs, les Champs d'Alsace et de Lorraine virent l'héroïsme de nos frères.

Tirailleurs et Zouaves à Frœschviller, Chasseurs d'Afrique à Sedan, tous les autres et partout, en ces tristes jours, se montrèrent dignes de leur passé, et l'Algérie eut l'occasion d'applaudir à leurs prodiges, au moment où pour elle se préparaient de terribles tressaillements.

Ils furent rapidement comprimés.

Depuis cette heure sombre, le soleil n'a cessé de briller sur l'Algérie. Aucune limite n'est plus fixée à son expansion.

Des braves tombent encore de temps en temps pour la toujours plus grande France. Mais derrière eux, se développe cette belle colonisation à laquelle, Messieurs, vous ne pourrez que rendre hommage. Et, de retour dans la chère Patrie, oubliant les querelles entrevues, vous parlerez de l'Algérie si glorieusement conquise, si bien parée de ses moissons et de ses vignes, si riche de trésors encore inexploités, et vous la vanterez, et vous ferez l'éloge de cette terre féconde, terre de progrès et de liberté pour tous, terre d'honneur pour le renom de la France.

Le Président remercie M. le Capitaine Godchot d'avoir su faire ressentir à son auditoire la fibre patriotique qui l'anime.

M. Delorme, Rédacteur au Gouvernement général de l'Algérie, ancien chirurgien chargé du Service Sanitaire à la côte Est de Terre-Neuve, M. S. G. A., donne lecture de la communication ci-après :

Les Pêcheries Françaises à la Côte de Terre-Neuve

Au moment où la question de la valeur de nos droits à la côte de Terre-Neuve soulève en Angleterre comme en France des discussions passionnées, j'ai cru bon de rappeler brièvement au 20e Congrès de Géographie les conclusions de la communication que j'ai eu l'honneur de faire, l'année dernière, au Congrès de Géographie de Marseille.

Après avoir démontré qu'il n'y a aucune communauté d'intérêts entre notre pêche au banc, si vivace et si nécessaire à la vie d'une partie importante de nos populations maritimes, et la pêche à la côte de Terre-Neuve qui décroit de jour en jour, j'ai étudié les diverses causes de cette décroissance : la difficulté de plus en plus grande du recrutement pour un métier pénible et dérisoirement rétribué, l'emploi d'engins destructeurs et l'envahissement du littoral par les pêcheurs anglais.

J'ai signalé que l'emploi d'instruments comme la seine, filet de 300 mètres de longueur sur 30 de hauteur, de la faux, hameçon énorme promené dans les bancs de morue, de la trappe, dépeuplaient de plus en plus nos fonds de pêche, alors qu'au banc de Terre-Neuve, où ces engins ne sont pas employés, la pêche continue à être productive : les études auxquelles je me suis livré en 1895, comme chirurgien chargé du service sanitaire à la côte Est de Terre-Neuve, m'ont amené à la conclusion suivante : la seine et la faux détruisent une énorme quantité de jeunes poissons, avant qu'ils aient pu se reproduire, et une non moins grande quantité d'adultes, en pleine période de reproduction, avant le dépôt du frai.

Ces conclusions, que je n'ai tirées qu'après avoir soigneusement et longuement étudié les conditions de reproduction de la morue à la côte, concordent entièrement avec celles du superintendant anglais des pêcheries de Terre-Neuve, M. Nielsen ; la dépopulation des fonds est telle à la côte anglaise, qu'on a dû créer un vaste établissement de pisciculture. La création d'un semblable établissement et l'interdiction des engins de pêche destructeurs seraient les conditions *sine qua non* du repeuplement des fonds.

Ces moyens sont d'une application difficile : la création d'établissements de pisciculture rencontrerait de sérieux obstacles, à cause des articles de traités qui nous interdisent toute construction permanente sur les points de la côte où nous avons conservé le droit de pêche. De plus ; ces établissements devraient être multiples, étant donnée l'étendue de territoire où nos droits sont reconnus par les traités. Il serait peut-être possible cependant de remédier à ces difficultés.

L'interdiction de la seine et de la faux rencontrerait une violente opposition chez les armateurs : ces deux moyens de pêche, par leur force de destruction même, sont les seuls qui soient suffisamment rémunérateurs pour les grands armements : il ne faut pas oublier du reste que la prime donnée par l'Etat constitue généralement le seul bénéfice de l'industrie de la pêche à la côte, quand il y a bénéfice. Il semble du reste que cette industrie ne peut plus rémunérer les capitaux importants qui y sont engagés : l'industrie de la petite pêche seule pourrait avoir une certaine vitalité, et rémunérer suffisamment les bras qui y seraient employés. La transformation de nos pêcheries dans ce sens semble à peu près impossible, à cause de la distance qui sépare Terre-Neuve de la Métropole.

Enfin tout repeuplement des fonds profitera beaucoup moins à nos nationaux qu'aux populations anglaises installées à la côte, souvent par l'incurie même de nos armateurs, et qu'il serait à peu près impossible d'éloigner, au point de vue de l'équité même.

Deux voies s'ouvrent donc aux pouvoirs publics pour résoudre la question de Terre-Neuve : s'imposer d'énormes sacrifices pour faire revivre et transformer une industrie qui se meurt, ou céder nos droits à l'Angleterre. Il ne m'appartient pas d'indiquer quelle voie est la meilleure. Il ne faut cependant pas oublier que si nos droits ont actuellement peu de valeur pour nous, ils peuvent reprendre une certaine importance au moins momentanément, et surtout qu'ils ont une énorme valeur pour l'Angleterre, car ils empêchent totalement le développement économique de la colonie, si nous voulons les faire respecter dans toute leur rigueur.

Enfin, si la cession s'effectuait, il faut se souvenir que Saint-Pierre constitue pour nous un point stratégique de première importance, et qu'une des clauses de la cession doit être la revision de l'article du traité de Paris qui nous interdit de fortifier cette île.

M. le Capitaine Lacroix donne lecture du mémoire suivant présenté par M. le Commandant Napoléon Ney, de la Société de Géographie commerciale de Paris.

LA FRANCE ET L'ISLAM

La politique étrangère de la France dans les pays musulmans et son expansion coloniale ont fait naître dans certains esprits l'idée d'une alliance entre la France et l'Islam.

L'idée est parfaitement pratique ; seulement, pour en exposer les voies et moyens du premier coup, il faudrait écrire un volume.

Voici en attendant un exposé sommaire du but à atteindre. Si l'idée est approuvée, les explications verbales et des documents précis compléteront la présente note et prouveront la facile réalisation de cette idée.

« L'alliance de la France et de l'Islam » qui aura pour notre pays des conséquences incalculables.

I

L'Europe ne peut pas, malgré ses efforts, connaître les ressorts intimes du monde musulman qui est resté de tout temps impénétrable pour un esprit chrétien.

L'Islam n'est pas une simple religion. C'est une espèce de maçonnerie théocratique ; une congrégation militaire, une formidable machine de guerre.

L'Islam a échoué devant l'Europe parce que, certains obstacles étrangers à son essence, l'ont mis dans l'impossibilité d'accepter le secours des sciences européennes.

L'Islam a été paralysé par l'absence d'une direction intellectuelle.

Pour ceux qui ont pu pénétrer dans l'âme de l'Islam il ne peut y avoir le moindre doute que deux cents millions d'hommes, c'est-à-dire des millions de *martyrs* armés pour *la cause de Dieu*, dirigés par une organisation savante pourraient changer la face de l'Asie et de l'Afrique.

L'Islamisme vaincu par ses fautes, humilié et poursuivi sur tous les points, a fini par découvrir le vice mortel de son organisme usé. Après de longues et douloureuses expériences il a trouvé dans son propre sein la formule d'une réorganisation qui répond merveilleusement aux besoins et à l'esprit de tous les peuples musulmans.

En ce moment, il se produit dans le monde musulman un mouvement qui ne ressemble à rien de ce que l'histoire de l'Islamisme a produit jusqu'à ce jour.

Ce mouvement est dirigé vers les lumières européennes et par des principes nouveaux.

Cet Islamisme reconstitué, qui a pris une extension rapide, bien qu'il ne se soit pas encore manifesté extérieurement, a besoin de s'appuyer sur une alliance européenne.

Parmi les trois grandes puissances qui ont des relations avec l'Islam, la France laïque est, sans comparaison, mieux placée pour amener une entente qu'une politique habile pourrait rendre la plus féconde de notre temps.

Inutile d'appuyer sur les avantages de cette alliance. La question est de savoir comment y arriver.

Un point est certain. C'est que cette entente ne sera jamais réalisée par aucun des moyens employés jusqu'ici.

Toute l'histoire moderne nous montre ce fait constant, extraordinaire et encore nullement expliqué, que l'Europe avec toutes ses victoires, tous ses trésors, toute sa diplomatie, tous ses missionnaires n'a jamais pu amener le moindre rapprochement sincère entre elle et l'esprit de l'Islam.

Les peuples musulmans ont été battus de toutes les manières ; leurs pays ont été tour à tour occupés, protégés, annexés, subjugués, mais l'esprit de l'Islam est resté toujours rebelle, inébranlable, indestructible, irréductible.

Il est hors de doute pour ceux qui connaissent l'Islam que tous les procédés des puissances européennes vis-à-vis des peuples musulmans n'ont servi qu'à rendre plus implacable la haine de l'Islam pour tout ce qui vient du monde chrétien.

Malgré les abîmes qui ont séparé et qui séparent encore l'Europe du monde musulman, les chefs du mouvement actuel sont fermement persuadés qu'aujourd'hui avec l'Islamisme reconstitué une entente entre la France et l'Islam est parfaitement réalisable.

En étudiant quelques principes mal connus et en observant certains faits incontestables (nous sommes prêts à indiquer les uns et les autres), on arrivera facilement à cette conviction que dans les circonstances actuelles, le gouvernement français, sans se créer aucune espèce d'embarras, peut, dès à présent, s'assurer une alliance formidable dont les effets immédiats se feraient sentir du Maroc à l'Extrême-Orient.

Si l'idée de cette alliance paraît digne de quelque attention, nous sommes prêts à en exposer dans leurs détails les moyens pratiques, également adaptés à la situation des deux parties.

Nous allons terminer cette courte note par quelques mots qui donneront, s'il est possible, une idée plus claire et plus précise du projet.

II

Un point capital que les chrétiens perdent souvent de vue est le suivant.

Le gouvernement légitime de l'Islam est une église dont la base est essentiellement démocratique.

Le grand malheur de l'Islam a été, qu'ayant pris pour base la démocratie, il n'a rien su organiser pour se maintenir sur cette base.

Dès le commencement l'usurpation et l'absolutisme se sont emparés de l'Islam.

Partout, à travers toute son histoire, une lutte continuelle entre la théorie et le fait.

L'unité théorique de l'Islam, déchirée par des conquêtes successives, se trouve aujourd'hui divisée en une foule d'églises mal définies, mal gouvernées, souvent persécutées et toujours harcelées par des autorités mahométanes plus ou moins *antimusulmanes*.

Ces églises profondément mécontentes des affaires intérieures de l'Islam et vivement alarmées de l'invasion incessante de l'Europe chrétienne se sont rapprochées instinctivement, et guidées par les progrès environnants elles sont parvenues, ainsi que nous l'avons dit, à concerter entre elles un programme général pour le relèvement de l'Islam.

Ce plan a ce mérite unique que, tout en restant parfaitement orthodoxe, il amène une réconciliation complète entre l'Islam et la civilisation moderne.

Toutes les circonstances sont favorables à la réalisation de ce plan. Pour que le mouvement devienne une puissance réelle, dominante, il ne lui manque qu'une seule chose.

C'est un centre neutre où ces églises puissent se rencontrer librement.

Aucun centre connu de l'Islam ne leur offre une garantie suffisante pour leur libre développement.

Aussi ces églises mènent-elles une existence pour ainsi dire nomade, se manifestant à des degrés différents à Bagdad, en Egypte, à Constantinople, en Perse, aux Indes, en Afrique, partout plus ou moins comprimées.

Si les chefs de ces églises pouvaient trouver sur le globe une Rome, un Vatican musulman, on y verrait surgir comme par enchantement un concile musulman devant lequel se prosternerait tout l'Islam.

Pour apprécier à sa valeur ce fait, au point de vue musulman, il est nécessaire d'avoir à l'esprit un dogme fondamental de l'Islam.

Mahomet n'est pas venu seulement pour les Arabes ou pour un pays circonscrit. Il est venu pour tous les peuples de la terre.

L'Islam appartient à l'Univers entier.

Aucun point sur le globe n'a le droit exclusif d'être le centre de l'Islam.

Ce centre peut être à Bagdad, en Egypte, en Espagne, à Constantinople, en Chine ou en Amérique.

Il suffit que ce centre soit libre et placé à la portée des peuples musulmans.

Il serait facile de trouver en Europe un point réunissant ces conditions.

Mais comment le faire accepter à l'Islam ?

Il est certain que si l'Europe allait l'offrir directement, elle serait repoussée avec indignation.

La France est le *seul* pays d'Europe qui, par une position exceptionnelle peut non seulement créer et faire accepter un *Vatican musulman*, mais aussi le rendre à la fois une immense source de bienfaits pour l'humanité et un puissant instrument de triomphe pour sa politique étrangère et son empire colonial.

Ici surgit pour notre explication une grosse difficulté. C'est que cette idée simple et parfaitement pratique par elle-même est basée sur une foule de connaissances indigènes, religieuses, sociales et mille autres détails particuliers que très peu d'Européens, familiers avec les choses de l'Islam, ont eu occasion et intérêt à approfondir. Nous les ferons connaitre à leur heure.

Aujourd'hui, nous nous contentons d'affirmer une fois de plus que la France, sans encourir aucun danger, sans s'imposer aucun sacrifice, peut rendre cette idée aussi réelle, aussi féconde que n'importe quelle autre conception politique de nos jours.

Par où faudra-t-il commencer ?

Posons d'abord un principe. Ici rien ne doit se faire d'une manière officielle. Tout doit se préparer par des moyens privés, indirects, strictement conformes aux exigences de l'orthodoxie musulmane.

On commencerait donc par former à Paris, tout à fait en dehors du gouvernement, une société ayant un but philanthropique quelconque par exemple : l'Etude des rapports moraux et le rapprochement social entre la France et les peuples musulmans.

Cette société, d'un petit nombre de membres, évitant au début toute publicité, serait composée de personnages partisans de la politique coloniale de la France et réputés amis des peuples musulmans.

Le premier soin de cette société serait de faire venir *spontanément* (nous nous chargeons de ce résultat) cinq ou dix *Cheikhs, Imans, Mutjtaheds* ; évêques, cardinaux, patriarches musulmans parmi les plus réputés docteurs de l'Islam, de Constantinople, de Bagdad, de Bombay, etc...... choisis parmi les plus avancés et recommandables par leur savoir orthodoxe.

Bien entendu cette première tâche demanderait un tact et des procédés extrêmement délicats que la Société philanthropique aurait à étudier en particulier.

Ces Cheikhs, ces Docteurs de la Loi musulmane arrivés à Paris formeraient immédiatement, mais toujours sans aucune intervention officielle, un comité purement musulman, ayant pour objet la protection des intérêts religieux de l'Islam.

Ce comité, avec un ou deux organes arabes, persans, turcs (imprimés en triple langue) se mettrait directement en rapports avec le monde musulman.

Pour donner une idée du rôle de ce Comité dans l'état actuel de l'Islam, il faudrait entrer dans de longs détails sur la constitution et sur les hiérarchies extrêmement compliquées des églises musulmanes.

Il suffit pour le moment de dire que ces Cheikhs réunis à Paris dans les conditions voulues, se trouveraient naturellement érigés en Conseil central du monde musulman.

Ce Conseil central s'appuyant sur les principes élevés de l'Islam, agissant sur un terrain libre, élargissant à sa volonté le cercle de son action, arriverait bientôt à concentrer entre ses mains une autorité illimitée.

Nous hésitons à dire le mot qui paraîtra démesuré à un jugement chrétien. Mais il est certain que ce Conseil des Cheikhs réunis à Paris deviendrait nécessairement par la force des choses le sacré collège, le *Concile permanent* de l'Islam.

Et maintenant est-il nécessaire de parler de ce que la France aurait à gagner avec un tel pouvoir siégeant à Paris ?

Bonaparte, devançant son époque d'un siècle, a dit en Égypte que « les Français étaient les meilleurs Musulmans ».

Ces paroles dans la bouche d'un Français ne sauraient avoir aucun écho dans l'âme de l'Islam.

Le Concile Musulman de Paris donnerait à ces mêmes paroles une valeur qui ferait tressaillir l'Islam.

Des docteurs chrétiens ont représenté toute l'histoire de l'antiquité comme un préparatif providentiel pour la venue de Jésus.

Les docteurs musulmans de Paris trouveraient cent fois plus d'arguments pour montrer aux Musulmans que le Dieu de l'Islam n'a formé l'Europe que pour y élever la France dans le seul but de la constituer le champion victorieux de l'Islam universel.

Ici encore une remarque malheureusement peu compréhensible par manque de développements.

Entre la démocratie laïque de France et la démocratie religieuse de l'Islam, il n'y a rien qui empêche une entente complète.

Ce qui les a séparées jusqu'à présent, c'est ce malheureux malentendu par lequel le Musulman croit toujours que l'Européen sous quelque forme qu'il se présente, n'a d'autre but que renverser l'Islam pour y substituer le culte de la croix.

L'Europe est toujours aux yeux du Musulman une croisade multiforme acharnée contre l'Islam.

Rien ne pourra détruire cette conviction, excepté la grande voix du Conseil suprême musulman librement établi dans le pays libre et laïque de la France.

Le Conseil suprême, armé de toute l'autorité de la science et de l'orthodoxie, n'aura aucune peine à faire admettre à la conscience musulmane que la France n'est plus le soldat de la Papauté ; que l'Islam, loin d'avoir rien à craindre de la France républicaine, a, au contraire, tout à gagner en s'attachant cette puissance formée par la main de Dieu pour conduire l'humanité vers les vérités universelles de l'Islam.

Ainsi un concile musulman surgissant *spontanément* à Paris, entouré de toutes les lumières, animé de l'esprit du progrès moderne, soutenu par une puissante hiérarchie profondément religieuse et héroïquement militaire avec deux cents millions d'hommes pensant et agissant sous cette direction suprême — et au-dessus de tout la France appuyée sur l'Afrique et sur l'Asie et dictant la paix au monde.

Idée sans doute bien nouvelle pour certains esprits, mais qui pour devenir une réalité vivante, prompte et facile, n'a besoin que d'être examinée par un Ministre connaissant les choses d'Asie et d'Afrique et quelque peu disposé à étudier la valeur mal connue de cette force prodigieuse qu'on appelle Islam.

Nous sommes prêts à l'aider de tous nos efforts et de toutes nos forces, à réaliser pour la France l'œuvre présentée.

Si cette idée est approuvée, nous sommes prêts à en commencer l'exécution.

Le Président remercie M. le Commandant Napoléon Ney, de son étude si approfondie, et dont l'intérêt est d'autant plus vif que la communication en est faite dans un pays en contact perpétuel avec le monde musulman. Il regrette que l'auteur n'ait pu donner lui-même lecture de son rapport, et termine en constatant que, si M. Napoléon Ney ne peut plus combattre avec l'épée, il combat cependant encore pour sa patrie avec la plume.

M. le Docteur Blaise, M. S. G. A. donne lecture du mémoire suivant :

L'Etiologie du Lathyrisme Médullaire Spasmodique

EN ALGÉRIE

Par le Docteur H. BLAISE

AGRÉGÉ DES FACULTÉS, PROFESSEUR A L'ÉCOLE DE MÉDECINE D'ALGER

Les maladies par alimentation ne sont pas rares en Kabylie, l'Auvergne de l'Algérie. Le charbon des bechnas (sorghos indigènes), des orges, des maïs, y procure fréquemment des accidents d'ergotisme sur lesquels MM. Trabut et Legrain ont particulièrement appelé l'attention.

Il en est de même des graines d'un certain nombre de légumineuses en tête desquelles se place la gesse chiche ou jarosse (lathyrus sativus, djilben en arabe, ajilban en kabyle). Le djilben constitue pour l'indigène un aliment de réserve. Le pain et le couscouss qu'il consomme contiennent une proportion de farine de gesse inversement proportionnelle à la quantité des céréales ordinaires récoltées dans l'année. Cette proportion a pu s'élever à trois parties pour une partie de blé, d'orge ou de sorgho.

C'est alors qu'on a vu se développer, au milieu des populations kabyles, des épidémies de lathyrisme sévissant tout particulièrement sur l'élément le plus pauvre de ces populations. La dernière épidémie, observée en 1881-82, a été bien étudiée, au point de vue clinique, par MM. les Professeurs Bourlier d'Alger, Bouchard et Proust de Paris, ce dernier envoyé en mission spéciale.

Le début de la maladie se fait d'une façon brusque, ordinairement à la suite d'une nuit froide et humide, chez les personnes qui ont consommé du djilben, depuis trois mois en moyenne, d'après M. Bourlier. Il s'agit de douleurs de reins s'étendant souvent aux membres inférieurs avec phénomènes de parésie motrice et quelquefois sensitive, prédominant à gauche du côté de ces derniers et troubles des fonctions urinaires et génitales (incontinence d'urine, impuissance). Aux symptômes de parésie succèdent rapidement des phénomènes de contracture avec exagération des réflexes, trépidation épileptoïde, symptômes analogues à ceux qui constituent le syndrome clinique du tabes dorsal spasmodique. D'où le nom de lathyrisme médullaire spasmodique donné à la maladie, que les indigènes désignent sous le nom de « meurd djilben » (maladie du djilben). Au bout de quelques jours, un mois, les malades, alités, peuvent se lever et présentent une marche particulière caractéristique. La maladie est curable, surtout si l'usage alimentaire du djilben est suspendu. Mais un certain nombre de malades restent définitivement impotents.

L'hygiène publique et sociale peut faire disparaître cette maladie d'alimentation. Mais, pour arriver à ce but, il faut préalablement bien connaître l'étiologie et la pathogénie des accidents observés. Or si le lathyrisme est bien connu dans ses manifestations cliniques, son étiologie laisse encore beaucoup à désirer, son anatomie pathologique reste entièrement à faire.

M. Proust, et depuis, tous les auteurs classiques, ont, sur les indications de M. Bourlier, attribué au lathyrus cicera la genèse des accidents médullaires observés en Kabylie. Cette manière de voir est discutable. D'après notre collègue Battandier, dont l'autorité en matière de flore algérienne est bien connue, le lathyrus cicera se rencontre sans doute en Kabylie, mais y croît à l'état sauvage. Les Kabyles en mangent rarement. Ils consomment son pois vert, après cuisson, comme nous mangeons les petits pois. Au contraire, ils cultivent d'une façon régulière le lathyrus sativus et quelquefois le clymenum. Ils s'en servent pour l'alimentation des volailles, du bétail, et, au besoin, pour leur propre alimentation. Ce qui a dû induire en erreur M. Bourlier, c'est que le lathyrus sativus d'Algérie est une variété différente de celle de France : au lieu d'être blanche, la fleur est bleue et son pois noirâtre est quatre fois moins gros que le pois blanc du sativus de France. *Il paraît donc plus vraisemblable d'attribuer à ces gesses, particulièrement au lathyrus sativus, les accidents du lathyrisme.*

Ces accidents seraient dus à un principe âcre et narcotique détruit par la cuisson. Ce principe est-il un alcaloïde comme l'a indiqué M. Astier ? C'est là une question à reprendre. Quoiqu'il en soit le fait de la suppression de toute nocuité par la cuisson est bien connu des indigènes eux-mêmes qui affirment que leur galette ne fait jamais de mal quand elle est bien cuite. Mais le plus souvent, les pâtes, le couscouss, dans la composition desquels entre le djilben, sont soumises à une cuisson insuffisante ou même ne subissent aucune cuisson avant d'être ingérés. Le mélange de djilben et de viande est particulièrement incriminé par les Kabyles. « On ne saurait comprendre, dit avec raison M. Bourlier, comment le contact de ces deux substances peut engendrer un corps plus toxique. »

Le lathyrisme ne s'observe pas d'ailleurs en Kabylie exclusivement à l'état épidémique. C'est une *maladie endémique*. Des cas isolés se développent, entre les épidémies, chez des personnes qui ont fait usage du djilben. C'est ainsi que j'ai pu constater à Dra-el-Mizan, grâce à l'obligeance de M. l'Administrateur de Valdan, des cas absolument typiques sur de jeunes sujets dont la maladie ne pouvait pas remonter à la dernière épidémie de 1881-82.

En ce qui concerne l'étiologie du lathyrisme une question préjudicielle doit se poser.

La cause de la maladie consiste-t-elle dans un principe actif contenu dans la graine saine ou bien cette graine ne devient-elle nuisible que sous l'influence d'une adultération ? On trouve la question déjà posée dans l'article *gesse* du dictionnaire des sciences médicales dû à la plume de M. le Professeur Hamelin, de Montpellier. « Ne peut-on
« pas supposer, avec quelque vraisemblance, dit l'auteur, que ce ne
« sont pas des gesses saines, mais des gesses plus ou moins avariées,
« atteintes de rouille ou d'une moisissure quelconque à déterminer,
« qui ont été cause des accidents ? La supposition a d'autant plus de
« probabilité que des troubles analogues ont été signalés à la suite de
« l'usage de fourrages dont personne n'a jamais mis en doute la
« parfaite innocuité dans les conditions normales et que la nature
« de ces accidents se rapproche à quelques égards de celle de
« l'ergotisme. »

M. de Lanessan, dans son traité de botanique, émet la même hypothèse. De son côté, M. Hamelin n'est pas le seul à rapprocher les accidents du lathyrisme de ceux de l'ergotisme.

MM. Hanoteau et Letourneux, dans leur remarquable ouvrage sur la Kabylie, à propos des cas de gangrène observés, font remarquer
« que les Kabyles atteints ont déclaré avoir mangé plus ou moins
« immodérément de l'ajilban. Aucun d'eux ne se souvenait d'avoir
« éprouvé de convulsion. Un seul avait des souvenirs vagues de
« troubles nerveux de cette nature. La question de l'action physio-
« logique de l'ajilban méritait d'être résolue expérimentalement. Un
« chien nourri pendant deux mois avec cet aliment, n'éprouva
« aucun trouble de la locomotion ni de la circulation. Quoiqu'il en

« soit les convulsions toniques produites par la jarosse chez l'homme
« sont trop bien constatées par la tradition kabyle et par des exem-
« ples authentiques en France pour qu'on puisse les mettre en doute,
« malgré l'insuccès de notre expérimentation sur un chien ; elles
« doivent, croyons-nous, entrer en ligne de compte dans l'étiologie
« des gangrènes que nous avons observées. »

Cette dernière proposition est fort contestable. On observe des cas de gangrène, dite *gangrène des affamés*, dans les épidémies de disette et la disette existe toujours parmi les indigènes lorsqu'ils font un usage immodéré du djilben. D'autre part, les accidents de gangrène dont parlent MM. Hanoteau et Letourneux peuvent très bien avoir été en rapport avec le charbon du sorgho, fréquent en Kabylie, utilisé en Amérique comme succédané de l'ergot.

A l'occasion des épidémies de lathyrisme a-t-on constaté une altération quelconque des graines utilisées ? « La graine est si perni-
« cieuse certaines années, disent les indigènes, qu'il suffit de coucher
« une nuit sur la paille de djilben pour se réveiller paralysé. » A quoi tient cette prétendue perniciosité ? N'y aurait il pas là, comme pour l'ergotisme, une question de parasitisme ? Il est à noter que les accidents de lathyrisme s'observent spécialement dans les années humides qui favorisent le développement des parasites.

D'autre part, on n'a pas suffisamment porté l'attention sur l'examen des graines utilisées en temps d'épidémie.

MM. Bourlier et Proust n'ont pas fourni de renseignements précis à ce sujet.

En présence de l'insuffisance des documents recueillis, il était indiqué de recourir à l'expérimentation.

M. Bourlier a institué quelques expériences dont voici le résultat sommaire :

Préparation d'extraits hydro-alcooliques et éthérés. Ces extraits verts jaunâtres répandent une odeur vireuse, nauséeuse. L'évaporation trop prolongée au bain-marie leur fait perdre cette odeur et même toute activité.

Les moineaux, ayant reçu deux gouttes d'extrait hydro-alcoolique, meurent dans un laps de temps de 10 à 24 heures, après avoir présenté divers symptômes généraux et locaux dont le plus important est la paralysie des pattes, avec prédominance à gauche.

Des tortues auraient également présenté, avec une dose que n'indique pas l'auteur, des phénomènes de paralysie des pattes postérieures avant de succomber en 48 heures.

Il convient de noter que, dans ces expériences de M. Bourlier, les extraits injectés, insuffisamment évaporés, pouvaient contenir de l'alcool, source d'erreur pour l'interprétation des phénomènes observés.

J'ai repris les expériences de M. Bourlier.

La préparation de l'extrait alcoolique a été réalisée de façon très consciencieuse, dans le laboratoire de mon collègue M. Malosse, en épuisant pendant une dizaine de jours, avec de l'alcool à 94°, la graine moulue. Au lieu de pratiquer l'évaporation au bain-marie, j'ai utilisé la trompe à eau. En opérant ainsi, à froid, on n'a pas à craindre l'action de la chaleur qui, comme on l'a vu, détruit le principe actif de la graine.

J'ai ainsi obtenu un extrait jaune verdâtre, ne contenant plus d'alcool, fortement visqueux, adhérant aux parois du vase, d'une odeur vireuse fort désagréable. Cet extrait fut employé après dilution dans une quantité égale de glycérine. La glycérine ne le dissout pas entièrement et il reste des grumeaux floconneux en suspension qui ne gênent d'ailleurs aucunement le fonctionnement de la seringue de Pravaz.

L'extrait, ainsi préparé, a été administré par la voie hypodermique à divers animaux.

Les lapins et cobayes mis en expérience avaient été soumis, préalablement et sans résultat, à une alimentation au djilben ainsi ordonnée : Pendant dix jours, alimentation mixte avec $\frac{2}{5}$ djilben et $\frac{3}{5}$ son ; puis cinq jours avec parties égales son et djilben ; cinq jours avec $\frac{3}{5}$ djilben et $\frac{2}{5}$ son, cinq jours avec $\frac{4}{5}$ djilben et $\frac{1}{5}$ son. Enfin, pendant un mois, la nourriture avait été exclusivement composée de djilben.

Un premier lapin reçoit, sans résultat, d'abord 10 gouttes d'extrait, puis une seringue, 2 et jusqu'à 6 seringues d'extrait. Quatre autres lapins reçoivent ultérieurement 4, 6 seringues et l'un d'eux, jusqu'à 10 seringues d'extrait, toujours sans présenter rien d'anormal.

Un premier cobaye reçoit 3 seringues sous la peau. Au bout de trois minutes : envies de vomir ; l'animal se ramasse en boule, est inquiet, mais il marche très bien, sans gêne des pattes postérieures. Au bout d'une dizaine de minutes, son malaise disparaît et il ne semble plus aucunement incommodé.

Un deuxième cobaye qui, depuis six mois, est nourri exclusivement au djilben, est inoculé, pour les besoins de recherches bactériologiques, avec une culture de bacille pyocyanique. Il présente, avant de mourir, de la raideur et de la gêne des pattes postérieures.

Cette expérience, très intéressante, me semble démonstrative d'une infection pyocyanique à localisation spéciale sur la moitié inférieure de la moelle devenue, par le fait de l'alimentation au djilben, pars minoris resistentiœ. Mais l'examen macroscopique et histologique de la moelle ne confirme pas cette manière de voir.

Trois autres cobayes ont été, à plusieurs reprises, inoculés avec 3, 4, 5, 6, 7 et même 10 seringues d'extrait sans autres phénomènes qu'un malaise passager.

Un coq reçoit deux seringues d'extrait. Il n'en est aucunement incommodé. Un autre jour, je lui inocule jusqu'à 7 seringues toujours avec le même insuccès.

Un pigeon, nourri au djilben depuis sa naissance, remontant à un mois environ, reçoit une seringue d'extrait. Il ne présente, au bout de cinq minutes, qu'un peu de faiblesse des extenseurs, la marche restant possible. Un quart d'heure après, une deuxième seringue rend simplement un peu plus sensible la faiblesse des pattes. L'oiseau ne vomit pas. Il se remet très bien.

Une première tourterelle, nourrie depuis deux mois au seul djilben, reçoit 2 seringues d'extrait. Cinq minutes après, on constate les phénomènes suivants : L'oiseau ferme les yeux, s'affaisse sur son ventre. Bientôt les deux pattes sont absolument inertes. Les ailes sont agitées par des mouvements volontaires. Malgré tous ses efforts, la tourterelle ne peut arriver à se mettre sur ses pattes. Elle se soulève avec les ailes, retombe et meurt en un quart d'heure.

Une deuxième tourterelle, nourrie également au seul djilben depuis deux mois, reçoit une première seringue d'extrait. Elle se tient bien sur ses pattes tout d'abord, mais, 4 minutes après, elle fléchit un peu, sur la patte gauche surtout. Quinze minutes après, injection d'une deuxième seringue. Au bout d'un quart d'heure, l'oiseau trébuche en marchant, tombe à plusieurs reprises et ferme les yeux. Si on le lance en l'air, il vole bien, fait le tour du laboratoire puis, fatigué, s'affaisse sur son ventre et fait de violents efforts pour vomir.

Le lendemain, cette tourterelle est complètement remise sans présenter la moindre trace de faiblesse dans les pattes. Elle continue à être alimentée exclusivement au djilben. Un mois après, inoculation d'une seringue d'extrait. Au bout de deux minutes, l'oiseau ferme les yeux, trébuche à droite, puis à gauche, vomit à plusieurs reprises. Il fléchit sur ses pattes. Si on le tire par la queue, il résiste cependant et ne se laisse pas entraîner facilement ce qui indique que les pattes présentent peu de faiblesse. La bête se remet très bien.

Un jeune moineau reçoit une demi-seringue d'extrait. Il se met en boule, se hérisse, s'appuie sur toute l'étendue des métatarsiens, puis sur le ventre. On observe alors des phénomènes d'excitation : l'oiseau bat des ailes, progresse d'une façon désordonnée tombant tantôt à droite, tantôt à gauche, tournant même sur son dos. Les doigts sont pliés formant avec les ongles un demi cercle ou un cercle complet. Les phénomènes d'excitation alternent avec des périodes de calme assez courtes. L'oiseau ne peut plus se lever. Il est étendu sur le ventre, le cou et le bec allongés. Il ouvre le bec, la respiration s'embarrasse. Quelques secousses convulsives des ailes et des pattes. L'oiseau meurt en six minutes sans avoir présenté ni diarrhée, ni l'état nauséeux observé chez les tourterelles.

Un moineau adulte est inoculé avec une première demi seringue d'extrait. Au bout de cinq minutes on n'observe rien. On injecte alors une deuxième demi seringue. On observe alors les mêmes symptômes que chez le précédent. Mais l'oiseau adulte ne meurt qu'au bout de 15 minutes.

J'ai également expérimenté sur trois tortues en présence de mes collègues Malosse et Planteau d'Alger et de M. Astre, de l'École Supérieure de pharmacie de Montpellier, de passage pour les examens.

Je prends trois tortues. A l'une je n'injecte rien. A la deuxième j'injecte deux seringues d'extrait alcoolique non évaporé par la trompe à eau. A la troisième deux seringues d'extrait alcoolique évaporé, repris par la glycérine. La première ne présente rien de particulier. Au bout d'un moment elle chemine laissant derrière elle « dans sa course, suivant l'expression de M. Bourlier, une traînée « ininterrompue de liquide visqueux, presque incolore, mélange de « produits intestinaux et rénaux. »

Chez la deuxième, immobilité absolue ; intoxication alcoolique aiguë suivie de mort quelques heures après.

Chez la troisième, on n'observe rien de particulier. Les pattes postérieures sont indemnes.

Qelques jours après, j'injecte à la première deux seringues d'extrait évaporé à la trompe à eau et à la troisième une seringue d'extrait alcoolique non évaporé. Elles ne présentent ni l'une ni l'autre de paralysie du train postérieur. Celle qui a été inoculée avec l'extrait alcoolique paraît un peu incommodée, mais se remet très bien.

Ce sont là des résultats absolument contradictoires de ceux de M. Bourlier.

Enfin, j'ai inoculé à un chien jusqu'à 20 seringues, en une séance, sans provoquer l'apparition d'aucun phénomène particulier.

Telles sont les expériences que j'ai instituées.

Je dois ajouter que, depuis deux ans et trois mois, je nourris exclusivement au djilben trois paires de pigeons, dix lapins, dix cobayes. Ces animaux ne maigrissent pas, se reproduisent très bien et ne paraissent aucunement incommodés par leur alimentation.

Pendant plus d'un an j'ai nourri de même une dizaine de coqs et poules et cinq perdreaux rouges du pays, et ce, sans plus de succès.

Il m'a été impossible de soumettre un chien à l'alimentation au djilben. L'animal préférait rester plusieurs jours sans manger plutôt que d'accepter la nourriture qui lui était offerte.

Les animaux que j'ai nourris ont paru particulièrement réfractaires à l'action du djilben. En est-il ainsi toujours pour les animaux de même espèce et pour d'autres espèces non expérimentées par moi ?

Des symptômes de lathyrisme ont été observés sur des poules nourries au djilben. La femme d'un colon de l'Arbatache qui, comme tous les gens de ce pays, se sert du djilben pour nourrir ses volailles m'a affirmé avoir perdu, une année, presque toutes ses poules nourries de gesse. Avant de mourir les volailles avaient présenté de la paralysie des pattes. La même personne ayant nourri un porc avec la même graine, ce dernier a présenté de la paralysie du train postérieur. Elle a dû le vendre à Maison-Carrée.

On n'a pas pu me renseigner sur la question de savoir si la graine qui a occasionné ces accidents était ou non avariée.

Des cas analogues aux précédents existent nombreux dans la science observés soit sur des porcs, soit sur des chevaux ou des bœufs. Les grands mammifères paraîtraient ainsi plus sensibles à l'action de la graine que les petits mammifères.

Il semble aussi résulter de ces documents que la graine ne présenterait pas toujours la même toxicité.

Les oiseaux paraissent plus sensibles à l'action du toxique, surtout les petits oiseaux. Les expériences que j'ai instituées semblent établir une sensibilité particulière des tourterelles et des passereaux à l'égard de la gesse. Je dois ajouter cependant que je n'ai jamais trouvé, mort dans la cour ou les jardins voisins, un seul des nombreux oiseaux qui venaient disputer à mes poules les graines broyées qui leur étaient destinées.

Les quelques résultats expérimentaux d'apparence positive que j'ai obtenus avec l'extrait, rapprochés de certains faits d'alimentation cités par les auteurs, semblent donc indiquer que le djilben peut renfermer une substance toxique ayant une action élective sur la partie inférieure de la moelle, variable suivant les espèces, suivant les temps aussi pour une même espèce. La graine de djilben ne paraît pas présenter toujours le même degré de toxicité. A quoi tient ce fait? A la variabilité du quantum d'un principe actif de la graine? A un parasite? Il est impossible de répondre actuellement à cette question, si importante cependant au point de vue de l'hygiène et de l'économie rurale. Je me contenterai, pour le moment, d'attirer l'attention, particulièrement celle des hommes de l'art, sur l'*examen attentif des graines qui serviront à l'alimentation dans les cas d'observation ultérieure d'accidents d'intoxication.*

Quant à l'anatomie pathologique elle reste tout entière à faire. Je n'ai pu recueillir aucun document susceptible de l'éclairer. On n'a jamais pu procéder à l'autopsie d'un Kabyle décédé après avoir présenté des phénomènes médullaires. On a essayé, dans ce but, d'hospitaliser des indigènes. Un bon régime alimentaire associé à une absence absolue de travail n'était pas pour leur déplaire. Cependant, au bout de quelque temps, ils étaient pris de spleen et retournaient dans leurs montagnes.

D'autre part aucun médecin ou vétérinaire n'a eu l'occasion de pratiquer l'autopsie de bêtes mortes en état de lathyrisme médullaire spasmodique.

Malgré l'absence de documents positifs relatifs à l'anatomie pathologique il est permis de présumer que, exception faite des cas d'intoxication chronique avec accidents prolongés et incurables, les lésions médullaires doivent être peu notables. On n'expliquerait pas, sans cela, la fréquence des guérisons. Je n'ose pas invoquer à l'appui de cette manière de voir le cas du cobaye alimenté au djilben qui a présenté de la raideur du train postérieur après l'inoculation de la culture de pyocyaneus. Ce *seul* fait positif, si intéressant qu'il soit au point de vue de la pathologie générale, pourrait, à juste titre, être considéré comme insuffisant.

Je vais poursuivre mes recherches sur des animaux de plus forte taille et particulièrement sur les ovins et les porcs. J'arriverai peut être à des résultats plus satisfaisants.

Un dernier mot : Sans que l'on ait obtenu une solution complète de la question étiologique, les données acquises permettent de préconiser une prophylaxie publique.

L'administration pourrait adresser, en langue du pays, une circulaire aux habitants de la Kabylie pour leur signaler les dangers de l'alimentation par les gesses. Mais il convient de ne pas s'illusionner sur le sort qui serait réservé à une pareille mesure de prophylaxie publique. Les musulmans, insouciants et fatalistes, connaissent le danger. Malgré la circulaire ils continueraient à s'alimenter avec des djilbens en disant « ce qui doit arriver arrivera : c'était écrit. »

M. Paul Bonnard demande si toutes les gesses sont également pernicieuses.

M. le Docteur Blaise déclare qu'il ne peut répondre d'une façon ferme. Ce qu'il sait, c'est que parmi les gesses les plus dangereuses est le djilben bougern ou lathyrus cicera, auquel on a attribué à tort les accidents de lathyrisme observés à l'occasion de l'épidémie de 1881-82. Mais toutes les autres gesses peuvent être toxiques et occasionner des accidents. D'autres légumineuses utilisées à l'état de fourrage ou de graine telles que des vesces, l'ers (ervum ervilia) ont également occasionné des accidents. Toutefois, la toxicité de la graine doit varier suivant les années ; autrement, on ne s'expliquerait pas que des animaux qui s'en nourrissent soient parfois indemnes.

N. Chanteloube, M. S. G. A., donne lecture de la communication ci-après :

Je crois être le fidèle interprète de tous les fabricants de crin végétal et des exportateurs d'alfa de l'Algérie en attirant l'attention des Membres du XXe Congrès National des Sociétés françaises de Géographie sur une industrie qui est certainement une des plus importantes de l'Algérie. Je veux parler de l'industrie du crin végétal et de l'alfa, et de l'exportation de ces produits tant au point de vue algérien qu'au point de vue métropolitain.

Il n'y a pas de quantité négligeable quand il s'agit du progrès matériel d'un pays ; l'Algérie n'échappe pas à la règle générale et les industries qui viendront à s'y fonder, ne peuvent que procurer de nouvelles ressources aux indigènes et améliorer leur situation. C'est ce qui s'est produit partout où se sont créées des fabriques de crin végétal sur le sol algérien.

Bientôt, nous l'espérons, une industrie du même genre s'implantera sur les Hauts Plateaux et y amènera les mêmes bienfaits. C'est à M. Dubuffet, Conseiller de commerce extérieur, que nous serons redevables de ce nouveau progrès.

Grâce à lui, le crin végétal, l'alfa qui fournissent déjà à l'agriculture, d'utiles produits : cordes, liens agricoles, meilleur marché que ceux en paille, et à l'industrie du crin utilisé dans la fabrication des matelas à bas prix, vont fournir un produit nouveau, d'invention récente, le *crin graminé*. La modicité de son prix le mettra à la portée de toutes les bourses et lui permettra de rivaliser avec le crin animal d'un prix si élevé.

Je suis heureux de pouvoir attirer l'attention du Congrès sur cette nouvelle invention. Son application ne peut qu'élever davantage le chiffre de l'exportation du crin végétal qui est actuellement de 30 millions de kilogs ainsi que celui de l'alfa qui est de 40 millions. Nous espérons aussi utiliser bientôt ce dernier produit, en Algérie même, pour la fabrication du papier.

La séance est levée à 4 heures et demie.

Le soir, à 9 heures, une conférence est faite dans le Hall du Palais Consulaire par M. Paul Brunache, administrateur à Aïn-Fezza (département d'Oran), ancien membre de la mission Casimir Maistre.

M. Ed. Ponel, administrateur colonial, délégué du Congo français, qui a également fait partie de la mission Maistre, préside cette séance, assisté de MM. Henri Mager, de la Société de Propagande coloniale, explorateur, et Lebourgeois, M. S. G. A.

M. Brunache prend la parole en ces termes :

La Femme, l'Anthropophagie, l'Esclavage au continent noir

Lorsque j'ai accepté l'honneur de prendre la parole dans ce Congrès, je ne me doutais pas que nous aurions la bonne fortune d'entendre M. de Rovira, l'un des principaux collaborateurs du vaillant explorateur Gentil, et je me proposais de vous décrire les régions comprises entre l'Oubangui et le Chari ; mais je n'ai pas osé entreprendre cette tâche lorsque j'ai su que nous aurions parmi nous un de ces vaillants qui, utilisant la route tracée par mon excellent chef de mission, Maistre, ont eu la glorieuse chance de pouvoir pousser plus loin, jusqu'aux rives du Tchad où ils ont planté à demeure le pavillon français.

C'est principalement en matière d'exploration qu'il faut savoir reconnaître la vérité du mot : « place aux jeunes » et céder le pas aux derniers rentrés de « la brousse ». Surtout quand ces « jeunes » ont comme Gentil et ses compagnons marché à pas de géants. Mais si l'on est classé parmi les anciens, parmi les « vieux », n'ayons pas peur du mot, on a au moins la réconfortante et patriotique satisfaction de constater que cette vieillesse prématurée est due à l'augmentation incessante de cette cohorte de vrais français, qui, rompant avec l'énervement de la vie facile, va chaque jour porter plus loin nos trois couleurs et démontrer en pays inconnus sous l'œil de la vieille Europe étonnée, combien est fausse cette légende qui représente le français comme un casanier, ennemi des voyages, inapte aux grandes entreprises coloniales.

Avant dix ans la légende sera détruite grâce à Marchand, à Gentil, à Fourreau, à Lamy, à Bretonnet et à tant d'autres dont je ne puis citer les noms... ils sont légion ! sans compter les « anciens » que la nostalgie de la brousse reprendra forcément un jour.

Plein d'admiration pour ceux qui à une date plus rapprochée ont fait mieux et plus grandiose que leurs aînés, je réduirai à des proportions plus modestes le cadre de l'étude que je comptais vous présenter tout d'abord. Je me bornerai à vous faire part de quelques observations personnelles sur :

 1º *La Femme* ;
 2º *L'Anthropophagie* ;
 3º *L'Esclavage*
au continent noir.

Tout à l'heure je vous parlais de légendes, permettez-moi d'essayer d'en détruire quelques-unes qui faussent depuis trop longtemps nos idées sur ces noirs que notre vénéré Président m'a appris à connaître et à aimer.

Qui de nous dès sa plus tendre enfance n'a eu sous les yeux en lithographie, gravure sur bois ou image d'Epinal, le portrait de la fameuse « Vénus Hottentote » et qui de nous, en voyant ce nez démesurément épaté, ces lèvres lippues, cet amas de chairs flasques a pu retenir ce cri du cœur ! Oh l'horrible créature ! la hideuse bête ! ... Je l'ai poussé moi aussi ce cri et... cependant... bien souvent, au cours de mes voyages, je me suis demandé si l'axiome de musique : « Une blanche vaut deux noires » était également applicable à l'esthétique nègre... Je ne le crois pas... Je n'ai jamais songé, croyez-le bien, Mesdames, à renverser la proposition ni même à établir la moindre comparaison (ce serait criminel, surtout aujourd'hui), mais je dois avouer que le solfège est injuste à l'égard de la noire.

En général la femme nègre n'est pas laide comme on se plaît à le croire en Europe. Elle est aussi fille d'Eve que ses sœurs d'une autre couleur et elle est capable d'une élévation de sentiments qui étonne les européens venus pour la première fois dans ces contrées.

Les rives du Congo et de l'Oubangui sont peuplées de tribus absolument sauvages, presque toutes anthropophages, il n'en est pas moins vrai que les femmes de ces régions, n'étaient les déplorables mutilations auxquelles les astreint « la mode », cette souveraine cosmopolite, seraient encore fort séduisantes.

Certes le mariage et une maternité précoce ne tardent pas à flétrir leur visage et leur gorge, mais leurs corps conserve toujours la pureté des lignes qui sont généralement fort belles.

Prenez un des charmants croquis du regretté dessinateur Grévin, peignez-le en noir, et vous aurez le portrait frappant d'une jeune Banzirie ou d'une fillette de Laï bien que ces deux peuplades soient situées à des distances considérables l'une de l'autre.

Considérez une majestueuse déesse de bronze, chef-d'œuvre de la statuaire antique, vous aurez la représentation fidèle d'une femme Bondjio et d'une femme « Sara ».

Nous sommes loin, n'est-ce pas, du type classique en Europe, et je vous étonnerai sans doute lorsque je vous dirai que les Banziries ont le nez presque aquilin, pas du tout épaté, les lèvres minces et légèrement relevées de façon à esquisser un perpétuel sourire ; les yeux vifs et brillants avec le tour estompé d'une teinte de bistre qui leur donne un charme infini ; la taille souple et délicieusement cambrée est entourée d'une mince cordelette qui souligne plutôt qu'elle ne cache les contours purs de celles qu'un de nos compagnons appelait fort justement les françaises de l'Oubangui.

Voilà pour le physique.

Au moral nous ne connaissions guère, avant Brazza, la femme noire que par les récits des marchands d'esclaves ou des traitants qui nous la représentaient comme une courtisane née, parfaitement incapable de tenir sa place au foyer domestique.

Ceci est malheureusement exact dans une grande partie des villes du littoral africain : mais j'ai dû faire la pénible constatation que cet état de choses était uniquement dû à l'importation de la civilisation européenne.

Dès que l'on quitte les villes européennes la femme noire apparaît sous son véritable jour : fille aimante, épouse dévouée, excellente mère de famille.

Chez les Banziris, par exemple, la jeune fille est entourée du respect, je dirai même de la vénération, non seulement de ses parents, mais encore de tous les jeunes gens de sa tribu.

Que si un agréable « flirtage » à l'américaine ne lui est pas interdit, malheur à l'insolent qui oserait franchir les bornes permises.

Chez un grand nombre de peuplades la jeune fille n'est astreinte à aucun travail avant l'âge de puberté.

Mariée, la femme devient la compagne, l'amie de son mari qui la consulte dans toutes les circonstances difficiles. J'ai vu bien souvent des nègres retarder la conclusion d'un marché qui paraissait avantageux pour eux, afin de pouvoir en référer à leur femme.

Il faut voir avec quel soin touchant la femme s'occupe de l'époux qui rentre de la chasse, de la pêche ou d'une expédition guerrière. De son côté le mari entoure sa compagne de toutes sortes d'attentions délicates et il est rare que cette bonne harmonie cesse avant la mort de l'un des conjoints.

Dire que la femme noire est employée comme une véritable bête de somme est une exagération qui n'est basée sur rien. Je sais bien des filles de ferme, en Europe, qui échangeraient volontiers leur condition contre celle de n'importe quelle femme noire. Cette dernière s'occupe, il est vrai, de travaux d'agriculture mais il faut voir dans quelles conditions. Lorsqu'elle a vaqué aux travaux du ménage, donné ses soins à ses enfants, elle se rend dans le champ, cultivé par son mari, et lui aide à esherber ou à récolter les arachides et le manioc nécessaires aux besoins journaliers. Elle emporte ces provisions au logis, elle les prépare, les fait cuire, là se borne le plus gros travail, même chez les plus misérables.

Il y a loin de là aux tableaux généralement poussés au noir, qui nous représentent la femme nègre courbée sous le poids des plus lourds fardeaux, tandis que le maître se repose ou se prélasse, la gourmandant, la frappant même pour hâter la besogne.

Pendant trois ans de séjour dans le centre Afrique je n'ai jamais vu frapper ni même insulter une femme.

Ce qui m'a péniblement surpris par exemple, c'est que ces agréables créatures, susceptibles d'être très sentimentales à l'occasion, ignorent absolument le baiser sous quelque forme que ce soit. La nourrice elle-même qui choie et dorlotte son nourrisson et invente mille délicates chatteries pour lui témoigner son amour n'approchera jamais ses lèvres de son visage et voilà pourquoi je n'hésiterai pas à proclamer aujourd'hui que les professeurs de musique peuvent affirmer même dans un Congrès de Géographie qu'une « blanche vaut deux noires ».

Ce grief mis de côté, je considère la femme noire comme une véritable « femme d'intérieur » suivant l'expression consacrée en Europe.......

Mais j'aperçois certains sourires mal dissimulés et je prévois déjà l'objection qui va m'être présentée :.....

« Fort bien, allez-vous me dire, Mesdames ; nous vous croyons sur parole et nous accordons à vos femmes africaines toutes les vertus domestiques ; mais nous leur pardonnerons difficilement les potages aux thorax d'explorateurs et les ragoûts à la graisse humaine dont elles seules ont le secret ».

— Mon Dieu je ne vous dirai pas formellement que c'est là une légende mais laissez-moi croire jusqu'à plus ample information que c'est une demi légende.

On a beaucoup parlé dans ces temps derniers des « parcs à esclaves » dans lesquels, au dire de quelques-uns, de malheureux êtres humains étaient mis à l'engrais jusqu'au moment où ils étaient suffisamment à point pour figurer sous forme de rôti sur une table royale.

M. de Brazza qui compte plus de vingt années d'explorations en Afrique, ceux de ses collaborateurs qui ont séjourné en plein cœur du continent noir, nous-mêmes avec Maistre et dans un précédent voyage, nous n'avons jamais rien vu de semblable !

Il existe sur les rives du Congo et de l'Oubangui, et c'est de là, j'en suis convaincu, que provient l'erreur, des villages entourés de palissades derrière lesquelles les habitants se mettent à l'abri des incursions de leurs turbulents voisins. Avant de vous bien connaître, les indigènes ne vous laissent pas pénétrer dans cette enceinte et j'ai été, moi-même, assez disposé à croire qu'ils agissaient ainsi pour cacher les victimes de ces horribles coutumes qu'ils savaient réprouvées par les Blancs. Depuis, j'ai reçu souvent l'hospitalité dans ces villages et j'ai pu me convaincre que, si les repas de chair humaine ne répugnaient pas à mes très aimables hôtes, ils attendaient patiemment « l'occasion » de satisfaire leur goût mais ne faisaient jamais naître cette occasion. C'est là un point qu'il est important de préciser.

Oui, hélas ! sauf les Musulmans noirs et les Banziris, toutes les peuplades visitées par nous sont anthropophages, mais ne nous hâtons pas de les condamner sans les entendre ! Aussi vais-je tout à l'heure céder la parole à un gourmet de chair humaine, le chef Yabauda, de la tribu des N'Gapoix, voisine de celle des Niams-Niams, visitée récemment par Marchand. Nous allions à la recherche de Crampel, sur le compte duquel le Gouvernement avait quelques inquiétudes :

arrêtés chez Yabauda par suite de la maladie d'un des nôtres, ce chef s'installa au chevet de notre malade, et ne cessa de lui prodiguer les soins les plus dévoués jusqu'à complète guérison.

Une seule fois il déserta son poste de garde-malade, pendant quelques heures, et voici dans quelles circonstances : pendant la nuit, notre escorte avait livré un combat à une troupe d'étrangers que l'on considérait comme les meurtriers de Crampel ; quelques-uns des leurs et un de nos laptots furent tués. Nos hommes, fatigués par une longue marche, procédèrent à l'inhumation de leur camarade et remirent au lendemain celle des autres cadavres. Mais le lendemain ceux-ci avaient disparu. Pressé de questions, Yabauda nout fit comprendre qu'il s'était chargé de leur « inhumation » à la mode du pays.

Nous ne pouvions, pour ce motif, déclarer la guerre à une tribu qui avait accueilli, d'une façon si hospitalière, Nebout un des compagnons de Crampel, et les Sénégalais échappés au massacre de cette mission. Nous essayâmes de démontrer à Yabauda toute l'horreur de cette coutume. Celui-ci faisait à ce moment absorber, avec infiniment de précautions, à notre compagnon malade, une tisane composée avec les herbes du pays, il se retourna et avec son bon gros rire : « Je ne prétends pas, nous dit-il, qu'il soit de mon devoir, « même en cas de famine, de manger tous mes administrés pour « leur conserver un chef. Mais vous ne ferez pas de difficulté à « reconnaître qu'il est bien doux de se repaître de la chair d'un « homme que l'on hait et que l'on a tué à la guerre ou en combat « singulier. D'ailleurs vous seriez bien aimables de me dire lequel « de nous est le plus coupable : est-ce vous, qui l'avez supprimé du « nombre des vivants, ou moi, qui l'ai mangé après décès » ? Convaincu qu'il était de nous avoir opposé un argument sans réplique, Yabauda n'attendit point notre réponse. C'est un nouveau service qu'il rendit à certain d'entre nous ce jour là.

Plus tard, avec Maistre, nous trouvant un peu plus à l'Ouest dans le bassin du Chari nous demandâmes, mes compagnons et moi, s'il existait des cimetières dans la région, et, comme nos interlocuteurs ne comprenaient pas bien notre question, nous leur expliquâmes en quoi consistait un ensevelissement. Ceux-ci aussitôt, éclatant de rire, nous tinrent à peu près ce langage :

« Comment vous, des êtres surnaturels, bien au-dessus de nous,
« vous enfouissez ainsi vos parents, la chair de votre chair, et vous
« les livrez aux insectes souterrains, aux bêtes fauves qui, violant
« leurs sépultures, les dévorent et dispersent leurs membres dans la

« forêt ! Vous êtes tout simplement des Barbares, nous comprenons
« autrement mieux nos devoirs à l'égard de ceux que nous aimons
« et, même après leur mort, ils restent, plus que jamais, intimement
« mêlés à la vie de famille, car c'est là que nous les ensevelissons,
« dit-il en frappant sur un abdomen, qui, à en juger par sa rotondité
« semblait avoir servi de sépulture à un nombre respectable de
« parents aussi regrettés que religieusement dégustés. »

J'ai tenu à rapporter ces deux conversations parce que, sans s'en douter le moins du monde, ceux qui les tenaient plaidaient les circonstances atténuantes... et ils étaient loin de penser que leur cas serait soumis à un jury aussi brillamment composé que celui qui m'écoute avec tant de bienveillance ce soir.

Eh bien, ne croyez-vous pas maintenant, Mesdames, Messieurs, que, dans ces régions du moins, « l'occasion » seule fait les anthropophages, et l'occasion, c'est la guerre, c'est un accident survenu à un esclave mis dans l'impossibilité de travailler à l'avenir, et encore je fais des réserves pour ce dernier cas. Si l'homme n'est pas tué sur le coup, s'il a seulement un membre de brisé, broyé, on ne le tuera certainement pas pour le manger ; il sera soigné, guéri, et prendra ses invalides comme préposé à la garde des jeunes enfants ou du menu bétail. Ceci je peux l'affirmer, car je l'ai constaté ; non sur un seul point, mais en diverses régions fort éloignées les unes des autres et régies par des coutumes absolument différentes.

Pour tous ceux qui se sont quelque peu éloignés des villes du littoral, comme pour moi, l'existence des parcs à « bétail humain » est de pure invention ; du reste ceux qui en parlent se gardent bien de dire s'ils les ont « vus » et dans quelles régions il est possible de les rencontrer.

Si nous étudions de près les races anthropophages, nous constatons tout d'abord qu'elles sont généralement intelligentes et que, d'autre part, sans être absolument dans la misère, elles sont peu fortunées. Or, si imprévoyant que soit le nègre, il se garderait bien d'immobiliser et encore moins de détruire un capital aussi sérieux que celui représenté par deux bras aptes aux travaux les plus pénibles. Pendant qu'il est à l'engrais, l'esclave coûte et ne rapporte rien : aussi friands de chair humaine que les noirs puissent être, c'est bien peu les connaître que de les croire susceptibles de s'offrir un festin aussi dispendieux et attendu depuis si longtemps.

On a parlé de la NÉCESSITÉ, résultant du manque de ressources, qui pousse les populations noires à l'anthropophagie. C'est là une théorie qui ne supporte pas la discussion. Si le voyageur européen par suite du manque de guides, par raisons politiques ou pour toute autre cause, se trouve quelquefois dans l'obligation de s'engager dans des régions désertes, dénuées de tout, et doit subir des privations de toutes sortes, il n'en est pas de même des autochtones qui, eux, ont sous la main, chèvres, antilopes, bœufs sauvages, pintades, etc., et trouvent dans leurs jardins, manioc, bananes, ignames et patates, sans compter la noix de kola qui, si elle possédait toutes les vertus que lui prêtent certains prospectus, suffirait à elle seule à faire disparaître l'anthropophagie ; n'oublions pas le produit très abondant de la pêche et la récolte des chenilles qui constituent les réserves pour les mauvais jours.

Dans ces conditions, tant que l'on ne me présentera pas des preuves irrécusables, appuyées sur des constatations faites sur place, comme celles que j'ai l'honneur de vous soumettre, je persisterai à croire que l'anthropophagie, du moins chez les peuplades que j'ai visitées, n'est en quelque sorte qu'*accidentelle*... C'est comme je vous le disais tout à l'heure, la résultante de la guerre, d'un accident suivi de mort... Je n'ai jamais vu ou entendu dire qu'un noir ait tué son semblable dans le seul but de le manger.

J'estime donc que, pour le moment, nous devons renoncer à la légende du « parc à esclaves » et des marchés de chair humaine. La hideuse pratique de l'anthropophagie n'en existe pas moins et les explorateurs qui aiment les récits émouvants — ils ne sont pas tous de Tarascon, je me hâte de le dire — trouveront encore une riche mine à exploiter, même si je parviens à vous faire accepter ma théorie.

Mais j'ai hâte de quitter un sujet aussi macabre et de vous ramener chez ces aimables Banziris auprès desquels j'ai recueilli mes premiers renseignements sur « l'esclavage ».

Me trouvant au village de Diokona-Mossona, dans le Haut-Oubangui, chez Bembé, un des principaux chef des Banziris, celui-ci voulut me faire traverser le fleuve pour me conduire chez un de ses amis. Il avise sur la berge un groupe de jeunes filles et de jeunes garçons de 16 à 18 ans qui jouaient aux osselets et donne l'ordre à l'un d'eux d'armer une pirogue légère à un seul pagayeur pour nous conduire sur l'autre rive. Protestation, refus du jeune homme interpellé, qui appelle à son secours le reste du groupe. Filles et garçons s'accordent pour désigner au maître une superbe jeune fille, presque une femme, qui, ramassant une des nombreuses pagaies éparses sur le sable doré, s'enfuit sous les lazzis de ses camarades démarrer une pirogue sur laquelle nous embarquons aussitôt.

Arrivés chez l'ami de Bembé, on fait fête à notre canotière.

J'exprime mon étonnement au vieux chef qui me répond : « Mais c'est ma fille, ma fille préférée ! Je l'aimerais bien davantage, Mamousson, si elle n'était pas aussi paresseuse.... As-tu vu ce matin comme elle mettait peu d'empressement à préparer notre pirogue ; elle eut volontiers laissé ce soin à nos esclaves, et cependant elle n'ignore pas combien ceux-ci sont fatigués... Les jeunes gens sont rentrés cette nuit d'une expédition de pêche et les jeunes filles terminaient à peine la cueillette des arachides. — Oui, lui dis-je, mais ce jeune homme qui protestait si vivement, c'est le frère de Mamousson sans doute. — Oh non, reprend Bembé, tu n'as pas vu que c'est un esclave...? Nous l'avons pris chez les Salangas à la suite d'une expédition, il y a tantôt quatorze lunes. Il est robuste, bon chasseur, excellent pêcheur, et n'a pas son pareil pour conduire une pirogue dans les rapides. Les Tourgous (traitants musulmans) peuvent venir et m'offrir leurs plus belles perles, leurs riches étoffes, voire même du sel ou des fusils, il restera chez moi ».

Bembé m'explique alors qu'il se fait vieux ; ses fils sont tous mariés et peuvent à peine, avec leurs esclaves, mettre en valeur les plantations qui leur sont échues en partage, ils ont des enfants, et ne peuvent que rarement venir surveiller les propriétés de leur père qui constitueront la dot des sœurs. Il lui faut donc des esclaves sur lesquels il puisse compter.

Ne croirait-on pas entendre un de nos riches paysans de France, parlant de ses garçons de ferme ?........

Et n'allez pas croire, Mesdames, Messieurs, que je vous cite là un cas isolé, spécialement choisi pour appuyer la thèse que je soutiens. Je pourrais citer une foule d'anecdotes de ce genre si je ne craignais de fatiguer votre attention.

Vous ne voudrez pas me priver cependant du plaisir de vous en citer une autre ; elle est aussi très caractéristique, ce sera d'ailleurs la dernière.

Au poste de la Kemo, où j'ai eu l'honneur de planter le premier le pavillon français, j'avais eu, en diverses circonstances, l'occasion d'employer un esclave appartenant au chef de la région. Cet esclave qui était âgé d'environ 25 à 30 ans me paraissait très intelligent et habile à tous les exercices du corps ; son maître qui, d'ailleurs, semblait l'avoir en haute estime, me le donnait toujours comme garde du corps dans mes expéditions de pêche ou dans mes timides tentatives de chasse aux fauves.

Lorsque nous dûmes partir avec Maistre, je voulus le prendre comme guide ; son maître, sans s'y opposer formellement, m'engagea à n'en rien faire : « Vous allez, me dit le chef Krouma, chez des peuplades avec lesquelles nous ne sommes pas en très bonnes relations, prends plutôt comme guide le second de mes fils, celui-là se tirera toujours d'affaire, et d'ailleurs nos voisins n'oseront jamais l'attaquer lorsqu'il vous aura quitté. Ils n'auraient pas les mêmes scrupules avec mon esclave, ils savent combien il est habile à construire les cases, à tendre les pièges pour prendre les éléphants, à manier une pirogue, ils me le voleraient sûrement pour le garder à leur service !...... Lui perdu, ce ne sont pas tes cadeaux de sel ou d'étoffes, ni même dix autres esclaves qui le remplaceraient... Sans compter qu'il aime bien mes enfants et qu'il a commencé à conduire mes jeunes fils à la chasse ! »

Croyez-moi, je vous prie, ces deux exemples ne sont pas tirés de Becher-Stowe et il y a, hélas, de longues années que je n'ai pas relu la *Case de l'Oncle Tom !*

J'ai pour principe de ne rapporter que ce que j'ai vu ou entendu et je garantis l'authenticité de ces deux anecdotes.

Remarquez que cette dernière a pour héros des cannibales, gens essentiellement féroces, suivant la légende, mais qui n'ont cependant, jamais songé, comme certains blancs, à dresser des chiens pour poursuivre les esclaves « marrons ».

Je ne veux certes pas dire que l'esclavage au pays noir procure les mille et une délices de l'Eden au malheureux qui y est soumis, mais je prétends établir que la condition de l'esclave est bien moins pénible chez les tribus susceptibles elles-mêmes d'être réduites en esclavage que..., mon Dieu ! c'est bien difficile à dire... mettons... chez ceux qui rachètent les esclaves et ne les achètent pas.

Il est vrai que les Banziris ou les Fogbos ne font partie d'aucun comité antiesclavagiste ; mais ils soignent leurs esclaves et les considèrent généralement comme faisant partie de la famille ; chez bon nombre de peuplades, maîtres et esclaves prennent leur repas en commun et, lorsqu'un esclave est blessé ou malade, c'est la maîtresse ou les enfants qu'il a élevés qui lui prodiguent les soins les plus empressés.

« Et cela, par bonté d'âme, par charité ! Allez-vous me deman-
« der ?... J'ai constaté le fait, mais je ne connais pas encore
« suffisamment les nègres pour en déduire la cause ».

Ici j'ai été profondément touché... ému même !...

Là le refrain du chansonnier populaire, de Pierre Dupont, me revenait en mémoire :

> « J'aime Jeanne, ma femme !
> « Eh bien, j'aimerais mieux
> « La voir mourir que voir mourir mes bœufs !... »

Vous parlerai-je de l'esclavage chez les musulmans noirs ? Je vois ici toute la pléïade de nos plus distingués orientalistes et arabisants algériens, et je ne voudrais pas faire devant eux étalage d'une science que je n'ai jamais prétendu posséder ; mais eux, qui, employant d'autres méthodes d'informations, n'en ont pas moins minutieusement étudié et complètement dévoilé ces pays inconnus, ne me contrediront pas, j'en ai la conviction, lorsque j'avancerai que l'esclave n'est pas aussi maltraité qu'on veut bien le dire, chez les musulmans noirs du centre Afrique.

J'ai fait route pendant plus d'un mois avec des marchands d'esclaves musulmans qui certes se montraient plus humains à l'égard des malheureux que le destin avait fait « leur chose », que bien des directeurs de bureaux de placement d'Europe à l'égard de leur clientèle.

Bien souvent ce sont eux qui nous ont prié de réduire la longueur de l'étape ; combien de fois aussi ne les avons-nous pas vus louer des nattes pour mettre leurs gens à l'abri de l'ardent soleil ou céder leurs montures à des femmes ou à des enfants qui n'auraient pu suivre la caravane.

Ces malheureux seront vendus en Egypte, en Tripolitaine, au Touat ou au Maroc.... Je laisse à d'autres plus autorisés que moi le soin de dire quel sera leur sort mais au risque d'entendre crier : au paradoxe ! je ne crains pas d'avancer que : « *Moins le maître est civilisé, plus l'esclave a de chances d'être bien traité* ».

Je n'entreprendrai pas ce soir de soutenir cette théorie qui peut fort bien supporter la discussion ; j'ai trop auguré de mes forces et j'ai oublié que, s'il était donné à tout le monde de parcourir des kilomètres en pays inconnus, il n'était pas donné à tous d'aligner des périodes de rhétorique.

Mais, puisque j'ai tenté de détruire quelques légendes relatives aux nègres, laissez-moi en anéantir, ce soir, encore une : elle a également trait au continent noir : c'est celle qu'on a essayé pendant longtemps d'accréditer en France.

On prétend que les explorateurs n'aiment pas voir d'autres marcher sur leurs traces. En ce qui concerne le fondateur du Congo Français, cette légende n'est pas vraie, à moins que ce ne soit une exception qui confirme la règle.

Messieurs, j'ai vu partir Crampel et j'ai fait partie de la mission qui lui conduisait des renforts, plus tard j'ai suivi Maistre et, depuis mon retour, je n'ai pas perdu de vue ce qui se passait dans ce Congo Français qui sera avant peu, quoi qu'on en dise, un des faubourgs de l'Algérie, et je puis me porter garant que toutes les missions ont trouvé sous le gouvernement de Brazza, là bas, le plus bienveillant appui, le soutien le plus absolu d'un commissaire général, d'administrateurs et d'agents qui n'ont jamais hésité à se priver du nécessaire pour procurer le superflu à ceux qui venaient d'Europe et n'étaient pas comme eux habitués à cette vie toute d'abnégation et de dévouement.

Mais constatons que ces reproches sont hors de saison, et que Brazza n'a ménagé, à aucun, ses excellents conseils et que presque tous lui doivent d'avoir rapporté en France ce pavillon tricolore qu'ils gardent comme une relique parce que c'est lui qui le leur a remis au départ !

Messieurs je suis fier de ma double qualité de voyageur et d'Algérien qui me permettent de saluer à Alger même, en la personne de Pierre Savorgnan de Brazza, une de nos gloires nationales les plus pures !

N'oublions pas les absents et adressons, je vous prie, nos vœux les plus cordiaux de santé, de succès et de prompt retour à Marchand, à Fourreau, à Lamy et à tous ces vaillants qui, là bas, au loin travaillent au relèvement

  de la France,
  de l'Algérie,
  de la République !!!

Journée du Mardi 28 Mars 1899

SÉANCE DU MATIN

La séance est ouverte à 9 heures du matin, sous la Présidence d'honneur de M. Baldasano y Topete, Consul général d'Espagne à Alger, délégué de la Société de Géographie de Madrid, et la Présidence effective de M. le Lieutenant-Colonel Périssé, délégué de la Société de Topographie de France.

MM. Rampal et Collesson, délégués des Sociétés de Géographie de Marseille et de Nancy, remplissent les fonctions d'assesseurs.

M. Baldasano, Président d'honneur, prononce l'allocution suivante :

Mesdames,
Messieurs,

Bien qu'il me soit difficile de m'exprimer dans une langue qui n'est pas la mienne, je ne veux pas me soustraire au devoir de vous remercier, au nom de la Société de Géographie de Madrid, que je représente ici, de l'invitation que vous lui avez adressée, et de l'honneur que vous me décernez aujourd'hui. La Société de Géographie de Madrid qui travaille comme vous pour le développement de la science géographique, science que nous pourrions nommer l'avant-garde de la civilisation, attache un intérêt tout particulier à tout ce qui concerne l'Afrique, et cet intérêt est partagé par l'Espagne entière.

Nous jouissons envers vous d'une situation privilégiée, puisque nous sommes deux fois vos voisins. Du côté du Nord, nous saluons votre Mère-Patrie, la belle France, notre bien chère amie ; et, du côté Sud, nous n'avons qu'à traverser la mer, pour arriver en quelques heures seulement, sur vos charmantes plages algériennes. On pourrait dire que les mêmes vagues de la Méditerranée donnent à la fois un doux baiser à votre côte d'Oran et à notre côte du Levant.

Mon pays, placé au milieu de votre chère famille, serre amicalement deux mains sympathiques, celle de la mère et celle de la fille. Aujourd'hui, vous le savez, on peut, après avoir déjeuné à Oran, et soupé à Carthagène, coucher ensuite dans le train qui conduit à Paris en traversant l'Espagne. Il faut même espérer que, grâce aux efforts incessants des Sociétés de Géographie, appuyées par nos Gouvernements, nous réussirons à établir un service combiné qui permettra de prendre le train dès l'arrivée en Espagne des paquebots de la Compagnie Transatlantique. Je suis heureux d'être, à ce sujet, en communion d'idées avec l'éminent Président du Congrès, M. de Brazza, qui attache comme moi, ainsi qu'il me le disait, une grande importance à cette voie de communication. La traversée en quelques heures d'Oran à Carthagène serait alors l'idéal des voyageurs qui redoutent de passer la nuit en pleine mer.

Le voyageur pourrait alors, via Carthagène, dormir *a pierna suelta*, comme on dit en espagnol, c'est-à-dire avec une parfaite tranquillité d'esprit. De cette façon aussi, Paris, la grande capitale européenne, serait unie à Alger, la grande capitale africaine, et la traversée de 7 à 8 heures seulement, couperait la monotonie du trajet en chemin de fer.

J'ajouterai que, pour ceux qui veulent visiter nos villes andalouses, aux multiples points de ressemblances avec vos intéressantes cités algériennes, que le nouveau chemin de fer d'Alméria, récemment inauguré, permet de se rendre d'Oran à Grenade, Séville et Cordoue en peu de temps.

Avant de finir, permettez-moi, Messieurs, de vous signaler aux environs d'Alger, un endroit digne d'être visité par les congressistes. J'espère que, parmi vous, quelques-uns trouveront de l'intérêt à aller voir la grotte où notre grand Cervantès, dont le nom a été donné à une rue d'Alger, s'était réfugié, après s'être échappé de sa prison de Bab-Azoun, avec quatorze compagnons de captivité. J'ai prié M. le Président d'ajouter cette visite au programme de la journée de demain, qui comprend une excursion au Jardin d'Essai.

De ce dernier point, une très courte ascension est nécessaire pour arriver à la grotte dans laquelle la colonie espagnole a élevé un modeste monument à l'immortel auteur de Don Quichotte.

Je n'ose pas, Messieurs, abuser plus longtemps de votre bienveillance, et je vous remercie mille fois d'avoir bien voulu m'écouter quelques minutes.

M. le Président déclare qu'il est certain d'être l'interprète du Congrès tout entier en remerciant M. le Consul général d'Espagne d'avoir bien voulu accepter la Présidence d'honneur de cette séance. Il rappelle les sentiments d'amitié qui, depuis près d'un siècle, unissent la France à l'Espagne, et l'admiration que le courage des soldats et la valeur des officiers espagnols a soulevée chez le peuple français lors de récents événements.

Il termine en priant M. le Consul général d'Espagne de remercier la Société de Géographie de Madrid, d'avoir bien voulu le déléguer au Congrès d'Alger.

M. H. Busson a ensuite la parole pour soumettre à la discussion du Congrès la question suivante :

La Naturalisation des Immigrés Coloniaux

Messieurs,

La Sous-Commission d'organisation scientifique du Congrès, qu'avait instituée la Société de Géographie d'Alger et que présidait M. Emile Broussais, a décidé d'inscrire au nombre des sujets qui seraient soumis à votre discussion la question de la *Naturalisation des Immigrés coloniaux* ; elle m'a prié de vouloir bien vous présenter cette question.

Le problème qui se pose ainsi devant vous peut paraître singulièrement brûlant au moment et dans le lieu où se tiennent nos séances. C'est pourtant au premier chef un problème de méthode coloniale, qui se rattache directement à vos travaux de géographie comparée ; pour ma part, complètement étranger aux luttes politiques, je n'aurai aucune peine à me placer sur un terrain exclusivement scientifique, je n'aurai d'aucune façon à tenir compte des intérêts immédiats et des compétitions locales qui tendraient à dénaturer les termes de la question dont nous nous occupons. Je procéderai essentiellement par voie de comparaison, je m'efforcerai de déterminer historiquement et géographiquement les conditions qui président à la formation des nouvelles sociétés coloniales.

Bien des colonies de peuplement, Messieurs, se sont constituées et développées par la juxtaposition de races immigrées différentes. Dans l'Amérique du Nord les Etats-Unis et le Canada, dans l'Amérique du Sud la République Argentine et le Brésil, par delà le Pacifique les colonies de l'Australie et de l'Afrique du Sud, voilà quelques-uns des exemples qui se présentent immédiatement à votre esprit, quelques exemples de colonies ou d'anciennes colonies, particulièrement étendues et prospères. — Quelles sont, dans ces pays et dans les pays analogues, les conditions mises à la naturalisation des étrangers? Nous trouverons à ce sujet des indications précieuses dans l'ouvrage si remarquable de M. Georges Cogordan intitulé « La *Nationalité* au point de vue des rapports internationaux ».

« Nous ne connaissons dans l'Amérique latine, dit M. Cogordan, que le Mexique et les Etats de Costa Rica et de Salvador, qui reconnaissent la qualité d'étranger à l'enfant né d'un étranger sur leur territoire, sauf un droit d'option ». Dans la République Argentine, la loi du 1er octobre 1869 déclare Argentins tous les natifs du territoire de la République, excepté les fils d'agents diplomatiques et consulaires ; la même règle est en vigueur dans les autres Etats : Uruguay, Vénézuéla, Haïti, Colombie, Chili, Pérou, Equateur, Bolivie, Guatémala, Brésil, République Dominicaine ; en 1874, à propos d'un incident provoqué par l'Italie, le gouvernement du Vénézuéla écrivit : « Nous tiendrons pour Vénézuéliens, de droit et de fait, les fils nés au Vénézuéla de parents Italiens, sans aucune exception, et nous les regarderons comme investis des droits et soumis aux obligations que la constitution et les lois de la République accordent ou imposent aux autres citoyens ».

Si les fils d'étrangers nés dans les Etats de l'Amérique latine ne peuvent pas se soustraire à la naturalisation, les étrangers qui n'y sont pas nés peuvent en revanche acquérir très facilement pour eux-mêmes cette naturalisation. M. Elisée Reclus (géographie universelle Tome XIX) constate qu'au Brésil il suffit, pour obtenir la naturalisation, de posséder quelque immeuble dans le pays, ou d'y avoir des enfants établis, ou d'épouser une Brésilienne. Dans la République Argentine la naturalisation s'obtient par deux années de séjour ; les étrangers *non* naturalisés sont d'ailleurs admissibles aux fonctions municipales et jouissent de tous les droits civils des natifs.

Aux Etats-Unis la jurisprudence n'est pas d'accord sur la question de savoir si l'individu né de parents étrangers sur le territoire de l'Union est lui-même étranger ; le XIVe amendement à la constitution porte bien que « toute personne née ou naturalisée aux Etats-Unis et soumise à une juridiction, a la qualité de citoyen des Etats-Unis » ; mais l'acte du 9 avril 1866 (section 1992) crée une complication en déclarant seulement sujets des Etats-Unis « tous les individus nés aux Etats *et qui ne sont sujets d'une puissance étrangère* ».

Pour en finir avec les Etats indépendants, nul exemple ne peut-être plus typique que celui du Transvaal, où les étrangers causent de si grandes difficultés au Gouvernement des Boërs. M. Pierre Leroy-Beaulieu, dans son très intéressant ouvrage sur « les nouvelles

Sociétés anglo-saxonnes », nous donne quelques renseignements utiles sur la situation des *uitlanders* en 1897 : les étrangers peuvent, dès leur arrivée au Transvaal, se faire inscrire sur les registres des *veldcornets* ; lorsque leurs noms s'y trouvent depuis deux ans, ils peuvent réclamer la naturalisation et voter pour le second Volksraad, dont le vote est nécessaire pour toutes les lois relatives aux mines et aux questions financières et économiques, excepté le budget et les douanes ; deux ans plus tard, ils ont le droit d'y siéger ; douze ans après la naturalisation, ils sont électeurs et éligibles pour le premier Raad et la présidence.

Ainsi les anciennes colonies devenues indépendantes, c'est-à-dire celles auxquelles l'influence des étrangers naturalisés pourrait faire courir les plus grands dangers, non seulement facilitent, mais dans la plupart des cas imposent la naturalisation aux immigrés étrangers. Quant à ce qui concerne les colonies restées sous la dépendance et sous les lois de la Mère-Patrie, il suffira d'indiquer que l'Angleterre et le Portugal considèrent comme Anglais et Portugais tous les individus nés sur leurs territoires respectifs.

Telle est la situation pour les pays étrangers ; quelle est-elle pour la France et pour la Colonie française ?

L'article 8 de la loi du 27 juin 1889 est ainsi conçu : « Tout français jouira des droits civils. Sont français :.... 4º Tout individu né en France et qui, à l'époque de la majorité, est domicilié en France, à moins que, dans l'année qui suit sa majorité telle qu'elle est réglée par la loi française, il n'ait décliné la qualité de Français et prouvé qu'il a conservé la nationalité de ses parents par une attestation en due forme de son gouvernement, et qu'il n'ait en outre produit, s'il y a lieu, un certificat constatant qu'il a répondu à l'appel sous les drapeaux conformément à la loi militaire de son pays. — 5º Les étrangers naturalisés. Peuvent être naturalisés : 1º Les étrangers qui ont obtenu l'autorisation de fixer leur domicile en France, après trois ans de domicile en France : 2º Les étrangers qui peuvent justifier d'une résidence non interrompue pendant dix années :.... 3º l'étranger qui a épousé une française, après une année de domicile autorisé ».

En ce qui concerne l'acquisition automatique de la nationalité par la naissance, la loi de 1889 est en vigueur en Algérie : mais la naturalisation volontaire y est en outre facilitée par le sénatus-consulte du 14 juillet 1865, qui exige seulement des étrangers la justification de trois années de résidence, sans demande préalable de l'admission à domicile.

D'une part donc les étrangers peuvent obtenir la naturalisation en la demandant après trois ans de résidence algérienne, et d'autre part ils la reçoivent sans la demander s'ils ont vu le jour en Algérie. Voilà ces lois de naturalisation que beaucoup d'esprits trouvent maintenant excessives, non pas certes au point de vue civil, mais uniquement au point de vue politique. Faut-il revenir en arrière ? Faut-il arrêter les naturalisations au lieu de les provoquer ? L'exemple de tant de colonies qui ont dû leur développement économique à l'afflux des travailleurs étrangers dit assurément non, mais tout au moins serait-il sage de veiller à ce que les étrangers naturalisés ne soient pas un danger pour la France.

Afin d'assurer l'influence française sur les futurs Français, sur les Espagnols notamment, on a proposé de recourir à l'action du clergé. Le remède serait à mon avis pire que le mal ; notons d'abord que faire du clergé un instrument politique serait bien mal préparer nos nouveaux compatriotes à leurs nouvelles mœurs de citoyens français : respectons la religion en la tenant strictement à l'écart de la politique, laissons religieusement le curé à son église, le pasteur à son temple, le rabbin à sa synagogue ; n'oublions pas surtout que l'influence religieuse aurait pour résultat d'accentuer les groupements nationaux, d'opposer des Espagnols cléricaux à des Français peut-être anticléricaux ; on arriverait ainsi facilement à ce régime des pays d'Orient, où les oppositions religieuses s'ajoutent aux oppositions nationales, où sous la loi des capitulations les étrangers forment dans l'Etat autant d'Eglises et d'Etats qu'il y a de groupements nationaux, qu'il y a de gouvernements disposés à intervenir pour les protéger.

Au lieu de recourir à ce qui pourrait diviser les Européens de nos colonies, faisons au contraire appel à ce qui apparait comme le meilleur creuset où se fondront les opinions, les croyances et les races, c'est-à-dire à l'école primaire, à l'école uniquement nationale et française. Le maître d'école apprendra aux étrangers à parler et à penser en français, il les rendra bons citoyens et bons Français.

M. Elisée Reclus (géographie générale, tome XIX) rapporte qu'au Brésil tous les citoyens âgés de 21 ans sont électeurs, à condition qu'ils sachent lire et écrire, et qu'ils n'exercent aucun métier incompatible avec la liberté d'opinion (métier militaire, ordres religieux). En est-il de même dans nos colonies ? assurément non, et point n'est besoin d'aller bien loin d'Alger pour rencontrer des Européens qui ignorent complètement la langue française. Eh bien ! l'école d'abord, la caserne ensuite, voilà ce qui fera connaître la France à nos récents concitoyens.

Et quand ils connaîtront la France, Messieurs, il seront bien près de l'aimer. C'est à nous de leur faire aimer leur nouvelle patrie en ne faisant pas d'eux des parias, en ne leur refusant pas le droit de s'occuper un peu de nos affaires algériennes, qui sont les leurs aussi.

Que la France hésite devant l'idée de laisser intervenir dans ses propres querelles des Néo-Français qui ne connaissent point son histoire, cela est naturel ; mais que l'Algérie refuse à la moitié de ses enfants européens le droit de gérer des intérêts communs à tous, voilà qui serait une maladresse doublée d'une injustice.

Où donc en effet tracerez-vous la ligne de démarcation équitable entre les élus et les réprouvés, entre les Français de race et les autres Latins ? M. Dessoliers vous montrera demain dans quelle énorme proportion s'enchevêtrent par les mariages mixtes les races européennes immigrées en Algérie ; de combien de gouttes de sang français faudra-t-il justifier pour être admis à subir le baptême de naturalisation ? en combien de castes et de groupes diviserez-vous et subdiviserez-vous ces frères de la nouvelle race Méditerranéenne, de la race algérienne ?

Croyez-moi, Messieurs, c'est à ce peuple nouveau tout entier qu'il faut sans marchander reconnaître le droit de gérer, sinon les affaires de la France, du moins les affaires de l'Algérie. Attachons-nous par des bienfaits nos colonies, plutôt que de les irriter par des méfiances et des malentendus. L'exemple du Canada est là pour nous dire comment une métropole sait conserver intact le loyalisme de colons étrangers ; l'exemple des Etats-Unis et de Cuba n'est pas moins probant pour nous montrer comment la désaffection conduit à la haine, et la haine au séparatisme. Le péril étranger ne deviendra jamais en Algérie une réalité, si la France a soin de tenir les Algériens à l'écart de ses querelles intestines ; l'influence française n'aura rien à craindre en ce pays, tant que la France sera forte dans le monde, tant qu'elle saura s'attacher par la reconnaissance tous ceux qui contribuent à sa grandeur en faisant par leur travail la prospérité de ses belles colonies.

Je n'ai eu, Messieurs, en ces quelques minutes qui m'étaient accordées, ni l'intention ni la prétention d'envisager tous les côtés de la question si complexe qui vous est soumise ; j'ai voulu surtout réagir, au nom de l'histoire et de la géographie, contre des entraînements politiques passagers ; m'élevant au-dessus des intérêts immédiats et des compétitions locales, j'ai voulu dégager les principes dont la France doit s'inspirer pour assurer le développement économique de colonies où tant de races européennes se trouvent juxtaposées. Et c'est, Messieurs, dans le même esprit de concorde et de patriotisme, en dehors de toute considération politique, que je soumets au Congrès le projet du vœu suivant :

Le XX⁰ Congrès national des Sociétés françaises de géographie émet le vœu :

« 1º Que la France, s'inspirant des principes qui ont assuré le développement économique des colonies anglo-saxonnes et latines, retiennent dans ses colonies les travailleurs étrangers, en leur facilitant la naturalisation française ;

« 2º Que la condition principale mise à la naturalisation soit la connaissance de la langue française, et que la fréquentation de l'école française soit imposée à tous les jeunes étrangers habitant dans les colonies françaises ».

M. Paul Bonnard estime que la question de la rétribution des fonctions politiques, contre laquelle s'est élevé M. Busson, est une question de nature à soulever de graves difficultés.

M. Busson fait remarquer qu'il n'est fait aucune allusion à cette question dans le vœu qu'il a formulé.

M. le Docteur Blaise combat le vœu proposé, qu'il estime ne pouvoir être voté par une assemblée française. La naturalisation est suffisamment favorisée par la loi de 1889, qui a même dépassé le but que l'on voulait atteindre. Au point de vue de la colonisation, le concours des étrangers est certainement précieux, mais il faut que l'influence française subsiste dans nos colonies. C'est une lourde faute au point de vue national que de donner immédiatement aux étrangers naturalisés les droits politiques. Il faut d'abord que ces étrangers prennent nos mœurs et notre tempérament. A ce point de vue, l'éducation dans les écoles est certainement d'un précieux concours, mais il faut donner à cette éducation le temps matériel de produire ses effets. Si au Canada comme le disait M. Busson, les Français ont conservé le caractère français, pourquoi les Espagnols et les Italiens qui émigrent dans nos colonies n'auraient-ils pas gardé l'amour de leur Patrie ?

M. le Docteur Blaise termine en déposant un amendement tendant à ajouter à la première partie du vœu de M. Busson les mots suivants :

« Tout en maintenant partout l'influence française, et, pour arriver à ce but,
« exprime aussi le vœu que les fils d'étrangers naturalisés automatiquement
« par la loi de 1889 ne jouissent des droits politiques qu'à la troisième
« génération ».

M. Busson reconnaît que les sentiments exprimés par M. le Docteur Blaise sont très naturels. Mais il s'est placé à un point de vue plus élevé, en envisageant le développement de toutes les colonies passées, présentes et à venir. Non seulement il ne demande pas l'extension de la loi de 1889, mais encore il n'a cité aucune loi dans le texte du vœu qu'il a déposé. Son intention a seulement été de tirer de principes généraux les conséquences qui doivent en découler pour la prospérité des colonies et l'utilisation des étrangers qui y émigrent.

M. Broussais constate que la question en discussion est très délicate et passionne au plus haut point l'opinion publique algérienne, et il félicite l'auteur du vœu de la façon générale et élevée dont il a su l'envisager. Il faut choisir entre deux méthodes : ou bien suivre la politique de la France, qui consiste à franciser et à fondre les éléments étrangers, ou bien favoriser la formation de groupements d'étrangers qui se placeront naturellement sous la protection de leurs consuls, comme en Egypte et en Turquie. La constitution de tels groupements ne pourrait que faire naître chez les étrangers des sentiments de méfiance pour la France.

M. Broussais pense que l'on pourrait peut-être imposer aux étrangers qui demandent la naturalisation un stage plus long que celui de trois ans déclaré suffisant par le sénatus-consulte de 1865, mais il estime cependant que les étrangers ne doivent pas être écartés, et que, par suite, le vœu de M. Busson peut être voté sans inconvénient par le Congrès.

M. Dupuy fait observer qu'en Algérie la situation est toute particulière. L'Algérie est en effet la seule colonie où le nombre des étrangers égale et dépasse même celui des Français. L'influence française pourrait donc y disparaître complètement si l'on donnait les droits politiques aux étrangers avant que l'éducation française leur ait appris à penser en Français. La proposition de M. Blaise doit, à son avis, rallier la majorité du Congrès.

M. le Docteur Huguet demande à présenter quelques observations sur un point tout particulier. Il estime avec M. Busson qu'il faut compter sur le maître d'école pour apprendre aux étrangers à connaître la France ; mais, à son avis, il faudrait donner davantage au maître d'école les moyens de montrer à ses élèves la grandeur de la France. On devrait à cet égard, imiter l'exemple des Anglais, qui ont des livres spéciaux et des cartes spéciales à l'usage de leurs colonies. Il est inutile de montrer aux indigènes des cartes d'ensemble de l'Europe, où la France n'est représentée que par une petite tache rouge, de même qu'il n'est pas besoin de leur dire que la France a tant de kilomètres carrés de moins que la Russie. L'indigène, croyant que la puissance d'un pays dépend uniquement de sa superficie, en arrive à douter de l'influence française.

M. Busson déclare qu'il accepte la première partie de l'amendement de M. le Docteur Blaise, ainsi conçu : « tout en maintenant partout l'influence française ».

M. le Docteur Blaise maintient la seconde partie de son amendement.

M. Blanchet fait remarquer que l'on se trouve en présence d'un problème de méthode coloniale ainsi posé : comment faut-il faire pour tirer les meilleurs résultats possibles des éléments étrangers dans les colonies ? Il se demande si la solution d'une question aussi générale peut être donnée dans un vœu où il est question de dispositions légales.

M. le Lieutenant Azan estime qu'il n'est pas nécessaire de se préoccuper d'attirer les étrangers : ils viendront toujours en nombre suffisant. Il cite le département d'Oran où l'on est obligé de savoir l'espagnol pour se faire comprendre dans la plupart des villages.

M. Rocheblave demande que, dans l'amendement de M. le Docteur Blaise, on substitue aux mots : *influence française*, les mots : *prépondérance française*.

M. le Docteur Blaise accepte cette modification.

M. Delorme fait observer qu'en sociologie, les solutions hâtives sont mauvaises. Il serait peut-être préférable de ne pas mettre aux voix le vœu en discussion qu'il estime d'ailleurs être d'ordre politique.

M. Le Vasseur constate que les naturalisations sont déjà accordées trop facilement, et demande la suppression complète du premier paragraphe du vœu de M. Busson.

M. Busson exprime le désir que le second paragraphe de son vœu, qui ne paraît pas soulever de difficultés, soit mis aux voix en premier lieu.

M. le Président met aux voix le second paragraphe du vœu de M. Busson, qui est adopté à l'unanimité.

Le premier paragraphe est ensuite adopté avec l'adjonction, proposée par M. le Docteur Blaise et acceptée par M. Busson, des mots : *tout en maintenant partout la prépondérance française.* »

M. Busson demande la question préalable sur la deuxième partie de l'amendement de M. le Docteur Blaise, ainsi conçu :

« Et, pour arriver à ce but, exprime aussi le vœu que les fils d'étrangers « naturalisés automatiquement par la loi de 1889 ne jouissent des droits « politiques qu'à la troisième génération. »

La question préalable est repoussée.

M. Broussais craint qu'il soit dangereux d'émettre le vœu proposé. Il existe en Algérie beaucoup d'officiers et de fonctionnaires qui ne sont pas français à la troisième génération et qui n'en ont pas moins rendu des services à la France. Gambetta, qui a personnifié en 1870 la défense nationale, n'était pas non plus français à la troisième génération. Il ne faut pas fermer la porte à ceux qui veulent acquérir la qualité de citoyen français qu'ils paient parfois de leur sang, comme les soldats de la légion étrangère. Alors qu'il suffit à un étranger quelconque de justifier de trois années de résidence en Algérie pour pouvoir être naturalisé, on ne peut refuser la qualité de citoyen français aux jeunes gens nés en Algérie et élevés dans nos écoles.

M. Dupuy fait remarquer que c'est la naturalisation automatique contre laquelle on proteste, et que les étrangers nés sur notre sol ont la ressource de demander la naturalisation individuelle, qui leur sera accordée s'ils présentent les garanties que l'on est en droit d'exiger d'eux. Il ne s'opposerait pas pour sa part à ce que l'on facilite les naturalisations individuelles, mais il estime que la qualité de citoyen français vaut bien la peine qu'on la demande et qu'on la mérite.

M. le Docteur Blaise déclare que son amendement concerne exclusivement les naturalisations automatiques ; quant aux étrangers naturalisés par décret individuel, ils seraient admis immédiatement à la jouissance des droits politiques. Il fait d'ailleurs observer qu'en Algérie beaucoup d'Espagnols et d'Italiens d'origine sont déjà français à la deuxième ou même à la troisième génération.

M. Arthus, délégué de la Société d'agriculture d'Alger, ne pense pas qu'on résoudra le problème étranger en dictant d'autres décrets sur la naturalisation.

Les étrangers, chassés de leur pays d'origine par la misère, viendront toujours en Algérie où ils sont moins misérables.

C'est en grande partie à eux qu'est due la situation agricole assez prospère de la colonie et ils auront forcément la puissance du nombre tant qu'on ne modifiera pas les conditions actuelles qui s'opposent à l'immigration des colons de France, fils de paysans français.

Qu'on favorise cette immigration par tous les moyens possibles ; qu'au lieu de se décourager à leur arrivée ici, ils soient animés de l'espérance de réussir, ils resteront alors en Algérie et y appelleront leurs parents et amis. On ne verra plus se produire l'immigration aux pays de l'Amérique du Sud qui appauvrit le pays.

De ce jour, les Français en France formeront le nombre ; la colonie prospérera et le péril étranger ne sera plus à craindre.

C'est là la véritable solution de la question.

M. Bonnard constate que la majeure partie des immigrants viennent dans les colonies parce qu'ils souffrent dans leur propre pays. C'est la raison qui explique l'afflux des populations latines, les Espagnols et les Italiens, vers la France et l'Algérie, où les salaires sont plus élevés que dans leur pays.

M. de Villard estime que l'on devrait supprimer purement et simplement la naturalisation automatique et revenir au système des naturalisations individuelles, grâce auxquelles on peut n'accorder notre nationalité qu'aux étrangers qui justifient d'une éducation et d'un esprit français.

Après un nouvel échange d'observations entre MM. le Lieutenant Azan, Broussais et Laurens, la clôture de la discussion est prononcée.

L'amendement de M. le Docteur Blaise est mis aux voix et adopté.

La parole est donnée à M. Basset, Chef Adjoint du Cabinet du Ministre des Colonies et délégué adjoint du Ministère, qui s'exprime dans les termes suivants :

Monsieur le Président,
Messieurs,

Une dépêche de ce matin nous apporte une douloureuse nouvelle : M. Mizon, Gouverneur de Djibouti, est mort à Zanzibar en allant rejoindre son nouveau poste.

Officier de marine, M. Mizon fut séduit comme Doudart de la Grée, comme Savorgnan de Brazza, par l'attrait des pays mystérieux, et il renonça à sa première carrière pour travailler en Afrique à la fondation de la plus grande France.

Je ne m'étendrai pas ici sur sa belle exploration de la Bénoué, ni sur les difficultés qu'il eut à surmonter à cette occasion. D'autres personnes ici présentes, qui l'ont vu à l'œuvre dans ces régions, sont plus autorisées que moi pour vous parler de son rôle dans le bassin du Niger.

M. Mizon n'était pas seulement un explorateur hardi ; c'était encore un administrateur de valeur. Appelé à Mayotte comme administrateur en chef de la colonie, il n'eut malheureusement à montrer ses qualités que dans une douloureuse circonstance, en s'attachant à réparer les désastres causés par un violent cyclone. M. le Ministre des Colonies, qui le tenait en haute estime, venait de lui donner une marque de sa confiance en l'appelant à diriger le Gouvernement de la Côte des Somalis, qui prend tous les jours une importance croissante, lorsque la mort est venue le frapper si brusquement.

Au nom de M. le Ministre des Colonies, je lui adresse un dernier adieu. Je suis persuadé que le Congrès tout entier tiendra à s'associer aux regrets de M. Guillain.

M. le Président remercie M. le Délégué du Ministre des Colonies de la tâche douloureuse qu'il vient d'accomplir. Il rappelle que M. Mizon, que tous les membres du Congrès ont connu, sinon personnellement, du moins par la renommée de ses hauts faits, était un homme de dévouement et un membre de la grande famille coloniale. Il est certain d'être l'interprète de tous en priant M. Basset d'exprimer au Ministre des Colonies la part douloureuse que le Congrès tout entier prend au deuil qui vient de frapper le monde colonial.

La séance est levée à 11 heures 1/4.

SÉANCE DE L'APRÈS-MIDI

La séance est ouverte à 2 heures 1/2 sous la Présidence de M. Paul Bonnard, Délégué de la Société de Géographie Commerciale de Paris (section de Tunis).

M. Arthus, Vice-Président de la Société d'Agriculture d'Alger, et Azan, Lieutenant au 2me Zouaves à Tlemcen, Délégué de la Société bourguignonne de Géographie, remplissent les fonctions d'assesseurs.

M. le Président exprime ses regrets de l'absence de M. Grimault, premier secrétaire d'ambassade à la résidence générale de Tunis, Délégué du Ministère des Affaires Etrangères, qui devait présider cette séance en qualité de Président d'honneur.

M. le Président rend compte des diverses excursions projetées pour les jours suivants et explique comment les membres du Congrès pourront y prendre part.

M. Couput, Directeur du service des Bergeries de l'Algérie M. S. G. A. donne lecture à l'Assemblée du rapport suivant :

LE MOUTON EN ALGÉRIE

Indiquer l'importance de la question ovine en Algérie, faire connaître les ressources que nous offrent au point de vue pastoral les divers climats, les régions si variées de notre colonie, dire un mot des races qui l'habitent et montrer que nous pouvons, au moins dans la partie Tellienne, introduire sans difficultés des animaux plus précoces et de plus haut rendement, tel est le but de cette note qui devient ainsi une étude de géographie agricole, d'acclimatation, de climatologie appliquée à l'élevage du mouton. On estime à 150 millions de francs environ la valeur des troupeaux, moutons et chèvres, qui vivent en Algérie ; leur production annuelle s'élève à plus de 120 millions et alimente une exportation qui donne lieu, si l'on joint au prix d'achat, les frais de transport sur mer et sur terre, à un chiffre d'affaires qui dépasse 50 millions.

L'Algérie ne fournit pourtant à la France que la moitié des ovins qu'elle importe annuellement et ses laines n'entrent que pour une proportion bien faible dans les achats que l'industrie métropolitaine est obligée de faire à l'étranger. Elle pourrait pourtant faire beaucoup mieux avec son climat particulier qui convient si bien au mouton, avec son Tell si riche, ses Steppes et le Sahara qui leur sert de prolongement.

Aussi tous ceux qui ont étudié les choses Algériennes se sont-ils vivement préoccupés de l'industrie pastorale. Mais si beaucoup de bonnes études ont été faites sur cette question, l'on a eu souvent grand tort de vouloir généraliser certains systèmes qui s'appliquaient pourtant d'une façon parfaite à la région qu'avait étudiée leur auteur.

Peu de contrées offrent en effet des différences aussi tranchées au point de vue climatologique et nous allons voir quelle influence directe a sur notre élevage cette situation toute particulière.

L'Algérie se divise au point de vue pastoral en deux zones bien tranchées.

Les pays à transhumance restreinte ou nulle.

Les pays à grande transhumance.

La première de ces zones comprend la région littoralienne et la partie Tellienne.

La deuxième les Steppes qui forment la plus grande partie des Hauts-Plateaux et la région Saharienne.

Le littoral sans grands froids ni chaleurs extrêmes, avec son climat régulier, composé de deux saisons, l'une pluvieuse et l'autre sèche, est arrosé tous les ans par des pluies plus ou moins abondantes mais toujours suffisantes pour permettre aux céréales d'arriver à maturité. Une des caractéristiques de cette zone est son degré hygrométrique fort élevé, surtout pendant la saison des chaleurs, ce qui permet à la flore tropicale de pousser dans les parties les plus abritées à côté des plantes originaires des climats tempérés. L'on peut dire que cette partie de l'Algérie, du reste fort restreinte ne vaut rien pour le mouton qui y devient très rapidement cachectique. De plus les terres y sont d'un prix tel que l'on ne peut y faire lucrativement l'élevage.

Le Tell comprend la Kabylie tout entière et une assez grande étendue de pays arabe. Il se trouve limité au Nord par la région littoralienne ; au Sud par le massif montagneux qui s'étend du Maroc à la Tunisie en passant au Sud de Tlemcen, de Tiaret, de Teniet, Boghar, Aumale, Beni-Mansour, pour s'infléchir à partir de Bordj jusqu'au Sud de Sétif et venir mourir à Tébessa en passant au Nord de Batna. Deux massifs placés plus au Sud, une partie du Djebel-Amour et l'Aurès offrent à peu près les mêmes caractères culturaux. Les céréales, la vigne, l'olivier viennent à merveille dans cette région dont le relief est fortement accusé. La saison sèche et la saison pluvieuse s'y succèdent d'une façon à peu près régulière ; les pluies sont presque toujours suffisantes pour la grande culture, et les eaux qui descendent des montagnes, bien aménagées, pourraient porter à un très haut degré la fertilité des parties basses. Le climat y change d'une façon complète avec l'altitude. Tandis que l'oranger donne des fruits dans les vallées abritées et bien arrosées, le froid intense qui se fait sentir sur les points élevés permet aux arbres fruitiers de France en leur procurant un sommeil hivernal complet de donner leurs fruits qui mûrissent fort mal dans les parties baignées par la mer.

C'est dans cette zone dont le climat convient parfaitement à l'Européen où les approvisionnements fourragers sont toujours possibles, où l'eau existe toujours en quantité suffisante pour assurer l'abreuvement des troupeaux que l'élevage du mouton est appelé à prendre la plus large extension et que nous pourrons élever avec le plus de profit des races améliorées.

La région des Steppes qui forme la partie la plus intéressante des pays à transhumance offre un climat tout différent.

L'air sans vapeur y est d'une limpidité extraordinaire, les nuits d'une beauté, d'un éclat incomparables, les étoiles brillent innombrables, le ciel d'un bleu sombre a une profondeur inconnue partout ailleurs. Le jour, ce sont des tons de lumière particuliers ; toute la gamme des couleurs vient éblouir les yeux. Mais cette absence d'humidité, cette siccité absolue de l'air ont sur le climat des effets désastreux ; l'insolation, le rayonnement nocturne y atteignent une intensité énorme. Les différences entre le minimum et le maximum d'une même journée dépassent souvent 35 à 40°. L'été, la chaleur est extrême et l'on a au soleil jusqu'à 50 ou 55°. L'hiver, le froid très rigoureux descend parfois jusqu'à 10° au-dessous de zéro. Il faut pour se faire une idée bien nette de ces régions au point de vue cultural ajouter, à ces brusques variations de températures, l'irrégularité et la faible proportion des pluies. Des séries d'années pluvieuses sont suivies de périodes sèches ; aussi toutes ces causes réunies rendent-elles la culture fort aléatoire. Enfin ce climat si dur, absolument irrégulier, empêche d'une façon presque complète le développement de la végétation arbustive. Les forêts y sont inconnues ; on fait quelquefois de longues journées de marche sans rencontrer un arbre.

Par contre, l'alfa, un thym, une armoise et quelques salsolacées couvrent de grandes étendues dans cette zone ; le mouton y trouve une végétation toute spéciale qui lui convient à merveille. Quant à l'arabe, perdu dans ces vastes espaces, sans rien qui vienne graver dans son esprit le souvenir du pays natal auquel le montagnard s'attache d'une façon si complète, il est devenu absolument nomade. Sa fortune consiste en troupeaux qui peuvent le suivre dans tous ses voyages ; sa maison n'est qu'une tente qu'il peut emporter partout. Il est devenu le jouet des saisons qui le poussent à leur gré vers la partie Saharienne, ou le refoulent vers la partie Tellienne. Et lorsqu'un fléau le frappe, lorsque la période sèche venant rappeler les vaches maigres de l'écriture dure trop longtemps, lui, qui n'a pas eu la prévoyance de l'Egyptien, ne sait plus que mourir de faim.

Tel est le pays que l'on a appelé le pays du mouton, parce que le mouton seul permet à l'homme d'en tirer parti.

La toison épaisse qui lui permet de subir sans trop de souffrances les alternatives si brusques de froid et de chaud, servira, après avoir été filée, à abriter ses pasteurs ; elle deviendra la tente, le burnous qui les défendront contre les rigueurs de la température. Le lait des brebis, la viande des moutons, serviront, selon la description du poète, de base à la nourriture de l'indigène : les produits du troupeau, laine et bétail, fourniront des objets d'échange : ils permettront d'acheter les denrées qui manquent, les quelques ustensiles nécessaires aux nomades ; ils serviront enfin à payer les impôts dus à la Commune ou à l'Etat.

Espèce marcheuse, par excellence, pouvant trouver sa nourriture en paissant dans ces champs qui ont au premier abord l'air absolument dénudés, le mouton suit son maître dans toutes ses pérégrinations. Il remonte avec lui dans le Tell à l'époque des marchés pour y laisser sa toison et la partie du troupeau destinée à la vente, puis redescend plus tard vers les contrées sahariennes pour y chercher des pâturages favorables, à l'époque où ses terrains de parcours habituels lui offrent trop peu de ressources pour que la vie y soit possible.

A tous ces avantages, le mouton joint encore cette immense qualité qu'il peut faire au besoin jusqu'à deux ou trois jours de marche sans s'abreuver. Aussi lui seul amène-t-il la vie sur ces millions d'hectares ; lui seul permet-il leur mise en valeur. C'est par lui et par son amélioration que l'indigène verra peu à peu augmenter son bien être à la condition pourtant que nous ne venions pas, par des mesures mal comprises, nuire d'une façon trop complète à ses habitudes de transhumance.

Quant à la région saharienne, les troupeaux n'y vont que pendant quelques mois d'hiver, lorsqu'ils peuvent trouver, en même temps que leur nourriture, l'eau nécessaire à leur boisson.

Nous nous trouvons donc, je le répète, en présence de deux régions absolument différentes ; dans l'une, des pluies à peu près régulières, une végétation printanière luxuriante, un climat tempéré, permettent à une population sédentaire de faire des approvisionnements pour assurer l'alimentation des animaux pendant la saison sèche ; même au plus fort de l'été, les eaux sont en quantité suffisante pour assurer l'abreuvement régulier des troupeaux.

Dans l'autre de vastes Steppes à végétation spéciale sans arbres, où bêtes et gens sont forcés d'aller au gré des saisons, des plaines du Sahara jusqu'aux contre-forts boisés du Tell, pour eux terre promise où ils venaient autrefois estiver mais dont la constitution de la propriété individuelle leur interdit aujourd'hui le libre parcours.

Qu'il s'agisse de l'augmentation des effectifs ou du choix de la race la plus productive, l'on comprendra facilement qu'il est impossible d'employer les mêmes procédés dans l'une et l'autre de ces deux régions.

Nos efforts devront surtout tendre à constituer pour le Sud une race robuste, bonne marcheuse, chez qui la précocité devra céder le pas à la sobriété ; il faudra par tous les moyens possibles augmenter les points d'eau et permettre ainsi l'utilisation plus complète de ces parcours, à végétation toute spéciale si bien appropriée à la nourriture du mouton, mais que les troupeaux sont obligés de quitter, dès les premières chaleurs, parce qu'ils ne peuvent plus y trouver l'eau nécessaire à leur boisson.

Nous ne devrons surtout pas oublier que la propriété territoriale collective devient une nécessité dans des pays pareils ; que les sources doivent à tout prix être exclusivement consacrées à l'usage bien entendu de la collectivité ; qu'il faut enfin bien se garder d'aliéner les quelques portions plus riches, véritables ilots cultivables que pourrait utiliser la colonisation, parce que privés de ces quelques points privilégiés, les troupeaux de vastes régions éprouveraient des difficultés encore plus grandes pour passer la saison sèche.

Les conditions sont tout autres lorsque l'on considère la partie Tellienne ; une nourriture facile à assurer, un climat plus régulier, l'absence de toute transhumance, permettent de rechercher des races à rendement plus élevé, à précocité plus grande, répondant mieux aux exigences tous les jours plus dures du marché européen et capables d'être payées par conséquent à un prix plus rémunérateur.

Je sais bien que les adversaires de toute amélioration prétendent que cette partie de l'Algérie est absolument négligeable au point de vue moutonnier. C'est là une erreur absolue.

Les 2/5e au moins des troupeaux algériens soit 4,000,000 de moutons et 2,000,000 de chèvres vivent dans cette zone à ressources alimentaires assurées et c'est surtout là que nous pourrons donner une extension rapide à l'élevage ovin ; la richesse culturale du Tell est enfin intimement liée à cet élevage qui donne des bénéfices bien plus élevés que la culture des céréales, surtout lorsque l'on emploie une race bien choisie et parce que le mouton est, dans presque toute cette partie de l'Algérie, le seul animal qui puisse fournir, à bas prix, les engrais dont le besoin se fait tous les jours plus vivement sentir.

Mais ces races à hauts rendements les trouvons-nous en Algérie ? La sélection peut-elle nous les donner rapidement, ou vaut-il mieux recourir à l'infusion d'un sang plus pur, plus riche, qui donnera plus de poids à nos animaux, plus de précocité surtout, sans leur enlever cependant le degré de rusticité nécessaire ?

Une rapide étude de nos diverses races nous permettra de répondre nettement à cette question.

Les moutons algériens peuvent se diviser en trois groupes distincts :

La race berbère,

Les races dites arabes,

Le mouton barbarin.

Le mouton barbarin est ce mouton à large queue qui nous vient de la Tunisie et qui n'existe en Algérie que dans la partie Est de Constantine.

D'un mauvais rendement comme viande, fournissant une chair peu estimée par les Européens, il est toujours coté sur les marchés français 25 à 0 fr. 30 cent. de moins par kilo que les moutons arabes ;

il atteint rarement, déduction faite de la queue, plus de 12 à 14 kilos net. C'est donc une race qui n'a aucune valeur pour l'exportation. Les indigènes ne l'apprécient que parce que leur queue, qui pèse souvent 3 ou 4 kilos, n'est qu'une boule de suif dont ils se servent en guise de beurre. L'on a dit, sans bien établir le fait, que cette race résiste mieux que toute autre dans les plaines marécageuses. Elle est en tous cas beaucoup moins agile que les moutons arabes ou berbères et a plus de mal à trouver sa nourriture en terrain accidenté.

Quant à la faculté qu'elle posséderait de vivre dans les prairies marécageuses, je n'en vois pas bien l'utilité. Ce sont là des prairies où l'on a tout intérêt à faire l'engrais du bœuf ou du mouton et non pas l'élevage proprement dit. C'est donc là une race qui est appelée à disparaître.

Les moutons berbères sont plus petits, leur viande tout en étant meilleure que celle des barbarins est loin de valoir la chair des moutons arabes. Leur laine est généralement longue, atteignant quelquefois jusqu'à 0,20 ou 0^{m}25 cent. ; elle est souvent demi-longue, rarement courte. Mais c'est surtout dans le régime et le climat qu'il faut chercher les causes qui, sans modifier le brin, agissent sur sa longueur ; quel qu'en soit le lieu de production, elle est toujours grossière, à mèche ouverte, et garde cet aspect dur et rêche qui la fait ressembler à du poil de chèvre.

Le groupe des races dites arabes est certainement le meilleur, c'est dans ce groupe que nous trouvons les moutons de Sétif, du Hodena, de Boghari, de Chellala, qui sont à queue fine et nous fournissent nos meilleurs produits. La viande de ces animaux, lorsqu'ils ont été bien nourris, est bonne. Les laines sont en zig-zag, ondulées ou frisées, quelquefois vrillées ; elles contiennent plus ou moins de jares, varient dans de très fortes proportions comme finesse, élasticité, souplesse, mais elles forment un type absolument distinct du type berbère.

La race berbère, si elle n'est pas autochtone, semble au moins avoir précédé de beaucoup les races arabes en Algérie.

Si nous étudions, en effet, la localisation de ces différentes races, nous trouvons que le relief du pays est indiqué d'une façon remarquable par la race qui l'occupe. Sur les montagnes d'un accès difficile on trouve la race berbère. Les races arabes, au contraire, occupent toutes les grandes vallées, tous les Hauts-Plateaux, tous les pays enfin dont le relief n'a pas opposé un obstacle insurmontable aux envahisseurs successifs. Les meilleurs de ces animaux nous viennent probablement des Romains qui avaient importé en Afrique ces riches moutons de Tarente à laine fine et soyeuse que les grecs avaient pris à la Colchide. Il est même vraisemblable que ce sont les descendants de ces moutons qui, bien soignés par les Maures, sont devenus la souche des Mérinos Espagnols, mais tandis que les animaux importés en Andalousie augmentaient tous les jours de valeur, leurs ancêtres algériens s'abâtardissaient sous la domination arabe par leur mélange avec les troupeaux que ces nomades avaient amenés avec eux. Si cette hypotèse était vraie, nous pourrions donc dire que nous ne faisons pas de croisement en donnant à nos brebis à tête blanche, à toison tassée, où nous trouvons encore le type mérinos, des béliers mérins importés de France ou d'Espagne ; nous ne ferions que relever leur sang abâtardi en leur infusant un sang plus pur provenant d'animaux soumis depuis de longues années à une rigoureuse sélection. Peut-être trouverait-on là l'explication de la facilité, de l'énergie avec laquelle la race mérine agit sur les moutons de Sétif, du Hodena, de Boghari, de Chellala.

En tous cas, et d'où qu'ils viennent, il est évident pour tous ceux qui ont étudié les troupeaux algériens qu'ils comprennent des races d'origines absolument différentes ; que le mouton berbère, que les différentes races arabes, que le mouton barbarin n'ont entre eux aucun point de ressemblance ; que nous trouvons dans certaines régions des traces évidentes de sang mérinos ; que si ces races diverses existent enfin à l'état pur sur quelques points de l'Algérie, elles sont d'ordinaire confondues, mélangées, plus ou moins métissées entre elles, de sorte que nous voyons vivre côte à côte dans le même troupeau, des animaux de nature et de valeur bien différentes.

Il y a donc une première amélioration facile à obtenir et qui aurait des résultats très heureux pour l'ensemble de notre cheptel. Il suffirait de ne conserver dans chaque région, comme reproducteurs, que les béliers appartenant à la meilleure des races qui y vivent.

L'on ne fait pas, en employant ce procédé, *de la sélection*, comme le pensent nombre de personnes qui le préconisent ; l'on ne s'efforce pas d'améliorer une race par elle-même, opération toujours longue, très délicate et qui demande autant d'habileté que de suite dans les idées. L'on poursuit purement et simplement, par *le croisement continu au moyen de la meilleure des races locales, la suppression de toutes les races de moindre valeur.*

Mais cela suffit-il ?

Ne devons-nous pas employer le *croisement* pour remplacer par des animaux plus précoces nos races indigènes, là où les conditions culturales et climatologiques le permettent.

N'y a-t-il pas enfin, ne fut-ce qu'au point de vue commercial un intérêt très grand à produire, du premier coup, sans tâtonnement, des métis qui valent à 14 ou 15 mois 4 ou 5 francs de plus que des arabes purs de 24 mois.

Les données de l'enquête faite par la commission pastorale auprès des éleveurs qui ont reçu des reproducteurs de Moudjebeur sont absolument formelles à cet égard.

Le croisement donne des résultats excellents et très lucratifs dans toute la partie Tellienne. Les très nombreuses affirmations que j'ai reçues et que j'ai publiées, les faits que j'ai pu constater dans toutes mes tournées sont encore plus concluants.

La voie est donc toute indiquée, la période des essais terminée, les éleveurs tous les jours plus nombreux ne demandent qu'à marcher, mais il leur faut pour cela des béliers améliorateurs.

Est-ce à l'importation qu'il faudra demander ces reproducteurs de choix ou bien l'élevage algérien pourra-t-il les produire lui-même ?

L'importation coûte fort cher et donne des résultats souvent déplorables. Les animaux que l'on a fait venir trouvent, en même temps qu'un climat différent, un régime tout autre que celui auquel ils sont habitués. Des pertes parfois considérables sont la conséquence de cet état de choses et le reproducteur importé meurt là où un animal de même race, né dans le pays, et mieux entraîné, aurait donné d'abondants produits, ce qui démontre combien nous devons faire de distinction dans ces questions d'acclimatation entre la force de résistance spéciale *au sujet* ou inhérente *à la race*.

D'un autre côté la propriété est trop divisée en Algérie et les dépenses d'une bergerie destinée à faire des reproducteurs de choix sont trop élevées pour que nos colons puissent produire eux-mêmes ces producteurs.

L'Etat a donc le devoir d'intervenir d'une façon directe, c'est du reste ce qu'il a fait en France, ce qu'il y fait encore malgré le degré si avancé de l'élevage dans la Métropole.

Quant à la race à choisir, les expériences faites sont aujourd'hui absolument concluantes ; de toutes les races importées, une seule a fait souche en Algérie, c'est la race mérine. Le mérinos sans cornes, tout en étant un remarquable producteur de viande, donne une laine excellente ; il est d'une endurance, d'une rusticité qui lui permettent de résister au climat sec et chaud de l'Algérie que ne peuvent supporter les moutons anglais. Il est enfin d'une précocité très largement suffisante pour nos pâturages et donne, sans soins spéciaux, à 14 mois de 20 à 22 kilos de viande net, alors que les bêtes arabes, arrivent avec peine au même poids entre 2 ans 1/2 et 3 ans. (*Voir dans la brochure spéciale l'avis de plus de cent eleveurs qui ont fait du mérinos en Algérie et qui estiment que le croisement augmente leurs bénéfices net de 5 francs en moyenne par tête et par an*).

On peut donc ainsi résumer la question ovine algérienne.

L'Algérie se divise au point de vue pastoral en deux régions absolument distinctes :

La partie Tellienne.

Les pays à transhumance.

Les procédés d'élevage ne peuvent être les mêmes dans des contrées à cultures et à climats si dissemblables.

Nous devons surtout dans le Sud faciliter pour la création de nouveaux points d'eau l'utilisation des ressources que nous offrent ces immenses régions.

Dans le Tell, nous devons faire tous nos efforts pour répandre une race plus précoce et à meilleur rendement.

L'Etat qui fait des sacrifices si élevés pour l'amélioration du cheval en Algérie ne peut se désintéresser de la question ovine, car nous ne devons pas oublier que l'ensemble de nos troupeaux représente un capital et un revenu bien plus considérable que notre production chevaline.

M. Charles Rivière, Directeur du Jardin d'Essai du Hamma, M. S. G. A. donne lecture à l'Assemblée de l'étude suivante :

Géothermie et Refroidissements nocturnes en Algérie

La question étudiée est celle-ci :

Il se produit dans la couche inférieure de l'air comprise entre la surface du sol et un mètre de hauteur environ, des phénomènes de refroidissements fréquents, intenses, de longue durée et d'autant plus accusés que l'on se rapproche du sol.

Le service officiel de météorologie établit ses données sur des observations prises à 2 m 60 de hauteur, avec des instruments recouverts par une double toiture. Si ce mode d'observations contribue à l'étude des grands mouvements atmosphériques, il ne donne que des indications climatologiques erronées pour l'hygiène, l'agriculture et l'acclimatation et ne peut enregistrer ni enseigner les actions défavorables du froid subi par les hommes, les animaux et la végétation en contact immédiat avec la surface du sol.

**

La météorologie, malgré de nombreuses observations n'a pas encore déterminé exactement la climatologie des diverses régions de l'Algérie où se produisent des actions météoriques fort variables qui ont naturellement une influence considérable sur le revêtement végétal du sol, sur sa culture et sur la vie animale.

Les observations n'ont eu pour but jusqu'à ce jour que de contribuer à la prévision du temps, aussi les indications obtenues dans des conditions particulières ont souvent servi de bases inexactes pour l'établissement de moyennes de température qui sont en désaccord avec la véritable climatologie du pays.

En effet, les phénomènes météoriques sont observés suivant un système officiellement adopté, c'est-à-dire sur des instruments abrités placés à une certaine hauteur. Ces stations sont ordinairement situées dans les villes et enserrées dans des casernes ou dans des bordjs.

Cette constatation de l'état du temps faite à la même heure, suivant un système unique, peut donner à la science des indications générales sur la variation des mouvements atmosphériques, mais elle ne saurait cependant traduire les actions thermiques aux environs du sol ni les impressions subies par les êtres organisés en contact immédiat avec lui.

En effet, la météorologie actuelle ne considère que les valeurs enregistrées dans des conditions particulières à 2 m. 60 de hauteur au-dessus du sol. La température des corps, des végétaux, du sol et les actions physico-chimiques qui s'opèrent à sa surface sont des éléments qui ne l'intéressent point : elle cherche à se soustraire à leurs effets pour déterminer les mouvements ascendants, descendants ou verticaux de l'atmosphère.

Ces données de météorologie dynamique ne peuvent donc pas s'appliquer avec précision à la climatologie ni servir de base à la véritable météorologie agricole et la confusion, qui a été faite jusqu'à ce jour entre ces deux ordres d'idées si différents, a été préjudiciable à bien des questions économiques.

Si les phénomènes de la surface du sol et de la couche immédiate d'air qui la recouvre sont sous la dépendance des courants atmosphériques supérieurs, il faut bien convenir, en météorologie agricole, que la connaissance des effets de la dominante offre pour nous au moins autant d'intérêt que la détermination de cette dernière.

Sans rechercher si la seule prise de température à 2 m. 60 de hauteur, sous un abri réglementaire à double toiture, peut servir à établir des lois qui régissent les grands mouvements atmosphériques, on peut affirmer que ce système d'observations n'a que des rapports très éloignés avec la climatologie et l'agriculture.

C'est justement dans cette couche inférieure de l'air, haute de moins de 2 mètres que se passent, dans les pays de grande diathermanéité de l'atmosphère où domine le climat steppien ou désertique, des phénomènes physico-thermiques particuliers qui ont une influence considérable sur la vie animale, sur la végétation, sur l'agriculture et les conditions économiques et sociales.

On a donc ignoré ainsi, au moins en ce qui concerne les phénomènes thermiques, la nature du milieu où se produisent des actions météoriques qui se traduisent par des froids fréquents, accusés, de longue durée et nuisibles à tout ce qui vit auprès du sol.

Se basant sur la simple prise de température d'une couche d'air relativement supérieure et dans des conditions particulières qui ne permettaient guère la constatation des *minimas*, on en a conclu qu'ils étaient fort rares dans certaines régions.

En outre on a basé, bien à tort, tout un système de conseils pratiques sur cette fausse observation que, quand elle se produit, la température *minima* a lieu généralement le matin un peu avant le lever du soleil ou à la fin des nuits claires, c'est-à-dire qu'elle est instantanée, bien temporaire, fugace pour ainsi dire. On a donc posé comme principe, et c'est là une grave erreur, que la rareté et la fugacité de ces réfrigérations étaient sans importance pour l'hygiène et l'agriculture et ne devaient nullement influer sur le choix d'une installation rurale ni sur la base d'un système raisonné d'exploitation culturale.

On conçoit les insuccès réitérés des tentatives de cultures tropicales établies sur ces fausses données, officiellement affirmées par le calcul des minimas moyens concluant à la chute très exceptionnelle de la température *au-dessous* de zéro sur le littoral.

*
* *

Au début de la période des trente années pendant lesquelles j'ai fait des observations météorologiques du Nord au Sud de l'Algérie et quelquefois plus loin, j'ai eu beaucoup de peine à déterminer la véritable action du froid sur des végétaux qui en portaient les traces apparentes.

La lecture des instruments des services officiels, par l'effet même de leur situation, donnaient des indications insuffisantes et inexactes et le thermomètre fronde lui-même se mouvant dans une couche relativement haute et pas au moment opportun, tout en donnant une indication autre, se rapprochant plus de la vérité, n'expliquait cependant pas les effets de la désorganisation des végétaux par le froid. Quant aux renseignements provenant des anciens algériens ils n'offraient aucune exactitude en ce sens, qu'imbus de la légende d'une *Algérie coloniale*, pays chaud et torride, ils croyaient nuire à leur pays en révélant les refroidissements au-dessous de zéro, la glace et la neige, manifestations météoriques pourtant fort communes et très accusées dans la plus grande partie du territoire algérien.

Dans la première série de mes observations au Jardin d'Essai d'Alger, mon attention avait été particulièrement attirée sur des désastres complets d'expériences d'acclimatation par des abaissements de température, que les instruments du service officiel n'accusaient que très relativement, sans jamais se rapprocher du point de congélation. Les chiffres donnés par l'observatoire d'Alger confirmaient ceux de notre station. Cependant, il y avait des plantes gelées, de la gelée blanche sur certains terrains et sur quelques plantes, enfin on trouvait parfois le matin de minces couches de glace sur l'eau accidentellement stagnante de quelques petites rigoles d'irrigation. C'est alors que des expériences faites avec des instruments *nus* à minima, supportés par de simples fourchines, ne subissant donc aucune influence de protection contre le rayonnement ou les courants donnèrent bientôt de précieuses indications sur les nombreux refroidissements nocturnes qui désorganisaient nos plantes délicates d'origine tropicale ou intertropicale.

Une discussion assez sérieuse et qui mérite d'être signalée que j'eus avec un savant russe, de Tchihatchef, alors en séjour à Alger, me fit apporter plus d'attention à l'étude de ce genre de phénomènes thermiques.

On sait que ce savant, correspondant de l'Institut de France, auteur de travaux très importants sur l'Asie Mineure, s'occupait avec passion, ayant été le traducteur du remarquable ouvrage de Grisebach « végétation du globe », de toutes les questions se rattachant à cet ordre d'idées où l'étude des phénomènes physiques joue un si grand rôle.

Dans l'une de ses nombreuses visites au Jardin d'Essai pendant l'hiver 1877-1878 j'eus l'occasion de lui signaler un refroidissement à glace qui avait altéré beaucoup de végétaux. Ce savant fut quelque peu rebelle à la constatation des effets de ce gel si peu compatible avec le milieu de végétation tropical dans lequel il se trouvait, froid que, disait-il, il ne pouvait expliquer par les chiffres recueillis aux thermomètres de l'*observatoire abri* du Jardin-d'Essai, ni à l'observatoire national, à Mustapha où il avait été contrôler la lecture des thermomètres.

Cependant la constatation du minimum du thermomètre *nu* lui parut une observation de valeur.

On retrouvera la trace de cette anecdote dans son livre « Algérie et Tunisie 1898 », page 160 et suivantes.

Le contrôle de M. de Tchihatchef porta sur deux séries d'observations, prises sur des thermomètres nus placés à 0^{m}10 centimètres au-dessus du sol :

14 janvier 1878	....	— 2°5
15 —	....	— 1°5
16 —	....	— 2°5
17 —	....	— 3°5
18 —	....	— 1°
19 —	....	— 2°
15 mars	....	— 4°8
16 —	....	— 2°6
19 —	....	— 3°

Un grand nombre de végétaux souffrirent beaucoup dans cette série d'intempéries, et de Tchihatchef en donne la liste. Un *Ravenela Madagascariensis* périt instantanément, mais plusieurs semaines après on constata d'autres mortalités de végétaux intéressants : *Acromomia*, *Astrocaryum*, *Theophrasta*, des *Rubiacées*, etc., etc...

Les quelques météorologistes et agronomes qui firent quelque attention à ces constatations admirent comme de Tchihatchef, l'abaissement bien marqué au-dessous de zéro, mais ils crurent devoir corriger l'intensité de ce phénomène en déclarant qu'il était fugace et ne se produisait qu'instantanément à l'aurore

Un grand nombre de veillées très souvent stériles, mais fort monotones si quelquefois ces nuits n'avaient été intéressées par le magnifique jeu de la lumière lunaire dans les Palmiers et les Bambous, permirent de constater que certains de ces froids étaient de longue durée, que le lever du soleil n'avait aucune influence sur l'heure des *minimas* et que, d'autre part, les instruments marquaient un degré de froid d'autant plus accusé que l'on se rapprochait de la surface du sol.

La découverte des instruments enregistreurs de fonctionnement très pratique vint faciliter ces observations en les décrivant minutieusement et automatiquement, supprimant heureusement toutes les théories et les déductions de l'observateur qui n'est plus qu'un lecteur quand il a bien déterminé ce qu'il veut connaitre des phénomènes météoriques.

**

Nous étudierons principalement ces abaissements nocturnes de la température au Jardin d'Essai du Hamma aux environs d'Alger, où nous avons pu les suivre dans leurs diverses manifestations. Ils sont d'autant plus intéressants à discuter que cette station est littorale, sur le rivage même, exceptionnellement favorisée par le climat et comporte un groupement de formes végétales des régions intertropicales qui présentent un luxuriant développement.

Elles démontrent tout d'abord que malgré l'influence régulatrice des grandes masses d'eau, il se produit non seulement dans la zone marine, mais même sur le rivage, des abaissements notables de température *au-dessous* de zéro.

Il va sans dire que, plus on s'avance vers les Hauts-Plateaux qui sont en grande partie sous l'influence du climat steppien, la grande diathermanéité de l'air et l'altitude provoquent la fréquence et l'intensité des rayonnements nocturnes.

Les abaissements de la température *au-dessous* de zéro y sont assez régulièrement constatés et jamais un hiver ne se passe sans qu'ils se produisent plus ou moins intenses ou répétés.

Rien n'indique quand ils se manifesteront : cependant ils sont à prévoir à la suite d'une période ensoleillée et par des nuits claires et calmes, tout en constatant qu'en dehors des phénomènes de rayonnement il y a des froids *noirs* ou des refroidissements de la masse de l'air soit par des vents du Nord, soit par des vents du Sud, quand ces derniers passent sur des cimes neigeuses et s'abattent sur des régions peu éloignées d'elles.

Par l'udométrie on détermine si la courbe brusque et courte vers ou au-dessous de zéro n'est pas due à une chute de grêle ou de neige fondue : il n'y a là qu'un incident, non sans valeur, mais qui ordinairement impressionne peu et fugacement la couche inférieure de l'air, l'instrument seul est sensibilisé par le contact de l'eau froide.

**

Il se produit en Algérie des abaissements thermiques dans une forme inopinée et particulière, assez commune aux climats steppiens, sévissant principalement pendant la nuit et devenant plus intenses et fréquents, plus on s'éloigne du littoral pour se rapprocher du Sahara.

Le littoral, quoique étant la partie la plus tempérée de l'Algérie, n'échappe pas à ces réfrigérations nocturnes, fort nuisibles à la végétation, et qui paraissent avoir des origines diverses en dehors du rayonnement qui est certainement le phénomène le plus commun.

Au Jardin d'Essai d'Alger, ces refroidissements par rayonnement nocturne ne sont pas rares et produisent de rapides oscillations de la température. Mais, contrairement à une opinion trop accréditée, ces abaissements vers zéro et *au-dessous* n'ont pas lieu seulement à l'aurore et ne sont pas que momentanés. Ces chutes thermiques sont quelquefois de longue durée et se prolongent pendant une dizaine d'heures, c'est-à-dire presque toute la nuit: elles se manifestent ordinairement par séries, en s'accusant de jour en jour ou plutôt de nuit en nuit.

La caractéristique de ces refroidissements *sous zéro* est qu'ils ne se produisent que dans la couche d'air inférieure, près du sol, dans une épaisseur d'environ un mètre à partir de la surface de la terre et qu'ils sont de longue durée. Les thermomètres abrités, situés à 2^{m}60 au-dessus du sol, ne les indiquent pas; bien au contraire, ils accusent de la chaleur, tandis qu'en réalité on a constaté, au Hamma, des abaissements de —5° à quelques centimètres au-dessus du sol.

La caractéristique du phénomène s'établit ainsi dans ses grandes lignes.

Voir Figure n° 1, Echelle

Ainsi que le démontre le graphique de la nuit du 25 au 26 décembre 1898:

1° Le froid est de moins en moins accusé plus on s'éloigne du sol et le point *minimum* est à quelques centimètres *au-dessus* de sa surface.

Une échelle de thermomètres placés de 0^{m}10 en 0^{m}10 centimètres indique une augmentation constante de la température plus on s'élève, mais dans nos observations du Hamma il est rare que dans la constatation des minimas les plus accusés. — 5° aux environs du sol.

le thermomètre placé à 1m50 ait marqué au-dessous de zéro; ordinairement il est à ce point.

2º Le refroidissement de la couche d'air s'atténue donc plus on s'élève et, dans l'exemple signalé, un thermomètre à 10 mètres de hauteur placé au sommet de l'échelle d'observations a marqué + 7º.

On traduit donc ainsi le caractère général de cette observation :

HAUTEURS		DEGRÉS
à 0m10 au-dessus du sol	....	— 4º
à 0m25	do	— 2º
à 0m50	do	— 1º5
à 1m	do	— 1º4
à 1m50	do	zéro
à 10m	do	+ 7º

La géothermie indique que le sol ne subit que peu et lentement le refroidissement de la couche inférieure de l'air.

PROFONDEURS		DEGRÉS
à 0m25 au-dessous du sol	....	+ 9º4
à 0m30	do	+ 10º1
à 1m	do	+ 14º

Mais ce qu'il convient de remarquer dans cette observation, ainsi que l'établit le graphique nº 3 reproduit ci-dessous, c'est non seulement un minima très accusé de — 4º, mais c'est surtout sa durée et la courbe mouvementée de la température *au-dessous de zéro* depuis 2 heures du soir jusqu'à 6 heures du matin, avec un point minimum de plusieurs heures de — 3º à — 4º.

Ensuite, c'est le brusque relèvement de la température en une ligne presque droite qui atteint rapidement + 24º, phénomène de dégel instantané très défavorable aux végétaux congelés.

*
* *

Une observation des 19 et 20 décembre 1891 est particulièrement remarquable par l'abaissement rapide de la température à partir de 3 heures dans la journée du 19.

De + 10º elle suit une marche constamment descendante jusqu'à *zéro* qui est atteint à 6 heures 1/2 du soir. A ce moment le froid atteint rapidement — 2º, puis de minuit à 8 heures du matin, c'est-à-dire pendant huit heures consécutives, le thermomètre reste à — 4º.

A huit heures du matin, le 20, relèvement presque instantané de la température qui atteint + 22º à midi sur le même instrument nu, mais que corrobore l'actinomètre.

Dans la nuit du 20 au 21, le phénomène se reproduit, mais plus rapidement puisqu'à 6 heures du soir — 4° était déjà atteint.

Voir Figure n° 2
Graphique des 19-21 décembre 1891

* *
*

Il est dit plus haut que ces froids se produisent par série, à n'importe quelle époque de l'hiver et même du printemps.

Le graphique ci-dessous donne des refroidissements accentués entre — 3° et — 4° pendant cinq nuits successives.

Voir Figure n° 3
Graphique des 7-12 février 1894

* *
*

Voici une observation prise entre cent qui démontre les variations de la température d'après une échelle thermométrique partant de *un mètre* de profondeur dans le sol et se terminant à *10 mètres au-dessus*.

Cette observation établit surtout — et c'est le but constant de cette étude — l'insuffisance de la lecture des thermomètres abrités et les erreurs qu'elle propage en climatologie. En effet, dans ce cas, ces instruments ont marqué + 7° pendant que les *minimas nus* indiquaient aux environs du sol des froids très réels préjudiciables aux végétaux ; il y a donc un écart de 9° entre les deux indications.

Observation du 17 Janvier 1885

Thermomètre sec.......................... + 7°
— mouillé...................... + 5°2
Minima sec................................. + 3°3
— mouillé........................... + 2°7

Géothermie

Minima sur le gazon.......................	—	$1°7$
— sous le gazon, à 0^m10 de profondeur	+	$8°8$
— — 0^m20.............	+	$9°8$
— — 0^m30.............	+	$10°5$
— — 0^m50.............	+	$10°8$
— sur le sol nu.....................	—	$0°2$
— dans le sol nu à 0^m10.............	+	$4°9$
— — 0^m20.............	+	$6°7$
— — 0^m30.............	+	$7°2$
— — 0^m50.............	+	$8°9$
— — 1^m	+	$13°$
Au-dessus du gazon à 0^m05.............	—	$0°3$
— 0^m10.............	—	$0°8$
— 0^m20.............	+	$1°$
— 0^m30.............	+	$1°9$
— 0^m40.............	+	$2°$
— 0^m60.............	+	$2°$
— 0^m80.............	+	$2°5$
— 1^m	+	$2°5$
— 10^m	+	$5°4$

*
* *

Le point minimum de la température, dans ces sortes de refroidissements, est aux environs immédiats du sol, dans une couche d'air de 10 centimètres environ d'épaisseur, et il est probable qu'il se produit à la surface du sol.

Mais pour constater ce point exact du minimum absolu, il faut corriger des causes d'erreur. Par exemple : un thermomètre couché *sur* le sol donne souvent une température *plus élevée* que le thermomètre isolé à 0^m10 centimètres au-dessus de la terre : il y a parfois une différence de plus de deux degrés entre eux, mais ces écarts tiennent à des causes assez variables.

4 janvier 1896

Minimum sec (observatoire abri)............	+ $3°9$
— à 0^m10 au-dessus du sol..........	— $4°$
— sur le sol nu....................	— $2°7$

15 février 1896

Minimum sec (observatoire abri)............ + 6°9
— à 0m10 au-dessus du sol.......... — 3°9
— sur le sol nu.................... — 4°2

Dans cette observation il y a un écart de 2°7 entre les deux instruments, écart bien constaté par une preuve : l'interposition d'un thermomètre à 0m05 centimètres qui donne à la lecture un degré intermédiaire.

On explique cette anomalie entre deux thermomètres aussi rapprochés et bien réglés, par l'influence que subit l'instrument couché sur le sol nu auquel il emprunte la chaleur emmagasinée pendant le jour.

En effet, dans la localité observée, la couche de terre arable a une température variant, au moment des plus grands froids, entre + 6° et + 12° de 0m10 centimètres à 0m50 centimètres de profondeur. A un mètre de profondeur la chaleur est encore aux environs de + 14°.

Dans le cas de gelée blanche, les deux instruments couverts de givre, marquent à peu près le même degré.

21 décembre 1898

Minima à 0m10 au-dessus du sol............ — 4°3
— sur le sol nu.................... — 4°2

7 janvier 1893

Minima à 0m10 au-dessus du sol............ — 5°3
— sur le sol nu.................... — 4°7

Mais un thermomètre couché sur le gazon donnera d'autres indications. En effet, sur l'herbe courte et drue le froid est plus vif que sur le *sol nu* : le sol perd plus difficilement sa chaleur et souvent, par la transpiration des végétaux gazonnants, la gelée blanche s'y produit tandis qu'elle n'est pas constatée sur le sol nu.

Voici quelques observations typiques :

29 décembre 1883

Sol nu................................ + 1°2
Sol gazonné........................... — 2°8

26 décembre 1883

Sol nu .... + 3°3
Sol gazonné .... — 0°8

4 janvier 1885

Sol nu .... — 0°8
Sol gazonné .... — 3°3

Dans ce dernier exemple il y a un écart de 2°5 entre les deux thermomètres.

*
* *

Très souvent ces intenses réfrigérations de la couche inférieure de l'air sont suivies, quand vient le jour, ainsi qu'on a pu le voir dans les graphiques précédents, d'un magnifique éclairement du ciel et même d'une puissante radiation solaire qui fait remonter l'inscripteur actinométrique en une ligne presque verticale vers + 30° comme dans le graphique suivant (Fig. 4).

Il est vrai que cette insolation après le froid est d'autant plus marquée que ces phénomènes se produisent hors de la saison d'hiver, au printemps par exemple, comme dans le cas présent qui démontre le brusque relèvement vertical de 32° en 4 heures.

Voir Figure n° 4
Graphique du 12 avril 1893

La soudaineté du relèvement de l'inscription thermique de l'appareil s'explique aisément, mais cependant il peut y avoir des causes d'erreur sur le moment, sur l'heure du début de la marche ascendante.

L'instrument indique la température de la basse couche atmosphérique jusqu'au moment où les premiers rayons solaires dardent sur le sol et conséquemment sur le thermomètre nu qui s'échauffe plus vite que la masse moléculaire de l'air, étant donné le faible pouvoir absorbant de ce dernier, mais les plantes et les animaux subissent le même effet de réceptivité nuisible pour les uns, réconfortant pour les autres.

Si en hiver notamment, moment où le soleil est à l'horizon dans la matinée, les rayons obliques de l'Est sont interceptés par une colline, une forêt, un rideau de grands arbres, l'ombre portée fait que les parties qu'elle recouvre restent dans la froidure et le gel, pendant qu'au contraire s'échauffent rapidement les corps des surfaces plus éloignées qui reçoivent en plein les rayons solaires.

Il peut y avoir, pendant l'hiver, une différence de plusieurs heures entre l'échauffement des parties éclairées et celles soumises à l'ombre portée.

C'est l'observation actinométrique qui indique le brusque relèvement de la température au-dessous de zéro quand les premiers rayons solaires viennent frapper obliquement la couche d'air et échauffer les corps : on sait que les végétaux souffrent particulièrement de cette rapide décongélation.

Sur les Hauts-Plateaux, dans les peuplements d'Halfa, pousse, l'hiver, entre les touffes, un revêtement de petites plantes naines, sorte de tapis de verdure propre au pâturage. Très souvent, plusieurs heures après le lever du soleil on trouve encore sur ces courtes herbes de la gelée blanche intense. Ces herbes sont protégées par l'ombre des touffes et ces dernières sont peu conductrices de chaleur, ce qui fait qu'il n'est pas rare de constater dans les peuplements d'Halfa, même au printemps — 7°.

Pour atténuer la durée de ces refroidissements nocturnes, il convient de se soustraire à toutes causes qui interceptent le rayon solaire dans la matinée. De là la nécessité, en culture, de savoir choisir les expositions et d'orienter les abris et brise-vent.

*
* *

L'étude géothermique enseigne que les premières couches du sol perdent sensiblement de la chaleur quand ces phénomènes de rayonnement se prolongent consécutivement. Mais ces déperditions sont très variables suivant la nature du sol, s'il est travaillé ou non, si la nappe aquifère est peu profonde, etc.

Les observations rapportées ici sont encore prises au Hamma, dans un sol argilo-calcaire non travaillé. Etant donné le milieu climatologique on peut conclure que les chiffres enregistrés révèlent plutôt des actions atténuées.

Ainsi que nous l'avons vu précédemment dans ces sortes de refroidissements, un thermomètre couché sur le gazon indique un froid plus accentué que celui indiqué par l'instrument sur le sol nu.

Par contre, les premières couches de terre *au-dessous* du gazon

— 141 —

restent plus chaudes et sont moins facilement impressionnées que celles du sol nu.

Voici une observation prise au milieu d'une série de refroidissements et qui représente bien la marche normale de ces phénomènes assez fréquents :

29 décémbre 1883

L'observatoire-abri indique les *minimas* suivants :

Thermomètre sec........................... 5°9
— mouillé..................... 5°7

Sur le gazon.........	— 2°8	Sur le sol nu.........	+	1°2
à 0m10 sous le gazon..	+ 10°6	dans le sol nu.........	+	7°
à 0m20 —	.. + 10°7	—	+	9°5
à 0m30 —	.. + 12°2	—	+	11°2
à 0m50 —	.. + 12°4	—	+	11°9
à 1m —	.. + 13°2	—	+	14°1

On voit encore dans cette expérience la fausse indication donnée au point de vue climatologique par le système d'observation en usage : sur la végétation, au ras du sol, il s'est produit — 2°8, soit une erreur d'appréciation de 3°1. On peut expliquer facilement par cette correction, les désordres produits sur les végétaux.

Il est rare qu'à *un mètre* de profondeur la température descende au-dessous de + 10°, mais elle remonte de suite très sensiblement, et ce n'est que par perte de dizièmes dans les moments les plus froids qu'elle arrive à ce minimum ; ce point minimum est ordinairement atteint en février, sur le littoral.

On n'a aucune indication sur ces températures profondes dans les Hauts-Plateaux ni dans les sols arénacés du Sahara où les refroidissements de la surface sont fréquents et intenses.

Ces refroidissements de la couche inférieure de l'air sur une hauteur d'environ un mètre seulement, et, plus accusés plus on se rapproche du sol, expliquent bien des insuccès d'acclimatation et des échecs culturaux que l'observation thermométrique habituelle ne pouvait déterminer.

En effet, pour ne rappeler qu'un exemple déjà cité dans cette étude (observation du 29 décembre 1883) une couche d'air de un mètre au-dessus du sol présente à sa base — 2°8, c'est-à-dire un froid bien marqué pendant plusieurs heures, tandis qu'à son sommet elle indique + 2°1 sur un instrument nu.

Considérons alors dans quelles conditions se trouvera une plante originaire de pays tropicaux, jeune, nouvellement confiée au sol ? Elle aura son collet dans un milieu ambiant de plusieurs degrés *au-dessous* de zéro et ses bourgeons terminaux à un mètre de hauteur, dans une température *au-dessus* de zéro. Mais on explique ainsi l'immunité des bourgeons d'un même sujet si ce dernier a une taille de 1^{m}50 ou 2 mètres. On explique aussi pourquoi beaucoup de plantes délicates par leur contexture et que l'on croyait sauvées, leurs bourgeons et leurs feuilles étant restés intacts, finissent par succomber en présentant à leur base des désorganisations et des pourritures annulaires (*Carica papaya* et ordinairement les *Monocotylédonés*).

La culture dans les climats se rapprochant de la forme Steppienne — et notre domaine colonial africain en présente de grandes étendues — doit tenir compte de ces indications.

Les difficultés d'acclimatation résident principalement dans la première période d'éducation du sujet qui n'est pas constitué pour supporter ces formes brusques et particulières de refroidissement.

L'agriculteur et l'horticulteur coloniaux qui préparent des plantes délicates ou destinées à être livrées plus tard à la pleine terre, Quinquina, Caféier, Cacao, Caoutchoucs divers, Girofliers, etc., ne doivent pas seulement prendre en considération le degré de la couche froide dans laquelle végètent les jeunes plantes, mais ils devront rechercher la différence qu'il y a dans ce milieu ambiant entre une plante en *pot enterré* et un *pot hors terre*, vulgairement *sur ciel*.

Le pot *hors terre* se trouve dans la basse couche *froide* de l'air ;

Le pot *en terre* subit l'influence de la chaleur emmagasinée dans le sol.

L'observation du 25 décembre 1898 est typique.

Une plante dans un pot de 0^{m}10 centimètres de diamètre et reposant *sur le sol* a eu sa motte refroidie à + 1°4.

L'expérience parallèle avec une plante de même nature dans un pot *enterré* a donné un minimum de + 8°7.

En d'autres termes, la plante en pot *sur terre* a eu ses racines dans une température voisine de zéro.

Les organes souterrains des jeunes plants ne sont pas constitués pour supporter de tels extrêmes.

Si l'on ajoute que dans l'été cette même motte s'échauffe à + 46° tandis qu'elle n'est que de 34°3 dans le pot enterré (observation du

8 août 1898) on verra dans quel mauvais milieu de culture on se place imprudemment.

Inutile de traiter ici la différence d'évaporation qui existe entre un pot *enterré* et un pot *hors terre*.

Ces constatations démontrent que dans la pratique culturale de nos pays, il faut combattre l'insolation et le rayonnement par des clayonnages et pendant l'été atténuer l'échauffement du sol par des paillis. On évite ainsi les extrêmes dues à des actions directes.

*
* *

Aux altitudes et sur les Hauts-Plateaux, ces refroidissements de la couche inférieure de l'air, dont les minimas accentués se produisent près du sol, ont des effets néfastes sur la végétation et sur l'exploitation culturale si extensive qu'elle soit et réduite même au système pastoral.

Sur les Hauts-Plateaux, et notamment dans l'Oranie, on peut estimer que plus de cent fois par an la température descend pendant des nuits entières au-dessous de zéro et y atteint des froids intenses provoqués par la grande diathermanéité de l'air. C'est dans cette couche d'air glacé que vivent les troupeaux, les indigènes et la végétation : céréales et pâturages subissent ces dures influences météoriques, et les subissent aussi, nos troupiers couchés sur le sol. A la suite de ces observations, bien des médecins militaires et notamment notre très distingué collègue, M. le Docteur Huguet, se sont demandés si ce séjour nocturne dans la couche d'air marquant sous zéro, tandis que la méthode d'observation ordinaire indiquait de la chaleur, n'était pas l'origine de certaines maladies inexpliquées.

Le climat steppien s'avance très au Nord et son influence est primordiale sur les refroidissements très accentués et fréquents dans les Hauts-Plateaux. On y signale des froids de — 17° et M. Couput, le très distingué chef du service des Bergeries en Algérie a observé souvent — 9° dans la région de Moudjebeur (altitude 720 mètres) près de Boghari, à environ 80 kilomètres de la mer.

On connaît des froids de — 11° dans la haute plaine de Sétif et à Teniet-el-Haâd ; de — 12° à Djelfa et à Aflou ; de — 13° à Batna et à Géryville et même de — 14° à El-Aricha. On se demande quel est le véritable degré de froid qu'aurait marqué dans ces derniers cas la couche d'air près du sol, celle dans laquelle se trouvent les pâturages, les troupeaux, les bergers et les soldats en campagne.

*
* *

On n'a pas encore, pour le véritable Sahara, des observations suffisantes pour établir l'épaisseur de la couche inférieure de l'air dans laquelle évoluent ces réfrigérations nocturnes ; on peut penser, étant données la transparence et la siccité de l'atmosphère qu'elles se produisent sur une plus grande hauteur que dans les autres zones de l'Algérie.

Les observations recueillies dans la région saharienne n'ont été faites qu'accidentellement et non dans le but d'élucider la question posée ici. Cependant ces données, ainsi que les nombreuses prises de température auxquelles je me suis livré dans les régions désertiques, suffisent pour affirmer que ces refroidissements sont fréquents, accusés et de longue durée.

La région de Biskra et l'Oued-Rhir, la partie la plus basse du Sahara, n'y échappent point et les froids de — 4° constatés dans les oasis ne sont pas rares. Mais quand on arrive dans le groupe des oasis de Tougourth, malgré sa faible hauteur (altit. 69^m) on y rencontre l'hiver des froids très vifs évalués à — 7° : ce qu'il y a de certain c'est que les *aurantiacées* qui se comportent fort mal dans les oasis telliennes de l'Aurès ne résistent pas aux froids de Tougourth.

En dehors de beaucoup d'autres conditions météoro-telluriques défavorables à la vie d'un grand nombre de végétaux, ce sont ces refroidissements nocturnes qui rendent impossibles certaines cultures théoriquement indiquées par la seule consultation des moyennes obtenues à une certaine hauteur sous des abris. Aussi, malgré l'eau et la protection des dattiers, insuffisantes contre l'insolation et le rayonnement, doit-on considérer comme de simples hérésies culturales les plantations de Caféier, de Cacaoyer, d'Ananas, etc…. qui ont été conseillées dans ces régions. La culture des légumes et fruits primeurs n'a de même aucun avenir.

L'exploitation économique du Cotonnier, impossible par l'insuffisance de l'eau nécessaire à son complet développement, ne résisterait pas toujours aux froids printanniers.

Ces abaissements de température aux environs du sol sont fréquents : je les ai constatés plusieurs fois au printemps sur la côte orientale de la Tunisie, à Gabès même et jusque dans les grandes dunes du Sahara tripolitain.

En résumé, ces sortes de réfrigérations de la couche inférieure de l'air par rayonnement sont donc communs à tout le Sahara et ce phénomène constitue un des termes climatériques défavorables à la végétation. Cette action physique, plus ou moins accentuée suivant l'altitude, paraît se prolonger, malgré la latitude, jusqu'aux savanes voisines du Soudan.

*
* *

Les froids *purs* sont moins fréquents que ceux produits par rayonnement et ils sont ordinairement dûs à la continuité des vents glaciaux du Nord qui finissent par refroidir la masse de l'air, mais dans un grand nombre de cas, leur intensité est encore accrue par le rayonnement quand le vent a cessé et que le ciel s'est éclairci.

Ordinairement ces sortes de froids coïncident avec des périodes rigoureuses sévissant également dans le Midi de la France et parfois on a pu les suivre en Algérie.

J'ai été témoin en avril 1885 par un temps peu clair, d'un refroidissement nocturne qui avait gelé les vignes de M. Lagarde, près Sétif, et détruit les bourgeons et les jeunes rameaux de grands arbres.

L'observation relative à la neige, signalée dans cette étude, peut se compléter par l'indication que le phénomène s'est également produit, au même moment, dans le Midi de la France, et que des dégâts de même nature ont été constatés sur la végétation des deux rives Nord et Sud de la Méditerranée.

Aux altitudes même moyennes de la région montagneuse et surtout plus haut, il y a des périodes neigeuses, à temps couvert, où l'atmosphère est refroidie sur une certaine hauteur. Le poids de la neige et des phénomènes de givration entraînent parfois des bris de gros oliviers et de fortes branches, causant des désastres assez considérables.

Les arabes ont conservé le souvenir de l'*année de la neige* où les oliviers et les figuiers de Barbarie ont gelé (1694).

La masse de l'air se refroidit aussi par le passage des vents de Sud sur les massifs neigeux et glacés de l'Atlas. On a vu quelquefois des *ondes* du Sud, aidées par l'éclairement du ciel, engendrer des réfrigérations particulières. Ainsi, au printemps 1871, le Jardin d'Essai d'Alger a beaucoup souffert par un de ces froids dû à la neige qui avait envahi les derniers contreforts de l'Atlas et, dans ce cas, on a vu les végétaux les mieux abrités contre les vents du Nord subir les plus rudes impressions. Les traces du froid se signalaient par quelques grands rayons parallèles, sortes de bandes de largeurs variables dans lesquelles bourgeons, feuilles et la plante entière étaient plus ou moins atteints par la gelée.

On a vu périr ainsi des végétaux typiques, forts et bien constitués :

Ravenala Madagascariensis couvert de graines fertiles, *Acrocomia Sclerocarpa*, *Astrocaryum Mexicanum* et *Airii*, de fortes Pandanées, etc.

La destruction immédiate du bourgeon central de ces monocotylédones qui avaient entre 4 et 6 mètres de hauteur démontre bien le refroidissement complet d'une épaisse couche de l'air.

*
* *

Les chutes de neige se constatent annuellement sur la plus grande étendue de l'Algérie : assez rares sur le littoral même et vers la limite saharienne, elles sont fréquentes et intenses dans la région intermédiaire, principalement aux altitudes.

La neige accumulée dans les tranchées ou dans les gorges arrêtent parfois les trains de chemins de fer vers le plateau de Sétif ou vers Saida. On a vu en janvier 1891 des villages bloqués par la neige et dont le ravitaillement a été difficile.

Sans rappeler la retraite de Constantine et l'expédition des Babors où la troupe a été si fortement éprouvée, on voit se renouveler, malheureusement trop fréquemment, des accidents de même nature. Des détachements sont surpris par le froid et la neige et perdent une partie de leur effectif. Entre Aumale et Boghari, par la vallée de l'Oued-el-Hacoum, région qui n'est pourtant qu'à une soixantaine de kilomètres du rivage, on a eu à déplorer plusieurs fois la mort de soldats.

La neige n'est pas toujours absolument favorable à l'agriculture, car elle est temporaire et ordinairement suivie de fortes insolations nuisibles dans la journée et de temps clairs qui accentuent les refroidissements de la surface du sol pendant la nuit. Mais comme elle recouvre d'une couche plus ou moins épaisse la plus grande partie des pays de parcours et de transhumance, elle s'oppose à la nourriture des nombreux troupeaux de moutons et de chèvres qui, sans abris et sans réserves alimentaires, doivent attendre jour et nuit, dans ces dures conditions, la fin de ces intempéries. Là gît une des causes de mortalité du bétail des Hauts-Plateaux.

La neige est plus rare dans le climat marin, dans les régions peu élevées au-dessus du niveau de la mer, cependant elle y fait quelques apparitions et certaines années les orangeries de Blida en sont recouvertes.

Ordinairement la neige ne séjourne pas au-dessous de 600 mètres d'altitude, mais quelquefois elle descend plus ou moins sur les contreforts des grands massifs. Dans les altitudes moyennes, en

Kabylie, on a vu la neige occasionner de grands dégâts par le bris des branches.

Sur le littoral même l'apparition de la neige est rare : quand elle se produit, c'est sous la forme de légers flocons qui fondent immédiatement au contact du sol, cependant on y a enregistré des chutes de neige qui ont causé de grands dégâts.

La période froide et neigeuse du 18 au 22 janvier 1891 qui a sévi à Alger et aux environs mérite d'être décrite comme un cas météorique des plus accusés : elle démontre à quels à coups sont exposées les tentatives d'acclimatation, même dans les régions les plus tempérées.

Observations du 18 au 22 janvier 1891

Depuis quelques jours le temps était profondément perturbé : les maximas s'accentuaient *au-dessous* de zéro dès le 17 et le grésil persistait à l'ombre.

Pendant la nuit du 18 au 19 la neige tombait abondamment sur Alger et ses environs, et depuis la mer jusqu'aux cimes élevées tout le sol était recouvert d'une couche de neige.

Le 19 au matin, l'enregistreur indiquait au Jardin d'Essai que les minimas s'étaient maintenus *au-dessous de zéro* depuis 7 heures du soir de la veille, et que de minuit à 4 heures du matin le point minimum atteint était de — 6° : pendant toute cette journée du 19 et jusqu'au lendemain 20 à midi, la couche de neige a marqué — 3°.

Toute la masse d'air était refroidie : il y avait — 5° à quelques centimètres au-dessous de la neige ; — 5° à un mètre de hauteur et — 2°5 à 10 mètres de haut.

A 9 heures du matin les chutes neigeuses redoublaient de violences accompagnées d'un fort orage. Toute la nuit les mouvements séismiques avaient été nombreux (1).

A ce moment le Jardin d'Essai disparaissait sous la neige et les grands végétaux pliaient sous son poids. *Quarante mille mètres* de clayonnages s'effondraient avec un bruit effroyable écrasant toutes les cultures qui étaient sous ses abris, sur ces clayonnages la neige s'était convertie, sous l'action de deux courants d'air inférieur et supérieur, en un immense matelas de glace représentant 60 kilos au mètre superficiel sous lequel toutes les armatures durent se rompre.

(1) Ce n'est pas la première fois dans les profondes perturbations atmosphériques que j'enregistre cette concordance ou cette coïncidence avec des **mouvements séismiques**.

Dans la nuit du 19 au 20 les chutes de neige continuent, mais le matin le ciel s'éclaircit par moment. La couche de neige marque — 3° jusqu'à midi pour se relever pendant quelques heures pour redescendre toute l'après-midi et toute la nuit *au dessous* de zéro.

Le matin, à quelques centimètres au-dessus de la neige, on constate — 4°2 ; à un mètre — 2°2 et à 10 mètres — 1°5.

Le 21 et le 22, vents violents et glaciaux, précipitations par averses de neige fondue.

Voir Figure n° 5
Graphique des 18-19-20-21 janvier 1891

Les arabes ont conservé dans leurs traditions qu'une année se fit remarquer par un hiver rigoureux dont le souvenir s'est perpétué sous le nom de *Aame etledje* « année de la neige » 1105 de l'Egire.

La France a conservé également le souvenir de l'hiver de cette même année, 1694 : la famine en fut la suite, tous les produits de la terre ayant péri par la rigueur du froid.

Une perturbation atmosphérique ayant quelque analogie avec la précédente, mais où l'intensité du froid a été moindre, s'est encore produite le 5 janvier 1895, à Alger, pris comme centre d'un assez grand rayon.

Observation du 5 janvier 1895

Depuis plusieurs jours, ainsi que le graphique suivant l'indique, la température était basse et presque constamment proche de zéro vers le sol : quelques relevés de température vers midi se produisaient sous l'influence de radiations plus ou moins diffuses. En effet, la courbe décrite ci-dessous a été faite par un thermomètre *nu* : c'est plutôt un degré actinométrique qui a été enregistré que la véritable température de la couche inférieure de l'air, forcément plus froide.

Dans la nuit du 4 au 5, sous l'effet de la neige et du grésil tombant par averses successives, la température s'est très sensiblement abaissée.

à 1 mètre de hauteur.................. — 1°9
sur le sol nu.......................... — 3°2

La caractéristique de cet ouragan a résidé dans le rôle de l'électricité : orages incessants et violents et enfin, au matin, une chute abondante de neige et de grésil s'attachant aux végétaux et aux clayonnages.

Un phénomène de givration des plus inquiétants commence à se produire : en 7 minutes il s'est formé sur les clayonnages qui abritent les plantes au Jardin d'Essai une couche de glace de 3 cent. d'épaisseur qui a retenu les chutes de grésil. Le mètre courant de clayonnage supportait un poids de 65 kil. ; l'effondrement ne tarda pas à se produire.

La givration sur les grands végétaux entraîna rapidement l'éclatement de quelques grosses branches de *Ficus*, d'*Erythrina*, de *Citharexylon*, etc..., mais les *Palmiers* présentèrent un infléchissement complet de leurs feuilles : ce phénomène eût heureusement peu de durée.

Toute l'horticulture des environs d'Alger a beaucoup souffert de ces intempéries et chez les horticulteurs, tous les clayonnages, mêmes ceux supportés par des piliers en fer, ont été renversés.

Voici un grafique représentant la température prise à 0^m10 cent. au-dessus du sol pendant cette période.

Voir Figure N° 6

Graphique du 31 décembre 1894 au 7 janvier 1895

*
* *

Quoique ne rentrant que fort peu dans le cadre de cette étude, on ne saurait omettre de signaler la grêle qui est une cause très temporaire de refroidissement de la couche inférieure de l'air et de la surface du sol.

La grêle, ordinairement accompagnée de manifestations électriques, n'est pas rare sur le littoral et dans la région montagneuse ; elle y est plus fréquente dans la dernière partie de l hiver. Ses chutes sont particulièrement nuisibles aux cultures et notamment aux vignobles au printemps, en avril, mai, mais c'est l'époque où elles sont rares.

Dans l'hiver, les fortes averses de pluie sont souvent accompagnées de grêle dont la chute est toujours défavorable aux primeurs du littoral.

Dans les Hauts-Plateaux la grêle est moins fréquente, mais elle y sévit avec plus d'intensité et avec assez de violence pour occasionner dans certains cas, des blessures aux gens et aux animaux. Dans ces conditions, et suivant l'époque de l'année, une culture est saccagée en quelques instants.

L'horticulture du littoral abrite ses produits contre la grêle par des clayonnages de différentes formes.

*
* *

Ces refroidissements de la couche inférieure de l'air, non révélés par l'observation ordinaire, et dont les minimas se produisent près du sol, expliquent bien des insuccès d'acclimatation, les arrêts de végétation des céréales et des prairies.

Sur les Hauts-Plateaux et notamment dans ceux de l'Oranie on peut estimer que plus de cent fois par an la température auprès du sol descend *au-dessous* de zéro. Mais dans ces pays de grande diathermanéité de l'air le rayonnement, tout en diminuant d'intensité à partir du sol, atteint une plus grande hauteur que dans la zone marine, ce qui explique les dégâts causés surtout au printemps aux arbres fruitiers et forestiers pourtant originaires des régions froides.

La température sous zéro pendant des nuits entières de la couche d'air où vivent les céréales et les herbes du pâturage, puis l'insolation intense qui lui succède brusquement, sont loin d'être dans ces pays à pluies insuffisantes, des causes accélératrices de végétation, mais bien au contraire de désorganisation, ainsi qu'en témoignent la dessication des extrémités des feuilles des céréales, la pauvreté du revêtement du sol, en un mot l'arrêt ou l'accroissement lent et souffreteux de la végétation.

La végétation des céréales et même du pâturage n'est possible que quand la véritable moyenne dépasse $+ 10^{\circ}$ et qu'elle est entretenue par des pluies printannières.

Ces rigueurs qui ont tant d'action sur des céréales qui, en résumé, remontent jusque dans les régions les plus septentrionales du globe, auraient, il est inutile d'insister sur ce point, une influence désorganisatrice plus grande sur les plantes nouvelles et exotiques — toujours promises, jamais trouvées — qui doivent un jour revêtir le sol algérien et *régénérer le pâturage*, cette grande hérésie officielle de temps à autre affirmée.

Ce sont ces refroidissements, ces minimas absolus qui ne se constatent que vers le sol, qui rendent illusoires, en climatologie tout au moins, les données établies sur des moyennes résultant d'un genre d'observations qui ne s'applique pas aux phénomènes physiologiques et biologiques de la vie animale et végétale.

Comme erreur climatologique afférente à l'agriculture et qui a été et est encore une cause d'insuccès colonisateur, il faut citer l'exemple de la plaine du Chéliff.

Cette aride région quoique géographiquement située dans la zone marine peu élevée au-dessus du niveau de la mer, a un climat presque saharien qui se signale par des exagérations de chaleur et de froid ainsi que par sa pauvreté pluviale.

Suivant les chiffres de la météorologie officielle la moyenne de l'hiver pourrait être ramenée à $+13°$ et celle du printemps et de l'automne aux environs de $+20°$.

Pendant l'été, l'élévation de la température dans cette plaine, l'insolation exagérée, les vents secs et le manque absolu de pluies rendent toute culture impossible, sans l'aide de l'irrigation. Mais on avait pensé, se basant sur ces moyennes fictives, pouvoir utiliser les périodes hivernales et printanières pour une agriculture exotique, produire le coton, la sésame, la banane, la canne à sucre, etc. On avait compté sans les extrêmes qui anéantissent la végétation en quelques instants et sans la fréquence et la durée de ces refroidissements au voisinage du sol, phénomènes particuliers constamment décrits dans cette étude.

Il en résulte que dans la plaine du Chéliff la température s'abaisse parfois près du sol à $-6°$ et que même le thermomètre abri a marqué $-9°$ à Orléansville.

On a des exemples de vignobles détruits par des rayonnements de fin avril et de mai dans le Haut-Chéliff, dans le Djendel principalement.

Dans la plaine de l'Habra, moins froide et plus humide que celle du Chéliff, les abaissements de température de cette nature ont empêché la culture de la canne à sucre dans les essais faits de 1871 à 1875, tandis que cette culture était prospère en face, dans les plaines de Malaga.

La Mitidja, quoique en contact direct par l'Est avec la mer par une large ouverture, n'échappe pas à ces refroidissements nocturnes qui dans certains cas ont fortement éprouvé les orangeries de Blida et de Boufarik, et quelquefois les vignobles.

Le refroidissement de la nuit du 3 mai 1874 a été tel dans la Mitidja, que les épis de céréales, encore laiteux, ont été détruits dans beaucoup de localités, des vignes gelées sur la souche et qu'une épaisse couche de glace a été constatée dans les bassins de Boufarik.

***

L'influence saharienne s'étend sur une grande partie du territoire algérien, mais elle est dominante dans les Hauts-Plateaux qui revêtent presque entièrement la forme de steppes. En effet, la ligne de démarcation du climat steppien se trouve à une faible distance du littoral, de 60 à 100 kilomètres tout au plus : c'est une ligne presque parallèle à la mer passant par Soukharras, Sétif, Boghari, Tiaret, Saïda et Tlemcen.

En résumé, le véritable Tell est emprisonné entre cette ligne au Sud et le rivage au Nord. Toute la colonisation se mouvant dans cette faible bande, limite extrême Sud de l'olivier et de la vigne, il y aurait un intérêt économique des plus sérieux à y étudier dans toutes leurs manifestations les actions météoriques spéciales qui dépendent de sa situation particulière entre une mer et un grand désert.

A partir de cette frontière Steppienne si proche du rivage, et en s'avançant vers le Sahara, quelle que soit l'altitude, la diaphanéité de l'atmosphère exagère toutes les radiations et les rayonnements, et certainement il faudrait ajouter une forte correction aux chiffres connus pour avoir les minimas absolus et réels aux environs du sol dans ces régions.

La fréquence et l'intensité de ces refroidissements à partir de la ligne des faîtes si proches de la mer, ont une influence considérable sur la vie agricole et économique des Hauts-Plateaux. Sur les points limités où elle y est possible, l'agriculture ne peut y avoir qu'une forme extensive et tout le reste ne constitue qu'une région pastorale soumise à des irrégularités atmosphériques où la sécheresse et le froid sont la dominante.

Aussi, malgré la latitude, quelque peu combattue par l'altitude générale, bien des végétaux robustes de l'Europe centrale ne franchissent pas cette ligne des faîtes qui est la démarcation du climat Méditerranéen. La vigne ne la dépasse point tandis qu'elle remonte au Nord de la France et est prospère dans les bassins de la Seine et de la Marne, jusqu'aux Vosges. L'olivier s'avance plus au Nord en France qu'il ne s'étend au Sud en Algérie. Enfin la plus grande partie des végétaux, qui vivent facilement au centre surtout dans le Nord-Ouest de la France, ne peuvent résister à partir de la ligne des faîtes, c'est-à-dire dépasser une limite extrême située à environ 100 kilomètres du rivage.

Si le facteur climatérique analysé ici, le *froid*, dans ses manifestations particulières auprès du sol, n'est pas la seule constituante du climat steppien, il a cependant une influence prépondérante sur le revêtement du sol et par conséquent sur les conditions agricoles et économiques du pays.

En effet, les minimas au-dessous de zéro se produisent pendant la saison de végétation et de culture qui est sous la dépendance d'une humidité plus ou moins accusée. Ces refroidissements fréquents, par séries continues, de longue durée pendant la nuit, jointes à de brusques radiations ou à des siccités de l'air pendant le jour, ont une action nuisible sur la végétation et l'exploitation du sol, si réduites qu'elles soient dans ces régions.

Sous leurs effets les pâturages ne se développent point et les troupeaux transhumants meurent de faim et de froid quand ces intempéries sont accusées et qu'il y a de la neige.

On doit attribuer aussi à ces minimas réitérés de la couche inférieure de l'air le faible rendement des céréales dont les épis, portés sur de courts chaumes, sont soumis au printemps à ces oscillations de la température.

En résumé, on peut conclure que la fréquence et la durée de ces minimas au-dessous de zéro sont pour la vie animale et végétale un des principaux facteurs défavorables du climat steppien dont l'influence s'exerce encore non loin du rivage.

*
* *

L'ignorance des abaissements de la température au-dessous de zéro a fait émettre les plus graves erreurs sur la climatologie agricole de l'Algérie. Beaucoup d'agronomes avaient pensé, surtout au début de la conquête, que l'Algérie était une terre torride convenant aux cultures coloniales.

Les insuccès dans cette fausse voie furent attribués, suivant les uns, à l'insuffisance de la chaleur sur la côte ; d'autres prétendirent que derrière l'Atlas on trouvait des régions tempérées propices aux plantes tropicales. On chercha à combattre principalement la chaleur et la siccité de l'air, sans vouloir admettre la rigueur des hivers.

C'est ainsi que, croyant soustraire les essais de Quinquina à l'insolation et à la siccité atmosphérique, on les fit dans les gorges de la Chiffa où ils périrent annuellement par des froids prolongés de — 6° à — 8°.

Ces hérésies climatologiques et culturales ont encore des adeptes et l'on a vu dans ces derniers temps renaître ces projets de culture exotique vers le Sud.

Il y a là une erreur absolue.

Il y a sur le littoral algérien une faible bande qui, quand elle est peu élevée au-dessus de la mer, est la partie la plus tempérée de tout le territoire algérien et où les abaissements de température sont les moins fréquents et les moins accusés. Cette zone très étroite convient à la culture de certaines plantes exotiques, mais non dans leur forme économique, encore faut-il indiquer, comme point de repaire, que le Caféier, le Cacaoyer, le Cocotier, etc., n'y vivent pas à l'air libre.

Dès que cette végétation est soustraite à l'influence directe du climat marin, elle ne résiste pas. En d'autres termes, si l'on trace une longitude imaginaire partant d'un point *Est* de la côte algérienne et aboutissant au lac Tchad, vers le 13me degré de latitude, point fort en vue en ce moment, ce n'est guère que vers Kouka que l'on retrouvera une végétation caractérisant un climat tempéré dans sa forme hivernale : les *Kigelia*, les *Carica* et quelques *Musa*, etc., paraissent l'indiquer, mais même dans cette région, le climat ne permet pas la culture du Caféier et encore moins celle du Cacao.

On peut résumer ainsi la valeur climatologique des deux points extrêmes indiqués, la côte algérienne et Kouka :

Sur la bande littorale même on rencontre une végétation exotique importée qui ne peut s'éloigner du rivage, mais que l'on ne pourrait retrouver en Algérie et avant Kouka. Toute l'immense traversée Saharienne est rebelle à la culture des plantes exotiques de valeur alimentaire et industrielle.

Donc, quittant le littoral, plus on pénètre en profondeur, moins les conditions sont favorables à la végétation, prise dans son ensemble, en dehors de celle spéciale au milieu bien entendu, qui n'est guère représentée que par le dattier.

* *

En terminant cette simple esquisse météorologique, j'insiste sur son but :

1° Démontrer que le système d'observations thermiques actuellement en usage pour la prévision du temps ne peut servir la connaissance de la climatologie et que, dans bien des cas, il fournit des indications erronées et préjudiciables à la pratique, en hygiène et en agriculture :

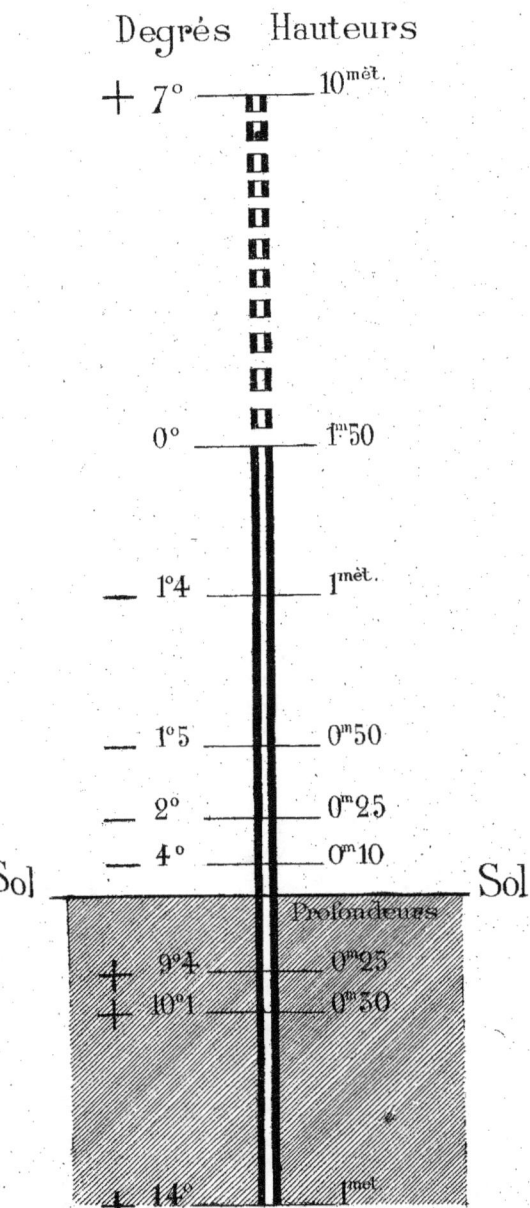

Figure n° 1

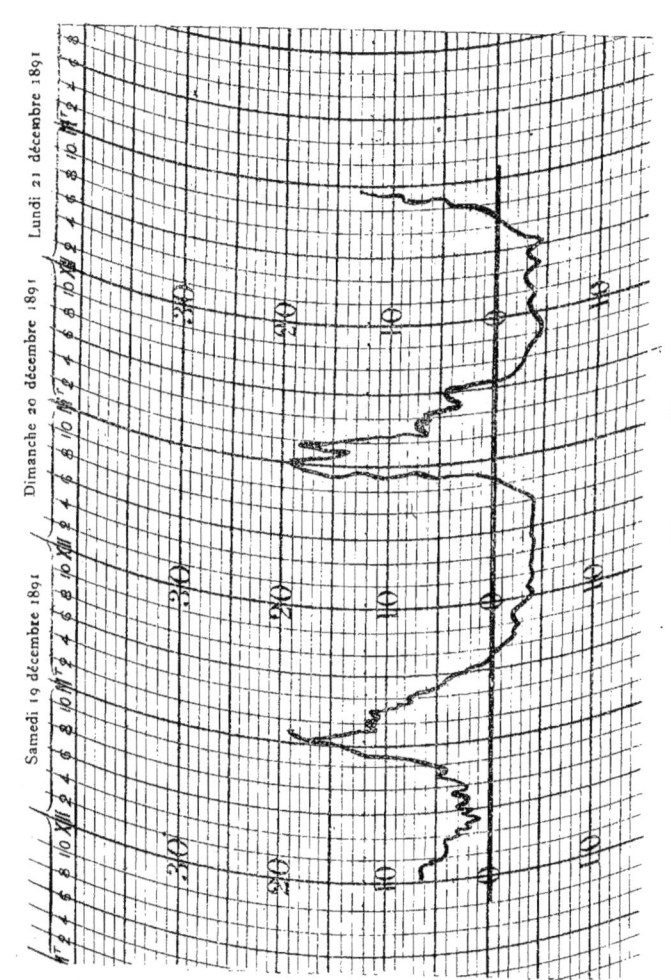

Figure n° 2

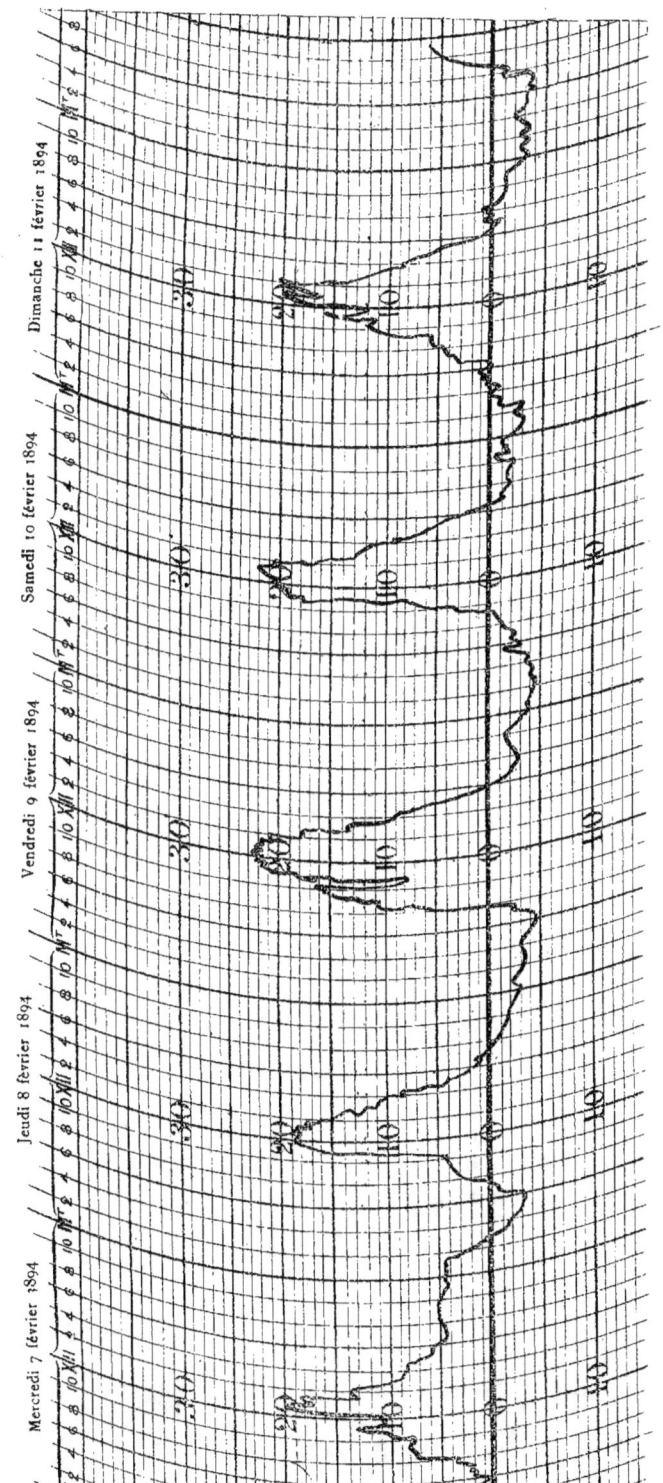

Figure n° 3

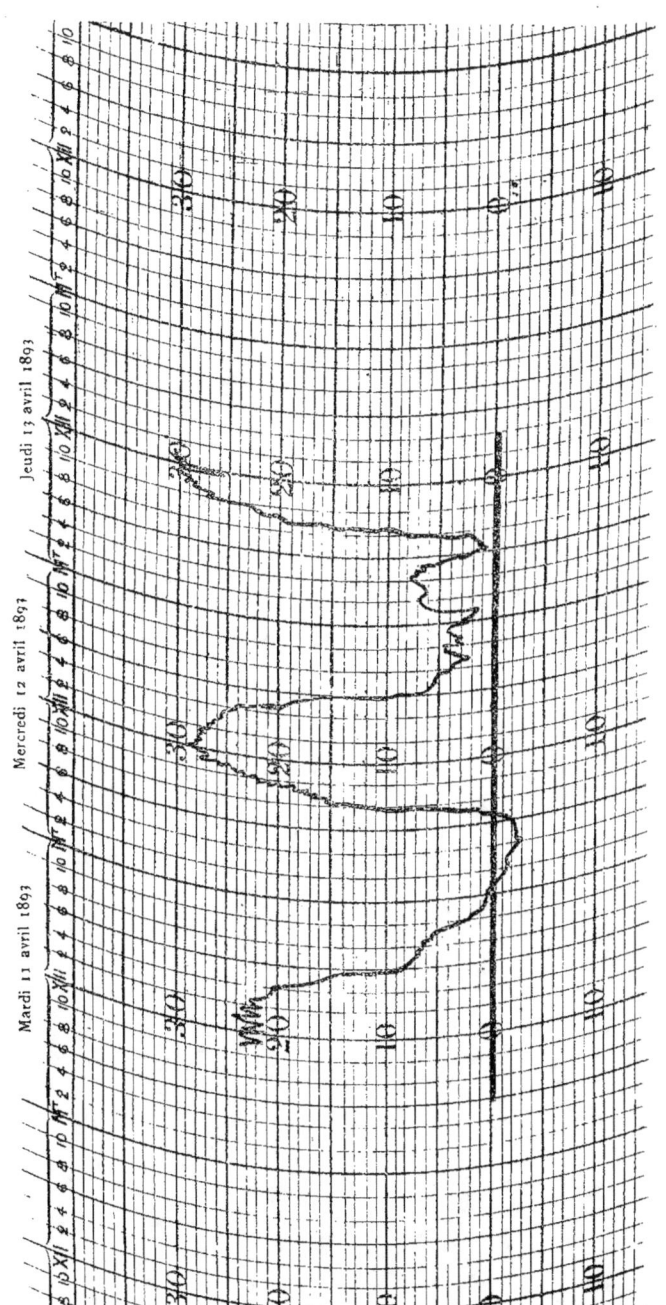

Figure n° 4

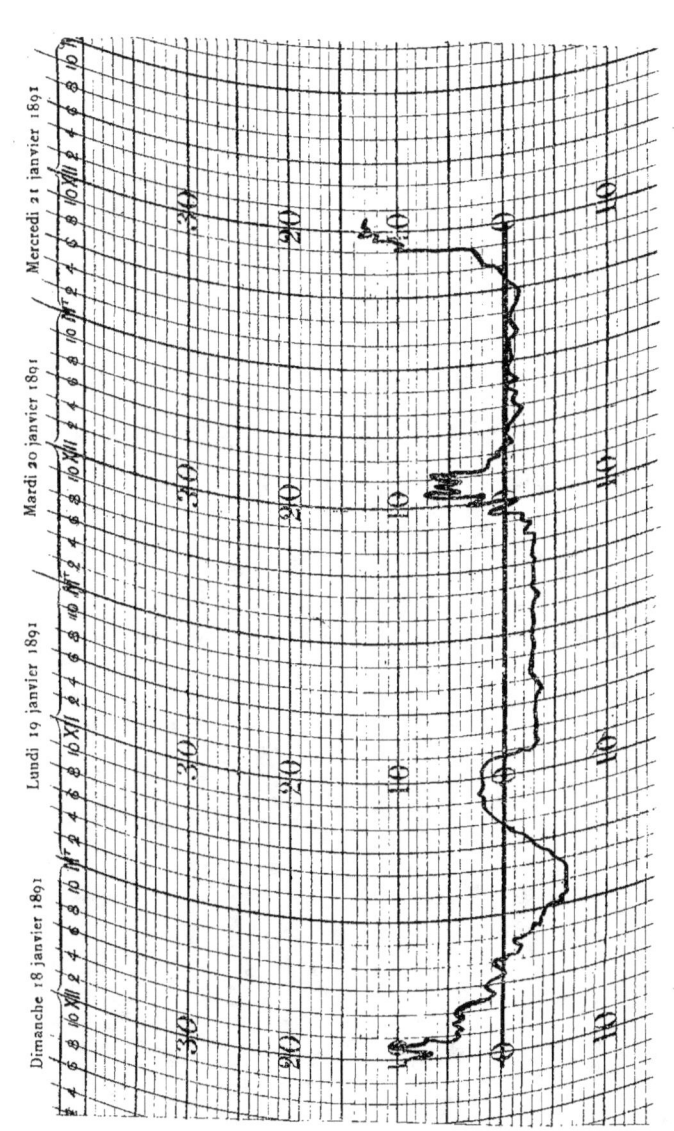

Figure n° 5

2º Attirer l'attention sur ces refroidissements de la couche inférieure de l'air qui sont si peu connus et qui ont si grande influence sur la vie végétale et animale dans les régions situées à proximité des climats steppiens et désertiques.

M. Couput, Directeur du Service des Bergeries de l'Algérie M. S. G. A., communique au Congrès l'étude suivante sur :

La Géographie de l'Olivier dans l'Afrique du Nord

Mon intention n'est pas de faire connaître dans cette communication les meilleures méthodes à employer pour cultiver l'olivier ou transformer ses produits en huile ; ce sont là des sujets que j'ai traités ailleurs mais qui sont trop techniques et qui se rattachent trop directement à l'agriculture ou à l'industrie pour qu'ils puissent trouver place dans un Congrès de Géographie.

Je désire simplement rappeler que l'olivier a toujours été l'un des principaux éléments de richesses de l'Afrique du Nord ; montrer que s'il n'est pas originaire de cette contrée, il s'y développe, du moins, à l'état sauvage avec la plus grande facilité ; étudier enfin la climatologie et la géographie de l'Algérie au point de vue tout spécial de la production de cet arbre. J'indiquerai, en même temps que les peuplements actuels d'oliviers greffés, les vastes espaces couverts de forêts ou de broussailles dans lesquelles domine l'olivier sauvage, broussailles de production nulle aujourd'hui, mais qui deviendraient, après leur mise en valeur par la greffe, des terres de hauts rendements et sur lesquelles nous pourrions implanter une nombreuse population française.

L'olivier s'est-il spontanément développé dans l'Afrique du Nord ou y a-t-il été importé par l'un des peuples conquérants qui l'ont tour à tour occupée ?

De Candolle pense que c'est aux Egyptiens qu'il faut faire remonter l'honneur de cette importation. Il base son opinion sur ce fait que les mots kabyles : Tazeboudj olivier sauvage, Tazemourt olivier cultivé et Tasseta qui veut dire brindilles dans la même langue, seraient dérivés du mot Tat qui était le nom de l'olivier dans l'ancien Egyptien.

Je crois qu'il n'existe aucune espèce de filiation entre les mots kabyles que je viens de citer et le Tat Egyptien. Le T initial n'est dans ces divers noms qu'un simple préfixe qui indique en Kabylie la forme féminine ou un diminutif ; il n'a pas plus de valeur dans les mots Tazeboudj, Tazemourt, Tasseta, que dans les mots Tesfah le pommier, Tefirest le poirier, Tenequolest le figuier, Taida le pin, Taserdount, la mule, Tametout, la femme.

Faut-il à défaut des Egyptiens attribuer le mérite de cette introduction aux Phéniciens, aux Grecs ou aux Romains ?

L'olivier qui est encore considéré par nous comme un arbre de très grande valeur parce que son huile, lorsqu'elle est bien faite, est la plus fine de toutes, parce qu'elle a enfin sur tous les autres produits similaires un avantage considérable, c'est de s'émulsionner complètement sous l'influence des sucs gastriques ce qui en rend la digestion facile, était encore plus appréciée des anciens. Ceux-ci ne pouvaient en effet remplacer ses produits par la margarine ou par toutes ces huiles plus ou moins indigestes qui commencent à jeter, sur l'huile d'olive, le discrédit que les fabricants de vins falsifiés ont répandu sur la saine boisson de nos pères.

L'huile était donc pour eux un produit de première nécessité qui leur faisait considérer l'olivier comme le premier arbre du monde. Aussi ces différents peuples en ont-ils répandu la culture dans toutes leurs colonies.

Or il nous est très facile, d'après de Candolle, de savoir quelle est celle de ces nations qui a introduit la culture de l'olivier dans une région donnée, en étudiant le radical des mots qui servent aujourd'hui dans cette région à désigner l'olivier et ses produits.

Ainsi, d'après lui, dans tous les pays où l'olivier a été importé par les Grecs ou par les Romains, les mots huile et olivier sont tirés sans conteste du mot grec *Elaia* ou du mot latin *Oléa*.

Les habitants des Baléares appellent l'olivier sauvage olivastre, l'olivier olivère. Les provençaux se servent des mots oléastre et olivier, les Basques, de même que les populations du Nord de l'Espagne, des noms dérivés du latin.

Il est donc probable que, si l'olivier avait été introduit en Afrique par les Grecs ou les Romains, il aurait, dans cette contrée comme tant d'autres, conservé le nom sous lequel il était connu des importateurs.

C'est au contraire par des mots dérivés du sémite Azebuche, Aceytuno, Aceyte, en Espagne ; Zeboudj, Zitoun, Zit dans le Nord de l'Afrique que l'on désigne l'olivier sauvage, l'olivier greffé et l'huile (de Candolle).

Est-ce, comme le pense le savant auteur que je viens de citer, à l'occupation par les arabes et les maures qu'il faut attribuer l'origine sémitique des mots qui servent à dénommer l'olivier et l'huile dans ces différents pays, ou n'y a t-il pas lieu de faire remonter plus tôt cette origine sémitique aux phéniciens qui avaient fondé de si nombreuses colonies en Espagne et sur tout le littoral Africain ; enfin les mots Kabyles Tazeboudj, Tazemourt, ont-ils une origine sémitique ?

Si oui, c'est que cet arbre était inconnu des Kabyles et c'est aux phéniciens qu'il faut en faire remonter l'importation, car, il existait en Algérie bien avant l'invasion Arabe.

Si les philologues et je crois que c'est bien là la vérité, ne peuvent admettre que ces mots aient comme racine, le mot sémite Zeit, le doute n'est évidemment pas permis pour le mot ezzit qui veut dire huile en Kabyle. L'on serait alors amené à penser que l'olivier existait bien dans le Nord de l'Afrique avant la venue des phéniciens, mais que ce sont ceux-ci qui apprirent aux autochtones à transformer ses produits en huile.

S'il semble en effet tout naturel de croire que les phéniciens ont apporté avec eux un arbre dont les produits étaient d'un échange, d'un transport si facile en même temps que d'un si haut prix, il est tout aussi évident que s'ils ont trouvé cet arbre dans leurs nouvelles colonies, ils ont dû faire tous leurs efforts pour en développer la culture et apprendre aux aborigènes à tirer, par la fabrication de l'huile, un parti plus avantageux de ses riches récoltes.

En tous cas, si l'olivier n'est pas venu spontanément en Afrique nous pouvons être certains, parce que nous voyons encore actuellement, que les oiseaux, surtout les étourneaux et les grives, ont dû, dès qu'il a été cultivé, même sur de petites surfaces, en répandre les semences dans toutes les broussailles et qu'il a rapidement poussé partout où le sol et le climat pouvaient lui convenir, c'est-à-dire sur des milliers d'hectares. Je pourrais citer, à l'appui de ce fait, telle plantation d'eucalyptus de 20 à 25 ans d'existence qui renferme aujourd'hui un magnifique sous bois d'oliviers sauvages, semés là par les grives qui venaient y passer la nuit et qui cédera la place un jour ou l'autre à l'arbre de Minerve ; tous les jeunes oliviers qui poussent le long des haies, sous des arbres où les oiseaux en ont apporté la semence nous montrent avec quelle facilité l'olivier se multiplie tout seul en Algérie au moins à l'état sauvage.

Les diverses civilisations qui nous ont précédé dans le Nord de l'Afrique ont donc dû se trouver dans la situation où nous nous trouvons nous-mêmes à l'heure actuelle.

A côté d'olivettes greffées plus ou moins grandes, elles rencontraient de vastes surfaces couvertes de broussailles d'où émergeaient de nombreux oliviers sauvages, que l'état d'anarchie dans lequel elles vivaient empêchait les peuplades autochtones d'améliorer par la greffe ; dès que leur puissance était solidement établie, les nouveaux conquérants songeaient à tirer parti des ressources que leur offraient ces forêts de sauvageons qu'ils s'empressaient de mettre en valeur, augmentant ainsi dans de très grandes proportions la richesse agricole de leur conquête.

Une tradition que j'ai recueillie dans les Beni-Abbès et qui attribue à une nation étrangère l'introduction ou au moins la vulgarisation de l'olivier en Kabylie, semble donner, du reste, raison à cette hypothèse.

L'olivier était fort peu connu en Kabylie, dit cette tradition, lorsqu'un grand chef qui venait de l'Est et qui avait établi son autorité sur la Tunisie et l'Algérie ordonna de planter, sans retard, en oliviers, toutes les terres du pays où pouvait prospérer cet arbre. Une partie des habitants voulut bien se soustraire à cette obligation, mais les ordres furent alors donnés d'une façon si formelle, les peines édictées contre ceux qui refusaient de s'y soumettre, si sévères, qu'il suffit d'une seule génération pour planter tous les oliviers qui existent encore dans le pays. Dieu s'était servi, me disait le vieux tailleur d'arbres qui me contait cette tradition, de la volonté d'un homme énergique pour enrichir de nombreuses populations.

Il est évident qu'un laps de temps si court eut été absolument insuffisant pour obtenir semblables résultats, si l'on avait dû planter des olivettes nouvelles ; mais la chose devient possible si l'on admet qu'il s'est agi simplement, comme je le dis plus haut, de mettre en valeur les oliviers sauvages qui devaient former à cette époque comme à l'heure actuelle une bonne partie des forêts du littoral et du bas Tell.

D'autre part, on a prétendu qu'Annibal avait prodigieusement multiplié l'olivier en Afrique, pour occuper ses soldats en temps de paix.

Faut-il voir une corrélation entre ces deux faits?

M. Bourde, au contraire, semble avoir établi pour la Tunisie que c'est pendant les premiers siècles de l'ère chrétienne que les olivettes ont pris dans cette contrée un réel essor.

Toutes ces données, malgré ce qu'elles peuvent avoir de contradictoires en apparence, me semblent devoir être également vraies.

Chaque fois qu'une sérieuse période de paix permettait aux habitants de se livrer à des travaux culturaux de longue haleine, ils donnaient certainement tous leurs soins à la reconstitution de leurs olivettes qui devaient être, par contre, saccagées et en partie détruites pendant les guerres barbares qui ont si souvent désolé l'Afrique.

Il semble pourtant que c'est plutôt au moment où la puissance de Carthage était dans toute sa splendeur qu'il faut faire remonter la création première de ces immenses plantations d'oliviers. L'on sait que les Carthaginois étaient des agriculteurs fort habiles. De plus, j'avoue que j'ai toujours été frappé par la longue suite de siècles qu'ont dû vivre bien des arbres que j'ai vus en Kabylie. L'on y rencontre souvent des bouquets composés de 3 ou 4 arbres de la grosseur d'un homme, qui n'ont d'écorce qu'à la partie extérieure et qui sont simplement les restes d'anciens troncs qui se sont évidés par le milieu et ont fini par se scinder pour former plusieurs sujets. Puis, ceux-ci continuant à croître par la circonférence, qui seule était vivante et pourvue d'écorce, pendant que la face interne allait s'effritant chaque jour davantage, l'espace qui les séparait s'est augmenté de telle sorte que, lorsque l'on voit ces arbres aujourd'hui à 1^{m}50, il semble qu'ils ont été doués de mouvements et que chacun d'eux sans pourtant quitter la souche mère, s'est éloigné de ses frères pour trouver un peu plus d'air et de lumière.

Combien de siècles comptent encore ces souches, plus vieilles que les arbres dont je viens de parler, qui ont vu complètement disparaître la tige qu'elles avaient nourri tout d'abord et sur lesquelles se sont développés des rejetons qui sont eux-mêmes plusieurs fois centenaires. Nous pouvons suivre de nos jours sur des arbres hors d'âge, les phases par lesquelles elles ont dû passer.

Le tronc trop vieux pour servir de conducteur à la sève, ne peut plus nourrir sa puissante ramure qui diminue tous les ans et va bientôt disparaître ; mais comme le phénix, l'olivier renait de ses cendres. L'on voit, pendant que la tige dépérit, l'écorce du collet ou bien celle des racines maîtresses, lorsqu'elles ont été déchaussées par l'effort des ans, prendre peu à peu une teinte plus claire, un brillant, un poli qui tranche avec l'apparence rugueuse et desséchée du tronc ; bientôt, cette écorce pleine de vie éclate et les yeux sortent par tous les pores.

Mais revenons à la partie qui doit surtout nous intéresser ici, la climatologie et la géographie de l'olivier.

Si l'olivier s'accomode de presque tous les sols, les terrains marécageux seuls lui sont absolument contraires ; il est par contre beaucoup plus exigeant sous le rapport de la température ; il craint le froid, redoute la chaleur excessive et ne donne réellement des produits abondants que dans les régions à climat à peu près régulier.

La limite extrême de la végétation de cet arbre nous est indiquée au Nord, ou comme altitude, par l'apparition renouvelée de froids atteignant 6 à 7° au-dessous de zéro. Sous un climat pareil, l'olivier gèle 3 ou 4 fois par siècle, souvent jusqu'au collet, et ses récoltes sont trop aléatoires pour payer les soins qu'on est obligé de lui donner. Il ne faut guère le planter, si l'on veut en tirer des produits certains, dans les régions où le thermomètre descend habituellement plus d'une dizaine de fois par hiver au-dessous de 3 ou 4°, surtout si ces froids surviennent parfois au moment du départ de la végétation, une forte gelée par rayonnement suffisant au moment de la floraison pour faire perdre toute une récolte.

Comme chaleur, il ne doit pas avoir non plus à supporter d'une façon ordinaire des températures dépassant 40°. Les bourgeons commencent à paraître en Algérie en mars ou au commencement d'avril avec une température moyenne de 12°, les boutons avec 15° de chaleur moyenne et un total de 750 degrés. Les fleurs s'épanouissent en avril ou mai avec 1,300 degrés et une température moyenne de 18 à 19 degrés. Il faut 7 0 degrés de plus soit 2,000 avec une moyenne journalière de 21 à 22° pour que le fruit commence à nouer.

La maturité est complète avec 4,550 degrés depuis l'apparition du bouton ou 5,300 depuis le départ de la végétation.

L'on comprend dès lors pourquoi l'olivier vient si bien en Algérie, dans toute la zone du littoral et dans une assez grande partie de la région Tellienne. Il y vit dans les vallées très basses, même jusqu'au bord de la mer, car j'en ai vus à Bougie dont les racines venaient mourir entre les roches battues par les vagues dans les fortes mers. C'est encore le cas dans nombre des localités sur la côte orientale de la Tunisie ; il s'élève sur les coteaux, il atteint même parfois jusqu'à 1,000 mètres d'altitude sur certains flancs de montagne bien exposés du versant maritime de la Kabylie, tandis qu'il ne dépasse pas 800 mètres sur les pentes Sud du Djurdjura.

Mais son véritable habitat, la région où il donne surtout d'abondantes récoltes commence d'habitude à une cinquantaine de mètres d'altitude pour aller jusqu'à 6 ou 700 mètres.

Dans les vallées trop basses, peu aérées ou exposées trop directement aux brumes de la mer, il végète mais donne peu de produit :

le fruit noue mal, l'arbre prend le noir et si le terrain est humide il disparaît tout à fait.

Les récoltes deviennent tout aussi aléatoires au-dessus de 7 à 800 mètres, à moins que le terrain ne soit très bien exposé, léger, bien égoutté ; les gelées tardives sont beaucoup trop fréquentes à cette altitude et le froid trop rigoureux l'hiver. Cet arbre enfin, ne dépasse guère vers le Sud une ligne qui suit presque parallèlement le littoral à une distance qui varie de 80 à 100 kilomètres. L'on peut bien voir quelques sujets sur des points plus éloignés ; il en existe deux ou trois jeunes à Moudjebeur, quelques-uns à Bou-Saâda ou même jusqu'à l'ombre des palmiers dans les Oasis du Sud, mais il leur faut alors un terrain très frais ou plutôt l'irrigation et, si l'arbre végète, il ne donne généralement pas de fruits.

Si l'on se rappelle que l'olivier ne peut supporter, sans que sa récolte n'en soit fortement diminuée, des températures descendant fréquemment à moins de 3 ou 4 degrés dépassant 40 à 41 degrés, l'on comprendra bien vite en étudiant la climatologie des pays qui entourent la Méditerranée pourquoi il ne peut dépasser vers le Sud algérien les limites que nous avons indiquées, pourquoi il ne peut pousser que dans les régions voisines de cette mer, en Provence, en Espagne ou en Italie.

Les anciens expliquaient ce fait d'une façon qui cadrait mieux avec leurs idées poétiques. L'olivier avait un tel amour pour la Méditerranée qu'il ne pouvait s'en éloigner au delà d'une certaine distance. Il lui fallait pour vivre la brise aimée, les effluves de sa grande amie.

La zone de production de l'olivier en Algérie est limitée au Sud par une série de chaînes de montagnes dont les sommets sont presque tous couverts d'essences forestières plus rustiques et qui sont disposées parallèlement à la mer dont elles sont éloignées de 70 à 100 kilomètres.

Les points principaux de ces massifs montagneux sont, dans la province d'Oran, au Sud de Tlemcen, le Djebel Medrar, le Djebel Nador, le Djebel Adjemel, le Djebel Kouabet, le Djebel Bou-Alatine, puis au Sud de Sidi Bel-Abbès, le Djebel El-Feid, le Djebel Moxi, le Djebel Foural, entre Mascara et Saïda le Djebel Si-Aïssa, le Djebel Nesmate, le Djebel Moualek, enfin de l'autre côté du cours de la Mina le massif de Tiaret.

Dans le département d'Alger, c'est aux derniers contreforts Nord de l'Ouarsenis, des massifs de Teniet, de Boghar, de Médéa, de Tablat, d'Aumale, que s'arrête la limite où peut être utilement cultivé l'olivier ; puis cette limite se dirige sur Beni-Mansour et passe dans le département de Constantine au Nord des montagnes de Boni (dans les Beni Abbès) du Guergour, du Djebel Anini, du Négris, de Fedj-Medzala, de Mila, de Constantine, d'Aïn-Regada pour aller au Nord du massif de Souk-Arras, jusqu'à la frontière Tunisienne.

Quelques vallées se prolongeant vers le Sud au delà des limites que je viens d'indiquer peuvent encore convenir à l'olivier mais ce sont là des cas exceptionnels.

Cette zone représente certainement l'une des plus riches parties de l'Algérie, c'est la mieux arrosée, la vigne y donne ses meilleurs produits, l'élevage du bétail peut se faire sans avoir recours à la transhumance, les cultures maraîchères, industrielles et tropicales peuvent s'y pratiquer avec succès sur certains points privilégiés. Elle comprend, dans son ensemble, 6 à 7 millions d'hectares mais il faut déduire de ce chiffre les sommets d'une altitude trop élevée pour l'olivier et qui sont généralement couverts de forêts de chêne zen, de chêne-liège, de pins, de cèdres, les parties trop sèches pour que l'olivier y donne des récoltes suffisamment rémunératrices, les terrains plats, humides à sous-sol imperméable, les terres occupées par des plantations de figuiers, de vigne ou autres cultures à rendements élevés.

L'on arrive alors à constater que c'est environ deux millions d'hectares qu'il serait possible de consacrer *utilement* à la culture de l'olivier.

Toutes ces terres ne donneraient évidemment pas, si on les transformait en olivettes, des produits également rémunérateurs, aussi devrait-on choisir d'abord celles où l'on pourrait obtenir les résultats économiques les plus satisfaisants et qui, comme la plaine du Chéliff, par exemple, voient les sécheresses printanières détruire si fréquemment, en quelques semaines, leurs plus belles récoltes.

Nombre de ces plaines sont traversées par des rivières presque complètement à sec l'été mais dont le débit est souvent considérable pendant l'hiver et le printemps.

En abritant les cultures annuelles que l'on y fait actuellement par des cultures arbustives il serait possible d'assurer la réussite de celles-ci par trois ou quatre irrigations données à l'époque où les eaux sont le plus abondantes.

Peu d'opérations culturales offrent en effet aux capitalistes, en même temps que des revenus élevés, une aussi grande sécurité.

Je résumerai en ces quelques mots cette note sur l'olivier.

Cet arbre se développe spontanément dans une grande partie de l'Algérie il y est cultivé depuis une longue série de siècles. Le Tell tout entier à l'exception de quelques vallées humides ou de points dont l'altitude est trop élevée, lui offre un climat éminemment favorable.

Plus de 350,000 hectares d'oliviers sauvages en forêts ou broussailles, actuellement sans valeur, pourraient en quelques années s'ils étaient greffés donner un revenu égal à ce que coûtera leur mise en culture.

Dans les plaines à climat sec, mais où l'on peut disposer d'irrigations hivernales, cet arbre par les hauts produits qu'il peut donner sera un puissant élément de colonisation et de peuplement.

Je passe le relevé des peuplements d'oliviers sauvages ou greffés qui existent dans nos trois départements. La nomenclature en est longue et paraîtrait trop sèche à la lecture.

L'olivier fournirait dans des conditions pareilles des produits nets de 250 à 300 l'hectare, tout en procurant aux éleveurs à l'ombre de son feuillage une nourriture plus abondante et plus régulière que celle qu'ils récoltent aujourd'hui pour leurs animaux ; il permettrait ainsi à de nombreuses populations européennes de vivre largement sur des terres qui nourrissent actuellement quelques rares indigènes.

Mais, quels que soient les résultats que pourra donner l'olivier dans les plaines, cela ne doit pas nous empêcher de mettre en valeur les nombreux massifs de sauvageons qui existent dans la colonie et dont voici le relevé aussi exact qu'il m'a été possible de le faire.

Malgré tout le soin que j'ai apporté à réunir les données nécessaires pour établir une carte de l'olivier, ce premier travail gagnera certainement à être revu et complété dans ses détails. Quelle que soit en effet l'exactitude des notes que j'ai prises depuis plus de 20 ans dans mes nombreux voyages, dans toutes mes tournées, il est des cas où je n'ai pu étudier sur place que les grandes lignes de mon travail. J'ai comparé alors mes observations personnelles avec les documents, malheureusement fort peu nombreux, que nous avons sur cette question, notamment la carte publiée par le Gouvernement général en 1889 et le relevé fait par le Service des Forêts des oliviers appartenant à l'Etat et susceptibles d'être immédiatement greffés. Mon étude diffère souvent et d'une façon considérable des données contenues dans ces travaux. La chose était inévitable, car tout dépend du point de vue spécial auquel se sont placés les différents auteurs.

Ainsi tel peuplement, simplement classé comme broussaille, parce que les sauvageons qui y sont poussés ont été plus ou moins endommagés par les incendies, par la dent du bétail ou plus encore par les fabricants de cannes qui n'hésitent pas à saccager et à détruire nos meilleures essences forestières, auront à mes yeux une réelle valeur si les sujets y sont assez nombreux pour donner 50 à 60 arbres à l'hectare après avoir été greffés sur le collet et si les terres qui les portent sont bien placées et conviennent assez à l'olivier pour assurer d'abondantes récoltes après leur mise en valeur.

Le département d'Oran est de beaucoup le plus pauvre en oliviers sauvages ou greffés, mais comme c'est en partant de l'Ouest de ce département que j'ai commencé à décrire la zone culturale de cet arbre, je suivrai encore la même marche de l'Ouest à l'Est pour indiquer les plantations d'oliviers greffés, les forêts ou les broussailles qui renferment des oliviers sauvages. Les peuplements les plus importants de ce département se trouvent dans la région de Tlemcen, dans les vallées et sur les coteaux qui descendent à droite et à gauche du Djebel Roumelia. Ils se prolongent dans la Commune d'Aïn-Fezza chez les Ouled Mimoun, chez les Tifilès et viennent finir du côté de Tabia. L'on peut estimer à 25 ou 30 mille hectares l'ensemble des forêts ou des broussailles au milieu desquelles se trouvent parsemés dans cette première région des oliviers sauvages.

C'est à 5 ou 6,000 hectares qu'il faut ensuite porter l'ensemble des peuplements que l'on rencontre à l'Ouest d'Oran, au Nord des lacs salés et à l'Est de cette même ville entre Arcole, Valmy, Saint-Louis et la mer ; puis à 12 ou 15,000 hectares ceux qui existent entre Mostaganem et Cassaigne. L'on trouve encore certains points couverts d'oliviers ou d'oléastres dans les communes de l'Hillil, de Mascara, au Nord de Tiaret surtout du côté d'Ammi-Moussa.

Enfin à Aïn-el-Arba, à Sainte-Barbe-du-Tlélat, à Misserguin, à Saint-Denis-du-Sig, à Perrégaux, l'on a affaire à des olivettes plantées par des européens qui n'occupent que quelques centaines d'hectares mais qui montrent avec quelle vigueur l'olivier peut se développer dans toutes les plaines irriguées de l'Algérie.

Les peuplements d'oliviers sauvages de ce département composent un ensemble de 50,000 hectares environ, tandis que c'est à peine si l'on pourrait former en réunissant tous les oliviers greffés une olivette de 5,000 hectares. L'on estime à 300,000 environ le nombre des sujets productifs et à un chiffre à peu près égal celui des oliviers sauvages formant de véritables arbres et qu'il serait possible de greffer sur les branches maîtresses ; le surplus ne comprend presque exclusivement que des sauvageons broussailleux et qu'il y aurait lieu de greffer sur le collet.

Les départements d'Alger et de Constantine offrent à ce point de vue des richesses beaucoup plus considérables. C'est à l'Est du premier de ces départements, à l'Ouest du second que l'on peut admirer surtout les belles plantations d'oliviers greffés qui font la fortune de la Kabylie. Par contre depuis la frontière oranaise jusqu'au massif montagneux de Ben-Chicao, tous les versants peu élevés, surtout lorsqu'ils sont exposés au Nord ou à l'Est, sont peuplés d'oliviers sauvages. La plaine du Chéliff en contient peu elle-même, mais l'on en trouve le long de tous les affluents descendant du massif montagneux qui va de Teniet à Boghar, tels que l'Oued Sly, l'Oued Fodda, l'Oued Rouïna ; sur la rive droite du Chéliff, les vallées de l'Oued Arbib, de l'Oued Karacache en présentent aussi de fort beaux spécimens. Presque toutes les ondulations peu élevées qui vont de Ténès à Alger, presque tous les ravins qui descendent du Zaccar et qui vont se jeter directement à la mer en sont aussi couverts. C'est l'essence qui dominait dans le Sahel d'Alger où quelques arbres ont bien été greffés mais où beaucoup d'autres ont été malheureusement arrachés.

J'estime à 80,000 hectares au moins l'ensemble des broussailles sur lesquelles l'on peut trouver dans ces diverses régions des oliviers soit à l'état de forêt ou plutôt de bouquets de beaux arbres de grande taille greffés ou à greffer, soit surtout à l'état de sauvageons presque épineux et mélangés à d'autres essences.

De l'autre côté de la Mitidja et plus au Sud, sur les versants des massifs de Ben-Chicao l'on trouve avant d'arriver aux principales olivettes greffées de la Kabylie un autre peuplement considérable ; il occupe toutes les dépressions du bassin supérieur de la vallée des Issers dont les hauteurs sont couvertes de taillis de différentes espèces forestières, puis se trouvent limitée à l'Est par les Issers, au Nord par la mer, à l'Ouest par la Mitidja et le massif montagneux qui s'étend de Blida à Ben-Chicao.

C'est encore là un ensemble de 40 à 50,000 hectares d'oliviers sauvages et de 250 à 300,000 pieds d'oliviers greffés, la plupart situés dans les vallées des Issers et de ses affluents.

Viennent ensuite les riches peuplements de la grande et de la petite Kabylie.

Ils sont dans le département d'Alger, limités à l'Ouest et au Sud par la rivière des Issers et par l'Oued Djemaâ depuis son confluent avec les Issers jusqu'à sa source près de Bouïra. Depuis Bouïra jusqu'à Beni-Mansour par l'Oued Sahel. A partir de Beni-Mansour, l'on passe dans le département de Constantine, la ligne s'infléchie alors au Nord, suit par une altitude de 5 à 600 mètres les hauteurs des Beni-Abbès, et se dirige vers l'Est en passant au Nord du Guergour pour aller finir vers Mila et Collo.

Dans le vaste hémicycle formé dans le département d'Alger par les montagnes du Djurdjura entre Dellys, Palestro, Bordj-Bouïra, Beni-Mansour, Azazga et Azeffoun l'on compte de 1,300,000 à 1,400,000 oliviers greffés. Toutes les vallées à l'exception de la plaine du Haut-Sebaou, de Tamda à Fréha, tous les coteaux sont couverts d'oliviers et de figuiers. Les oliviers s'élèvent jusqu'à 800 ou 900 mètres d'altitude sur les versants Nord exposés à la brise de mer, ils s'arrêtent à 6 ou 700 mètres sur les versants Sud du Djurdjura. Seules, une partie des collines du littoral sont couvertes de broussailles d'essences diverses.

Les plus beaux peuplements d'oliviers greffés du département de Constantine s'étendent sur les deux versants du bassin de l'Oued Sahel, puis viennent ceux de Djidjelli et de Collo.

Si l'on s'en rapporte au chiffre de 4,000,000 d'arbres greffés donné par la statistique de 1889 pour l'ensemble du département de Constantine, il faudrait estimer à 3,600,000 au moins le nombre des oliviers contenus dans ces trois régions et répartir le reste entre toutes les olivettes du département.

Les plants sauvages que l'on rencontre partout en Kabylie à côté des oliviers greffés forment à la suite de ces belles olivettes depuis Mila jusqu'en Tunisie de fort beaux peuplements qui sont limités au Nord par les forêts de chênes-liège qui bordent tout le littoral.

Ils couvrent dans cette région fortement accidentée tous les cônes de déjection formés par les torrents qui y sont si nombreux, tous les coteaux peu élevés. C'est au moins 150,000 hectares qu'ils occupent dans ce département. Si on ne les trouve dans de nombreuses broussailles que sous forme de sauvageons rabougris, ils atteignent sur d'autres points une taille élevée et sont capables de devenir très rapidement, par la greffe des arbres, de haute valeur.

En additionnant les différents peuplements dont j'ai parlé on arrive, pour les trois départements à un ensemble de 370,000 hectares de broussaille, contenant une forte proportion d'oliviers sauvages.

Les peuplements qui ne produisent actuellement rien peuvent donner en une dizaine d'années de très sérieuses récoltes. Certains propriétaires qui ont résolument entrepris la mise en valeur des sauvageons qu'ils possèdent s'en trouvent fort bien. Je pourrais, entre beaucoup d'autres, citer les beaux résultats obtenus par M. Rouyer à Hammam-Meskoutine, par nombre de colons de l'Oued Sahel, de Bouïra, de Palestro, qui retirent de leurs olivettes un revenu égal au prix qu'elles leur ont coûté à établir.

L'Etat lui-même aurait de gros avantages à entreprendre la mise en valeur de tous les peuplements qu'il possède. Il pourrait le faire soit directement, soit en s'entendant avec de puissantes sociétés qui pourraient prendre son lieu et place, soit même en les aliénant par lots d'une étendue suffisante pour tenter des agriculteurs sérieux qui, tout en augmentant par leur travail la fortune publique, trouveraient un emploi fort avantageux de leurs ressources et de leur intelligence.

M. le Docteur Pascal, M. S. G. A., communique au Congrès, l'étude suivante :

Le Climat d'Alger au point de vue de la Cure à Air libre de la Tuberculose

Messieurs,

La question que je vais exposer devant vous en quelques mots, quoique étant en apparence exclusivement médicale, ne laisse pas que de se rattacher pourtant à la géographie, et de trouver par conséquent une place dans ce Congrès.

La géographie serait du reste une étude bien aride et bien sèche, si elle se bornait à une simple description des continents et des mers, des fleuves et des montagnes.

Heureusement la science ne s'arrête pas là et des conclusions pratiques en sont tirées, au grand profit de *l'espèce humaine* pour en favoriser le développement, la conservation, l'amélioration et la reproduction.

Or la médecine est une des premières à profiter de ce que nous apprend la géographie pure. Il ne nous est pas indifférent, à nous médecins, de connaître les latitudes et les longitudes d'un pays, d'en savoir la configuration physique, son système orographique, ses modes d'irrigation, le régime de ses pluies, la rose de ses vents, sa luminosité, sa météréologie en un mot. De la connaissance parfaite de ces conditions diverses qui constituent un « climat », nous pouvons diriger et placer sûrement nos malades, et leur faire tirer un bénéfice certain, pour le rétablissement de leur santé ébranlée, de ces données géographiques.

Or, je suis heureux de la réunion de ce Congrès dans notre ville d'Alger, qui réunit un ensemble climatologique rare, et bien capable d'exercer une influence des plus heureuses sur une affection terrible, dont les ravages sont de tous les jours, et dont les victimes sont plus nombreuses à elles seules que celles des épidémies les plus meurtrières. Je veux parler de la *tuberculose* sous toutes ses formes.

Vous connaissez tous, Messieurs, la maladie en question, et je ne veux pas vous en faire la description, ce n'est point le lieu ici. Mais vous n'ignorez pas que la lutte engagée par les savants de toutes les nations, pour arriver à la vaincre, n'est point achevée, et que le spécifique de la tuberculose est encore à trouver.

Bien des moyens ont été employés, qui ont dû être abandonnés après avoir donné des espérances qui ne se sont malheureusement pas réalisées. De sorte qu'aujourd'hui, le mode de traitement le plus efficace, est encore la climatothérapie, c'est-à-dire l'emploi judicieux des moyens fournis par la nature, par les éléments de la météréologie, par *l'air pur*, par *la chaleur*, par *la lumière*.

Pendant votre court séjour parmi nous, Messieurs, vous serez à même d'apprécier, combien ces trois éléments sont prodigués à notre Algérie, et en particulier à Alger et à ses environs.

La Pureté de l'air n'a pas besoin d'être démontrée ; vous n'avez pour vous en convaincre, qu'à jeter les yeux autour de vous et voir combien transparente et limpide est cette atmosphère africaine qui vous baigne et vous laisse apercevoir, toucher du doigt presque les bords du golfe d'Alger, les collines qui le limitent et la chaîne de montagnes qui en achèvent au loin le décor merveilleux, tranchant sur le bleu permanent du ciel et le bleu profond de la Méditerranée.

Je ne vous dirai pas l'analyse chimique de l'air algérien, elle est partout la même, je ne parlerai pas de la présence ou de l'absence de germes, de micropes pathogènes qui certainement existent comme dans toutes les agglomérations d'êtres vivants ; je ne veux pas du reste en tenir grand compte, car la température assez élevée, l'intensité de la lumière solaire, sans compter l'ozone et les mouvements atmosphériques, assurent leur dispersion et leur destruction.

Si la poussière est souvent soulevée dans nos rues en raison de l'activité et de la vie qui y règnent, elle n'existe plus dès que l'on sort de la ville et que l'on s'élève sur les côteaux de Mustapha, dont le séjour est toujours recommandé à nos malades.

La chaleur d'Alger, je parle bien entendu de la période hivernale, ne laisse rien à souhaiter pour la cure à l'air libre si recommandée actuellement. Les indications thermométriques relevées pendant une période de dix années successives, nous donnent des moyennes générales, évoluant entre 13° comme température minima et 25° comme maxima.

On ne peut rêver trouver nulle part une plus grande douceur de la température, si ce n'est à Madère, conditions que sont loin d'offrir les stations hivernales de ce que l'on a nommé assez improprement la *côte d'Azur*, dénomination qui s'appliquerait bien mieux au littoral Algérien.

Nous n'avons ici jamais de ces coups de vent du Nord, de ce mistral terrible qui se fait sentir si cruellement sur la rive Nord de la Méditerranée.

Si le vent du Nord vient à souffler ici, son passage de plus de 700 kilomètres sur cette mer aux eaux chaudes suffit à lui faire perdre son acuité et à le rendre doux.

Si l'Algérie est méconnue et calomniée au point de vue politique, elle l'est beaucoup aussi au point de vue médical. Ne voit-on pas des erreurs énormes commises par des médecins n'ayant vu que de loin ou qui n'ont fait que traverser Alger, entre autres celles renfermées dans le livre du Docteur Daremberg à savoir que ce qui est à craindre à Alger pendant l'hiver, c'est le *sirocco!* tandis que Biskra en est à l'abri! Biskra sur le seuil du Sahara point d'origine de ce siroco !! Ne l'a-t-on pas là au contraire de première main !

Les écarts de température peu considérables font du climat d'Alger un climat constant à moyennes élevées, essentiellement propre à la vie à l'air libre de nos malades. Une preuve de la constance de la chaleur, c'est que rarement l'on éprouve le besoin d'allumer du feu pendant l'hiver.

Les nuits également sont chaudes, et, sans inconvénient aucun, les malades peuvent dormir les fenêtres largement ouvertes, au grand bénéfice de leurs poumons.

La Lumière est intense, je n'ai pas besoin de vous le démontrer ; vos yeux sont éblouis de notre soleil généreux et prodigue de ses rayons, qui pénètrent partout et influencent notre organisme dans ses tissus et ses organes les plus profonds. Ce n'est plus ce soleil de Paris, que Théophile Gautier disait être toujours en *bonnet de coton et en gilet de flanelle*. La luminosité a une action indéniable, sur les êtres humains, de même que sur les végétaux dont la croissance, la force, la coloration sont fortement développés. C'est elle qui donne un cachet particulier de force, de virilité, d'énergie à nos races méridionales, dont vous pouvez voir des échantillons dans nos rues. Et en outre de cela, fait encore plus important au point de vue des malades, la lumière solaire a un pouvoir bactéricide énorme ; il n'y a pas de microbe, pas de bacilles qui puisse résister longtemps à son action, laquelle va certainement s'exercer sur le bacille tuberculeux pour le détruire.

Il faut voir comme nous, avec quel bonheur, avec quel bien-être nos hiverneurs malades prennent chaque jour leur bain de lumière et de chaleur, imitant ainsi les lézards le long des murs ensoleillés. Les sirops, les huiles de foie de morue, les goudrons et créosotes, les lavements et injections médicamenteuses font triste figure devant les effluves chaudes et lumineuses prodiguées par le soleil africain.

Les seuls reproches qui pourraient être faits au climat d'Alger, c'est l'humidité assez grande de l'air, et l'abaissement qui se produit régulièrement chaque jour entre cinq heures et sept heures du soir, lors du changement des brises de mer et de terre. Mais il ne faut pas oublier que cette humidité, défavorable quand elle est froide, est au contraire douée de propriétés sédatives, calmantes quand elle existe dans une température chaude.

Quant au refroidissement de la soirée au coucher du soleil, il suffit de le reconnaître et d'en être averti pour s'en garantir. Il dure peu, du reste, et à huit heures du soir la température remonte, et est souvent plus douce que de cinq à sept heures.

Je ne veux pas entrer ici dans des considérations au point de vue de l'établissement de sanatoria pour tuberculeux. C'est une question d'ordre financier, c'est une entreprise médico-industrielle qui a évidemment sa place à Alger, pour la saison d'hiver seulement. Elle a déjà été tentée et des projets, je crois, sont encore à l'étude. Je ne crois pas beaucoup à leur nécessité, attendu que l'enthousiasme pour les sanatoria s'est un peu refroidi depuis quelque temps.

Il faudrait vous faire maintenant un exposé des cas de tuberculose plus ou moins justiciables du climat d'Alger, mais ce serait de la pathologie que vous trouveriez déplacée dans un Congrès de Géographie, et qui demanderait beaucoup plus de temps que celui qui m'est accordé. Je ne m'y arrête que pour dire que tous les malades de la première période de la tuberculose peuvent se guérir, que ceux, plus gravement atteints, trouvent ici soulagement, prolongation de leur vie, et, s'il est impossible malgré tout de leur conserver l'existence, du moins leurs derniers jours s'écoulent sans souffrance.

Excusez-moi, Messieurs, de m'être laissé entraîner dans ce plaidoyer en faveur d'Alger ; si je l'ai fait, c'est que ma conviction est fortement établie par une pratique déjà longue de dix années dans une spécialisation personnelle des maladies des voies respiratoires, par des résultats étonnants obtenus grâce à la cure à air libre et dont je pourrai fournir les preuves. Que de malades venus ici un premier hiver, y sont revenus un second, un troisième, puis se sont fixés définitivement dans le pays, y ont fait souche, en gardant une éternelle reconnaissance au climat qui a rétabli et conservé leur vie.

J'ai voulu, Messieurs, profiter de votre réunion à Alger, pour vous faire partager les idées que je viens de vous exposer, pour que vous les propagiez au loin et en fassiez bénéficier ceux qui en ont besoin.

On connait mal notre Algérie en France, vous la ferez mieux apprécier maintenant ; ses ressources sont immenses à tous les points de vue, et médicalement parlant, elle est incomparable. Envoyez nous donc vos malades, nous vous les rendrons forts et bien portants, à moins que nous ne les gardions ensuite pour nous, comme colons, comme industriels ou commerçants.

M. Dujardin, bibliothécaire de la ville d'Alger, M. S. G. A., présente à l'Assemblée le rapport suivant :

Les Instituts Cantonaux considérés au point de vue de la diffusion des Sciences Géographiques

Messieurs,

L'objet de ma communication est de vous faire connaître l'Œuvre des Instituts Cantonaux dont j'ai l'honneur d'être le promoteur.

Sans doute, les Instituts Cantonaux, dont je vais vous faire connaître le programme synthétisé, ne sont pas une œuvre spécialement ou uniquement géographique. — C'est du moins le reproche qu'on lui a fait, aggravé encore par le titre écourté inscrit sur l'ordre du jour du Congrès.

J'espère donc qu'après avoir entendu la lecture de ce programme, vous estimerez avec moi, que l'Œuvre des Instituts Cantonaux, lorsqu'elle aura reçu son application, pourra contribuer puissamment à répandre la connaissance de la science géographique dont les grandes assises se tiennent actuellement à Alger ; car elle la fera pénétrer dans toutes les couches de sa population, en permettant de l'envisager ou de l'appliquer sous tous ses aspects, sous toutes ses formes.

Ma communication m'est rendue facile, car je n'ai qu'à vous donner connaissance de ce programme, tel qu'il a été présenté récemment au Congrès national de la Ligue française de l'enseignement, tenu à Rennes en septembre 1898.

Il y a été accueilli avec une assez grande faveur pour que je n'aie pas hésité à venir vous le faire connaître.

Définition de l'Œuvre

Les Instituts Cantonaux ont pour but de créer au chef-lieu de chaque canton un foyer intellectuel qui doit permettre de mettre en valeur toutes les ressources qui s'y trouvent, en leur imprimant une activité inconnue jusqu'à ce jour.

Dans chaque circonscription cantonale, avec des buts bien définis et pour le plus grand profit de la région, c'est donc une vie intellectuelle à créer et à entretenir par l'émulation de tous les coopérateurs.

C'est aussi le complément indispensable d'instructions pour l'élève brusquement abandonné à lui-même dès qu'il quitte les bancs de l'école, sans moyens personnels pour augmenter la faible somme de ses connaissances.

Chacun peut prendre part à cette œuvre et les liens d'attachement au sol, aussi bien que les sentiments d'affection dans les populations, grandiront d'autant plus, qu'en étudiant de plus près le pays natal, on l'appréciera, on l'aimera davantage.

Cette création permettrait de prévoir, dans un avenir prochain, la meilleure des décentralisations, basée sur l'unité cantonale, assez forte pour se suffire dans la majorité des cas avec son agglomération de communes et sa population.

Principes d'exécution

Œuvre de citoyens libres, n'ayant en vue que le bien du pays, l'*Institut Cantonal* doit tout attendre de l'initiative individuelle.

Moralement soutenu par les pouvoirs publics qui ne lui ménageront pas les encouragements, l'*Institut Cantonal* doit accepter tous les dévouements, accueillir tous les concours, et pour assurer son existence même, interdire énergiquement toutes les allusions, toutes les discussions touchant aux questions politiques ou religieuses.

Dans l'intérêt de la région, les Comités d'organisation feront une active propagande pour faire connaître l'œuvre et lui assurer l'adhésion de l'unanimité des habitants.

Le bien public, le patriotisme exigent que l'union la plus parfaite règne entre tous les adhérents, et les résultats obtenus seront comme la pierre de touche de la valeur morale de l'agglomération.

Pour rester libre, indépendante, l'existence de l'œuvre doit être assurée par ses propres adhérents ; une très faible souscription, sacrifice infime d'argent, suffira, toujours, pour permettre à l'*Institut Cantonal* de vivre et de prospérer.

L'*Institut Cantonal comprend cinq sections.*

PREMIÈRE SECTION
Bibliothèque Cantonale

Dans la *Bibliothèque*, on ferait entrer les ouvrages moraux, scientifiques, historiques ou littéraires qui y trouveraient leur place naturelle pour l'éducation et l'instruction générale ou professionnelle des habitants. Un programme sagement esquissé permettrait de mettre de l'ordre dans les acquisitions et même dans l'acceptation des dons.

La collection serait complétée par des abonnements à certaines revues, à des journaux spéciaux, auxquels s'ajouterait le journal officiel complet.

Cette bibliothèque doit faire œuvre morale dans la population.

DEUXIÈME SECTION
Musée Cantonal

Le Musée complète la Bibliothèque.

On réunirait ainsi dans un local spécial les objets précieux, curieux ou intéressants pouvant aider à la connaissance du canton et des ressources de toute nature qui s'y rencontrent.

Des conférences judicieusement choisies dirigeraient les études et les recherches dans l'intérêt de la région.

Les organisateurs du Musée se reporteront au programme si remarquable élaboré par M. Edmont Groult, de Lisieux, l'éminent fondateur des *Musées cantonaux*. M. Groult a tout prévu et le promoteur de l'œuvre des *Instituts cantonaux* est heureux de rendre un hommage public à cet homme de bien.

TROISIÈME SECTION
Archives Historiques Cantonales

La dénomination de cette section dit ce qu'elle doit être.

Réunir autant qu'on le pourra les documents épars dans les châteaux, dans les Mairies et dans les maisons particulières, souvent aussi précieux que curieux, et dont la connaissance ou l'emploi judicieux pourra parfois jeter tant de lumière sur le passé de la région. Par patriotisme local, les propriétaires céderont volontiers aux *Archives cantonales* les documents qu'ils détiennent.

Des conférences guideraient dans les recherches à faire : que de faits intéressants seraient ainsi exhumés !

De l'étude de ces documents, des ressources de la Bibliothèque et des Musées sortiraient les si utiles et si intéressantes *monographies* cantonales ou communales.

Un *catalogue* soigneusement élaboré attirerait parfois l'étranger.

QUATRIÈME SECTION

Cours publics, Conférences, Lectures

Les *cours*, les *conférences* et les *lectures* seraient faits par les spécialistes éclairés qui se trouvent toujours dans toutes les circonscriptions cantonales : membres de l'enseignement, ingénieurs, médecins, pharmaciens, vétérinaires, hommes de loi, agronomes, industriels.......

Avec de telles ressources, on arrivera à une variété remarquable de sujets à traiter et les populations s'empresseront certainement de venir écouter les citoyens instruits et dévoués qui voudront bien les faire bénéficier de leur savoir ou de leur expérience.

Dans chaque *Institut cantonal* deux réunions publiques au moins pourront être faites mensuellement.

CINQUIÈME SECTION

Expositions publiques, permanentes, périodiques et extraordinaires

Cette section aurait pour objet de préparer les *expositions permanentes*, *périodiques* ou *occasionnelles* destinées à mettre sous les yeux du public local ou étranger les produits de toute nature du canton ; les travaux les mieux faits des élèves de toutes les *écoles communales* seraient également signalés.

Ces *expositions* seraient organisées suivant un programme étendu qui ne saurait être étudié que par les comités locaux.

L'Institut départemental et son bulletin périodique

Au-dessus des *Instituts cantonaux* d'un même département, et les reliant entre eux, se trouve *l'Institut départemental*, ayant son siège au chef-lieu, venant renforcer *l'Institut cantonal* du lieu, dont il forme une 6e section.

L'Institut départemental est composé de délégués élus dans chacun des Instituts cantonaux, dans une proportion à déterminer.

La réunion de ces délégués aurait lieu à des époques fixes, mais obligatoirement une fois au moins par an.

Ces assises, auxquelles on pourra donner de la solennité, et qui réuniraient le plus grand nombre possible de membres cantonaux venus volontairement, se tiendraient à tour de rôle, dans chaque canton. Dans ces assemblées annuelles aurait lieu la nomination des membres au *Bureau permanent de l'Institut départemental*. La désignation du lieu de la réunion de l'année suivante serait faite par le Bureau entrant en fonctions.

Un *bulletin* mensuel destiné à faire connaître les travaux produits par les *Instituts cantonaux* du département serait publié par un Comité de l'*Institut départemental* et distribué gratuitement à tous les adhérents.

L'Institut de France

A la tête de cette vaste organisation, sanctionnant les efforts des *Instituts cantonaux et départementaux*, encourageant les bonnes volontés, soutenant les hésitants, dirigeant même, parfois, les travaux, se trouverait l'*Institut de France* dont chacune des cinq sections pourrait être appelée à donner une salutaire impulsion aux études spéciales des centres cantonaux.

Par son indépendance même, l'*Institut de France* donnerait à l'œuvre entreprise une importance considérable en la maintenant à l'abri de toute tutelle administrative, politique ou commerciale.

L'Ecole Primaire Supérieure Cantonale

Après avoir quitté les bancs de l'école et avant de prendre part à la vie de l'adulte dans la Société, quelques enfants des deux sexes suivraient pendant une année au moins les cours d'une *école primaire supérieure*, qui aurait aussi le caractère d'une école professionnelle, et qui serait installée au chef-lieu du canton.

Les enfants ne seraient pas nombreux, on les choisirait parmi les sujets dignes d'intérêt ; ceux d'entre eux, dont les parents résideraient trop loin, seraient placés dans des familles qui pourraient être indemnisées soit en nature, soit en espèces.

L'École primaire supérieure professionnelle et l'Institut cantonal au chef-lieu de canton seraient généralement organisés dans les mêmes locaux, et considérés, au début, comme des annexes de l'école communale du lieu.

Conclusions et Résultats

Perfectionner l'instruction de l'enfant, augmenter la dose de ses connaissances et éviter l'ankylose dans les jeunes intelligences fréquemment abandonnées trop tôt, grouper les gens d'étude et mettre en lumière les bonnes volontés, canaliser ou drainer les efforts et faire bénéficier la région des travaux de ses enfants, élever le niveau intellectuel et moral de la population en glorifiant son passé, en améliorant son présent, en lui montrant l'avenir, répandre partout les bienfaits des Bibliothèques, des Musées, des Expositions, ouvrir de vastes champs d'expérience.

....

Tel est le programme de l'œuvre qui vient d'être retracé dans ces grandes lignes, programme ambitieux peut-être aujourd'hui, mais qui sera forcément le progrès réalisé de demain.

J'ajoute encore que ce programme a obtenu une médaille d'or à l'Exposition Universelle de 1889, à Paris. (Dans l'exposition collective des œuvres d'éducation et d'instruction populaires).

Et plus récemment, en 1897, un diplôme de médaille d'argent à l'exposition internationale de Bruxelles.

Enfin, Messieurs, si vous estimez que le programme que je viens de vous faire connaître, puisse un jour, en facilitant la continuation de l'instruction après l'école, apporter dans nos unités cantonales les moyens de participer au courant des connaissances humaines, en les utilisant pour le bien de tous, pour le bien du pays, vous ferez comme le Congrès de Rennes.

Et vous voudrez bien consacrer par votre vote le vœu suivant que j'ai l'honneur de vous présenter :

« Les Sociétés Françaises de Géographie réunies au Congrès
« d'Alger,

« Estimant que le programme de l'œuvre des Instituts cantonaux,
« appliqué résolument dans chaque circonscription cantonale, est

« susceptible de contribuer à la vulgarisation des connaissances
« humaines, et particulièrement à la diffusion des Sciences géogra-
« phiques.

« Emet le vœu que les Pouvoirs Publics et plus particulièrement
« M. le Ministre de l'Instruction Publique s'intéressent à l'œuvre
« dont M. L. Dujardin est le promoteur. »

Le Président met aux voix le vœu présenté par M. Dujardin. Ce vœu est adopté et renvoyé au Comité de révision.

M. Jacotin, Enseigne de vaisseau de réserve, Membre de la Société de Géographie de Paris, M. S. G. A., prend ensuite la parole pour lire la communication suivante :

Choix d'un Premier Méridien Universel

Depuis plusieurs années, il est question du choix et de l'adoption d'un premier méridien universel. Plusieurs nations ont trouvé simple d'adopter le méridien de Greenwich. La France a un passé, un présent et un futur géographique trop glorieux pour abandonner son premier méridien et adopter sans aucune raison un méridien qui n'a d'autre mérite que celui d'être *anglais*.

Je ne serai pas chauvin au point de vouloir que la France fasse adopter le méridien de Paris par toutes les autres nations. Le méridien de Paris n'a pas plus de raison d'être que celui de Greenwich ou celui de Pékin. C'est, comme ces derniers, un méridien de convention ; il ne s'impose pas.

Quel sera donc le méridien qui pourra s'imposer ?

Ce sera celui qui, dégagé de toute considération nationale, sera basé exclusivement sur un fait scientifique, et, par suite, aura les mêmes raisons d'être pour toutes les nations civilisées.

Le premier méridien que j'ai l'honneur de proposer au Congrès remplit bien ces conditions. Toutes les nations peuvent l'adopter comme origine des temps : c'est celui dans lequel se trouvait le soleil au commencement de notre ère, c'est-à-dire, en temps moyen astronomique à 0 h. 0 m. 0 s. 00.... le premier jour de l'an I.

L'année astronomique moyenne, commençant lorsque la longitude astronomique du soleil moyen est de 280°, il suffit de calculer exactement, en tenant compte de la précession des équinoxes et de la variation annuelle de cette précession, le moment précis où, au commencement de notre ère, la longitude astronomique du soleil moyen était de 280° pour déterminer exactement la position du premier méridien proposé.

Ce calcul mathématique regarde l'observatoire.

D'après mes calculs, et, sauf erreur possible de ma part, ce premier méridien passerait dans les environs de Behring. Il se rapprocherait donc de celui proposé d'une manière vague par plusieurs géographes, et aurait, en plus, l'avantage de reposer sur des considérations astronomiques et chronologiques ; il n'aurait, d'ailleurs, rien d'exclusivement français si ce n'est son origine, mais le système métrique, lui aussi, avait la même origine et beaucoup de nations le lui ont déjà pardonné.

Le Président remercie chaleureusement les différents orateurs de leurs intéressantes communications, auxquelles il serait heureux de voir donner la plus grande publicité.

La séance est levée à 4 h. 1/2.

APRÈS-MIDI DU MARDI 28 MARS

Excursion à la Ferme de la Bridja

Les Congressistes, au nombre d'une quarantaine, se réunissaient à midi 1/2 au Palais Consulaire, prenaient place dans deux grands breaks et dans un landau pour se rendre à la ferme de la Bridja où une réception avait été préparée à leur intention.

La petite caravane monte par les tournants Rovigo et traverse le joli village d'El-Biar. Arrivés à Chéragas, les Congressistes sont reçus par le Maire, M. le Docteur Bordo, Conseiller général, qui leur souhaite la bienvenue et les invite à descendre chez lui pour se reposer un instant. Après avoir offert à ses hôtes quelques rafraîchissements, M. Bordo se joint à eux et l'on repart vers la ferme de la Bridja où l'on arrive à 3 h. 1/4.

M. Augereau, Maire de Staouëli, gérant de la ferme, reçoit ses hôtes de la façon la plus gracieuse ; il leur fait visiter les caves fort belles et fort intéressantes de l'établissement en leur fournissant de très complètes explications sur la culture de la vigne, les récoltes et le traitement du vin, puis les invite à se rendre chez lui où un lunch est préparé à leur intention.

Le champagne servi, M. Augereau, au nom de la Banque de l'Algérie, propriétaire de la ferme, souhaite la bienvenue aux Congressistes.

M. Périé, M. S. G. A., répond, au nom de la Société de Géographie d'Alger, puis M. Paul Endel, du *Figaro*, prend la parole et, dans une improvisation pleine d'humour, dit tout le bien qu'il pense des vins d'Algérie : « Ils n'en auront pas en Angleterre ! »

La caravane quitte la Bridja à 4 h. 1/2 et, après une heure de route, arrive à Guyotville où une réception enthousiaste attend les Congressistes. La petite ville est pavoisée. M. Marchis, Adjoint de la commune, est là, sur la place publique, ceint de son écharpe municipale, à la tête de sa musique, la *Lyre de Guyotville* qui salue l'arrivée des Congressistes au son de la *Marseillaise*.

On se rend dans la salle des fêtes où un punch d'honneur est offert.

M. Marchis prend la parole pour remercier les Congressistes. M. Hannedouche, Conseiller général, s'associe à lui et vante l'activité des colons dont on vient de voir de merveilleux exemples tout le long de la route. M. Bordo boit aux colons de la première heure.

On remonte en voiture, et, par le cap Caxine, par la Pointe Pescade et Saint-Eugène, tout en admirant un merveilleux coucher de soleil, on rentre à Alger où l'on arrive à 7 h. 1/4.

Tous les Congressistes semblent enchantés d'une excursion qui a été favorisée par un beau soleil et une chaude température.

Journée du Mercredi 29 Mars

SÉANCE DU MATIN

La séance est ouverte à 9 heures du matin, sous la Présidence de M. Gastu, ancien Député, Président du Comité régional d'Alger de la Société l'*Alliance Française*, pour la propagation de la langue nationale dans les colonies et à l'étranger.

MM. Forest, délégué de la Société de Géographie Commerciale de Paris (Section de Saint-Etienne), et Ernest Gaillard de la Dionnerie, délégué de la Société de Géographie de Poitiers, remplissent les fonctions d'assesseurs.

M. Lecq, Inspecteur de l'agriculture en Algérie, délégué du Ministère de l'agriculture, désigné pour occuper la Présidence d'honneur, est absent.

La parole est donnée à M. de Soliers, ancien Député, M. S. G. A.

M. de Soliers donne lecture à l'Assemblée du mémoire suivant : « *La fusion des races européennes en Algérie, par les mariages croisés, étude démographique et politique* ».

Voici autant qu'on peut la faire une analyse succincte d'un travail qui comporte d'assez nombreux tableaux statistiques assez difficiles à résumer.

Parmi les multiples questions que soulève l'étude si complexe du problème algérien, aucune n'est plus intéressante que celle de la population, parce que c'est autour d'elle que presque toutes les questions coloniales viennent converger.

Faute de temps et aussi faute de documents suffisants, nous allons traiter une partie seulement de cette grosse question : celle des mariages mixtes ou croisés, c'est-à-dire des mariages contractés entre européens de nationalité différente.

Depuis la conquête, il a toujours existé des mariages mixtes en Algérie et le nombre s'en est toujours accru avec le temps.

De 1830 à 1881 il représente 16 % des mariages en général. En 1882, 18 %, en 1896, 25 %. En définitive, dans ces dernières années, on compte 1 mariage mixte pour 4 mariages contractés, encore serait-il plus vrai de dire qu'il y a 1 mariage mixte sur 3 mariages contractés. Un certain nombre de mariages sont en effet réputés nationaux, alors qu'en réalité ce sont des mariages mixtes. Nous faisons allusion aux unions dans lesquelles l'époux quoique français, car c'est par le père que se détermine la nationalité, a cependant du sang étranger par sa mère ou son ascendant maternel, ou bien l'époux quoique étranger a cependant du sang français par sa mère ou son ascendant maternel.

Si nous en venons aux mariages mixtes contractés par les français d'un côté et par les étrangers de l'autre, nous voyons que les mariages mixtes contractés par les français ont passé de 23, 97 % (moyenne de la période triennale 84-86) à 23, 29 % (moyenne de la période triennale 94-96), il y a donc une légère diminution.

Quant aux mariages mixtes contractés par les étrangers, ils ont passé de 20, 38 % (moyenne de la première période) à 25, 07 % (moyenne de la deuxième période) ; ils ont donc beaucoup augmenté.

Si d'autre part on rapproche ces chiffres du mouvement des mariages nationaux, on voit que les mariages nationaux des français ont passé pour les mêmes périodes triennales de 76, 03 % à 76, 71 % ; ils ont donc augmenté, tandis que les mariages nationaux entre étrangers ont passé de 77, 02 % à 75, 33 % ; ils ont donc diminué.

Les mouvements sont donc contradictoires et en sens inverse.

Ils sont dus à l'effet de la loi du 26 juin 1889, qui par les naturalisations collectives venant s'ajouter aux naturalisations individuelles verse chaque année 5,000 adultes des deux sexes presque tous mariables, du groupe étranger dans le groupe français.

Les mariages nationaux augmentent dans le groupe français qui se trouve enrichi des éléments jeunes et mariables dont le groupe étranger se trouve appauvri.

Quant aux mariages mixtes dans le groupe français, ils diminuent parce qu'en présence de l'affluence des jeunes étrangères, ces mariages lui sont moins nécessaires, et il augmente dans le groupe étranger parce que les nouveaux français entraînent avec eux leurs parents non encore naturalisés qui en se mariant avec des françaises trouvent là comme une naturalisation *de fait*.

Voyons maintenant la décomposition des mariages mixtes, soit chez les français, soit chez les différents peuples étrangers de l'Algérie.

Commençons par les français, et en nous en tenant à l'année 1896 qui nous donne les derniers résultats connus, ramenons les chiffres à 100.

Epoux	FEMMES			
Français	Espagnoles	Italiennes	Maltaises	Autres Européennes
100	64	20	10	6

Cet ordre de préférence correspond à l'ordre d'importance des populations ; cependant les mariages mixtes avec les espagnoles prennent une extension de plus en plus grande, en ramenant les chiffres à 100.

Période 1884-86, moyenne triennale.

Epoux Français	Femmes Espagnoles	Autres Etrangères
100	48, 87	51, 13

1894-96

Epoux Français	Femmes Espagnoles	Autres Etrangères
100	72, 52	37, 48

Dans les mariages mixtes contractés par les étrangers, on voit dans certaines nationalités comme la nationalité italienne, les mariages mixtes dépasser de beaucoup la moyenne de 25 % que nous avions trouvée pour les mariages mixtes contractés par les européens en général. Les Italiens par exemple en 1896 ont 51, 04 % de mariages mixtes contre 48, 96 % de mariages nationaux. Les mariages mixtes contractés par les étrangers le sont presque uniquement avec des françaises. En 1884-86, les Espagnols par exemple épousent moyennement 29 françaises pour 20 étrangères, et en 1894-96, 107 françaises pour 31 étrangères. La proportion du mariage avec les françaises a donc passé en 10 ans de 59 % à 78 %.

A noter que quand un étranger se marie avec une française, souvent la naturalisation prochaine est une des conditions du mariage et que lorsque la naturalisation légale n'intervient pas en fait l'époux devient français parce que, sa femme étant française et ses enfants devenant français par l'effet de la loi de 1889, il serait seul à demeurer étranger dans sa propre famille.

A retenir également que les mariages mixtes entre étrangers de nationalité différente sont forcément des mariages à influence française, parce que notre langue devient le lien commun qui unit les membres de la même famille.

La fusion des races par les mariages mixtes s'opère donc rapidement en Algérie, et elle s'opère par les éléments supérieurs et non pas inférieurs, c'est ce que démontre la statistique des époux qui ont signé leurs contrats de mariage. Dans les mariages mixtes contractés par les étrangers les époux signent bien plus que dans les mariages nationaux. Les Espagnols par exemple en 1886 signent

230 fois sur 1,000 leur acte de mariage dans les contrats nationaux et 580 fois sur 1,000 dans les mariages mixtes avec des françaises.

Cette fusion s'opère aussi au profit de l'élément français. En 1899 l'élément français, soit par les deux auteurs, soit par la mère, soit par un ascendant maternel, intervient pour les 83 % des mariages contractés.

La conséquence forcée de la fusion des races en Algérie est la création d'un peuple nouveau.

Cette perspective est envisagée avec inquiétude par la Métropole qui redoute que ce peuple nouveau ne songe un jour à conquérir son indépendance.

Mais d'abord la fusion des races est nécessaire, soit au point de vue politique pour contrebalancer l'importance numérique de l'élément indigène qui en 1896 s'élève à 86 % de la population totale, soit pour donner à l'élément français avec les alliances avec d'autres peuples méridionaux mieux doués les qualités de résistance et d'adaptation au milieu qui lui font défaut.

Ensuite la création d'un peuple nouveau ne devrait pas être pour effrayer la France.

Dans une colonie, le peuple est toujours nouveau, soit à cause de la différence du milieu géographique et économique, soit à cause de la différence de proportion des éléments ethniques qui composent le peuple national, soit à cause du mélange du peuple national avec d'autres étrangers.

Mais pour nouveau qu'il soit, le peuple latin qui se crée en Algérie sera une variété du peuple français. Ce sera un peuple franco-algérien, tout nous l'assure : et la proportion du sang français dont il est arrosé, et la supériorité mentale de l'élément français qui en fait un facteur d'assimilation.

Plut au ciel, que dans toutes les parties du monde, la France pût, comme elle l'a fait en Algérie opposer une série de nouveaux peuples à la théorie des peuples anglo-saxons que l'Angleterre a essaimés sur l'univers.

En Afrique elle est dans la bonne voie ; qu'elle y persévère ; que sans repousser les étrangers qui lui sont nécessaires, et qu'elle est bien sûre d'absorber à son profit, elle appelle ici de nombreux compatriotes afin qu'arrive ce jour si souvent désiré par Prevost-Paradol où les nouveaux français débordant sur la Tunisie et le Maroc jetteront de ce côté-ci de la Méditerranée les bases indestructibles d'un grand empire africain.

M. Simian, Vice-Président de la Chambre de Commerce d'Alger, M. S. G. A., donne ensuite lecture de la communication suivante, faite au nom de la Chambre de Commerce d'Alger : *Les causes et les effets du développement du port d'Alger comme port de relâche, d'importation et d'exportation.*

Messieurs,

Notre Chambre de Commerce se félicite hautement de voir le Congrès de Géographie réuni dans le Palais Consulaire d'Alger, cet édifice qui symbolise la Paix et le Travail.

Profitant de cette heureuse circonstance, notre Chambre de Commerce croit devoir vous adresser un aperçu sommaire sur la situation de notre port et sur celle de son commerce.

Nous nous sommes efforcés de rendre notre exposé aussi concis que possible, afin de ne pas excéder les limites de temps imposées par le nombre des questions portées à l'ordre du jour de vos séances et aussi pour ne pas abuser de votre bienveillante attention.

*
* *

Sans remonter jusqu'à l'époque où l'Algérie devint terre française, si on considère ce qu'était le port d'Alger, il y a seulement quinze à vingt ans, avec ce qu'il est aujourd'hui, on constate une évolution considérable dans le sens de l'expansion de son mouvement d'exportation et d'importation.

A tous les points de vue, le port d'Alger occupe une position privilégiée. D'abord par sa proximité du continent européen ; ensuite grâce à la fréquence et à la facilité de ses communications rapides avec la Métropole, notamment avec Marseille où converge tout le commerce de l'Europe du Nord au Sud, de l'Est à l'Ouest.

Il est facile de voir que le port d'Alger se trouve géographiquement dans une situation exceptionnelle comme point de relâche et de ravitaillement, car il est placé sur le trajet des nombreuses lignes de bateaux à vapeur françaises et étrangères faisant le service entre le Nord de l'Europe, l'Adriatique, le Levant, la Mer Noire, l'Egypte, les Indes et l'Extrême-Orient. Situé à égale distance du Nord de l'Europe et du Canal de Suez, il est tout désigné pour les escales de cette navigation.

De même que les ports de Barcelone en Espagne, de Naples et de Gênes en Italie, reçoivent aujourd'hui directement les produits d'outre-mer qui ne leur parvenaient autrefois, en majeure partie, que par l'intermédiaire des entrepôts, lesquels étaient : principalement Londres, Marseille, le Havre et Bordeaux, de même nous voyons naître en ce moment les relations directes entre Alger et ces diverses régions lointaines.

Notre Chambre de Commerce reçoit depuis quelque temps de fréquentes communications de nos divers Consulats d'outre-mer, dont le but est de faciliter l'ouverture de ces relations directes.

C'est là une des principales causes du développement progressif et continu de notre port.

*
* *

Les besoins du commerce se sont tellement accrus et les apports de la production ont augmenté dans de si fortes proportions durant ces dernières années, que l'agrandissement du port d'Alger est devenu une nécessité inéluctable. Sur l'initiative de la Chambre de Commerce, une loi du 4 juillet 1897 a autorisé la construction d'un arrière-port dont les quais n'embrasseront pas moins de 17 hectares de superficie et 100 hectares de surface liquide.

Ce nouveau port est présentement en voie de construction ; il rendra les plus grands services au commerce. Cet agrandissement de notre domaine maritime correspond au développement du réseau des chemins de fer algériens, qui comprend dans le département d'Alger une longueur d'environ 650 kilomètres (lignes des C. F. R. A. comprises), et cependant notre département est le moins bien doté sous le rapport des voies ferrées. Il est à prévoir qu'avec les futures voies qui amèneront de nouveaux produits, cette étendue sera encore insuffisante ; c'est pourquoi la Chambre de Commerce prépare les projets d'autres agrandissements.

Il n'est pas exagéré de dire que l'agrandissement du port d'Alger est, en quelque sorte, une nécessité nationale.

Il est bon de remarquer que, grâce à la loi qui réserve au Pavillon national la navigation de cabotage entre la France et l'Algérie, notre marine marchande trouve dans ce privilège un appui encourageant, propre à contribuer à sa prospérité.

Tout en approuvant, en principe, cette mesure économique dont l'esprit est des plus louables, il nous sera cependant permis de regretter que l'effectif de notre marine marchande soit parfois insuffisant pour parer aux nécessités nouvelles que l'abondance toujours croissante de nos produits fait naître.

Si nous nous risquons à formuler cette légère critique, c'est dans le but d'encourager les capitaux français à se porter plus largement sur les entreprises maritimes, qui nous semblent devoir rencontrer le succès, en présence du fait indéniable du développement progressif de notre production algérienne.

**

Si l'agriculture est la première des industries coloniales, le commerce en est l'auxiliaire indispensable, puisqu'il tire parti des produits de la terre en en recherchant les débouchés, tant par la consommation intérieure que par l'exportation.

C'est ainsi que nos produits agricoles, au premier rang desquels nous plaçons les vins, ont déjà valu à l'Algérie de bien beaux résultats en lui attirant l'attention de l'Europe entière.

On sait que nos vins et les nombreux produits agricoles de notre colonie procurent un aliment de fret considérable dans la direction de Marseille, comme dans celle du Nord de la France, par Rouen, Dunkerque et le Havre, sans compter les expéditions à l'étranger qui prennent tous les jours une plus grande extension.

Nous remarquons, en effet, que ce mouvement qui commence à se manifester, paraît tendre à se développer ; il porte principalement sur les minerais et sur les lièges. On sait combien ce dernier article est intéressant pour l'Algérie.

**

Le mouvement des navires relâcheurs a pris, depuis quelques années, une grande importance.

C'est avec un certain orgueil que nous constatons la préférence que beaucoup de vapeurs donnent à Alger pour leur approvisionnement de charbon, approvisionnement qu'ils faisaient autrefois à Gibraltar ou à Malte. Notre port offre, sur ces derniers, des avantages spéciaux au point de vue de la rapidité, de la commodité et de l'économie dans l'accomplissement de ces opérations, qui justifient cette préférence. Ce fait est très intéressant à noter ; il mérite d'autant plus de fixer notre attention, qu'il provoque, par voie de conséquence, un mouvement considérable d'entrées et de sorties de ce combustible importé et exporté tour à tour.

En examinant l'état comparatif de nos importations annuelles de houille, nous voyons une forte augmentation progressive dont on ne peut que se féliciter.

Ainsi, alors qu'en 1874 le charbon importé se chiffrait par : tx 28,000, nous observons qu'en 1897 il dépasse la quantité de tx 370,000.

On pourra bien prétendre que notre port, en ce cas particulier, est plutôt un point de relâche qu'un lieu de destination, mais qu'importe, ce trafic n'en est pas moins une conjoncture très heureuse. Ce trafic présente, en outre, l'avantage d'offrir à notre commerce de nombreuses et constantes occasions pour l'exportation de nos marchandises sur tous les points du Globe.

Ce courant d'opérations continuelles d'embarquements et de débarquements a pour conséquence de procurer un sérieux aliment de travail à une partie importante de notre population ouvrière. Il est en même temps une source féconde pour l'écoulement de nos denrées locales par le ravitaillement que font ces navires en provisions comestibles diverses comme aussi en objets d'armement de toutes sortes.

Dans cet ordre d'idées, il est essentiel de remarquer que les importants dépôts de charbon qui s'accumulent à Alger, indépendamment des facilités qu'ils offrent à la marine marchande, serviraient en même temps d'approvisionnement à notre flotte en cas de guerre.

On peut fonder l'espérance de voir ce mouvement continuer à s'accentuer et contribuer sensiblement au développement de notre port appelé certainement à un grand avenir.

Sans entrer dans l'énumération aride d'une statistique longue et détaillée, nous nous bornerons à signaler le mouvement des articles les plus importants qui font l'objet de nos principales transactions locales et qui sont, d'ailleurs, exposés en détail aux tableaux ci-annexés :

Comme **Importation,** nous citerons d'abord les matériaux de construction de toutes sortes qui, de 6,880 tonnes en 1874, oscillent maintenant entre 50 et 78.000 tonnes.

Durant cette même période, les bois de construction, de 18,000 tonnes ont monté à 40,000 tonnes.

Les pommes de terre, qui accusaient 4,000 t., ont atteint jusqu'à 14,000 t.

Les sucres bruts et raffinés, de 3,000 t., arrivent à 7,000 t.

Les savons, de 2,000 t., ont monté à 4,000 t.

Les tissus divers, de 4,000 t., ont augmenté jusqu'à 10,000 t.

Les métaux ouvrés sont allés, de 1,400 t., à 7,000 t. ; les fers, fontes et aciers, de 1,874 t., à 13,000 t.

Les verres et cristaux, de 663 t. sautent à 2,500 t.

Les machines mécaniques, de 417 t., sont allées à 2,600 t.

*
* *

Quant aux **Exportations**, l'état comparatif montre les chiffres suivants :

Céréales : ont oscillé entre 10,000 t. et 47,000 t.

Lièges : de 154 t. montent à 2,525 t.

Crin végétal : de 3,700 t. vont à 12,000 t. (Art. très intéressant, en augmentation continuelle).

Minerai : de 94 t. seulement en 1874, se chiffrent actuellement par 27,000 t.

Laines : de 1,639 t. vont à 4,500 t.

Peaux : de 394 t. à 1,100 t.

Pommes de terre : de 692 t. ont atteint 6,000 t. On remarquera que ce produit est à la fois importé et exporté suivant les saisons. Importé pour la consommation locale, il est exporté comme primeur.

Fruits frais et raisins : de 1,600 t. se chiffrent à présent par 13,000 t.

Légumes : de 1,367 t. sont montés à 8,000 t.

Tabacs en feuilles : de 2,600 t. sont à 5,000 t.

Tabacs manufacturés : de 88 t. ont atteint 700 t.

Oranges et mandarines : de 942 t. vont à 2,200 t.

Le bétail exporté atteint aujourd'hui 500,000 têtes en moyenne.

Enfin les vins, dont l'exportation n'existait pas autrefois, atteignent actuellement environ deux millions d'hectolitres, et laissent prévoir, dans un avenir prochain, le doublement de ce chiffre, grâce aux plantations nouvelles qui se pratiquent sans discontinuer sur une très large échelle. On peut dire qu'aujourd'hui la vigne est la principale richesse de notre belle colonie.

Un produit naturel du sol algérien qui mérite une mention toute spéciale, est l'alfa.

Il existe dans le département d'Alger, sur les Hauts-Plateaux, des étendues considérables d'alfa, qui ne sont malheureusement pas exploitées, faute de voies de communication. C'est dire que le jour où ces voies de communication existeront, elles trouveront là un aliment sérieux. Cette observation est une raison de plus en faveur du développement si impérieusement réclamé de notre réseau de chemins de fer dans notre département si arriéré sous ce rapport, comparativement aux deux autres départements.

C'est pourquoi l'alfa ne figure à l'exportation que pour un chiffre infime, alors que le département d'Oran, plus favorisé que le nôtre par les voies ferrées, exporte avec la plus grande facilité les quantités considérables d'alfa qu'il produit.

*
* *

Après cet aperçu de nos exportations locales, il est intéressant de jeter un coup d'œil sur le mouvement de la navigation du port d'Alger au point de vue du nombre de navires de toutes espèces à l'entrée et à la sortie.

Ce mouvement qui est en progression constante, se totalise en 1898, par plus de 3,000 navires français et 1,000 étrangers entrés dans notre port, ainsi que le démontrent en détail les tableaux déposés à la Chambre de Commerce. On constatera d'après ces mêmes tableaux, que le total des entrées et des sorties dépasse 8,000 navires.

Considéré au seul point de vue de l'ensemble du tonnnage de jauge, le port d'Alger occupe le second rang parmi les ports français. Il est au sixième rang comme tonnage en poids effectif.

CONCLUSION

C'est dans ce mouvement considérable d'entrées et de sorties de vapeurs et de voiliers de tous tonnages, autant que dans ce trafic toujours croissant d'importation et d'exportation de marchandises et de produits de toutes sortes, que se révèle le succès dû à la position géographique privilégiée du port d'Alger comme lieu de destination appelé à devenir le grand entrepôt du centre africain, au même titre que Marseille est notre grand entrepôt métropolitain.

Alger, capitale de nos possessions du Nord de l'Afrique, est un des ports les plus fréquentés de la méditerranée ; il est placé au cœur de l'agglomération française la plus importante de la plus riche de nos colonies.

Alger, comme Bizerte, est un point stratégique de premier ordre. Ces deux ports sont les sentinelles avancées, gardiennes vigilantes de notre empire africain.

L'activité commerciale du port d'Alger s'accroîtra prodigieusement, rendant grande et prospère l'Algérie, cette terre merveilleuse qui fait notre orgueil national ; elle lui assurera une importance incomparable avec la réalisation du chemin de fer transsaharien, que nous souhaitons tous si vivement, pour l'honneur et la gloire de la France.

M. Sabatier, ancien Député, Directeur du service pénitentiaire en Algérie M. S. G. A., développe les considérations qui suivent, en appuyant sa démonstration par la production d'un graphique (1).

La répartition Géographique de la criminalité par douar en Algérie et particulièrement dans le département d'Alger

Le graphique que j'ai l'honneur de présenter au Congrès a été établi sur des données qu'il importe de préciser. Il a été fait dans toutes les prisons d'Algérie ainsi que dans les pénitenciers de Chiavari et Castelluccio (Corse), recensement des indigènes condamnés pour vol à une peine supérieure à 3 mois de prison ; on a pris toutes les précautions désirables pour reconnaître le douar d'origine des condamnés. Le graphique indique la répartition de ces condamnés suivant les communes et suivant les douars ; il indique en même temps le chiffre de la population par groupe de criminalité identique et la proportion du nombre des condamnés par cent habitants, d'où par un calcul aisé, le nombre absolu des condamnés dans chaque groupe. Pour lire le graphique et en tirer tous les enseignements qu'il comporte, il suffit de savoir que la population est marquée par les divisions dans le sens horizontal et le pourcentage par les divisions dans le sens vertical. Dans le sens horizontal, 1/2 centimètre équivaut à 1,000 habitants ; dans le sens vertical, le 1/2 centimètre équivaut à un condamné pour 100 habitants.

Ainsi la commune mixte de Gouraya qui commence le graphique compte à quelques unités près 22,000 âmes, la ligne horizontale noire qui la représente compte 11 centimètres de long. Le chiffre de 7,200, en face duquel elle est tirée, indique qu'elle compte 1 condamné par 7,200 habitants. Il en résulte pour la population totale de la commune 3 condamnés. Ces trois condamnés appartiennent 1 au douar El-Gourine qui compte 5,200 habitants et 2 au douar El-Arbaä qui ne compte que 2,800, soit pour ce douar 1 condamné pour 1,400 habitants.

---

(1) Les dimensions de ce graphique nous ont, à notre grand regret, empêché de le reproduire.

Pour expliquer ces variations dans l'ensemble de la commune, trois lignes au carmin ont été tirées, l'une longue de 7 centimètres 1/2 est placée au bas du graphique à la côte de criminalité O, elle nous apprend que 15,000 habitants de la commune mixte se répartissent entre des douars qui n'ont fourni aucun contingent aux malfaiteurs recensés; la criminalité du douar El-Gourine est marquée par la longueur de sa ligne rouge indiquant sa population et le fait que cette ligne est tirée en face de la côte 5,300 indique qu'il y a un malfaiteur pour ce chiffre de population qui est celui du douar. Enfin, le douar El-Arbaà compte 2,800 habitants ainsi que l'attestent les 14 millimètres de sa ligne rouge. La côte 1,400 au niveau de laquelle la ligne rouge est tirée prouve qu'il y a 1 condamné pour 1,400 habitants, c'est-à-dire 2 condamnés pour ce petit douar.

Pour lire les autres douars dans l'intérieur du graphique, il suffit d'appliquer une échelle mobile représentant les mêmes chiffres que la colonne du début.

Je ne m'appesantirai pas sur les enseignements de cette carte, un examen superficiel permet tout d'abord de constater la très grande différence de criminalité que présentent les diverses tribus de la province. La moyenne de la criminalité dans l'ensemble du territoire tant militaire que civil est de 1 condamné par 2,000 habitants. C'est là le chiffre de la commune mixte de Dra-el-Mizan, et celui des cercles de Boghar et de Bou-Saâda, très au-dessous de cette moyenne et représentant effectivement une criminalité très faible sont les commune mixtes de Gouraya, Djurdjura, le cercle de Laghouat, les communes mixtes de Fort-National, de l'Ouarsenis.

L'élément kabyle domine considérablement dans cette masse de population à criminalité moindre : Djurdjura, Fort-National, Gouraya dont la population est presque entièrement kabyle constituent, si on y joint les communes de plein exercice de moindre importance d'Haussonvillers et de Fort-National, 149,000, contre 13,000 de population non kabyle et 114,000 de population presque entièrement berbère sont répartis entre les communes mixtes d'Ouarsenis, Ténès et le cercle de Ghardaïa, par contre, si nous allons à l'autre bout du graphique du côté du vol, nous trouvons en outre de quelques petites communes de plein exercice qui en raison de la minimité de leur population ne sauraient être retenues dans le détail de la statistique, les communes de plein exercice de Miliana, Blida, Fondouk, Orléansville, Alger, Cherchell et les communes mixtes d'Azeffoun, Boghari, Boghar, Aumale et Berrouaghia. Ici les Arabes dominent de beaucoup et les kabyles ne sont représentés que par la commune mixte d'Azeffoun. Il faut également remarquer que les grandes villes jouent, au point de vue de la criminalité, le même rôle déprimant qu'en Europe. Elles attirent à elles tous les déclassés, tous les déracinés du pays agricole et, dans le chaos de population qu'elles créent, font disparaître assez leur individualité et les rendent assez anonymes pour les soustraire au frein de l'opinion publique et accroître les chances de l'impunité.

L'exception apparente de la commune mixte d'Azeffoun, qui semble faite pour démentir la moralité supérieure des populations kabyles mérite d'être étudiée dans ses causes. La population de cette commune mixte se répartit sur les montagnes qui avoisinent la côte, elle présente dans ses mœurs des particularités manifestes. Beaucoup moins appliquée à la culture que les populations kabyles du Djurdjura et de Fort-National, elle approvisionne et a toujours approvisionné de divers métiers la ville d'Alger.

Nombreuses sont les prostituées indigènes d'Alger, originaires de la tribu des Beni-Djennad ou des Zerkfaoua. Presque tous les masseurs et baigneurs des bains maures d'Alger viennent d'Azeffoun ; certaines autres occupations urbaines les attirent également. Dans notre statistique nous avons imputé à leur pays d'origine ces émigrés des régions kabyles dont la démoralisation est au contraire due à la grande ville. Il faut aussi considérer que les montagnes des Zerkfaoua, des Beni-Djennad et des Beni-Flick ont été le refuge d'une série de résidus ethniques qui aux diverses époques se sont succédés sur les côtes. Les types de la région sont extrêmement variés et marquent des mélanges bien plus accusés que les populations du Haut-Djurdjura.

Certes le graphique n'apporte que des renseignements de valeur relative, mais si ceci se discutait en pleine connaissance des mœurs et des habitudes du pays, on verrait que, bien loin de les démentir, les faits bien observés les accuseraient beaucoup plus fortement encore. Si les populations de Boghari ou du Chéliff, par exemple, apparaissent comme beaucoup plus criminelles que celles du Djurdjura, dans notre statistique il faut observer que la pratique de la béchara, universellement suivie dans les premières régions, est à peu près inconnue dans les montagnes kabyles. Il en résulte que presque tous les vols qui se commettent dans le Djurdjura sont connus, sont poursuivis et que beaucoup aboutissent à une condamnation, tandis que dans les régions où fleurit la pratique de la béchara, les victimes préfèrent presque toujours recourir à un procédé, grâce auquel leur est restitué l'objet volé, moyennant récompense, que de recourir à la plainte en justice qui ne restitue rien et expose aux vengeances du voleur dénoncé.

Aussi l'interprétation saine des faits permet-elle d'affirmer que la différence de criminalité entre les diverses régions que notre statistique démontre est beaucoup plus accusée, beaucoup plus considérable que les chiffres inscrits sur le graphique ne le comportent. L'étude minutieuse du graphique entraînerait des développements trop longs et qui trouveront leur place ailleurs. Hâtons-nous vers quelques conclusions que les chiffres suffissent à mettre en pleine évidence :

1° La moralité des diverses populations algériennes est extrêmement variable. Tandis qu'un groupe de 25,000 habitants dans le Djurdjura et un autre de 24,000 dans la commune mixte de Ténès sont indemnes sur notre graphique, les Scouf de la commune mixte de Téniet-el-Haâd sur 2,793 habitants, comptent 6 condamnés, les Ouled-Hellal en comptent 7 pour 2,796 et les Bagaouda pour 1,485 en ont 5. Pour qui sait combien de vols échappent à toute répression, il est certain que ces tribus cultivent en réalitité le vol à l'état d'industrie. Croît-on que le législateur en quête d'un régime légal propre à assurer la sécurité ne devra pas tenir d'abord compte de ces formidables différences de moralité ? Conviendra-t-il de soumettre à des mesures également rigoureuses les honnêtes populations du Djurdjura et telles tribus de bandits ?

2° Sauf dans les régions d'Azeffoun dont de nombreux originaires partagent leur existence entre leur pays et Alger, la population kabyle est, au point de vue du respect dû à la propriété, d'une moralité très supérieure aux autres populations indigènes.

3° La population indigène des villes est au même point de vue d'une moralité très inférieure à la population indigène des tribus.

4° Le territoire militaire, malgré qu'il n'y existe aucune ville et que l'existence indigène s'y poursuive dans des conditions normales, n'offre pas une moralité supérieure au territoire civil. Il répartit ses groupes de population sur toute la longueur du graphique en évitant toutefois les deux extrêmes : donc moralité moyenne. Il semble que l'application de la responsabilité collective, qui apparaît à tant d'algériens comme une panacée, n'ait pas d'efficacité bien sensible.

Terminons par une réserve : le nombre des condamnés qui ont fourni cette statistique est de 639 ; il est évidemment trop restreint pour en tirer des conclusions définitives ; il a d'ailleurs porté sur le seul stock des détenus indigènes condamnés à plus de 3 mois pour vol, se trouvant dans les prisons au 1er janvier. Il importe que cette statistique soit tenue à jour et dans quelques années les renseignements qui en découleront seront devenus tout à fait concluants.

M. le Baron de Vialar, M. S. G. A., donne lecture de la communication suivante :

L'ORIGINE ET LES DESTINÉES DES RACES

DE L'AFRIQUE DU NORD

Messieurs,

Une des études les plus curieuses qui puisse vous attirer pendant votre court séjour parmi nous, est d'observer la mêlée des divers éléments qui composent notre population.

Vous arrivez au moment critique où la lutte, déchaînée entre plusieurs d'entre eux, semble rendre toute fusion impossible ; mais pour qui sait s'élever au-dessus des passions de la foule cette fusion apparaît comme fatale et nécessaire et l'agitation, dont nous sommes troublés, ne peut être, permettez-moi de vous le dire, que l'effervescence chimique qui s'opère entre des corps différents mis en présence et qui sont sur le point de se combiner. N'en doutez pas, Messieurs, un nouveau peuple sortira de nous (1) et si notre sang français, il faudra bien nous y résigner, n'y entre que pour une trop faible part, qu'importe si ce peuple a notre éducation et notre âme. C'est à nous qu'il appartient de préparer à cette fin la combinaison des éléments hétérogènes que vous rencontrerez sur vos pas. Pour parvenir à un but si grand pour la gloire de notre Patrie, sans nous laisser troubler par les grondements de la tempête, sachons attendre le calme des flots et contempler l'avenir.

Il y a un an, après avoir lu le dernier ouvrage de notre regretté Gabriel de Mortillet sur les Origines de la Nation française, la pensée un peu ambitieuse m'est venue aussi de rechercher et d'établir les origines de ce peuple nouveau qui sera comme une annexe de notre nation. Non pas, je me hâte de le dire, par prétention de parvenu qui se compose une galerie d'ancêtres, mais par le désir de reconnaître dans les générations qui nous ont précédé sur ce sol et de toute

---

(1) La formation du nouveau peuple franco-algérien vient d'être expliquée et établie d'une façon magistrale par la communication de M. de Soliers.

antiquité, tant le caractère qui leur est propre, que les institutions qui leur ont été le mieux adaptées.

Cette étude demanderait de laborieux développements que notre programme ne comporte pas, vous me permettrez de l'esquisser à grands traits.

En débarquant pour la première fois sur notre terre d'Afrique, au milieu de la population si bigarrée qui encombre nos quais et nos rues, vous avez été frappés par l'aspect d'hommes aux costumes bizarres, aux traits durs, à l'allure étrange. En cherchant à démêler leur langage, vous n'avez, au milieu de sons gutturaux inexprimables dans notre alphabet, retenu qu'un bredouillement confus de *b* et *r* dont l'onomatopée *berber* a servi aux anciens Égyptiens et sert encore aux Sémites à désigner les peuples dont ils ne comprennent pas la langue ; les Grecs en ont fait *barbaroi*, nous *berbères*.

Au moment de notre conquête, nos nouveaux sujets ont été tous confondus sous le nom de Maures et d'Arabes (1). Puis nous avons reconnu l'existence d'une autre race, habitant plus spécialement les montagnes : ces indigènes étaient appelés par les Maures *Kebaïl* (Kabyles) à cause de leur organisation (2) et *Beraber* (Berbères) à cause de leur langue. En remontant à l'origine de nos tribus, nous avons constaté que sur quatre millions d'indigènes un cinquième à peine pouvait se réclamer d'une origine arabe (3) et que les 3 millions 200 mille autres appartenaient à des populations plus anciennes dans le pays, désignées comme berbères par leur historien Ibn Khaldoun.

Ces populations sont composées de la masse confuse de peuples que les Romains avaient fondus sous leur domination, et qui, oubliant leurs origines diverses, après la chute de l'Empire byzantin en Afrique, s'étaient unifiés dans une même langue, dans les mêmes mœurs, les mêmes aspirations, avec les plus anciens habitants du pays.

De cette masse confuse, nous apprenons chaque jour à distinguer les éléments divers, par des caractères anthropologiques, par des noms. On retrouve dans nos bédouins, des Grecs, des Romains, des Chananéens, des Juifs, des Vandales ; dans leurs noms des Alexandre (Iskender), des Gaïus (Gayou), des Jacob (Yacoub), etc., et rien n'est plus curieux à cet égard, quand on rencontre un groupe de nos Kabyles venus pour les foins et la moisson, que d'observer l'étrange variété de leurs complexions et de leurs physionomies.

---

(1) On appelait maures les gens de la ville et arabes ceux de l'intérieur.
(2) Kebaïl veut dire organisés en fractions.
(3) V. Statistiques et Faidherbe (Aperçu ethnographique sur les Numides).

Ici un blond, court à la tête carrée, aux yeux gris, là un brun, dolicocéphale, grand, sec, au nez busqué ; un autre trapu, au visage rond clair et coloré ; un quatrième long, maigre, au poil rouge, aux yeux bleus.

Voici un groupe de colosses aux puissantes épaules, aux membres nerveux, à la forte ossature. L'un a la peau noire et trahit l'influence du sang nègre ; un autre brun au teint olivâtre, au nez élargi dans les ailes, aux lèvres minces ; un troisième avec les mêmes traits, quoique brûlé par le soleil, a la peau blanche, les yeux bleus, les cheveux blonds ; cependant tous trois par leur complexion, par leur allure, leur physionomie, leurs traits généraux, semblent appartenir à la même famille. Ce type, dégénéré dans nos Kabyles (1), est répandu au Maroc, chez les Amazighr et les Chelouh, commun chez les montagnards du Riff (2), il est identique à celui des Touareg (3) et présente dans l'Ouest et dans l'Extrême-Sud une fixité qui marque l'unité et la pureté de la race. Ces hommes sont en effet les représentants de l'antique race berbère, de ceux que Salluste a appelés les Ketouls ou Guetouls dans une forme plus adoucie de la lettre initiale. Comme nos Kabyles, les Amazighr et les Touareg parlent des dialectes de la langue dite berbère et ces derniers ont même conservé l'écriture de cette langue que nous retrouvons chaque jour sur des inscriptions datant de tous les âges. Cette écriture formée de sortes d'hiéroglyphes à dessins géométriques, a tous les caractères d'un art dans l'enfance et décèle une origine de la plus haute antiquité.

Nous reviendrons tout à l'heure à cette race *Kétoule*, la seule vraiment aborigène de l'Afrique du Nord ; mais d'où venaient ces Libyens et ces Numides ou Maures, que les anciens auteurs nous signalent comme vivant à côté des Kétoules et mêlés à eux en partie? Les Libyens ou Loubim, comme les désignent les textes hébraïques, ne sont vraisemblablement que des Chananéens refoulés de la Palestine à une époque protohistorique (4), puis plus tard à l'époque des guerres de Josué (5) ; ils ont reçu l'infiltration de nombreuses tribus juives au moment de la dispersion des royaumes d'Israël et de Juda (6). Ils ne paraissent guère s'être étendus à l'Ouest de la Tripo-

---
(1) V. notice sur les Denhadja. Soc. Arch. de Constantine 1875, page 12.
(2) V. O. Lenz, Tombouctou, page 388. Faidherbe Ap.-ethnograph. page 18.
(3) V. Duveyrier. — Vivien de St-Martin, notes pages 56 et 57.
(4) Les Labou sont désignés au nombre des clans berbères qui se ruèrent sur l'Egypte sous Ménephtah. Ils pratiquaient la circoncision.
(5) Procope. E. Mercier, origines du peuple berbère.
(6) Josèphe.-Cahen. Les juifs dans l'Afrique Sept. Société archéolog. — Constantine 1867.

litaine ; quelques rameaux cependant ont pénétré dans l'Aurès et même dans l'Atlas ; mais jusqu'à l'invasion arabe qui les a refoulés dans le Sahara où nous croyons les reconnaître dans les Ksouriens, dans les Mzabites et dans les tribus clientes des Touareg, ils ont été constamment maintenus dans l'Est par les *Kétoules* et par les Numides.

L'origine des Numides et des Maures nous est dévoilée par Salluste, d'après les livres du roi Hiempsal, et malgré la légende dont il est enveloppé, son récit me paraît devoir être retenu quelle que soit l'autorité d'opinions contraires (1).

D'après le roi Hiempsal, les Numides et les Maures auraient eu pour ancêtres les survivants de l'armée qu'Hercule avait amenée en Espagne. « Les Mèdes, les Perses et les Arméniens qui s'y trouvaient, « dit Salluste, s'étant embarqués pour l'Afrique, y prirent des postes « dans le voisinage de notre mer ». Je ne veux pas ici discuter les détails du récit, ni même le nom des peuples désignés, mais il faut retenir qu'Hercule était un héros Phénicien et le fait d'une invasion de peuples de l'Asie Mineure (2) venus par mer sur les côtes du Nord de l'Afrique longtemps avant la fondation de Carthage, est confirmé par les documents égyptiens (3). Ils sont appelés par eux les *peuples de la mer* Débarqués sur le littoral où ils fondèrent plusieurs villes, ils s'étaient étendus jusqu'à la limite des Hauts-Plateaux, mais ceux-ci étaient restés le domaine propre des Kétoules (4).

L'origine phénicienne des Numides est confirmée par leur langue, leur écriture que nous retrouvons sur leurs monnaies, leur religion pour Baal et pour Melkhart (Hercule) ainsi que le témoignent les mêmes monnaies (5).

Il nous reste à savoir d'où venaient les Kétoules. Aussi loin que nous portent les documents historiques, et c'est des documents

---

(1) M. Vivien de St-Martin notamment.

(2) Shardanes, Lyciens et autres peuples de l'Asie Mineure, ou Araméens, Madianites, Phéréséens comme le croit Movers.

(3) V. Maspero, pages 330 et suivantes.

(4) Ce nom apparait pour la première fois dans Timée (264 ans avant notre ère) les principaux clans berbères connus des Egyptiens étaient les Machaouacha (Mazycès, Amazigh).

(5) Toutes les monnaies depuis la Syrtique jusqu'à Tingis, Lia et Sala, portent des légendes puniques. — Les monnaies de Jugurtha représentent la tête d'Hercule, celles de Semes en Mauritanie, la tête barbue de Baal. — Noms de deux de leurs princes : Manasta-Bal, Adher-Bal (serviteur de Baal). Ils étaient traités par les Carthaginois comme des congénères ; Nararas, roi des Massyliens. épouse une sœur d'Annibal, Syphax, épouse une fille d'Asdrubal.

égyptiens que je veux parler, les peuples à l'Ouest de l'Egypte sont désignés sous le nom générique de Timihou (1). En 1321, les Timihou (2), aidés par les peuples de la mer (3), se ruèrent contre l'Egypte en un assez rude assaut sous le règne de Ménéphtah Ier ; ils furent repoussés, mais 33 ans plus tard 1288 av. J.-C., ils reviennent à la charge. Ramsès III (20e Dynastie) obtient la victoire, organise en colonies militaires ceux qui se sont rendus à discrétion et en enrôle un grand nombre dans son armée.

Ces Timihou ou Machaouacha, dans lesquels nous ne pouvons voir qu'une fraction de ceux que les Grecs appelèrent plus tard des Gaitouloi, étaient de stature élevée, au grand corps blanc, au poil blond, aux yeux bleus, et ce trait a suffi aux historiens pour voir en eux des hommes du Nord, qui auraient envahi l'Afrique à une époque préhistorique par le détroit de Gibraltar (4).

Je dois, Messieurs, appeler votre attention sur une routine dont on a peine à se départir et d'après laquelle toutes les invasions de Peuples se seraient produites de l'Est à l'Ouest et du Nord au Sud. Cette routine est établie sur des données bien problématiques et qui ne sortent pas du domaine de l'hypothèse. Dans ce domaine, bien des audaces sont permises et vous me permettrez, à mon tour, d'être audacieux. Vous savez que les découvertes préhistoriques font, sur le sol de l'Europe, reconnaître le passage de deux races distinctes : l'une dite de Néanderthal, puis de Laugerie, l'autre dite de Cro-Magnon. La première petite ou moyenne, la seconde très grande. La race de Laugerie a disparu après l'époque moustérienne, c'est-à-dire avec les glaciers, elle a suivi le renne dans le Nord et on la retrouve aujourd'hui dans les Esquimaux. La race de Cro-Magnon, découverte pour la première fois dans la Dordogne, puis dans l'homme de Menton, s'est trouvée en contact avec la première race, elle semble lui avoir succédé, probablement même elle l'a refoulée (5). Cette seconde race, comme la première, s'est-elle formée sur notre sol ? c'est inadmissible : l'une très moyenne, l'autre presque géante, ne pouvaient s'être développées dans les mêmes conditions climaté-

---

(1) Tahonou, Tamehou (à rapprocher de *temahaq*, langue berbère.

(2) Labou, Kahaka, Machaouacha (les mêmes sans doute qu'on retrouve plus tard sous le nom de Mazyces (Amazighr).

(3) Achéens, Shardanes (Sardes) Tourcha (Etrusques), Shagalaska (Sicules), Lyciens.

(4) V. Recueil S. Archéolog. Constantine, an. 1870. — Oppetit, Tombes Celtiques.

(5) V. de Mortillet. Formation de la nation française.

riques. On est donc admis à supposer que cette grande race venait d'un climat plus favorable au développement de l'espèce humaine. Or, quel était le climat le plus voisin dans ces conditions ? Où le chercher, sinon dans le Nord de l'Afrique qui ne porte pas de trace de glaciers?

Cette hypothèse n'a pas, que je sache, été encore émise et cependant les anthropologistes n'ont pas hésité à le déclarer : la race de Cro-Magnon paraît actuellement représentée par le type des Amazighr et des Chelouh, dont je vous parlais tout à l'heure.

Sans doute, c'est une hypothèse bien hardie d'émettre que le Nord de l'Afrique a été le berceau des hommes qui ont peuplé les Gaules, mais qu'a-t-elle d'invraisemblable ? Je vais plus loin et ceux qui ont quelque habitude des langues auront sans doute remarqué la très voisine consonnance des mots Ketoul et Kelt, ou de Gaitouloi et Galatoi, ce dernier employé pour la première fois 264 ans avant notre ère, pour désigner les peuples de la Gaule, ce déplacement des linguales est fréquent et K-t-l et K-l-t, car il ne faut tenir compte que les racines, sont des noms si voisins qu'il se pourrait bien que ce soit les mêmes, et que les Celtes ne fussent autre chose que des Gétules. Lisez la description des Celtes dans Diodore de Sicile, dans Polybe et dans Strabon, de leur constitution aristocratique, lisez après dans Duveyrier, ce qui se rapporte aux Touareg, vous serez frappés de l'identité dans les traits généraux. Les Touareg (1) ont désappris la construction des dolmens, mais les Celtes n'en élevaient déjà plus bien avant César (2). Les dolmens et les cromlechs existent en Afrique et il semble même qu'ils y soient plus rudimentaires qu'en France, c'est-à-dire plus anciens (3).

---

(1) Les Touareg portent les braies, pantalons des Gaulois (voir description des Machaouacha dans Maspero) la comparer avec la description des Gaulois dans les auteurs anciens ; le manteau des Machaouacha paraît identique à la saie gauloise, l'un et l'autre ont la même forme que le burnous, vêtement spécial à l'Afrique du Nord. Dans l'intérieur de l'Algérie, le costume indigène s'est augmenté du haïk, qui, par la façon dont il se drape, paraît être une imitation de la toge romaine.

(2) Ils pratiquaient l'incinération depuis les temps protohistoriques.

(3) L'invasion des constructeurs de dolmen paraît s'être faite par le littoral et s'être maintenue dans l'Ouest ; on ne trouve de dolmen, ni en Italie ni en Grèce (Faidherbe).

Parmi les figures gravées sur les monuments mégalithiques de France, on a relevé de nombreux signes en forme de crosse (voir G. de Mortillet, Formation de la nation française, page 172) ; au musée des antiquités algériennes à Mustapha, on voit également une pierre avec une inscription libyque accompagnée des mêmes crosses.

Rappellerai-je encore que les Ibères, les Ligures (1) n'ont de premier berceau connu que dans l'Ouest de l'Espagne, et serait-il si téméraire de les considérer comme de nouveaux essaims de la race Gétule. C'est du reste une supposition émise par Niebuhr (2).

Si donc il était vrai que Celtes, Ibères, Ligures soient issus d'une même souche et que cette souche ait pris racine dans le Nord de l'Afrique, ne faudrait-il pas admirer les décrets de la Providence qui ont ramené sur ce sol, Français, Espagnols, Italiens, les descendants de ces peuples primitifs, pour se refondre à nouveau dans une même nation, se retremper d'une sève nouvelle dans ce berceau de leur race et convier à des destinées nouvelles leurs frères d'Afrique moins heureux et restés barbares.

Messieurs, il vous importera sans doute de connaître comment, jusqu'à ce jour, nous avons rempli ce rôle d'initiateurs et quels sont les résultats obtenus. Un coup d'œil jeté autour de vous vous répondra. L'indigène disparait devant le flot européen, et, là où ce flot touche, nous le voyons se dissoudre. Se fond-il avec nous, s'assimile-t-il? Nullement. D'abord dispersé et grossissant la foule des errants et des criminels, il meurt bientôt de misère. Depuis 25 ans, depuis la grande poussée de colonisation en 1871, la criminalité contre les Européens a augmenté dans la proportion de 1 à 10, et la main-d'œuvre indigène est devenue tellement rare dans notre territoire de plein exercice que cette rareté est un des problèmes actuels de notre culture. Quelles sont les causes de cette dissolution? Je vous en citerai quelques-unes : des impôts excessifs ou mal répartis, les lois sur la propriété et les spoliations qui en résultent, l'application de nos règlements administratifs, de notre code de procédure forestier, en un mot tout ce qui a été décrété pour assimiler à nous des populations que leurs mœurs, leur état social et économique, ne rendent pas, sans transition, susceptibles de recevoir cette assimilation arbitraire et prématurée.

Comme le char de la déesse indoue, notre civilisation s'avance et broie tous ceux qui sont dans l'ornière, et c'est avec indifférence et la croyant fatale que nous laissons se poursuivre cette marche néfaste. Les excuses spécieuses ne manquent pas et toutes, par pétition de principes, se basent sur l'état barbare des indigènes, leur insouciance,

---

(1) Ligyes ($\Lambda\iota\gamma\upsilon\varepsilon\varsigma$) à rapprocher de Libyes.

(2) Les monnaies celtibériennes et ibéro ligures portent des légendes en caractères libyques (voir Mortillet, fig. 12). Bien des assimilations ont été faites entre les peuples blonds de l'Afrique du Nord et la race d'Europe, nous ne croyons pas devoir multiplier les citations (Voir entre autres Faidherbe).

leur paresse, leur fatalisme et leur ignorance. Nous n'avons oublié qu'une chose c'est que nous nous sommes chargés de les éduquer. Des utopistes ont cru faire tout, en préconisant l'instruction des indigènes, ils ne font qu'accélérer leur ruine en augmentant le nombre de leurs exploiteurs.

Et cependant, comme par une sorte de spontanéité du sol d'Afrique, grâce à notre paix française qui a mis fin aux guerres destructives entre les tribus, les générations indigènes multiplient ; en avant de notre flot qui ne dissout lentement que là où il touche, leur masse se pose puissante, s'étageant chaque jour de nouveaux sommets. Quel danger donc nous menace ? Déjà nos routes sont encombrées d'errants, nos prisons de criminels, nos villes de déclassés prêts à toutes les besognes et à toutes les émeutes, où veut-on en venir et qu'attend-t-on pour y songer ?

Le remords du présent, l'inquiétude de l'avenir, me poussent ici, à soulever le voile et à vous inviter à chercher avec moi des solutions. Leur recherche sans doute exige bien des concours et l'étude de questions bien diverses qui ne sont pas de votre domaine, mais il est une de ces questions qui ressortit à nous et dont je vous dirai quelques mots, c'est la question historique.

Si barbare que soit l'état où nous avons trouvé et où sont encore les populations indigènes de l'Afrique du Nord, l'histoire nous apprend qu'il n'en a pas toujours été ainsi. Sous la main prudente et habile de Rome qui ne les avait pas trouvés moins barbares, Numides, Maures, Gétules en partie du moins, sans oublier ni leur génie propre, ni leur langue (1) s'étaient façonnés à la civilisation de l'Italie. Les noms illustres qui sont sortis de l'Afrique témoignent de la culture que les institutions romaines avaient su donner à ces barbares.

Fondus dans les municipes émules des colonies de citoyens romains, ces indigènes si divers d'origine s'unifièrent avec leurs voisins dans une même foi politique et religieuse, et les municipes ont été le dernier rempart de l'Empire d'Orient (2).

Les Romains n'ont jamais eu d'autre politique que de maintenir et de perfectionner les institutions des peuples qu'ils ont conquis. Leur œuvre en Afrique ressemble en cela à leur œuvre dans les Gaules,

---

(1) La langue punique était parlée encore aux derniers temps de l'Empire d'Orient.

(2) Inscription d'Aïn-Ksar, *Tadutti municipium*, Annuaire Société Arch. 1862, Constantine-Cherbonneau, page 162.

car ici comme là, ils ont trouvé la même constitution (1). La constitution des Berbères était et est encore aristocratique, telle était aussi la constitution des Gaulois. Les Romains la respectèrent, seulement au lieu de la laisser diffuse dans les limites indécises d'un clan, ils la fixèrent à leur instar dans l'enceinte d'une cité. La cité romaine ne fut que l'image réduite du clan et je n'ai pas à vous rappeler quel levier puissant fut le titre de citoyen pour susciter l'initiative, la dignité, la personnalité de ceux qui le portaient. Il a fait la grandeur de Rome et de ses provinces, il a fait la grandeur de la France par le développement de l'esprit communal (2).

Il faut que nous nous fassions vraiment une conception bien étrange des lois de l'éducation humaine si nous avons pensé qu'il suffirait d'englober nos indigènes dans nos communes françaises pour en faire des assimilés. Il n'y sont que des ilotes. Ils y périssent sous l'arbitraire, l'ignorance et l'indifférence de ceux qui les gouvernent, et c'est là envers eux notre seul bienfait.

Faudrait-il, comme d'aucuns l'ont proposé, leur donner d'emblée le titre et les droits de citoyens français? C'est là une concession dangereuse et à laquelle ils ne sont nullement préparés.

Il est, je crois, un moyen intermédiaire, sur lequel je veux appeler votre attention. Il consisterait, tout en laissant aux indigènes les statuts qui leur sont propres, à les constituer en communautés séparées avec des droits, des privilèges, des charges, une autonomie particulière.

C'est dans l'exercice libre de droits et de devoirs, dans la gérance de leurs intérêts matériels et moraux, dans cette école seule du civisme, que nos berbères verront naître en eux l'esprit d'individualité et de responsabilité qui fait l'homme moral et utile.

C'est l'amour du clocher, du lieu où l'on vit, du lieu *où l'on est bien*, qui par une forme plus noble devient peu à peu l'amour de la patrie *(Ubi bene, ibi patria)*. Cet amour du douar, de la tente, de l'humble chaume qui les a vu naître tient tous nos berbères, c'est là qu'ils reviennent pour mourir, de quelque lieu où ils se trouvent, de quelque exil où on les ait portés. C'est là qu'ils retrouvent leurs traditions, leurs rites, leurs *privata sacra* (3) et c'est cet esprit de particularisme qui a créé de tous temps entres les tribus tant de divisions profitables à leurs maîtres.

Comme les abeilles en essaim, ils cherchent à se grouper autour

---

(1) Fustel de Coulanges. Institutions politiques.
(2) Augustin Thierry.
(3) C'est-à-dire leurs légendes religieuses, les tombeaux de leurs marabouts.

de leurs traditions et, quiconque y est étranger, est repoussé par eux s'il n'est pas revêtu d'un caractère religieux.

Loin de chercher à fondre dans un groupement nouveau, auquel elles ne sont pas susceptibles de s'adapter, ces tribus formées par une communauté d'origine et de sentiment, il faudrait au contraire les corroborer, leur donner une vie propre, les constituer en communes organisées suivant le mode des nôtres, avec leur conseil ou djemaa élue, leur président, leur budget, leur communal et leur administrateur à la fois civil et judiciaire.

Cette organisation est-elle nouvelle parmi nos berbères ? Non, elle existe chez eux de toute antiquité, nous l'avons trouvée et maintenue dans les Kharoubas Kabyles, où elle n'est elle-même qu'un vestige des institutions municipales romaines dont je vous parlais tout à l'heure. C'est donc cette même organisation qu'il faut étendre à tous nos indigènes et qu'il faut développer (1).

Ces communes indigènes séparées peuvent vivre au milieu des communes françaises au même titre que des individus, ayant un statut particulier, peuvent vivre au milieu de citoyens français. Elles auraient leurs biens communaux, leurs charges, leurs ressources propres. Pour diriger leur inexpérience, ces djemaas élues à l'exemple de nos municipalités pourraient être placées sous la tutelle de patrons français choisis par elles, avec l'agrément du pouvoir central, soit parmi les propriétaires voisins, soit parmi les fonctionnaires d'un ordre quelconque. Pour la police, ces communes seraient mises sous la surveillance d'un administrateur de circonscription chargé de délégations judiciaires, lui permettant de trancher sommairement et en premier ressort un grand nombre de contestations de la compétence actuelle des juges de paix.

Leur territoire sera-t-il fermé aux Européens ? En aucun cas, seulement pour y acquérir des propriétés ceux-ci ne pourront le faire que selon les coutumes indigènes, et par devant le Cadi. Ils pourront, il est vrai, requérir une transcription provisoire de leur acquisition, mais leur propriété ne deviendra définitive et terre française qu'après un délai de purge à fixer (2).

---

(1) M. Sabatier a démontré que la criminalité est presque nulle chez les populations ainsi organisées.

(2) Il est en effet impossible d'admettre au point de vue pratique et légal que la propriété puisse être dénationalisée tant qu'elle n'est pas constituée définitivement à titre individuel et qu'elle n'a pas été *baptisée* par une *possession française*. La loi de 1873 a bien fait cesser l'indivision dans la tribu, mais l'a laissée subsister dans les groupes familiaux.

J'entends d'ici m'objecter : mais nous revenons en arrière! C'est possible, mais c'est encore le plus sûr moyen de retrouver le bon chemin que trop de précipitation nous a fait perdre.

Je ne puis éviter, Messieurs, de vous entretenir d'une question que n'ont pas eu à résoudre les Romains dans leur œuvre d'assimilation des indigènes, et qui est considérée comme la principale pierre d'achoppement de notre action sur eux. Je veux parler de la religion ; et comme au fond de chaque question religieuse, une question de politique est en jeu, c'est cette dernière que je voudrais dégager.

Ce que les sectaires musulmans exploitent contre notre domination, ce n'est pas une différence de doctrines, c'est notre irréligion. Les Musulmans se font remarquer par l'ostentation des pratiques, nous par l'abstention : pour le vrai croyant, ne pas prier, c'est n'avoir pas de religion et qui n'a pas de religion est un infidèle. Toute la lutte entre eux et nous n'est réellement que la lutte de l'obscurantisme contre le progrès, elle ne peut se résoudre que par l'émancipation des indigènes, c'est-à-dire par leur introduction dans notre mouvement économique et intellectuel. Cependant, dans la religion de l'Islam, comme dans toute religion, on distingue le parti de la tolérance et le parti de l'intolérance. Ce dernier s'inspire de l'Orient, foyer de fanatisme, il est entretenu chez nous par les religieux venus de ces contrées et se propage par l'influence de la langue arabe à laquelle nous avons donné nous-mêmes la prédominance en Algérie. Or, nous avons dans le pays une langue nationale, la langue berbère, c'est par elle que nous devons agir sur nos sujets. Ainsi, propager l'usage et l'enseignement du berbère, répandre dans cette langue et ses dialectes, le Coran réduit à la loi morale, empêcher toute circulation de religieux d'Orient, favoriser au contraire les marabouts du Maghreb dont l'esprit est essentiellement tolérant, seraient des moyens efficaces d'abolir la servitude morale qui empêche les indigènes de s'avancer jusqu'à nous.

J'ajoute que la propagation du berbère et la diffusion de livres choisis traduits dans cette langue étendrait notre influence dans l'Extrême-Sud. Vous savez que les femmes targuies sont passionnées de littérature, elles seraient avides de lire et de réciter nos légendes héroïques et morales mises à leur portée : ce sont là des circonstances favorables que nous ne devons pas négliger.

Un dernier moyen pour favoriser l'assimilation des indigènes, c'est de les admettre dans notre armée au titre du service obligatoire de 3 ans, soit en France, soit dans nos colonies. L'état de division, de rivalité, l'esprit de çof, pour employer une expression locale, qui existe déjà chez nos berbères à un degré si aigu et que leur fractionnement en communes ne peut qu'entretenir, rend à l'égard de ce projet toute appréhension presque chimérique. L'éducation par le métier militaire si féconde pour nous-mêmes comme préparation à une vie utile et saine et le plus grand bienfait que nous puissions donner à des déshérités.

En résumé, Messieurs, nos indigènes végètent ou périssent, livrés sans défense au Minotaure de notre progrès moderne, il est de notre intérêt, de notre devoir de les relever de leur abaissement. Je vous ai montré l'expansion de leur race, leur participation au mouvement civilisateur des premiers siècles de notre ère, leur aptitude aux institutions politiques auxquelles nous devons nous-mêmes notre développement, il nous appartient de leur donner à nouveau le moyen de s'élever jusqu'à nous ; je vous ai indiqué les procédés qui me paraissent les plus appropriés. Si j'ai pris cette liberté, c'est que ma longue expérience du pays, mon contact incessant avec nos indigènes, mon souci des maux dont je les vois accablés, mon orgueil enfin du nom français que je voudrais leur apprendre à aimer, peuvent m'excuser à vos yeux. Je compte, Messieurs, que vous voudrez bien vous intéresser à cette œuvre et nous aider à l'accomplir.

Le Président fait remarquer que l'ordre du jour de la séance porte communication de plusieurs autres travaux des plus intéressants, mais que l'heure avancée ne lui permet pas de donner la parole aux auteurs de ces travaux.

M. le Capitaine Godchot, du 1er régiment de Zouaves, M. S. G. A., fait observer que les communications réservées aux séances du matin, sont celles qui doivent être soumises à la discussion. Or la discussion n'a été ouverte sur aucune des questions qui viennent d'être exposées. En son nom et au nom de M. Sabatier, il déclare désirer répondre, sur certains points, à la théorie soutenue par M. de Soliers. Il demande donc que la discussion dont il s'agit puisse avoir lieu à la prochaine séance.

Le Président promet de faire les démarches nécessaires en vue de modifier le prochain ordre du jour et de donner ainsi satisfaction à M. le Capitaine Godchot.

La séance est levée à 11 heures 1/2

APRÈS-MIDI DU MERCREDI 29 MARS

L'après-midi de la journée du 29 mars a été consacrée à la visite de diverses attractions d'ordre scientifique.

Visite du plan relief de l'Algérie

Rendez-vous avait été pris au Palais Consulaire à 1 heure précise, où des voitures se trouvaient préparées pour conduire les Congressistes à Saint-Eugène afin d'y visiter un plan relief de l'Algérie destiné à l'Exposition de 1900 et exécuté par M. Moliner-Violle, agent de la S. G. A.

Cette visite valait certes la promenade de Saint-Eugène et les nombreux Congressistes qui y prirent part, ne furent pas déçus.

Le plan de M. Moliner-Violle représente un travail considérable, qui a absorbé presque tout son temps depuis cinq années.

Il ne mesure pas moins de 6 mètres sur 4, soit une superficie totale de 24 mètres carrés et comprend l'Algérie entière jusqu'au 30e kilomètre au Sud d'El-Goléa, avec toutes les indications de routes, chemins, voies ferrées et tramways et les itinéraires des plus récentes explorations.

Le plan est au 2,000,000e ; les altitudes sont doublées pour en donner une représentation plus saisissante.

M. Aug. Bernard, Secrétaire général de la S. G. A., fournit aux Congressistes toutes les explications géographiques nécessaires pour leur faciliter la lecture de cet intéressant plan relief.

Visite aux Ecoles Supérieures

De Saint-Eugène, la caravane se rendait en voitures aux Ecoles Supérieures afin d'y entendre, dans l'amphithéâtre de physique la conférence avec projections, de M. G. B. M. Flamand, chargé de conférencer à l'Ecole des Sciences.

M. Jeanmaire, Recteur de l'Académie d'Alger, délégué du Ministère de l'Instruction Publique, qui préside cette séance, assisté de M. Mesplé, Professeur à l'Ecole des Lettres, Vice-Président de la S. G. A., présente le conférencier et rend hommage à son mérite et à sa persévérance.

Prenant alors la parole, M. Flamand traite du sujet suivant :

Les premiers habitants des Hauts-Plateaux et du Sahara Algérien d'après les monuments rupestres

Monsieur le Recteur,

Laissez-moi tout d'abord vous exprimer tous mes respectueux remerciements pour l'honneur que vous avez bien voulu me faire en acceptant la Présidence de cette réunion. Laissez-moi aussi vous dire combien les paroles trop aimables, trop bienveillantes que vous venez de prononcer me flattent et m'encouragent.
Je vous en suis très reconnaissant.

Mesdames, Messieurs,

Je vais avoir l'honneur de vous exposer les résultats principaux des études faites sur les *Pierres écrites*, les *Hadjerat-el-Mektaubat* des arabes, études basées sur les observations que j'ai pu recueillir au cours des différentes missions qui m'ont été confiées par les Directeurs du Service Géologique de l'Algérie, missions qui avaient pour but le tracé des différentes formations des divers terrains des Hauts-Plateaux et du Sahara Oranais.
A. Pomel, l'un des Directeurs du Service géologique, me confiait alors l'étude de rochers gravés découverts depuis longtemps à Tiout et à Moghrar, dans la région d'Aïn-Sefra, qui, avec ceux de Hadjar-el-Khangar du cercle de Guelma, dans la province de Constantine, étaient à cette époque les seuls connus dans les Etats barbaresques. Dans ces différentes missions de 1890 à 1898, j'eus la bonne fortune de découvrir une trentaine de stations de ces pierres écrites, comprenant entre elles près de cinq cents dessins — figurations de personnages, d'animaux groupés ou non en scènes, de signes et de caractères d'écritures. Parmi ces dessins, la découverte que je fis de représentations d'animaux aujourd'hui éteints, complètement disparus de tout le continent africain, en un mot fossiles, est venue dater un grand nombre d'entre eux. J'ai pu, grâce à ces nombreux documents nouveaux et à ceux précédemment connus, faire une étude complète

des pierres écrites. C'est le résultat de ces travaux que je vais avoir l'honneur d'exposer succinctement devant vous. Je décrirai en même temps brièvement les régions où se trouvent ces pierres écrites et j'ai cru, pour vous initier à ces recherches toujours un peu arides, prendre une méthode simple, c'est celle qui consiste à vous faire voyager avec moi — et cela en vous retraçant dans ses plus grandes lignes cette *Sud-Oranie* captivante et encore si mystérieuse.

De cette sorte de *leçon de choses* vous déduirez vous-mêmes, les mœurs, les coutumes, *la vie en un mot*, des premiers habitants de ces régions.

Mais avant de commencer, je tiens à remercier tout particulièrement M. Thomas, Professeur à l'École Supérieure des Sciences, qui a bien voulu aujourd'hui nous donner l'hospitalité. Je remercie aussi mes collaborateurs, les Officiers des bureaux arabes qui ont assuré ma sécurité et facilité mes voyages, les Savants qui m'ont aidé de leurs conseils.

Si vous le voulez bien, prenons *par la pensée* nos montures : chevaux et *Mehara*, et, cheminons côte à côte *dans le Bled*, dans le *pays de l'alfa*.

Je vous arrêterai aux sites les plus intéressants laissant, bien entendu, la plus grande place aux *Pierres écrites*.

Le Sud Oranais se divise, vous le savez, en grandes zones parallèles un peu obliques sur les méridiens :

1º Les Hauts-Plateaux vrais au Sud de Saïda, jusque vers Kralfallah ;

2º La dépression fermée des Chotts ;

3º La chaîne du Sud, *les montagnes des Ksour*, ces dernières ne sont pas il faut le dire un massif compact, mais une succession de reliefs montagneux et de longues plaines.

C'est dans cette dernière région que nous rencontrons, nombreuses, *nos pierres écrites* dans les vallées gréseuses prédestinées aux passages.

C'est en 1847, pendant la campagne du Général Cavaignac dans les Ksour du Sud-Ouest, que furent découvertes pour la première fois par le Capitaine Koch et le Docteur Jacquot, les premières pierres écrites du Sud Oranais. En 1849, au cours de l'expédition du Général Pélissier, le Docteur Armieux les revit encore. Ce sont la grande série des sculptures verticales de Tiout et les nombreuses gravures horizontales de Moghrar Tahtani.

Depuis les découvertes se sont multipliées dans le Nord Africain. Pour une région relativement voisine le Sud Marocain,

H. Duveyrier signala en 1876, les estampages si précieux recueillis par le rabbin Mardochée.

Auparavant Barth en avait découvert près de Mourzouk, Nachtigal dans le Tibesti ; Vigneral en avait signalé dans la province de Constantine.

En mai 1882, M. le Docteur Hamy, membre de l'Académie des Inscriptions et Belles Lettres, analysait dans l'*Anthropologie* les importantes gravures d'El-Hadj Mimoun recueillies par MM. les Capitaines Boucher et Tournier lors de l'expédition exécutée dans la région de Figuig à la suite de l'insurrection de 1881. M. le Docteur Hamy indiqua le premier quatre couches successives d'inscriptions.

Enfin, en 1889, M. le Docteur Bouvet, du muséum, dans une étude sur les gisements de Moghrar et de Tiout, signalait pour la première fois la station du Djebel Mahisserat à 6 kilomètres à l'Est d'Aïn-Sefra, sur la route d'Isla, et en confirmait pour ces trois gisements les conclusions d'H. Duveyrier et de M. le Docteur Hamy : seulement il réunissait en une seule période les deux séries de caractères lybico-berbères distinguées par ce dernier ; il signalait, en outre, et c'est là le point important de ce travail, la présence de silex taillés en chacun des trois points où il étudiait ces dessins. Il insistait, avec juste raison, sur cette coïncidence.

Chargé de dresser la carte géologique dans le Sud et l'Extrême-Sud Oranais, j'ai pu séjourner de longs mois pendant les étés 1890-1891, dans le pays des Amour et dans le Sahara septentrional. J'ai parcouru les régions qui s'étendent d'Aflou aux portes de Figuig, des Chotts à l'oasis de Benoud et au delà.

J'ai pu relever, dans toute cette vaste région, plus de trente stations nouvelles ou peu connues de dessins et d'inscriptions rupestres.

Faisons ensemble une partie de ce voyage.

Quittant à Khalfallah les Hauts-Plateaux dolométiques où se développent quelques végétations forestières, nous descendons dans la grande dépression des Chotts qui se présente à nous en une vaste étendue où seulement vers l'horizon s'estompe une ligne plus noire, la falaise méridionale du grand lac salé appelé le Chott ech Chergui. A travers les steppes d'alfa et les fonds humides d'armoise, par des ondulations insensibles nous atteignons enfin le Chott. Ici, il y a brusque descente ; la falaise, au sommet de laquelle nous sommes, domine verticalement de près de 50 mètres le champ étincelant de névé des efflorescences salines, c'est une vue grandiose, inoubliable. Aussi loin que le regard peut se porter, les escarpements des falaises, en ligne zigzagante d'un brun sombre, dominent les blancheurs aveuglantes des sels cristallisés des terres humides du fond du Chott. Si nous descendons dans cette grande cuvette, nous y trouvons un sol où mélangé à des zones gypseuses et salines s'étalent des plages où croît une végétation toute spéciale de salsolacées, c'est là que chaque année les pasteurs conduisent leurs troupeaux sûrs d'y trouver des pâturages et des ressources suffisantes en eau.

<small>Chott Chergui à Bou-Guern.</small>

Mais ces hauts rochers qui enserrent le Chott et maintenant nous dominent se désagrègent, s'éboulent et se réduisent à la longue en granier et en sable. Leur surface est rugueuse ; elle ne saurait résister à l'action destructive des agents atmosphériques ; nous n'y rencontrerons point de pierres écrites, mais le sel est jonché de silex taillés ; ils abondent auprès des puits peu profonds.

<small>Chott Gharbi. Abreuvement des troupeaux à Hassi-Morra.</small>

Voici *le puits d'Hassi-Morra dans le Chott Gharbi.*
Nous sommes ici (1) par excellence dans le pays des pasteurs. Le Chott Gharbi sur 150 kil. de longueur, large de 20, est renfermé dans son ensemble.

Quittons les cuvettes de ces Chotts, remontons les falaises abruptes d'argiles rouges et de poudingues. — A l'immensité, aux horizons lointains que nous avions dans la cuvette même du Chott, succède, dès que nous atteignons le sommet, le plateau au sol dur, la steppe à alfa, une immensité d'ordre supérieur. A peine à l'horizon vers le Sud apercevons-nous quelques silhouettes bleues de montagnes : il nous faudra bien des heures pour les atteindre.

<small>Daïa et troupeaux s'abreuvant</small>

Ces steppes à alfa qui nous séparent de la chaîne saharienne de l'Atlas se creusent çà et là, de faibles dépressions qui se remplissent d'argile. De magnifiques *betoum, térébinthes,* plusieurs fois séculaires, qui abritent temporairement les troupeaux venant s'abreuver dans ces daïas remplies d'eau après les fortes pluies.

Quittons ces oasis ; nous abordons maintenant la région des montagnes des Ksour, celle des *pierres écrites.*

---

(1) C'est-à-dire dans la région d'Hassi-Morra qui faisait à ce moment du discours du conférencier l'objet d'une projection indiquée en marge.

Voici le type des alignements nommés Delaa ; hauts de 10 à 50 mètres, ils s'étendent souvent sur près de 20 kilomètres, uniformes dans leurs longs développements.

Formés de couches de grés, rouges en bancs puissants, ils présentent de grands pans coupés de rochers à surfaces lisses sur lesquels les primitifs artistes traçaient, gravaient leurs sujets variés.

Entreprenons maintenant l'étude de ces gravures :

Les pierres écrites ont été classées antérieurement à mes recherches personnelles comme appartenant à deux époques bien distinctes.

La première, celle des grands animaux, déterminée par Duveyrier.

La seconde, postérieure à celle-ci, comprenant les dessins et caractères et inscriptions libyco-berbères, bien différentes comme facture et comme dessins.

Le *docteur Bonnet*, le premier, en se basant sur la quantité prodigieuse de silex taillés qu'il trouvait toujours au pied des rochers gravés de la région d'Aïn-Sefra, prononça le mot de *préhistorique* pour les dessins à traits pleins représentant des grands animaux, Félins, Ruminants, Pachydermes.

Mais c'est la découverte que je fis des stations de Ksar el Ahmar, de Taznia, de Guebar Rechmi, qui vint donner une précision indiscutable à ce terme de préhistorique et reporter même à une époque géologique antérieure au quaternaire récent, l'âge de ces pierres écrites à grands dessins, à traits pleins. Voici la démonstration de cette détermination.

A Ksar el Ahmar sur la route de Keragda à 40 kilomètres Sud-Ouest de Géryville se dressent les rochers sculptés les plus beaux. Là se trouvent des sculptures des plus remarquables :

L'homme à la hache de Keragda, par exemple :

Les antiques artistes montrent un homme vu de profil tenant une hache polie, *néolithique,* emmanchée ; ou il la tient (ce qui paraît plus vraisemblable), ou il l'adore. En exécutant des fouilles sous ce rocher j'ai

Rocher gravé sur la route d'Arba Tahtani.

retrouvé des fragments de ces haches polies, elles sont en pierres vertes des gisements ophitiques connus dans le Sud sous le nom de *rochers de sel*.

Homme à la hache de Keragda

Cette nouvelle gravure date ces monuments : l'homme qui les a gravés vivait à l'époque *néolithique*.

Allons plus avant dans la question. A côté de cet homme, de grands dessins représentant de grands buffles (bubalus antiquus), animaux aujourd'hui éteints en Afrique. Ces bubalus antiques sont des fossiles ; ils ont été trouvés dans les alluvions quaternaires de Djelfa, sur les Hauts-Plateaux, à Rouïba, à la Pointe Pescade. Nous possédons leurs squelettes fossilisés à l'Ecole des Sciences d'Alger. Ils datent tous de la fin du quaternaire, pour le moins. Leur détermination est due à notre vénéré et regretté maitre M. Pomel, qui, à la suite de cette découverte, pour me montrer le grand cas qu'il faisait de ces éléments nouveaux de la glyptique rupestre pour éclairer ses études paléontologiques, faisait figurer quelques-uns de mes matériaux à la suite de ses belles monographies des mammifères quaternaires.

Nous possédons donc ici la reproduction d'animaux éteints, disparus. La reproduction en est admirable et ceux d'entre vous, qui voudront visiter les collections de géologie seront frappés par la comparaison des dessins que je vais faire passer devant vous avec nos types fossiles des mêmes animaux.

Les hommes préhistoriques quaternaires qui traçaient ces figures étaient de véritables artistes, vivant près de ces grands animaux, ils en saisissaient l'allure avec infiniment de justesse. — Ils mettaient une certaine audace, un brio véritable dans leurs reproductions.

Grand buffle (bubalus antiquus) - Keragda

Voici le grand buffle de Keragda à 3 mètres d'envergure de cornes.

Grand buffle Tazina.

Le buffle, l'un des buffles de Tazina, attaqué.

Combat de grands buffles.

Un combat de ces mêmes animaux.

Vous remarquerez que les traits de ces dessins sont creux, unis, polis, profonds.

Je vais faire passer devant vos yeux quelques-uns des types de la faune représentée par ces artistes. A remarquer que les caractéres libyco-berbères de ce dessin sont pointillés et qu'ils coupent le trait plein des éléphants. J'ajouterai que la patine des premiers est épaisse, noire, couleur due à l'oxydation des agents atmosphériques à la capillarité des grès.

L'inscription arabe est encore plus récente; elle est à patine insensible.

L'inscription légionnaire, tout à fait actuelle, n'a aucun rapport avec les *gravures des 2 grandes périodes*.

Voici l'antilope gnu de Moghrar d'un beau mouvement ; elle est accompagnée par deux petits échassiers.

Voici maintenant un cheval avec une sorte de tellis indiquant la domestication.

L'homme de cette époque préhistorique se servait, avons-nous dit, de hache polie. Il la taillait dans les blocs des rochers de sel auprès desquels il vivait et qui souvent par besoin devaient le retenir.

Tel est le rocher de sel des Arbaouat avec ses névés d'efflorescences salines et ses oueds de blanches cristallisations.

Nous allons maintenant aborder l'étude de l'homme; nous connaissons la faune qui l'entourait, nous savons que ces grands ruminants, ces pachydermes exigeaient pour vivre des pâturages sans cesse renouvelés et divers.

Nous voyons donc ces pays assez arides aujourd'hui être autrefois parcourus par des eaux vives, couverts par des lacs, par des marais. — L'étude de la géologie de ces régions répond parfaitement à ces déductions.

Ces hommes chassaient, armés d'arcs et de flèches. Les flèches terminées par une pointe en silex de *forme classique*.

<small>Troupeau d'éléphants - Mahisserat.</small>

<small>Bubale (antilope)-Moghrar.</small>
<small>Antilope gnu-Moghrar</small>

<small>Cheval domestication.- El-Hadj Mimoun.</small>

<small>Rocher de sel des Arbaouat.</small>

<small>Scènes de chasse Tyout</small>

Ils avaient domestiqué le chien, ils l'avaient dressé — et ils s'en servaient ainsi que nous montre cette partie

Peut-être pour préserver du mauvais sort, pour écarter le Dieu méchant, *la mère* ou l'épouse du chasseur priait-elle pendant son absence et, alors qu'il courait des dangers, elle implorait le ciel.

La ligne qui relie ces deux personnages indique la filiation ou le compagnonnage, c'est évidemment une femme qui est ici représentée, fort bien indiquée par ses hanches développées et sa taille bien prise.

Des ornements pendeloques parent ses bras.

D'autres personnages représentent des groupes, des scènes. Les uns se servent de sortes de houes, mais l'occupation principale est la chasse.

Lion de Florence. Aflou (dessin relevé par M. Joly)

J'insisterai cependant sur le personnage qui ici est relié à un grand félin. N'est-ce pas ici la reproduction du signe connu du *totem*, ce signe du totem qui, chez les peaux rouges, indique par cette liaison un animal protecteur, protecteur d'une tribu ou d'un individu. Ce signe indiquerait donc que le félin qui est un lion, aurait été animal *protecteur*, animal sacré, animal que l'on ne mange pas, que l'on ne combat pas, ce que semblerait indiquer le tableau suivant représentant un lion déchirant un être, enfant ou un homme, action qui paraît laisser indifférent le personnage qui tout près sur le rocher adjacent assiste à cette scène figurée.

Femme, sentiment religieux, adoration, Moghrar.

Nous retrouvons le sentiment religieux, le sentiment de l'adoration, dans cette sculpture de Moghrar où une *femme vêtue d'une sorte de* pagne étend les bras au ciel, les mains écartées. La figure du personnage est peu nette, et c'est un fait général dans la représentation humaine.

Deux types y figurent. Les hommes à tête ronde, comme silhouette, ainsi que l'homme de Keragda. Une femme du même rocher qui présente cette particularité de montrer six doigts à chaque main (fait observé le plus souvent, et assez souvent chez les nègres). Puis un deuxième type portant une coiffure rayonnante à plumes (?) ainsi que l'indique cette image.

Y avait-il deux races en présence, et n'avons-nous au contraire dans les derniers que l'indice d'un signe de commandement, de supériorité quelconque ?

Deux mots à dire sur le *costume et les ornements*, de ces habitants primitifs des Hauts-Plateaux.

Nous le voyons, certains personnages paraissent enserrés dans des étoffes, ceints d'écharpe. Les femmes, indiquées par le développement des hanches, portent des pendeloques aux bras.

Des fouilles exécutées au Mahisserat près d'Aïn-Sefra m'ont fait découvrir une magnifique coquille perforée, à 3 m. 50 dans le sol, c'est un *Murex trunculus* espèce marine méditerranéenne ou atlantique ; elle indique une migration. Souvent aussi dans les ateliers de silex, voisins des rochers gravés, on trouve des rondelles perforées et taillées dans des œufs d'autruche. C'est en tout comparable aux stations néolithiques du Midi de la France.

Cette fouille du Mahisserat fournit aussi des débris charbonneux et des fragments de poterie ornée, c'est là l'indice de toute une industrie.

Nous possédons maintenant un ensemble assez complet de connaissances sur les pierres écrites de la première période. Nous avons pu donner toute la précision possible à la détermination de son âge relatif. Nous connaissons la faune qui correspond à cette période, faune dont nous avons déduit le climat, un peu différent de ce qu'il était aujourd'hui.

Nous connaissons l'homme, chasseur et artiste : chasseur, il a domestiqué le chien et le cheval ; ses sentiments religieux, ses figures d'invocation nous les montrent ; artiste, il s'est plu à retracer les scènes de sa vie courante, à figurer les êtres qui l'environnaient.

Que sont maintenant, les *pierres écrites de la seconde période* libyco-berbère et que vont-elles nous apprendre ?

Continuons notre voyage, quittons le cercle de Géryville, passons dans l'Ouest et par le col sauvage de Founassa, descendons dans les gorges profondes aux

Col de Founassa, Sud Oranais.

géantes assises de grès ; gagnons la Feïdja, la plaine de Djenien Bou-Resk, la route de Figuig.

Sur la rive de l'Oued Dermel, nous rencontrons une station fameuse de Pierres écrites, dont les plus importantes appartiennent à la période libyco-berbère.

<small>Lybico-berbère Oued-Dermel (région de Figuig)-1er dessin.</small>

Voici ces dessins : nous avons vu que ces dessins, au contraire des premiers, sont *pointillés*.

Peu profonds, peu nets, les bords en sont éraillés, indécis, et les patines qui les recouvrent *bien* moins, beaucoup moins épaisses que pour les premiers, ils coupent les premiers, et c'est de cette station que cette observation a été faite par M. le Docteur Hamy. Les gravures rupestres à *caractères ou dessins* lybico-berbères sont *manifestement postérieures* aux dessins des grands animaux, nous l'avons vu dans le cliché représentant le troupeau d'éléphants du Dj. Mahisserat. Les lettres berbères appartiennent à deux sous-périodes ainsi classées par le Docteur Hamy.

L'une à forme archaïque, l'autre moderne. Occupons-nous des dessins; les figurations sont multiples, petites, réduites, ne dépassant pas 30 à 40 centimètres tout au plus, elles sont pour ainsi dire schématiques. Aucun art dans ces reproductions, aucune expression vraie de la nature.

Voici des cavaliers armés de boucliers, et peut-être de massues.

Voici des chevaux, des mouflons, des autruches, outarde, le lézard, le serpent, des boucliers, des croix, des *Swastikas*.

<small>Lybico-berbère Oued Dermel (région de Figuig)-2e dessin.</small>

Voici le chameau, le dromadaire. Ici se présente une observation importante. Le chameau n'est *jamais* figuré dans les stations de gravures préhistoriques, et l'on sait qu'il n'a été introduit en Afrique aux époques historiques que dans les tout premiers siècles de notre ère, et cette figuration date ces dessins et les caractères de même âge. Ils sont certainement postérieurs au IIe siècle, quelques-uns peuvent même remonter très haut dans le temps et être tout à fait modernes et en tout comparables aux inscriptions touaregs actuelles.

Je ferai encore remarquer à propos du dromadaire que *deux espèces fossiles quaternaires* ont été décrites par A. Pomel.

Autochtone du Nord Africain, il aurait disparu pendant le néolithique et les temps de la protohistoire pour réapparaître à l'aurore de notre ère.

Sans art, sans sentiment vrai de la nature, je l'ai dit, ces dessins sont infiniment inférieurs et non comparables à ceux de la période précédente de la *grande gravure*.

Mais le temps passe et notre chevauchée rapide nous entraîne bien vite, toujours plus loin, nous courons maintenant aux travers des alignements montagneux et des plaines des chaînes du Sud, nous passons des oueds, nous longeons des vallées nombreuses, franchissons des cols; bientôt, presque enserrés, par des rochers géants taillés à pic, aux couches relevées jusqu'à la verticale, nous traversons le Khenez Arouïa; encore un pas de trot, nous sautons les obstacles qu'opposent à notre marche les roches bariolées, rutilantes, broyées sous un effort dynamique gigantesque.

Un dernier coup de jarret de nos montures, un spectacle des plus beaux, inoubliable, s'offre à nos regards. A nos pieds se développe l'oasis de Brézina qu'illumine le fleuve de sable d'or de l'oued Segguir, avec à l'horizon les gour géants, aux silhouettes empourprées, grandioses, qui paraissent par leur forme des demeures de Titans. Les gour sont des témoins des érosions, d'une puissance qui déconcerte, qui ont antérieurement modelé ces reliefs.

Brézina, oasis et gour, hamada et troupeaux, la nuit.

Plus loin, vers le Sahara c'est, jusqu'au massif touareg, aux plateaux du Mouidir qu'il faudrait aller.

Ici se termine notre long voyage. Résumons les conclusions déduites de tous les faits avancés.

Par l'étude de la faune représentée et par l'étude *comparée des patines* nous diviserons les pierres écrites en plusieurs périodes.

La 1re préhistorique, fin du quaternaire à grande faune en partie éteinte et fossile.

Développement considérable du sens artistique : Keragda Tazma, Guebar Rechni.

2° A cette période succède la lybico-berbère aux dessins frustes et schématisés, aux inscriptions à caractères archaïques et modernes.

Souvent aussi à ces deux types de gravures, le marabout pensif est venu ajouter quelques adages arabes, quelques versets du Q'oran ; c'est la période musulmane : elle montre quelques inscriptions dont je dois la traduction à M. Tagnan et à M. Piogé. A ces trois périodes succède la période actuelle, *l'inscription attire l'inscription.* A ces gravures préhistoriques et berbères, à ces écritures viennent se joindre des noms, des numéros matricules, des dessins très *modernes* souvent d'un réalisme choquant. Ce sont des sortes de graffiti bien spéciaux dus à nos soldats ; ils tranchent brutalement en éraillures jaunes sur le fond noir des rochers.

C'est là la véritable inscription légionnaire à laquelle bien à tort, n'est-ce pas, on attribuait toutes ces manifestations des pensées élevées de nos antiques prédécesseurs, origines *de l'art dans l'Afrique du Nord.*

Le conférencier termine son discours aux applaudissements répétés de de l'assistance.

M. Ficheur, Professeur de Géologie à l'Ecole des Sciences, Délégué de la Société Géologique de France, remercie M. Flamand de sa communication. Il invite les Congressistes à visiter, avant de quitter les Ecoles Supérieures, les collections de géologie et de minéralogie.

Visite au Jardin d'Essai et à la grotte de Cervantès

Lorsque la visite aux Ecoles Supérieures est terminée, l'heure avancée ne permet pas aux Congressistes de se rendre, suivant le programme arrêté, au Musée des antiquités africaines de Mustapha. Ils gagnent directement le Jardin d'Essai par le joli chemin des aqueducs, la route de la Colonne Voirol et le boulevard Bru.

Il était près de 5 heures, lorsqu'ils arrivent au Jardin d'Essai, où ils sont rejoints par M. de Brazza, reçus à l'entrée par le Directeur, M. Ch. Rivière. M. S. G. A., qui tient à honneur de les conduire

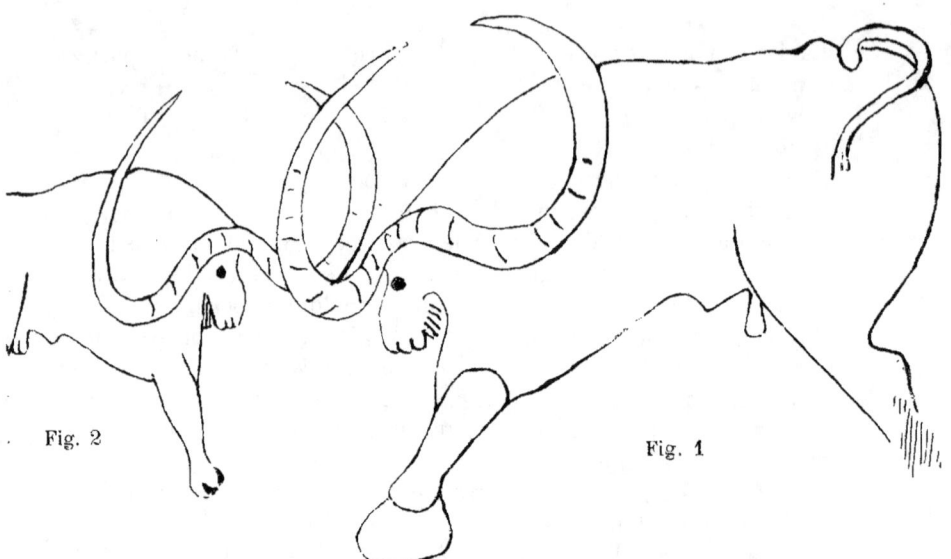

Fig. 2   Fig. 1

B. M. Flamand, ad Phot. del   Cap^{one} de la Gardette ad nat Phot.

BUBALUS ANTIQUUS (Cercle d'Aflou)

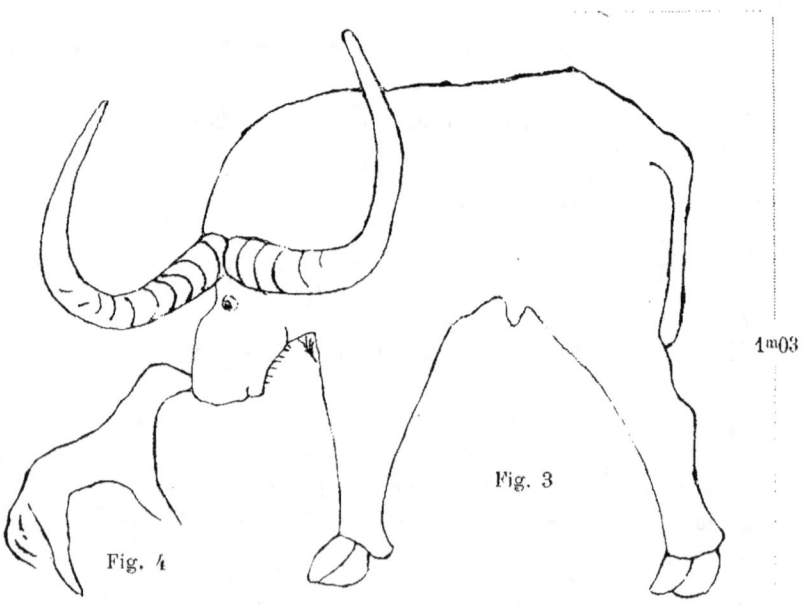

Fig. 3

Fig. 4

1m03

B. M. Flamand, Phot. et del   TAZINA (Cercle de Géryville)

lui-même à travers son royaume fleuri. La visite n'en fut rendu que plus intéressante.

Une dernière partie du programme restait à accomplir, la visite de la grotte de Cervantès.

M. Baldasanno y Topète, Consul général d'Espagne, avait tenu à servir personnellement de guide aux Congressistes venant ainsi, en quelque sorte, en pèlerinage à cette grotte, que son illustre compatriote et treize de ses compagnons ont occupée pendant de longs mois.

M. Baldasanno a rappelé en quelques mots les souvenirs historiques qui se rattachent à cette grotte, puis il a remercié les Congressistes de leur visite.

La caravane se remettait en route pour rentrer à Alger à 6 h. 30.

Soirée du Mercredi, 29 Mars

Le soir, à 9 heures, un public des mieux choisis où les dames se trouvaient en grand nombre, assistait dans le Hall du Palais Consulaire à la conférence de M. de Rovira.

Le Contre-Amiral Servan, commandant la marine en Algérie présidait la séance, assisté de MM. Simian, Vice-Président de la Chambre de Commerce. M. S. G. A., de M. le Maistre, explorateur, membre de la Société de Géographie de Paris et Foual, explorateur délégué du Congo français.

L'Amiral Servan présente le conférencier, en quelques mots, disant les services rendus par lui à la mission Gentil, et cela l'amène à parler de Gentil lui-même, ancien enseigne de vaisseau, que la marine regrette, pour ses brillantes qualités, et qu'il a quittée pour obtenir une gloire plus grande et plus hâtive en allant planter au centre de l'Afrique ce pavillon que le monde entier connaît, comme le symbole de la libération des peuples, symbole du progrès et de la civilisation ; cette allocution de l'Amiral est saluée par d'unanimes applaudissements.

La parole est ensuite donnée à M. de Rovira qui traite du sujet suivant :

LA MISSION GENTIL

Messieurs,

Ni mon âge, ni mon expérience des choses coloniales ne me donnent l'autorité nécessaire pour prendre la parole devant une Assemblée composée comme celle-ci de gens qui ont voué leur existence à l'étude de la mise en valeur de nos colonies.

Mes talents oratoires ne me donnent non plus nullement le droit de m'imposer à l'élégante assistance qui a bien voulu se rendre ici.

Si ces réflexions ne m'ont pas arrêté, Messieurs et Mesdames, c'est que je suis en Europe le seul représentant de la mission Gentil, celui qui aurait dû s'y trouver encore avec moi ayant été fauché par la mort à Brazzaville.

Je ne m'étendrai pas sur l'historique de la mission Gentil, il a été fait par son chef à la Société de Géographie de Paris, dans des termes tels que le sujet repris par moi ne pourrait que perdre du charme et de l'intérêt qui y restent attachés.

M. l'Administrateur Gentil sut être toujours un charmeur autant qu'un homme d'action ; d'une taille plutôt élevée, la barbe blonde, les yeux bleus, il a le commandement bref et de bon ton, celui auquel on obéit sans hésitations, parce qu'on l'accepte sans regrets.

La marine a, semble-t-il, le privilège de réunir chez les siens, les deux plus précieuses qualités de l'ordre moral, la science et le courage, elle fait des savants et des soldats ; c'est elle qui dirigea les premiers pas d'homme de M. l'Administrateur Gentil, c'est d'elle qu'il aima toujours à se réclamer.

Je sais, moi qui l'ai connu dans la plus stricte intimité, qu'aux heures de tristesse, il suffisait de parler au marin, pour voir renaître le sourire sur la figure de l'explorateur.

Je me contenterai donc, Messieurs, de vous parler des régions parcourues par notre mission, au point de vue commercial, et par suite du caractère des populations qui les habitent, car j'estime que là surtout où l'européen ne peut se suffire à lui-même, les mœurs des populations qui l'entourent sont au nombre des facteurs que l'on ne saurait négliger dans le calcul des probabilités de réussite.

Au centre de l'Afrique, les voies nous avaient été quelque peu tracées par la mission de M. Maistre que nous avons l'honneur de compter au nombre des Congressistes ; les indications recueillies sur ses cartes ont pu nous éviter bien des tâtonnements au début.

Mais les forces vives de la mission étaient déjà épuisées par les fatigues et les longueurs du transport du vapeur.

Arrivé au seuil des pays inconnus, M. Gentil ne songea qu'à remplir scrupuleusement le programme qu'il s'était assigné : installer un vapeur sur le Chari et faire flotter les couleurs françaises sur le Tchad.

Je n'eus pas l'honneur de l'accompagner jusque là, mais je dois à mon long séjour dans la vallée du Gribenghi, et à l'amabilité de M. Prins de nombreux détails sur le Sultan d'El-Kouti et sur celui de

Massénya capitale du Baghirmi; ce sont ceux que j'aurai l'honneur de vous communiquer.

Une lacune existera, parce que je ne pourrais la combler que par des hypothèses, ce sont les renseignements relatifs aux peuplades fétichistes occupant la vallée du Chari.

Le *Léon Blot*, la canonnière à vapeur qui fut transportée à dos d'homme jusqu'au Chari, descendit ce fleuve à toute vapeur jusqu'au Baghirmi ; il ne reste de ce voyage que l'itinéraire du fleuve corrigé par de fréquentes observations de latitude et qui doit être publié ces jours-ci par la maison Hachette.

M. Gentil n'a recueilli sur toutes les peuplades de la rivière que les quelques indications apportées par hasard au cours des arrêts forcés pour les achats de vivres, ou les coupes du bois nécessaire au chauffage.

Bessou est le point d'amorce provisoire du Chari avec l'Oubanghi.

Bessou sur l'Oubanghi est aussi le principal village Banziri, le pays natal des femmes à l'élégante hanche et aux cheveux emperlés dont parlait l'autre jour M. Brumache, c'est aussi le pays des chanteurs endiablés qui vous pilotent au milieu des rapides qui séparent Bangui de Ouadda. Si de ce point l'on remonte vers le Nord, on est bientôt amené à traverser la Kémo, les Tozbos peuplent ce pays ; en deçà de la Kémo se trouvent les N'Bagas séparés des N'Dis par la Tomi affluent de la Kémo.

La Tomi se passe généralement sur une pêcherie. A l'époque des basses eaux, les indigènes installent un barrage dans toute la largeur de la rivière. A certains endroits des passages sont réservés, où ils mettent des nasses en osier. C'est sur les branches horizontales servant à assurer la stabilité de l'ensemble des pieux verticaux que l'on doit se livrer à des exercices d'équilibriste pour traverser. On se trouve alors chez les N'Dis une des populations les plus puissantes. Chez tous leurs voisins, j'ai vu filer le coton, là seulement je l'ai vu tisser.

Nous sommes au troisième jour de marche devant le poste de Krébidjé, traversons encore une fois la Tomi et trois jours plus tard nous serons à peu près à la ligne de partage des eaux du bassin de l'Oubanghi et du Tchad.

Cette ligne est difficile à nettement délimiter, elle se compose d'une série de vallonnements que contournent en tous sens mille ruisseaux, et des observations précises peuvent seules renseigner sur leur destination. En faisant de la Géographie une chose de sentiment, on est fatalement induit en erreur dans cette région. C'est au milieu de ces vallonnements que devra se glisser la voie ferrée déjà à l'étude qui reliera ces deux bassins. Les peuplades Ungourras qui occupent ce versant semblent devoir être plus rebelles aux tentatives de civilisation. Tandis que les N'Dis consentent déjà à s'engager comme travailleurs auprès des blancs pour des années entières, c'est à peine si les Ungourras ont consenti à nous fournir quelques porteurs, et encore était-ce surtout par l'appât du vol.

La vallée de la Nana avec ses mille chutes, que recouvre un dôme de verdure rarement traversé par le soleil, nous offre un chemin facile pour arriver au Gribenghi.

Les peuplades Mandjiahs essentiellement agricoles y vivent heureuses, on marche des journées entières au milieu des champs bien cultivés, les vivres y sont en abondance, très variés et à très bon prix.

Ce bonheur excite la convoitise et leurs voisins moins fortunés qu'eux viennent souvent les armes à la main dévaliser leurs greniers ; mais la fécondité de leur terre est considérable, leurs greniers se remplissent à nouveau et leur puissance prolifique a tôt fait de combler les vides produits par la mort ou la captivité.

Chez les Mandjiahs seulement, j'ai vu faire usage du procédé considéré comme une légende qui consiste à obtenir le feu par la friction de deux morceaux de bois. Ils prennent deux baguettes dont l'une d'un arbre à moelle ; dans celle-ci ils évident un cône et la posent à terre horizontalement ; ils taillent l'autre en pointe, introduisent cette pointe dans le cône et tenant la baguette verticale lui impriment un vif mouvement de rotation alternatif. La moelle se carbonise et ne tarde pas à brûler comme de l'amadou.

A quelques centaines de mètres du confluent de la Nana et du Gribenghi, sur un mamelon au pied de la montagne Bandero, s'élève le poste du Gribenghi. Le voisinage de Senoussi et le souvenir du désastre de Crampel décidèrent M. Gentil à y faire quelques travaux de fortifications.

Une enceinte de pierres et de troncs d'arbres, large de 1^{m}20, haute de 2 mètres, le met à l'abri de tous les fusils ; des redans à tous les angles en faciliteraient encore la défense. Le poste comportait au moment de mon départ trois maisons d'habitation, un magasin de 20 mètres sur 9, une écurie de 18 chevaux, le tout en briques ; plus les dépendances : camp de milice, parcs à troupeaux, paddocks pour l'élevage, plantations, etc. A l'Est du Gribenghi, les Marbhas, à l'Ouest les Ngaos, deux peuplades fréquemment éprouvées par les razzias de Senoussi, le cheikh d'El-Kouti. C'est à l'école de l'adversité que se trempent les caractères, aussi avons-nous trouvé là deux peuplades au caractère rudement trempé et qui nous ont été dans bien des circonstances de précieux auxiliaires.

Ces indigènes fétichistes aiment à répéter les dangers d'entrer en relations avec les musulmans noirs.

La figure de Senoussi est pour les petits chefs noirs de cette région celle d'un très puissant et très redouté seigneur, et cette crainte nous a été d'un puissant secours dans notre établissement.

En effet au point de vue du gouvernement, dans la région fétichiste, on peut compter sur la souplesse et l'obéissance de peuplades qui, soumises dès longtemps aux déprédations des musulmans noirs, considèrent volontiers le blanc comme le rempart qui les mettra à l'abri des razzias du Nord; elles consentiront même très facilement à se soumettre à quelques impôts destinés à subvenir à l'entretien de troupes protectrices.

Ceci n'est pas une hypothèse, c'est un fait acquis, car nous avons demandé à plusieurs reprises peu après le départ de M. l'Administrateur Gentil des corvées de route notamment, à tous les chefs; il a suffi de la menace que nous n'arrêterions pas les razzias de Senoussi pour qu'une route de 10 mètres de large soit débroussée sur un parcours de 250 kilomètres. J'insiste sur ce point parce que j'estime que l'autorité du gouvernement est le principe fondamental de l'ordre indispensable à l'honnête commerce.

De l'Oubanghi au Gribenghi, comme je l'ai déjà dit, des dénivellations à peine sensibles; les écarts n'atteignent pas 140 mètres.

L'herbe de Guinée croît partout. Des karités, l'arbre à beurre des voyageurs d'imagination, étendent de ci, de là, leurs maigres frondaisons. Leurs fruits donnent une graisse végétale dont j'ai mangé, et si j'y reviens ce pourra être par curiosité, mais non par goût. Du reste cette graisse brûle facilement et l'on ne peut recueillir les fruits qui la produisent que sur les arbres à l'abri des incendies de la saison sèche. En effet quand arrive le mois de décembre, le niveau des rivières est descendu de plusieurs mètres, les petits ruisseaux tarissent, les herbes sèchent, et l'on facilite l'accès des sentiers en y mettant le feu. Bientôt les jeunes pousses réapparaîtront, et en même temps que le climat sera moins dur à l'Européen, s'ouvrira la saison pratique pour le transport des ravitaillements et agréable pour la chasse.

Une sorte de lièvre que j'ai entendu appeler dangby et dont j'ai pu avoir des spécimens entre les mains est fréquent dans la région.

J'ai voulu en conserver vivants ; en dépit de tous les soins, j'ai dû y renoncer.

Les grandes et petites antilopes de toutes catégories se rencontrent dans ces plaines qui ressemblent alors à des prairies.

L'éléphant très fréquent du côté de l'embouchure de la Kémo et de la Tomi devient rare au Gribenghi.

La panthère guette les antilopes pendant la nuit, mais elle ne s'attaque que rarement à l'homme. Je dois cependant dire qu'un chef de nos voisins Bangara est venu se plaindre à moi que deux hommes et une femme aient été tués et mis en lambeaux par une panthère dans les environs de son village.

Les gémissements de la hyène géante, dont Mizon rapporta une peau pour convaincre les incrédules, se font toujours entendre pendant la nuit aux environs du Gribenghi et les chats-tigres rôdent silencieusement autour des poulaillers.

Dans toute cette région et bien plus bas encore en suivant la vallée du Chari, la petite perle baïacos que l'on met en France au cou des poupées est la monnaie d'un usage le plus courant. L'étoffe et la poudre passent aussi, ces deux marchandises passent partout en Afrique.

Nous allouions en ration à nos miliciens 20 grammes de ces perles par jour, ces vingt grammes nous revenaient à 0 fr. 10 dans la vallée du Chari.

C'était beaucoup trop donner à nos gens ; les premiers temps, ils achetaient 5 poules pour ces 20 grammes ou 10 centimes, et quand j'ai quitté la région, il fallait beaucoup marchander pour obtenir sa poule au prix de 10 centimes.

Le tabac pousse dans toutes ces régions ; au lieu de le laisser en feuille, les femmes le pilent dans un mortier, et le livrent en motte qu'il faut réduire en poudre pour fumer.

Nos premières relations avec Senoussi ne furent pas exemptes d'une certaine tiédeur.

Le souvenir de la mort de Crampel planait autour de nous, aucune allusion n'y fut faite ; chacun prenait ses précautions, et Senoussi se méfiait de représailles.

D'un endroit nommé Yéni Mandji, il envoya des émissaires à M. Gentil : un nommé El Adj Tekoun Haoussa, ayant accompli plusieurs pèlerinages à la Mecque et un tripolitain presque blanc nommé Salah.

El Hadj est venu depuis en France, avec la mission Baghirmienne que M. Gentil emmena avec lui.

Ces émissaires venaient en courriers et en marchands, ils apportaient des chevaux, des ânes, des bœufs et une autruche.

On échangea des cadeaux, on fit affaire avec les marchands.

En venant au Gribenghi, Salah avait eu maille à partir avec un chef fétichiste qui surprit son détachement au retour, le tua, lui vola nos cadeaux et emmena sa femme en captivité.

Ali Djabah, un lieutenant de Senoussi, ne manqua pas de nous accuser du guet-apens.

Plus tard, une enquête nous fit découvrir les vrais coupables ; ils furent châtiés, la femme de Salah fut rendue, et les cadeaux à Senoussi lui furent aussi rendus.

Ultérieurement les rapports avec Senoussi devinrent comme on le verra plus loin aussi cordiaux que possible, tous les soupçons devaient se dissiper de part et d'autre.

M. Gentil pût en effet apprendre de façon certaine que l'auteur du meurtre de Crampel était un nommé Assan, lieutenant de Rabbah, Sultan du Bornou, et qui avait opéré, malgré Senoussi.

Les sultans noirs lèvent des impôts sur leurs sujets, ils lèvent aussi des tributs de guerre sur les peuplades environnantes. Tout comme chez les nations européennes dans l'épanouissement de leur civilisation, la raison du plus fort et la capacité du vaincu sont seules à déterminer la valeur et la nature de la rançon de guerre.

Senoussi a simplifié la question de la perquisition des impôts en se déclarant purement et simplement propriétaire de tout ce qui existe sur les territoires qu'il occupe.

Il découle de là que seul il est libre, c'est comme vous le voyez le triomphe de l'autocratisme.

Il n'en est pas moins vrai que, comme son plus puissant voisin le Baghirmi, il paie au Ouaddaï un assez lourd tribut.

Senoussi se déplace continuellement dans un pays très montagneux ; et si on va le voir, il vous reçoit de préférence le soir ; il vous offre du thé ; il ne fume pas lui-même, mais pense toujours à vous donner la permission de le faire ; et quand vous prenez congé, il ne manque jamais de vous octroyer une pincée de clous de girofle comme de galants hommes offriraient à une aimable visiteuse des fondants parfumés.

Sachant quelle peine nous avions au Gribenghi à construire des habitations à notre idée, il nous fit proposer l'envoi de centaines de prisonniers à faire travailler à titre gracieux.

Il nous offrit même de se charger de nos transports.

Les relations entre le Sultan d'El-Kouti et celui du Baghirmi étaient interrompues depuis de longues années ; des peuplades fétichistes établies entre eux ne leur permettaient le passage que les armes à la main, aussi avaient-ils renoncé à rester en rapport. Les deux Sultans renouent maintenant leur ancienne amitié en profitant pour correspondre des voyages du *Léon Blot* dans le Chari.

Le Sultan Mohammed Abd er Rhaman Gaourang a le visage piqué par la variole, il bedonne tout comme un buveur de bière : signe caractéristique, se parfume comme un petit maître.

C'est à M. Prius, qui a vécu dans son intimité, que je dois ces renseignements ainsi que ceux qui les suivront sur le Baghirmi.

Gaourang est le fils du Sultan Abd el Kader qui régnait sur le Baghirmi au temps de Barth. Il a passé presque toute sa jeunesse au Ouaddaï où il fit ses études.

C'est un homme intelligent qui verra avec plaisir se développer le commerce de son pays à la grandeur duquel il tient. On trouve en lui une justesse de vue et des préoccupations politiques que l'on ne s'attend guère à trouver chez un suzerain du centre de l'Afrique.

Il y a un an, il ne laissait pas que de s'intéresser beaucoup aux événements qui se déroulaient au Soudan égyptien entre Anglais et Derviches. Il échangeait des cadeaux avec le Mahdi et attendait impatiemment le moment où les Derviches dans leur exode probable seraient refoulés sur le Ouaddaï, « ils y sont détestés, et ne pourraient y passer que les armes à la main », affirmait-il, avec l'espoir qu'à la faveur des troubles survenus à ce moment il secouerait le joug de son suzerain ; sa seule crainte était que ce dernier ne songea lui-même à s'appuyer sur les Européens pour opposer une digue au flot du dervichisme, et nous ne saurions nous dissimuler qu'à ce moment il aurait fait tout au monde pour nous empêcher d'entrer en relations avec le Ouaddaï.

Le Sultan du Baghirmi est moins autocratique que celui d'El-Kouti. On peut trouver trois classes au Baghirmi dans l'échelle sociale : les hommes libres, les esclaves et les fonctionnaires. Ces derniers méritent un classement à part, car pour mieux les avoir en main, le Sultan Gaourang les choisit parmi ses esclaves : il arrive donc que ce sont des esclaves aptes par destination à commander des hommes libres, et ils le leur font bien voir.

Un ministre remplit les fonctions de fils du Sultan, il a sous ses ordres les percepteurs des contributions. L'impôt se compose en général de trente mesures de grain, un mouton et un boubou par village.

Une foule d'autres fonctionnaires existent encore. Je ne sais pas au juste leur utilité, mais je peux certifier leur but, c'est de mener large vie aux dépens du contribuable.

Le Sultan du Baghirmi est tributaire de celui du Ouaddaï et une large part des impôts qu'il perçoit va enrichir les greniers du Sultan Yuseff.

La Sultane, mère de l'héritier du trône, possède le grade le plus important ; le fils du Sultan vient ensuite. En Europe la situation de frère ou de sœur d'un puissant souverain paraît plutôt devoir être digne d'envie, il n'en est pas de même au Baghirmi. Jugez-en : il est admis que le Sultan est la perfection à tous égards ; pour que ses frères ne puissent se dire aptes au sultanat, on leur crève un œil. Cette mutilation écarte donc immédiatement ces compétiteurs éventuels. Les sœurs du Sultan pourraient donner le jour à des enfants dont la turbulence mettrait en péril la stabilité du monarque. La constitution leur interdit le mariage ; morale : elles occupent le haut du pavé, mais on pourrait leur commander sans calomnies le respect des honnêtes femmes qui marchent à pied.

Je ne vais pas vous présenter le harem de notre ami Gaourang, pour deux raisons, la première que je ne l'ai pas visité, la deuxième que ce serait trop long. On y trouve des représentants de toutes les races noires sous la garde d'une armée d'eunuques qui sont de vrais fonctionnaires.

Ils prennent souvent leur retraite comme chefs de village, et coulent une vieillesse heureuse entourés de nombreuses femmes et pourvus de larges bénéfices.

Le Sultan est un vrai noctambule ; à son sens le jour est fait pour dormir, c'est la nuit qu'il faut traiter les affaires ou s'amuser.

Il reçoit ses visiteurs, caché derrière une natte et ne leur parle que par l'intermédiaire de ses interprètes ; le commun des mortels ne doit s'avancer jusqu'à lui qu'en se traînant à quatre pattes, et rester sur du sable, les grands dignitaires seuls ont droit au tapis et reposent dans le hall sous une grande tente en poils de chameau.

Au cours de ses audiences il est environné d'une foule d'eunuques, les uns portant des parfums, les autres des armes ; quelquefois l'un d'eux vaincu par le sommeil laisse tomber son arme avec fracas, et les coups de triques de pleuvoir alors sur l'infortuné.

Dans les parades, le Sultan marche en queue avec ses femmes. Un eunuque avec les attributs du Sultan est livré à sa place à l'enthousiasme des populations et au fracas des musiques baghirmiennes, composées de trompes, de clairons, de tambours et de flûtes.

Si le Sultan du Baghirmi paie un tribut à celui du Ouaddaï; ce dernier n'est pas non plus libre de toute vassalité, il paie une redevance au cheik El Senoussi, mais je crois, à la suite d'informations personnelles, qu'il le paie plutôt par esprit de tradition, ou de religion que par suite de la conscience de son infériorité au point de vue des armes.

Tous ces pays sont alimentés de marchandises européennes par la Tripolitaine. Le Ouaddaï est certainement le marché le plus important, car c'est là que se livrent les marchandises à rapporter en Europe. En voici les raisons : le Sultan du Baghirmi, et celui d'El-Kouti sont obligés d'envoyer ou annuellement ou tous les trois ans un stock d'ivoire et de plumes au Sultan du Ouaddaï ; d'où une grosse diminution de ces marchandises sur leurs marchés, et un excès de production par suite sur le marché du Ouaddaï. Mais il ne faut pas se dissimuler que le jour où le Gouvernement, et il s'en est déjà préoccupé, aura rendu leur liberté aux Sultans de Massénia et d'El-Kouti, le commerce sera aussi florissant chez ces derniers que chez le premier.

Que vont donc faire à l'heure actuelle les caravaniers qui se rendent au Baghirmi ?

Il faut bien le dire, ils vont troquer le surplus de leurs marchandises européennes contre des esclaves, ces derniers sont revendus au Ouaddaï contre des marchandises ayant cours sur nos marchés. On est obligé de reconnaître qu'à présent l'esclave est une monnaie usuelle.

Deux autres monnaies sont encore au Baghirmi d'un usage courant : la bangboté d'une part, l'or et l'argent de l'autre. La bangboté est une triple bande d'étoffe large de trois doigts, longue d'une coudée : c'est le sou du pays. L'or et l'argent ont toujours la préférence même de la part des Fezzanis parce que c'est plus facile à emporter. Ils se présentent sous la forme de la livre sterling et du thaler de Marie-Thérèse.

Ces trois pièces de monnaie ne sont pourtant pas d'un usage tel que les indigènes soient bien fixés sur leur relativité ; pour nous, la livre vaut à peu près sept thalers, il n'en est certainement pas de même sur le marché du Baghirmi, si ce n'est avec les Fezzanis.

Les chameaux vivent mal au Baghirmi pendant la saison des pluies et tout marché conclu avec les caravaniers du Nord est accompagné de l'audition de litanies sur la dureté des temps et les pertes des chameaux qu'ils ont éprouvées.

En dehors même des conditions climatériques qui sont plus

propices à l'européen dans ces régions, les conditions de vie matérielle sont bien supérieures à celles des pays plus au Sud. La race bovine s'y développe très bien, et fournit de la saine viande et des laitages en abondance. Les bœufs à bosse sont dressés au portage par les indigènes, la présence de la race chevaline apportera aussi son contingent de bien-être à l'européen qui se fixera dans ces régions.

Plusieurs troupeaux de bœufs ont été dirigés par nos soins vers la vallée moyenne de l'Oubanghi, où l'élevage de la race bovine était naguère encore inconnu. Je crois même que des représentants de cette race sont descendus jusqu'à Brazzaville pour le compte de la mission catholique.

Tels sont les pays que la mission Gentil a ouverts au commerce. Je résume en quelques mots les avantages que le commerçant pourra y trouver. Un pays salubre, l'existence d'une nourriture qui permettra la suppression des boîtes de conserves, la connaissance de la monnaie, une plus grande facilité de transaction par suite de la connaissance du parler et de l'écriture arabe, et enfin la facilité de l'établissement d'une voie ferrée qui reliera le Chari navigable à l'Oubanghi.

Les résultats de la mission Gentil sont :

Au point de vue économique la connaissance des conditions du commerce dans ces régions; au point de vue historique, la vérité sur la mort de Crampel et de nombreux documents sur l'histoire de ces pays, tels que l'envahissement du Baghirmi par le Ouaddaï en 1870, et plus récemment la défense de Maïnheffa contre le Bornou.

L'épisode de la charge du Sultan à la tête des siens, au moment où Maïnheffa allait être obligée de capituler, est restée gravée dans le cœur des Baghirmiens comme chez nous les gestes des paladins.

M. l'Administrateur Gentil, à peine reposé de ses fatigues, est reparti, avec le titre de Commissaire du gouvernement, continuer l'œuvre si brillamment commencée et la pousser plus loin.

Il fut l'élève du Commissaire général du gouvernement au Congo, il a fait faire un grand pas à l'œuvre qui fut toujours le but grandiose de la politique de M. de Brazza, l'unité des colonies françaises d'Afrique.

Ce but a été traité d'utopique. L'opinion publique est revenue sur sa première décision. Il ne manque plus à l'idée qu'une consécration ; elle lui est promise par les discusions d'aujourd'hui sur le Saharien, elle lui sera donnée par le résultat de ces discusions, et l'ouverture de celles sur le transsaharien.

L'Afrique n'est pas toujours un pays aussi charmant que M. Brunache nous le disait l'autre jour ; c'est assurément, je le sais, le propre des grands caractères de ne plus sentir les fatigues quand le devoir les appelle; il n'en est pas moins vrai que ces misères existent pour le voyageur.

Elles proviennent peu de la difficulté des relations avec les indigènes à l'encontre de ce qui est généralement cru en Europe, elles proviennent beaucoup du climat, et du manque journalier de confort. C'est surtout dans l'Afrique équatoriale que l'on sent la justesse du vieil adage Espagnol : « Chaque heure blesse, la dernière tue. »

Le conférencier termine aux applaudissements de l'assistance. L'Amiral Servan le remercie des choses utiles et intéressantes qu'il vient de dire, et signalant que M. Gentil, qui, après quelques courtes semaines de repos, a déjà rejoint son poste, a donné rendez-vous là-bas à M. de Rovira ; il assure le voyageur, dont le départ est prochain, des vœux que feront, pour lui, tous ceux qui l'ont écouté.

La séance est levée à 10 heures.

Journée du Jeudi 30 Mars

SÉANCE DU MATIN

La séance est ouverte à 9 heures du matin, sous la Présidence d'honneur de M. Wolfrom, Consul de France à Tunis, délégué du Gouvernement tunisien, et la Présidence effective de M. de Varigny, délégué de la Société de Géographie Commerciale de Nantes.

M. le Lieutenant-Colonel Périssé, délégué de la Société Topographique de France, et M. Corcelle, délégué de la Société de Géographie de l'Ain, remplissent les fonctions d'assesseurs.

Le Président donne communication : 1º d'un télégramme de M. Gauthiot, Secrétaire Général de la Société de Géographie Commerciale de Paris, annonçant qu'un Congrès international de Géographie économique sera tenu à Paris en 1900 ;

2º D'un télégramme par lequel la Société de Géographie de Genève adresse ses meilleurs vœux au Congrès, et délègue pour la représenter M. Maurice Lugeon, Professeur à l'Université de Lausanne.

Le Président annonce qu'il a été saisi d'une demande de M. le Capitaine

Godchot, M. S. G. A. et de M. Sabatier, M. S. G. A., qui désireraient présenter quelques observations sur l'étude de M. de Soliers relative à la fusion des races européennes en Algérie par les mariages croisés. Bien qu'aucun vœu n'ait été déposé par M. de Soliers, et que, par suite, il n'y ait pas de question pendante comme c'est par omission que la parole, que MM. Godchot et Sabatier avaient demandée à la séance d'hier, ne leur a pas été accordée, il consent à la leur donner aujourd'hui, en exprimant toutefois le désir qu'ils soient aussi brefs que possible.

M. le Capitaine Godchot s'exprime dans les termes suivants :

Le problème posé par MM. Busson et de Soliers donne lieu sur cette terre d'Algérie à des discussions passionnées, et se résume, qui le croirait, en la position de la question suivante : Le maintien de la prépondérance française en Algérie. Quand dernièrement, dans cette enceinte, après vous avoir montré par quel sang, par quelles sueurs, ce sol avait été tout d'abord fécondé, j'ai protesté en disant : comment peut-on mettre en doute ici la prépondérance française, on m'a crié : elle a besoin d'être défendue. — Si cela est vraiment, vous avouerez que c'est véritablement inouï.

Or, M. de Soliers, dont je n'ai pu retenir les nombreuses statistiques, nous a fort bien prouvé dans tous les cas, que dans les colonies, les groupes les moins nombreux étaient absorbés par les plus nombreux. C'est la règle : les gros poissons mangent les petits. Or il est évident qu'en Algérie le *groupe français à demeure* est de beaucoup le plus faible. Il est donc destiné à être absorbé, et l'on peut prévoir le moment où les globules de sang français seront en proportion très minimes dans les veines du nouveau peuple algérien.

L'influence de l'esprit français, de la morale française, compensera-t-elle ce déficit ?

Toute la question est là. Et l'on en doute, puisque M. Busson lui même vous a démontré qu'il fallait multiplier les écoles françaises, puisque M. le Docteur Huguet vous a indiqué un autre moyen, puisque l'on ne voit pas sans terreur les futures complications, puisque l'on a pu se demander dans les journaux si les étrangers seraient contre nous. Bien des remèdes sont offerts, presque tous portent sur des solutions politiques. Et par conséquent je n'entrerai pas sur ce terrain

Mais, comme militaire je puis dire ceci. D'abord je reconnais que le contingent algérien que je vois depuis près de 20 ans, nous offre des soldats très intelligents, très dégourdis, et bien préparés par les travaux de l'agriculture à supporter les fatigues militaires. Au bout d'un an, ces hommes sont prêts à faire de bon soldats : ils seraient excellents à la fin d'une deuxième année.

Mais n'est-il pas étrange de voir, que, par l'effet de la loi de 1889, ce ne sont même pas ceux qui viennent dans nos rangs qui seuls profitent de la naturalisation française ? En un an, nous nous efforçons de leur doubler leurs sentiments d'affection pour notre drapeau. J'espère qu'ils en conservent, malgré les désagréments du métier, le pieux souvenir.

Eh bien, Messieurs, il lui suffit d'être réfractaire, d'être insoumis, pour qu'un fils d'étranger né sur le sol algérien, soit français. N'est-ce pas abominable ? Voilà ce que je voulais vous dire. Et quant au reste, je laisse à un autre plus qualifié que moi et plus libre de ses paroles le soin de vous exposer ses idées.

M. Sabatier estime qu'une statistique est nécessairement fausse quand elle est faite en vue de soutenir une thèse déterminée *à priori*. Il ne veut pas que des conclusions tirées par M. de Soliers de l'étude qu'il a présentée hier, les Congressistes puissent emporter l'opinion que la jeunesse algérienne d'origine française envisage sans crainte le moment où la prépondérance n'appartiendra plus à l'élément français en Algérie.

Pour faire accepter l'éventualité d'une Algérie qui, à force d'être algérienne, cesserait d'être française, on a voulu démontrer que les mariages mixtes allaient en augmentant, et que la fusion des races, par ces mariages, s'opérait au profit de l'élément français. C'est là une erreur, car on a fait figurer parmi les Français les naturalisés, alors que les mariages de ces néo-français avec des étrangers ne constituent pas en réalité des mariages mixtes, mais, bien plutôt, des mariages nationaux entre étrangers.

On a dit aussi que la natalité était trop faible parmi les Français, et qu'il fallait demander aux Italiens, aux Espagnols et aux Maltais, les moyens de lutter contre l'envahissement de la race indigène. Mais les chiffres sur lesquels s'appuie M. de Soliers sont inexacts. Il fait entrer en ligne de compte, sur les 300,000 Français habitant l'Algérie, les hommes de troupe, qui forment un poids mort : leur rôle n'est pas, en effet, de procréer des enfants, mais, par contre, ils apportent un fort contingent au chiffre des décès.

Au surplus, s'il était vrai que les éléments étrangers d'origine européenne soient fatalement appelés à nous dominer, ce serait une raison de plus pour nous efforcer d'échapper à cette éventualité.

Quant au péril indigène, depuis quand existe-t-il ? Il n'y a eu aucune insurrection depuis 30 ans. D'ailleurs, nous sommes actuellement 300,000 Français en Algérie, et il y a 50 ans, alors que nous n'étions qu'une poignée d'hommes, nous dominions les indigènes. Le péril arabe n'existe pas, ou, du moins, s'il existe, c'est précisément par le contact des indigènes avec les étrangers, par la lecture répétée des injures adressées journellement aux représentants les plus autorisés de la France. C'est là qu'est le véritable danger. Ce que nous devons exiger avant tout, c'est le respect dû à la France et à ses représentants.

Si les sentiments français devaient disparaître de l'Algérie, les vieux Français n'auraient plus qu'à quitter ce pays, et, pour sa part, il fuirait à tout jamais la terre algérienne, emmenant avec lui les cendres de son père et celles de son enfant.

M. Ruff de la Société de Géographie d'Oran demande la parole.

Le Président fait remarquer que si MM. Godchot et Sabatier ont été admis à présenter des observations, c'est qu'ils avaient demandé la parole à la séance d'hier. Il a simplement réparé une omission en la leur accordant aujourd'hui, mais il estime que la discussion ne doit pas aller plus loin.

Le Président donne ensuite connaissance du vœu suivant déposé par M. le Commandant Napoléon Ney, de la Société de Géographie commerciale de Paris :

Le XXe Congrès national des Sociétés françaises de géographie a lieu en 1899 à Alger, Métropole africaine de la France, puissance musulmane. Son vaste empire africain contient plusieurs millions de sujets musulmans. Ils sont accrus chaque jour par de nombreuses conversions à l'islamisme.

Considérant l'importance capitale pour la France et sa politique étrangère et coloniale dans le monde, principalement en Afrique, d'établir avec l'Islam une alliance solide et durable dont les résultats seront incalculables pour l'un et pour l'autre ;

Considérant que les efforts les plus généreux et les plus variés, vainement tentés jusqu'à ce jour par l'Europe chrétienne en se basant sur des idées européennes sont demeurés infructueux par suite de l'irréductible foi des vrai croyants qui resteront toujours sourds à des sollicitations étrangères à l'Islam ;

Considérant au contraire qu'un rapprochement entre la France et l'Islam devient extrêmement facile s'il est indiqué, formulé, aidé, conseillé aux fidèles musulmans de tout l'Islam par des cheiks et des docteurs réputés par leur grande piété et leur savoir orthodoxe et qui seront écoutés et passivement obéis par tous les fidèles croyants.

Attendu qu'il existe actuellement dans le monde musulman de l'Islam régénéré des hommes de haut savoir et de libre esprit, cheiks et docteurs, prêts à tendre une main amie à la France républicaine et laïque.

Attendu que ces cheiks et ces docteurs qui existent dans tous les pays d'Islam, sont convaincus que l'intérêt même de l'Islam est de faire accepter aux fidèles croyants, les idées françaises de progrès et de démocratie conformes d'ailleurs aux véritables principes de l'Islam primitif, en un mot à « *Islamiser* » les idées françaises en les appuyant de toute leur haute autorité et des textes formels tirés des « *Hadits* » du Prophète, du Coran et des Commentateurs.

Le XXᵉ Congrès des Sociétés françaises de géographie tenu à Alger émet le veu qu'une sanction pratique soit donnée sans retard aux idées ci-dessus exprimées par la nomination d'une Commission d'initiative agissant à titre privé.

Cette Commission avec le mandat du Congrès étudiera les voies et moyens les meilleurs à assurer un rapprochement de la France avec l'Islam.

Un de ces moyens consiste en particulier à obtenir la convocation d'un certain nombre de cheiks et de docteurs musulmans érigés ainsi en libre concile de l'Islam en un point choisi par eux, soit Paris, Alger, Tunis ou Kairouan.

La Commission d'initiative rendra compte au prochain Congrès des résultats obtenus par elle.

M. Bénard de la Société de Géographie commerciale de Bordeaux déclare que, comme sanction pratique au vœu du Commandant Napoléon Ney, il dépose, en son nom et au nom d'un certain nombre de membres du Congrès, le vœu ci-après :

Considérant qu'il existe à l'état permanent à Paris 800 musulmans ;

Considérant que ces 800 musulmans n'ont aucun endroit pour se livrer aux exercices de leur culte ;

Considérant que la France dont l'empire colonial est en grande partie musulman a tout intérêt à montrer ses bonnes dispositions à l'égard de ces populations.

Comme première sanction pratique au projet de rapprochement de la civilisation moderne et de l'Islam.

Le XXᵉ Congrès de Géographie émet le vœu que le Ministère des Colonies prenne l'initiative de la construction d'une mosquée à Paris conformément au projet élaboré depuis 1849, renouvelé fréquemment depuis et réalisé dans toutes les autres capitales de l'Europe.

Le Président propose de joindre ces deux vœux et de les renvoyer à la Commission d'examen des vœux.

Cette proposition est mise aux voix et adoptée.

M. Bascou M. S. G. A. donne lecture de la communication suivante :

Communications
Postales et Télégraphiques entre la France et les Colonies Françaises de l'Afrique

I

Le domaine colonial de la France en Afrique a pris, depuis quelques années, un grand développement dû aux sacrifices que s'est imposés la Nation ainsi qu'au concours dévoué et patriotique de ses enfants tant civils que militaires.

Cet immense domaine attend de nous, Français, les bienfaits de la civilisation : la prospérité.

Cette prospérité lui sera acquise par la mise en valeur de ses ressources, et par la fréquence et la rapidité des relations avec la Métropole et les autres pays étrangers.

Les éléments de ces relations sont les voies de communications — fleuves, routes, chemins de fer — la poste et le télégraphe.

Il y va également de notre intérêt de rapprocher le plus possible et par les voies les plus rapides, nos colonies de la Mère-Patrie.

L'importance de ce rapprochement n'échappera certainement pas à tout patriote éclairé, soucieux de l'avenir et de la sécurité non seulement de son pays, mais encore de ceux sur lesquels la France a étendu sa protection ou sa domination.

Quel serait en cas de conflit européen, le sort de nos colonies africaines, éloignées comme elles le sont de la Métropole ? Tout le monde le devine. Nos communications avec elles seraient interrompues, sinon coupées.

Ces conséquences peuvent être évitées en utilisant la voie Algérie-Sahara, voie exclusivement française.

Au point de vue économique, l'importance de ce rapprochement a été maintes fois constatée.

II

Les historiens anciens nous disent que des relations fréquentes et prospères existaient entre l'Afrique septentrionale et l'Afrique centrale (1).

L'occupation française de l'Algérie a diminué sérieusement la fréquence et l'importance de ces relations par suite de la suppression de la traite des noirs, l'esclave étant jadis le principal article des échanges.

Ce reculement au point de vue commercial, doit être compensé dans nos esprits par la pensée d'avoir rendu la liberté à une bonne partie du genre humain.

En reprenant et en favorisant ces communications, nous augmenterons encore la reconnaissance des peuples que nous avons entrepris de civiliser, et non d'exploiter.

III

Notre compétence limitée ne nous permet pas de donner à notre étude un cachet d'autorité, au point de vue technique. Aussi ne sera-t-elle qu'une participation à l'étude des communications postales et télégraphiques entre la France et ses colonies africaines.

Nous estimons que ces deux genres de communications doivent avoir un point de départ unique, lequel point devra se trouver le plus proche possible de la Métropole.

Le réseau postal algérien se termine dans l'Extrême-Sud par quatre postes : Fort Mac-Mahon, Fort Miribel, Hassi-Inifel et El-Goléa.

De ces quatre postes le plus important est celui d'El-Goléa.

El-Goléa est appelé à être en communication rapide avec Alger, soit par le chemin de fer Alger — Médéa — Laghouat — El-Goléa, soit par le chemin de fer Alger — Constantine — Biskra — Ouargla.

D'El-Goléa, les correspondances seraient dirigées sur Alger par l'une de ces deux voies, la plus rapide.

De plus, Alger est en communication directe et rapide avec la France au moyen de cinq courriers hebdomadaires, dont trois rapides.

Voilà pour le point de vue postal.

Au point de vue télégraphique, Alger pourra être relié au réseau

---

(1) Ali Bey ; Ibn-Khaldoun ; Brosselard.

africain par la ligne du Sud algérien allant de Djenien-bou-Resg à El-Oued en passant par Aïn-Sefra, El-Abiod, Géryville, Aflou, Laghouat, Ghardaïa, Ouargla et Touggourt, avec prolongement jusqu'à Nefta et Toseur pour le raccordement avec le réseau tunisien.

IV

Communications postales. — Nous diviserons notre réseau postal en trois lignes principales et cinq lignes secondaires.

Lignes principales

I. — El-Goléa, In-Salah, Akabli, Hassi-Tin-Tenaï, Oualen, Tikrit, Achourat, Mereïti, Bou-Djehiba et Tombouctou (1).

II. — El-Goléa, Hassi-Inifel, El-Biod, Temassint, Amguid, Idelès, Assiou, Agadès et Béri (lac Tchad).

III. — Béri, Say, Gogo, Tombouctou.

Lignes secondaires

I. — En ce qui concerne le réseau sénégalien nous n'avons pas à nous en occuper. Tombouctou est déjà relié postalement à Saint-Louis du Sénégal.

II. — La Guinée française (Fouta-Djallon) serait reliée au réseau principal par la ligne Ségou-Sikoro, Bamako, Kouroussa, Timbo, Kouakry.

III. — La côte de l'Ivoire par la ligne Ségou-Sikoro, Sikasso, Kong, Grand-Bassam.

IV. — Le Dahomey par la ligne Mopti (Macina), Ouaghadougou, Fada-N'gourma, Kouandé, Pama, Abomez, Kotonou.

V. — Le Congo et le Gabon par la ligne Béri, Mao (Kanem), Massenya (Baghirmi), Bembé (sur la Sangha), M'bogo (sur le Mgoko), Franceville (sur l'Ogooué).

De Franceville une ligne se dirigerait sur Libreville en passant par

---

(1) Cette route est actuellement la plus fréquentée et la plus sûre :
Capitaine Lacroix, *Bulletin* de la Société de Géographie d'Alger, 3e et 4e trimestre 1898, page 232.

Lastourville et Booué (sur l'Ogooué) ; et une autre ligne sur Loango en passant par Brazzaville.

Quant à nos colonies de Madagascar et de ses dépendances, l'île de la Réunion et Obock, elles ne peuvent être reliées à notre réseau postal africain, étant séparées du Soudan et du Tchad par d'autres pays étangers.

Du reste ces colonies sont assez régulièrement desservies par les paquebots français faisant le service de l'Indo-Chine et de l'Australie.

V

Ayant donné une idée sommaire d'un tracé des lignes postales devant relier nos colonies africaines, examinons de quelle façon pourrait s'effectuer le transport et l'échange des correspondances.

Le réseau ferré français en Afrique est trop restreint, sauf en Algérie, Tunisie, quoique encore incomplet, pour nous permettre de compter sur son concours.

Faute de routes, nous ne pouvons également compter sur les antiques diligences qui, du reste, ne répondent plus à la rapidité que nos besoins exigent.

Nous ne pouvons encore compter sur nos chevaux barbes ou syriens pour franchir le pays du sable et de la soif.

Ces trois moyens de transport nous faisant défaut, il nous en reste un quatrième — nous ne voulons pas parler de l'aérostat — le mehari.

Le *mehari*, ou chameau coureur, est un animal parfaitement adapté au Sahara, et aux privations qu'exige sa traversée, de plus il est doué d'une puissance d'allure telle, qu'il peut fournir trente lieues par jour.

Nous n'en exigerons pas autant.

L'usage du mehari au point de vue postal n'est pas une nouveauté. Ce précieux animal est déjà employé pour l'acheminement des correspondances entre Djibouti et Harrar (Abyssinie).

Ne demandons à notre mehari que vingt lieues par jour, ou quatre-vingts kilomètres.

Pour franchir la distance qui existe entre El-Goléa et Tombouctou, environ 2,000 kilomètres, il lui faudra 25 jours.

D'El-Goléa à Alger : 11 jours.

D'Alger à Marseille : 1 jour 1/2.

Soit environ 38 jours de Tombouctou à Marseille.

Ce temps sera encore réduit lorsque le rail aura atteint Ouargla.

Actuellement les correspondances de France pour Tombouctou mettent pour arriver à leur destination :
De Marseille à Dakar, 11 jours ;
De Dakar à Kayes, 6 jours ;
De Kayes à Tombouctou, 25 jours ;
Soit 42 jours, au minimum.

La traversée du Sahara ferait gagner 4 à 5 jours, ce qui est appréciable au point de vue commercial.

D'El-Goléa au Tchad il faudrait : 42 jours pour franchir près de 3,400 kilomètres d'El-Goléa à Béri, plus 11 jours d'El-Goléa à Alger, et 1 jour 1/2 d'Alger à Marseille, ce qui fait 55 jours.

Par la voie de l'Océan il faudrait : 30 jours de Marseille au Congo.

De Libreville à Béri (3,700 kilomètres environ), 46 jours, en admettant que l'on use d'un moyen de transport fournissant 80 kilomètres par jour, soit 76 jours.

Par le Sahara, économie de 21 jours.

Cette traversée régulière du Sahara par nos courriers ne tarderait pas à établir des relations meilleures entre nos indigènes algériens, nos meilleurs auxiliaires, et ceux des régions qu'ils traverseraient.

Nous reconnaissons fort bien que cette idée entraînerait certaines dépenses, qui pourraient peut-être paraître excessives aux yeux de quelques-uns en raison des services immédiats qu'elle rendrait. Mais nous considérons le moyen de transport par mehari, le seul capable, à l'heure actuelle, d'assurer le service postal entre l'Algérie et le Sahara, à défaut d'un chemin de fer transsaharien.

Le mehari pouvant fournir au maximum 400 kilomètres en 4 jours, l'on pourrait tous les 400 kilomètres environ établir des relais frais pour continuer la route sans interruption jusqu'au but.

Dès le début, des départs simultanés, tous les 8 jours par exemple l'un d'El-Goléa à Tombouctou, l'autre d'El-Goléa au Tchad, et vice versa, pourraient assurer la prompte distribution des correspondances postales.

VI

Communications télégraphiques. — Les mêmes raisons qui plaident en faveur de l'organisation des commuuications postales rapides, et par voies exclusivement françaises, plaident à un plus haut degré en faveur de l'organisation des communications télégraphiques, d'abord au point de vue stratégique, en suite au point de vue de la réduction des distances, partant, de la diminution des tarifs.

Au point de vue politique, un réseau télégraphique français en Afrique s'impose.

Tandis que les câbles télégraphiques sous-marins étrangers entourent et desservent l'Afrique, la France ne possède que :

3 Câbles entre Marseille et Alger ;
1 Câble entre Marseille et Oran ;
1 Câble entre Marseille et Tunis ;
2 Câbles entre Marseille et Bône.

Puis un câble de Ténériffe à Saint-Louis, et un autre de Mozambique à Majunga.

Les correspondances télégraphiques entre la France et ses colonies d'Afrique, sauf l'Algérie et la Tunisie, sont donc obligées d'emprunter la voie étrangère, voie très coûteuse et qui nous met dans une situation grosse de conséquences en cas de conflit européen.

Au point de vue exclusivement commercial par suite de la diminution des tarifs, le trafic télégraphique entre l'Europe et une grande partie de l'Afrique se ferait par le réseau français.

Nous ne pouvons fixer d'avance le tarif qui serait appliqué à cette voie, à titre d'indication nous donnons ce chiffre : le tarif entre Dunkerque et El-Goléa est de 0,05 par mots avec minimum de 0,50.

Actuellement le tarif entre la France et le Sénégal est de 1 fr. 65 par mot ;

Entre la France et la Guinée française (Konakry), 5 fr. 66 par mot ;

Entre la France et la Côte de l'Ivoire (Grand Bassam), 6 fr. 26 par mot ;

Entre la France et la Côte de l'Ivoire, autres bureaux, 6 fr. 46 par mot ;

Entre la France et Kotonou, Porto-Novo et Wydah 7 fr. 76 par mot ;

Entre la France et le Gabon (Congo français), 8 fr. 36 par mot ;

Ces chiffres suffisent.

VII

Le réseau télégraphique français en Afrique devrait être établi de telle façon que toutes nos colonies du cœur de l'Afrique soient en relation avec la Métropole.

Partant de ce principe nous diviserons ce réseau en :

Trois lignes principales :
Et cinq lignes secondaires.

Lignes principales

I. — El-Goléa, In-Salah, Akabli, Ouallen, Taodeni, Araouan, Tombouctou, 2,600 kilomètres environ.

II. — In-Salah, Amguid, Idelès, Bir-el-Gharama, Assiou, Agadès, Zinder, (Damerghou), Béri (Tchad), 3,150 kilomètres environ.

III. — Ligne de jonction Tchad-Tombouctou, de Zinder par Say et Gogo, 1,880 kilomètres environ.

Lignes secondaires

I. — Le réseau sénégalien serait relié à notre réseau principal par une ligne Bammako, Ségou-Sikoro, Mopti, Tombouctou 1,000 kilomètres environ.

II. — Le réseau de la Guinée française par une ligne, Timbo, Miaganola, Bammako, 620 kilomètres.

III. — Le réseau de la Côte de l'Ivoire par une ligne, Grand Bassam, Koug, Sikasso, Ségou, Sikoro, 1,300 kilomètres environ.

IV. — Le réseau du Dahomey par une ligne, Kotonou, Fada-N'Gourma, Say, 1,000 kilomètres environ.

V. — Le Congo et le Gabon par une ligne, Béri, Mao (Kanem), Massenya (Baghirmi), Goundi (Haut-Oubanghi), Bembé (sur la Sangha), M'Bogo sur le N'Goko, Franceville sur l'Ogooué, 3,000 kilomètres environ.

A Franceville cette ligne se diviserait en deux branches dont l'une irait à Loango par Brazzaville (950 kilomètres environ), et l'autre à Libreville (670 kilomètres environ).

VIII

Ce réseau télégraphique pourrait être construit soit au moyen de lignes aériennes, soit au moyen de lignes souterraines.

A ce sujet voici l'opinion de M. Thomas, Ingénieur des Télégraphes :

Les lignes télégraphiques souterraines à grandes distances, présentent si on les compare aux lignes télégraphiques aériennes, les désavantages suivants :

« Elles coûtent beaucoup plus cher. Tandis que sur une ligne aérienne on peut ajouter de nouveaux fils sans difficulté, l'adjonction d'un nouveau conducteur souterrain présente les plus grandes difficultés.

« Les réparations sont bien plus compliquées et plus coûteuses que pour les lignes aériennes.

« La vitesse de transmission est moins grande par suite de la capacité et de l'induction mutuelle des conducteurs.

« Elles offrent par contre une série d'avantages qui en font adopter l'emploi malgré les inconvénients que nous venons de signaler :

« Elles ne sont pas soumises aux dérangements fréquents qui affectent les lignes aériennes.

« Elles sont à l'abri de la malveillance.

« Elles sont moins sujettes à être foudroyées.

« Enfin, elles sont absolument soustraites à toutes les causes physiques qui agissent souvent d'une manière si fâcheuse sur les lignes aériennes, l'humidité qui, malgré tous les soins apportés dans le choix des isolateurs, rend souvent difficiles les longues communications ; le verglas qui, dans certaines régions, s'accumule sur les fils pendant l'hiver en masses qu'ils ne peuvent supporter ; les tempêtes qui renversent les poteaux et mettent parfois tous les fils d'une ligne hors de service sur une longueur considérable.

« En 1879, Paris s'est trouvé pendant l'hiver à différentes reprises, privé de communications avec presque toute la France. Avec les lignes souterraines une situation aussi grave ne peut se représenter » (1).

Si l'on adoptait la construction aérienne, la dépense serait, à raison de 500 francs environ par kilomètre :

Pour la ligne El-Goléa Tombouctou 1,300,000 :
Pour la ligne In-Salah Tchad, 1,575,000 ;
Pour la ligne Tchad Tombouctou, 1,300,000 :
Le coût des lignes secondaires réunies, serait de 4,270,000.
L'ensemble coûterait 8,500,000, mettons 10,000,000 par suite des imprévus.

Examinant la question du personnel chargé des transmissions, et de l'entretien des lignes principales de ce réseau, nous arrivons à croire que l'élément civil ne donnerait pas les résultats attendus.

L'élément militaire, au contraire, avec les troupes du Génie secondées par les Tirailleurs, possède toutes les qualités nécessaires pour assurer

---

(1) Traité de télégraphie électrique par Thomas, Ingénieur des Télégraphes, Paris, Baudry et Cⁱᵉ 1894.

la bonne exécution du service en même temps que la sécurité des lignes.

En ce qui concerne nos colonies d'Obock, de Madagascar et ses dépendances, et de la Réunion, elles pourraient être desservies par un câble sous-marin Gabès, Djibouti, Majunga.

Pour conclure ce court mémoire, nous soumettons à l'approbation du Congrès le vœu suivant :

« Attendu qu'il y a intérêt pour la France d'être en communications rapides et constantes, et par voies exclusivement françaises, avec ses colonies ;

« Considérant en ce qui concerne les colonies africaines — que la voie Algérie, Sahara, Soudan est la plus courte et assure ces conditions.

« Le XXe Congrès national des Sociétés françaises de géographie émet le vœu que le Gouvernement mette à l'étude :

I. — Un projet de jonction du réseau postal Algérien-Tunisien au réseau postal Sénégal-Boucle du Niger, Tchad, Congo et l'Atlantique.

II. — Un projet d'établissement d'un réseau télégraphique entre l'Algérie et ces mêmes colonies.

III. — Un projet d'établissement d'un câble télégraphique sous-marin entre un point quelconque de l'Algérie-Tunisie (Gabès par exemple) et Madagascar passant par Obock.

M. Bonnard, de la Société de Géographie commerciale de Paris, Section de Tunis, tient à réserver l'éventualité du tracé d'une ligne télégraphique de Bougrara au Tchad. Il estime que cette ligne serait la plus facile à établir et la plus facile à garder des lignes de pénétration dans le centre de l'Afrique. Il propose l'adoption d'un amendement à rédiger dans ce sens.

Le Président prie MM. Bascou et Bonnard de vouloir bien se concerter à ce sujet, et de soumettre, en fin de séance, au Congrès, les propositions auxquelles ils se seront arrêtés.

MM. Bascou et Bonnard adhèrent à cette proposition.

L'ordre du jour appelle la discussion d'une question proposée par M. Bonnard, et relative au développement des relations commerciales entre l'Algérie et la Tunisie par la création de moyens de transports plus rapides.

M. Bonnard expose que le chemin de fer est le grand outil de la colonisation, et qu'il y a intérêt à en tirer tout le parti possible. Il est reconnaissant aux Compagnies de chemins de fer des efforts qu'elles font, mais il voudrait leur demander de réaliser encore de nouveaux progrès.

Il désirerait tout d'abord la création d'un train rapide par semaine d'Alger à Tunis ; il ne demande pas que ce train ait une vitesse considérable, mais seulement qu'il ne mette pas deux jours pour franchir les 897 kilomètres du parcours ; il pense que, malgré le mauvais état de la voie, le trajet pourrait être accompli en 24 heures. Un train hebdomadaire marchant dans ces conditions, serait utilisé par les touristes, et les touristes ne sont pas à négliger, si l'on en juge par la Suisse, qui sait en tirer parti. On ne pourrait opposer que le fonctionnement de ces trains entrainerait la création d'un service de nuit puisqu'actuellement tous les trains à long parcours arrivent à Alger et à Constantine, comme à Tunis, entre 10 heures du soir et minuit, et que, par suite, en hiver, une bonne partie de leur trajet s'accomplit la nuit.

Il est d'ailleurs nécessaire que les relations soient facilitées entre l'Algérie et la Tunisie.

Les justiciables tunisiens, notamment, y trouveraient de grands avantages, puisque la Tunisie se trouve dans le ressort de la Cour d'Appel d'Alger, et que dans la situation actuelle, l'obligation de se rendre dans cette dernière ville entraîne pour eux des absences prolongées.

D'autre part, au point de vue de l'élevage, l'Algérie et la Tunisie pourraient se rendre de grands services. Il arrive souvent que, dans la partie Est du département de Constantine, les troupeaux ne trouvent pas de pâturages, alors que l'herbe est abondante sur le littoral tunisien, où il y aurait intérêt à pouvoir les transporter rapidement. De plus, l'exportation en France des moutons algériens et tunisiens, serait facilitée par la création de moyens de transports plus rapides.

Enfin, une question connexe à celle des relations par chemin de fer entre l'Algérie et la Tunisie, c'est la question de la création d'un service de Paris à Tunis par l'Italie et vice versa, par analogie avec le service existant de Paris à Oran par l'Espagne. Un tel service faciliterait les voyages circulaires et alimenterait les trains rapides dont le fonctionnement a déjà été demandé entre Alger et Tunis.

M. Bonnard propose ensuite au Congrès d'émettre les vœux suivants :

Le Congrès émet le vœu :

I. — Qu'il soit créé un train rapide par semaine entre Alger et Tunis, dans l'une et l'autre direction, effectuant, par exemple, les 897 kilomètres de parcours en 24 heures et le même jour.

II. — Que les trains entre Alger et le Kroubs, entre le Kroubs et Tunis soient pourvus d'un wagon restaurant.

De plus, relativement à l'élevage, le Congrès émet le vœu que le parcours des 449 kilomètres entre le Kroubs et Tunis s'effectue, pour les wagons de bestiaux en 24 heures et le même jour.

Enfin le Congrès émet le vœu qu'un service soit créé de Paris à Tunis par l'Italie et vice versa, par analogie avec le service existant de Paris à Oran par l'Espagne et vice versa.

Ces différents vœux sont mis aux voix et adoptés.
Le Président donne lecture d'une lettre par laquelle le Maire d'Alger invite

les membres du Congrès à assister à une représentation de gala organisée en leur honneur : cette représentation aura lieu le dimanche 2 avril au Théâtre Municipal.

Sur la proposition du Président, le Congrès remercie la Municipalité d'Alger de son invitation

---

M. le Colonel Périssé, Délégué de la Société de Topographie de France, dépose le vœu suivant :

Le XXe Congrès des Sociétés françaises de géographie considérant à la fois les intérêts généraux de la Tunisie et l'importance de la position stratégique et navale de Bizerte.

Remercie M. le Ministre des Affaires Etrangères de la réponse qu'il a bien voulu faire au XIXe Congrès et émet à nouveau le vœu :

Qu'une voie ferrée soit construite le plutôt possible pour rapprocher Bizerte des richesses de l'intérieur et mettre ainsi à sa portée les ressources militaires de l'Algérie.

M. le Président met aux voix ce vœu, qui est adopté et renvoyé à la Commission de revision.

M. Bénard, Délégué de la Société de Géographie Commerciale de Bordeaux, donne lecture de la communication suivante :

Création de PORTS FRANCS en France, à Dunkerque, le Havre, Saint-Nazaire, Bordeaux, Marseille et Alger

Depuis 1896, grâce au remarquable rapport de M. Charles Roux, Député de Marseille, sur le budget du Ministère du Commerce, nous avons été obligés de reconnaître que le commerce et l'industrie de la France toute entière se trouvaient en présence d'une lutte de plus en plus grave et pénible, en face des progrès incessants des affaires de l'Allemagne et de l'Angleterre.

Il n'est pas douteux que cette crise commerciale est en pleine intensité et qu'elle se complique, pour notre pays, d'une crise de la marine marchande.

Parmi les causes principales du mal dont nous souffrons, il faut avoir le courage de le dire, le régime douanier que nous subissons est assurément la plus importante, car il arrête certaines affaires et diminue les transports sur les marchandises d'importation ; il entraîne aussi la paralysie de notre commerce d'exportations en poussant les autres peuples à user à notre égard de représailles, en les excitant à nous fermer les débouchés que nous avions chez eux.

Tout le monde se rappelle dès 1881, au début de la protection à outrance, les funestes conséquences du décret Tirard sur les viandes salées d'Amérique qui ruina les importateurs de la côte Ouest de France et fit supprimer la ligne à vapeur de Bordeaux New-York.

Depuis, les exemples se sont suivis sans discontinuer, sous la pression trop ardente des protectionnistes qui, sous prétexte de protéger à outrance l'agriculture, font aux commerçants une guerre acharnée et d'autant plus regrettable, que sous un antagonisme superficiel, il y a une solidarité profonde, indubitable, indispensable entre tous ces intérêts.

*
* *

Bref, nous pouvons constater tous les jours à nos dépens, combien étaient justes les paroles que M. Marc Maurel, armateur et économiste distingué, prononçait déjà en 1889, à Paris, au Congrès des Chambres Syndicales de France :

« Le régime de la protection, s'il devient *trop exagéré*, trop ex-
« clusif, au point de vue des intérêts généraux du pays, sera une
« illusion et une injustice.

« Ce sera une illusion, parce qu'au lieu de multiplier la richesse,
« il ne fera que la déplacer ; et ce sera une injustice aussi, parce
« qu'il prendra sans compensation le bien de tous pour l'attribuer
« par privilège légal à quelques-uns. »

Messieurs,

Je vous prie d'excuser ces préliminaires qui n'ont pas pour but de prouver qu'il existe un moyen de régler la question si délicate du protectionnisme et du libre-échange ; mais — qui ont pour objectif de faire comprendre que la création d'une institution nouvelle appelée port franc, *tout en respectant intégralement* les lois de protection existantes et leur application, permettrait à de nombreuses industries françaises de travailler de nouveau pour l'étranger et de reconquérir leur prospérité passée, *sans porter tort aux recettes des droits protecteurs*, mais sans subir de formalités, de dépôts, de cautions et d'arrêts fâcheux.

Qu'est-ce que le port franc?

La question n'est pas nouvelle.

En l'an XIII, la Chambre de Commerce de Marseille en donnait la définition suivante :

« C'est un port restreint, une partie de port, établi hors de la
« ligne des douanes, ouvert à tous les bâtiments de commerce, sans
« distinction, quels que soient leurs pavillons et la nature de leurs
« chargements. C'est un point commun, où vient aboutir, par une
« sorte de fiction, le territoire prolongé de toutes les nations ; il
« reçoit et verse de l'un à l'autre, toutes les productions respectives,
« sans gêne et sans droit. »

Autrefois, la franchise du port s'étendait à la ville toute entière. Mais l'expérience a fait renoncer aux villes franches.

Et ce que nous souhaitons, ce que nous demandons seulement, ce sont des ports francs, comme ceux qui florissent à Hambourg, à Brême, à Copenhague. Il s'agit de soustraire au régime des douanes un vaste terrain entouré de murs ou de palissades, gardé jour et nuit par des surveillants aux rares portes d'accès.

Toutes les marchandises y rentrent en franchise, y peuvent être manipulées, travaillées, transformées sans formalités, sans tracasseries, sans droits, sans rançon, à condition que tout reparte pour l'étranger.

Mais, si les marchandises ou leurs produits rentrent sur le territoire français en franchissant les portes du port franc, la douane les frappe des droits égaux ordonnés par les lois de protection.

A Copenhague, l'expérience a prouvé combien ce système est favorable au développement de l'industrie, puisque en quelques années il s'est installé dans le port franc, avec une rapidité incroyable :

2 Rôtisseries de café ;
2 Fabriques à nettoyer et colorer le café ;
1 Rôtisserie de cacao ;
1 Marbrerie ;
2 Fabriques de liqueurs ;
1 Fabrique de bicyclettes ;
1 Fabrique de chocolat ;
4 Fabriques de machines agricoles ;
1 Fabrique de machines à vapeur ;
1 Fabrique de bois placage ;

7 Ateliers d'ébénisterie ;
6 Chais de spiritueux ;
4 Fabriques de porcelaine.

Messieurs,

Il n'y a pas de raison pour que la France ne fasse pas ce que fait si bien l'étranger.

Il n'y a pas de raison pour que cette infériorité persiste.

Et il y a des raisons nombreuses pour que la création de ports francs entraîne les mêmes conséquences heureuses qu'elle a entraînées dans les autres pays.

Voilà pourquoi, nous soumettons à votre approbation le vœu suivant :

Le XX⁰ Congrès de Géographie tenu à Alger en mars 1899, confirmant la décision du Congrès de Marseille de septembre 1898.

Emet le vœu :

Que les Pouvoirs Publics et les Chambres de Commerce prennent l'initiative de la création de ports francs à Dunkerque, le Havre, Saint-Nazaire, Bordeaux, Marseille et Alger.

M. Tandonnet, Vice-Président de la Société de Géographie Commerciale de Bordeaux tient à s'associer tout particulièrement au vœu de M. Bénard, mais il demande qu'à titre d'expérience un port franc soit créé tout d'abord à Alger.

M. Bonnard estime qu'il y a lieu de signaler aux Pouvoirs Publics le point suivant :

Une zone franche paraissant aujourd'hui la condition d'un grand port de commerce, à Marseille, à Alger, aussi bien qu'à Hambourg ; et les 15,000 hectares du lac de Bizerte comportant un port de commerce à côté et à l'appui du port militaire, il paraît convenir, dès aujourd'hui, de prendre les dispositions nécessaires, telle que l'élargissement du canal de Bizerte, ou la création d'un nouveau canal, en vue de l'établissement à Bizerte d'un port de commerce avec zone franche.

M. Bénard déclare qu'on n'avait pas voulu soulever la question en ce qui concerne les pays de protectorat. Quant au port de Bizerte, qu'il a étudié au point de vue commercial, il n'a pas une confiance illimité dans son avenir. Il ajoute qu'il n'y a d'ailleurs pas d'exemple qu'un grand port commercial se soit installé à côté d'un port militaire.

M. le Colonel Périssé cite Saïgon, Malte et Dakar.

M. Bénard répond qu'en tout cas aucun exemple de ce genre n'existe en France. Un port militaire et un port commercial se gênent l'un l'autre ; il y a nécessairement lutte et antagonisme entre eux. Il déclare s'associer à la proposition de M. Tandonnet, et donner en conséquence à son vœu la forme suivante :

« Le Congrès de Géographie tenu à Alger en mars 1899, confir-
« mant la décision du Congrès de Marseille tenu en septembre 1898.

« Emet le vœu :

« Que les Pouvoirs Publics, et les Chambres de Commerce
« prennent l'initiative de la création de ports francs à Dunkerque,
« le Havre, Saint-Nazaire, Bordeaux, Marseille et Alger.

« Que les mêmes Pouvoirs, dans le cas où il serait tenté une
« expérience, en étudient la réalisation immédiate à Alger. »

Ce vœu est mis au voix et adopté.

M. Cazenave, M. S. G. A., donne communication du travail ci-après :

La main-d'œuvre indigène aux Colonies et spécialement en Algérie

On peut dire que le premier homme qui employa à des travaux les forces physiques de ses semblables, créa la main-d'œuvre.

L'esclavage et le servage furent, pendant de longs siècles, la forme du travail manuel. Celui-ci a néanmoins suivi l'humanité dans ses évolutions successives. Comme elle, il s'est modifié. Mais il a laissé des témoignages irrécusables de sa puissance dans l'antiquité. Les vestiges des splendeurs des anciennes villes asiatiques, les admirables monuments égyptiens, les éternelles pyramides qui virent le règne des Pharaons et les victoires de Bonaparte et qui continuent à voir lever le jour, les travaux prodigieux accomplis dans l'Afrique du Nord pendant l'occupation romaine, sont là, en effet, pour attester l'incomparable génie des travailleurs des civilisations antiques.

Cette brève évocation des ouvrages de la main-d'œuvre des temps anciens, permet de constater combien le travail manuel a subi d'importantes modifications : nous n'avons plus ces innombrables armées d'esclaves qui accomplirent tant d'œuvres grandioses, mais nous possédons des travailleurs, libres, émancipés, sur presque toute la surface du globe, et beaucoup plus occupés à pourvoir aux besoins des hommes qu'à élever des monuments à leur gloire.

Chez les nations modernes, la main-d'œuvre est d'autant plus rare que le peuple est plus riche. Elle est abondante dans les contrées pauvres et va offrir ses services là où elle fait défaut.

La main-d'œuvre joue un rôle prépondérant dans les colonies. Elle est considérée, avec raison, comme un des facteurs essentiels de la prospérité de ces pays.

Plus les indigènes sont nombreux, plus ils sont laborieux, aptes aux travaux de création ou de transformation qui concourent à l'exploitation des richesses du sol, plus les entreprises coloniales dont ils sont les auxiliaires précieux et même indispensables, sont assurées de succès.

Dans les colonies de peuplement, une bonne main-d'œuvre indigène oppose naturellement une barrière à une immigration du dehors trop considérable. Elle devient ainsi un gage de sécurité contre le despotisme que les étrangers, en vertu d'une loi politique inéluctable, font peser sur les pays nouveaux où ils vont s'implanter en masse.

Dans les colonies françaises, la main-d'œuvre est réglementée par de sages dispositions sauvegardant les droits des employeurs et des employés. Les contrats garantissent la durée de l'engagement, le taux du salaire, le mode et le délai de paiement. Souvent, ils fixent les pénalités auxquelles s'exposent ceux qui manquent à leurs engagements. Ces mesures se sont imposées autant pour protéger la main-d'œuvre contre l'arbitraire et les mauvais traitements que pour assurer à ceux qui l'occupent la réussite de leurs exploitations en tant qu'elles dépendent du recrutement des travailleurs.

Au Congo français, les noirs fournissent la main-d'œuvre nécessaire pour les défrichements et les travaux d'exploitation agricole ou commerciale. Le Sénégal, la République de Libéria et la Côte d'Ivoire fournissent au Congo d'excellents hommes de peine et des ouvriers d'art, charpentiers, maçons, forgerons. La journée de travail est de 10 heures. Le salaire des noirs ne peut s'évaluer en chiffres. On les paie généralement en marchandises. Pour les autres ouvriers, les salaires varient de 0 fr. 60 à 3 fr. 50. Les prix les plus bas sont ceux des journées de terrassier. Les charpentiers d'embarcations, les mécaniciens, touchent les plus élevés.

Au Sénégal et dans ses dépendances, l'agriculture étant encore à l'état rudimentaire, est restée entre les mains des indigènes. Le colon qui veut s'adonner aux plantations et aux travaux des champs, doit avoir recours aux noirs. Les professions manuelles sont exercées par des indigènes qui appartiennent pour la plupart à la caste des griots. Les manœuvres reçoivent 1 fr. 50 par jour, sans nourriture, les menuisiers, les maçons de 3 à 4 francs, les charpentiers et les forgerons de 3 fr. 50 à 4 fr. 25, les maîtres ouvriers de 4 fr 50 à 6 fr. 50, enfin les boulangers sont les mieux payés. Ils touchent 6 francs.

A la Guyane, la main-d'œuvre créole étant très insuffisante pour les besoins de la colonie, il a fallu faire appel à l'immigration africaine et asiatique, mais la première a été supprimée en 1861 et la seconde en 1877. Depuis il a fallu créer un nouveau courant d'émigration volontaire des noirs du Sénégal.

Aussi la main-d'œuvre, à la Guyane, est-elle particulièrement coûteuse. Les salaires, pour l'agriculture, varient de 1 fr. 50 à 2 francs par jour, plus la nourriture, le logement et les soins médicaux. Sur les chantiers forestiers, les prix sont de 2 à 4 francs avec nourriture, logement et soins ; sur les placers de 4 à 6 francs avec nourriture ; pour la domesticité de 30 à 50 francs par mois.

La main-d'œuvre pénale est mise à la disposition des particuliers dans des conditions déterminées.

A la Nouvelle-Calédonie, les indigènes de Loyalty font preuve d'activité et d'intelligence, mais ils font payer trop cher leurs services aux engagistes. De là est né le besoin de recourir, pour l'exécution des travaux agricoles, aux travailleurs javanais et annamites.

Aux Nouvelles-Hébrides, les canaques fournissent aux colons la main-d'œuvre indispensable aux exploitations culturales. Le travailleur est payé à raison de 200 francs par an et doit être nourri.

En Indo-Chine, le travail est doté d'une main-d'œuvre abondante et à bon marché. Les annamites forment la grande majorité des travailleurs. Ils sont doux et faciles à diriger. Ils apprennent facilement la culture et le maniement des machines.

Il est à remarquer que la main-d'œuvre indigène n'est réellement bon marché qu'à la tâche. Elle procure ainsi une économie de 50 %. Pour les travaux effectués à la journée, il est établi qu'elle est aussi chère qu'en Europe.

A Madagascar, par un arrêté du Résident Général, la valeur de la journée de travail a été fixée à 1 franc dans toute l'île et ses dépendances. A la suite de l'abolition de l'esclavage dans cette nouvelle possession française, et pour parer aux besoins de la colonisation, le Général Galliéni a réglementé les conditions du travail dans l'Imérina et dans les provinces.

La main-d'œuvre indigène fait défaut sur bien des points, notamment dans la province de Majunga. De nombreux travailleurs d'origine asiatique ou africaine y suppléent.

Enfin, à la Réunion, à la Guadeloupe, à la Martinique, et dans nos autres établissements français, la main-d'œuvre indigène est généralement pauvre. L'immigration fournit les travailleurs.

Après cette rapide revue de la main-d'œuvre indigène dans les colonies, j'arrive à l'Algérie que les uns considèrent comme une colonie et que d'autres entrevoient comme un prolongement de la France sur le vaste empire africain.

Je suis de ces derniers car, comme l'a dit Onésime Reclus, depuis l'an 1830 la patrie des Français ne se borne pas à la France d'Europe. Elle est doublée de la France d'Afrique.

En Algérie, la main-d'œuvre indigène est la base de la colonisation française. L'une et l'autre coopèrent à cette grande tâche que la Métropole poursuit avec confiance pour créer ici une seconde France à son image. Quoiqu'on en dise, les indigènes et les colons algériens ont des intérêts tellement communs que l'existence et l'amélioration du sort des premiers sont étroitement liés aux résultats de l'œuvre des seconds qui, par contre, ne peuvent se passer du concours des premiers.

C'est ainsi qu'un homme éminent de l'Algérie a pu dire dans une solennité semblable à la nôtre, que la famine ne se montrait plus en pays de colonisation et que l'agriculture versait aux indigènes, sous forme de salaires, un tribut annuel de quarante millions de francs.

A elle seule, la viticulture algérienne rapporte aux indigènes près d'une vingtaine de millions. L'extention du vignoble algérien, le perfectionnement de sa culture, les soins qu'il exige de plus en plus contribueront encore à augmenter l'importance de ce chiffre. Les autres exploitations du sol sont également en progrès et fournissent une somme de salaires qui va en croissant d'année en année.

Les travaux en forêts, l'industrie extractile, les poteries, les briqueteries, les tanneries, les industries textiles, occupent également un grand nombre d'indigènes.

Quelle somme de fortune les entreprises de nos colons ne seront-elles pas pour les travailleurs indigènes ?

Cette main-d'œuvre se compose de deux éléments bien dissemblables : l'élément arabe et l'élément kabyle.

Le kabyle, qui forme une petite minorité dans la population indigène de l'Algérie, est travailleur, sobre, endurant et économe. L'arabe, qui constitue la grande majorité dans cette même population, est loin d'avoir les qualités des gens de la Kabylie. Si les arabes avaient eu les dispositions au travail que l'on se plaît à louer chez les kabyles, il est probable que l'Algérie n'aurait pas eu recours aux défricheurs espagnols et aux terrassiers marocains.

C'est un spectacle bien curieux que celui du départ des kabyles à l'époque des récoltes ou des vendanges. On évalue à 50,000 le nombre des hommes valides, que la grande Kabylie et une partie de la petite, fournissent annuellement comme travailleurs à nos fermes et à nos villages. Ils descendent par bandes de leurs montagnes. Les uns vont s'embarquer à Dellys, à Port-Gueydon et à Bougie pour se répandre dans nos plaines. Les petits bateaux côtiers en transportent ainsi une trentaine de mille. Les autres prennent place dans les diligences publiques ou dans les wagons de la Compagnie de l'Est Algérien. Cette dernière en a véhiculé l'année dernière 38,000.

Ces simples chiffres peuvent donner une idée de l'importance de cette migration.

Le kabyle préfère travailler à la tâche pour les céréales. Il fixe avec le propriétaire du champ à dépiquer un prix à forfait pour l'enlèvement de la récolte. Relativement aux autres travaux, labours, piochages, sulfatages, soufrages, enlèvement des altises, vendanges, il est employé à la journée.

Son salaire varie de 1 fr. 25 à 2 fr. 25. Dans de très nombreuses exploitations, on lui donne le salaire, partie en argent et partie en vivres.

La main-d'œuvre kabyle a son principal centre d'action dans le département d'Alger. Elle ne dépasse guère Aïn-Beïda, dans le département de Constantine. Elle commence depuis quelques années à pénétrer dans le département d'Oran.

Les arabes sont occupés dans les champs d'une façon sédentaire et non par périodes comme les kabyles. Il est utile de dire qu'un grand nombre d'arabes constitue la main-d'œuvre dont les propriétaires indigènes se servent pour faire cultiver leurs terres. Ces travailleurs s'appellent des khammès qui reçoivent pour prix de leur travail le cinquième de la récolte quand ils en obtiennent une.

La main-d'œuvre indigène n'est pas exclusivement employée dans l'intérieur des terres. Nos ports, pour la manutention des marchandises, en emploient notamment beaucoup. Les portefaix et les commissionnaires sont recrutés presque exclusivement parmi les indigènes. Le prix de cette main-d'œuvre est très variable.

L'exposé qui précède n'a d'autre but que de montrer l'importance de la main-d'œuvre indigène.

Il existe des renseignements sur les conditions de travail de cette main-d'œuvre en Algérie, mais ils n'ont pas encore été réunis, ni soumis à l'épreuve d'un contrôle officiel. On ne connaît pas exactement le chiffre de l'effectif respectif de la main-d'œuvre arabe et kabyle.

De même, on ne sait pas encore au juste quels sont les centres, tribus ou douars, qui fournissent ces travailleurs.

Il y a cependant un intérêt de premier ordre à ce que leurs contingents soient recensés et connus. L'influence des ouvriers indigènes au triple point de vue social, politique et économique, aura incontestablement une part décisive dans l'avenir de l'Algérie. Il importe donc de dénombrer cette force, de déterminer ses moyens et son champ d'action.

En conséquence, j'ai l'honneur de proposer au Congrès le vœu suivant :

Le XXe Congrès des Sociétés françaises de géographie émet le vœu qu'il soit procédé à une enquête en vue de déterminer :

I. — L'effectif de la main-d'œuvre indigène, avec indication du contingent arabe et du contingent kabyle ;

II. — Les centres qui fournissent cette main-d'œuvre :

III. — Les travaux auxquels elle est occupée ;

IV. — Le taux et la nature des salaires, ainsi que les conditions du travail des ouvriers indigènes.

M. Tardres, M. S. G. A., demande que le vœu de M. Cazenave soit généralisé et s'applique aussi bien à la main-d'œuvre européenne qu'à la main-d'œuvre indigène, et, dans ce but, il prie le Congrès d'appuyer le vœu précédemment émis par le Conseil Général d'Alger en faveur de la création d'un office du travail algérien.

M. Cazenave déclare maintenir son vœu qui s'applique exclusivement à la main-d'œuvre indigène.

Le Président invite M. Tardres à formuler son vœu relatif à la main-d'œuvre européenne, et met aux voix le vœu de M. Cazenave qui est adopté.

M. Tardres dépose ensuite le vœu ci-après :

Le XXᵉ Congrès des Sociétés françaises de géographie, émet le vœu qu'une suite soit donnée au vœu déjà émis par le Conseil Général d'Alger dans la session d'avril 1898, en vue de la création d'un office du travail algérien. Que l'Administration fasse dans tous les cas le nécessaire pour que les conditions du travail européen en Algérie soient étudiées avec précision au moyen d'une statistique aussi bien faite que dans la Métropole.

A l'appui de sa proposition, M. Tardres développe les considérations suivantes : Le Congrès a déjà entendu l'écho des angoisses qui étreignent les Français d'Algérie en présence de l'envahissement excessif et croissant de la main-d'œuvre étrangère, en présence de l'impossibilité, de plus en plus réelle pour le prolétaire français, de vivre en Algérie. C'est là un des côtés de la question ou des questions ouvrières qui, en Algérie, ne se présentent pas de la même manière qu'en France.

L'étude des meilleurs moyens à employer pour améliorer la situation actuelle doit se baser surtout sur l'observation des faits. Sur cette matière comme sur toutes les autres branches du savoir humain, la méthode expérimentale est la meilleure pour découvrir les solutions justes.

Or, M. Cazenave l'a constaté pour la main-d'œuvre indigène et c'est encore plus exact pour la main-d'œuvre européenne, les éléments d'étude, c'est-à-dire des renseignements statistiques certains et complets, manquent absolument.

Il n'en serait pas ainsi si les bureaux du Gouvernement Général de l'Algérie comprenaient un service analogue à l'office du travail de Paris.

On nous dit qu'il n'est pas nécessaire de créer un rouage ni des fonctionnaires nouveaux. C'est bien et peu importe. Si le personnel et l'organisation actuels suffisent, à plus forte raison devons-nous insister pour que l'Administration algérienne établisse dorénavant la statistique du travail algérien avec le même soin et avec la même précision qu'elle est établie en France.

Il y a ici des questions, telles par exemple que la nationalité des ouvriers, les diverses formes du salaire payé par les colons à leurs khammès indigènes, etc., qui ne se posent pas en France et qui ont en Algérie une importance capitale.

L'office du travail de Paris ignore totalement ces questions là.

Elles ne seront véritablement et utilement étudiées que par un service local. Il y a un très grand intérêt pour l'Algérie, à ce que cette étude soit faite.

Le vœu de M. Tardres est mis aux voix et adopté.

M. le Docteur Blaise, M. S. G. A., Professeur à l'Ecole Supérieure de médecine d'Alger, donne lecture de la communication suivante :

La géopraphie médicale, l'hygiène, la nosographie des pays chauds intéressent au plus haut point les puissances coloniales. Aussi la Belgique, et tout récemment l'Angleterre, viennent-elles de consentir des sacrifices considérables pour organiser, la première à Gand, la seconde à Liverpool, sur les bases les plus larges, l'enseignement de ces branches des sciences médicales.

Alger, capitale de l'Afrique française du Nord, siège du centre d'enseignement médical le plus rapproché des zones tropicales qui constitueront d'ailleurs demain l'hinterland algérien, Alger, dis-je, était tout naturellement désigné pour la fondation d'une chaire des maladies des pays chauds. C'est ce qu'à très bien compris, il y a quelques années, M. le Ministre de l'Instruction Publique.

Mais pour que le titulaire de cette chaire puisse donner au pays, à la science française, tout ce qu'on est en droit d'en attendre, il convient d'élargir considérablement le cadre de son enseignement.

A l'étude théorique doit s'ajouter l'étude par la clinique et le laboratoire. Un laboratoire, passablement outillé, est annexé à la chaire d'Alger. Mais les ressources cliniques, puisées dans le pays même, sont forcément limitées et absolument insuffisantes.

Il y aurait avantage à amener dans le service clinique annexé à cette chaire des pays chauds, des malades atteints de types morbides particuliers au continent noir. Ces types morbides tels que : bilharzioses, filarioses africaines, craw-craw, hypnose, etc., sont loin d'être complètement connus. Un centre d'étude fixe, comme le nôtre, beaucoup mieux outillé que les missions médicales, est bien plus à même de pousser à fond, de parachever l'étude clinique et surtout expérimentale de ces types.

Circonstance heureuse : il ne s'agit pas de ces grands fléaux pestilentiels qui tombent justement sous l'interdiction de la loi sanitaire. Des parasites tels que les filaires et les bilharzies, placées au plus profond de nos vaisseaux, ne sauraient occasionner aucun contage.

Les maladies dont nous sollicitons l'étude clinique, faite sur place, ne sont pas contagieuses. Les unes atteignent les noirs seuls (hypnose), les autres s'attaquent à nos soldats et à nos colons dans la sphère tropicale (bilharziose, craw-craw, ulcère phagédénique, etc.). Elles deviennent de plus en plus fréquentes dans nos pays mêmes, grâce à nos expéditions coloniales répétées où sont employés légionnaires, tirailleurs, convoyeurs indigènes. Elles deviendront encore plus nombreuses parmi nous le jour où nous communiquerons librement avec le centre africain. Ces cas sporadiques, le plus souvent méconnus, créent un danger plus considérable pour nous-mêmes que les cas qui seraient observés scientifiquement dans un pavillon isolé où toutes les précautions médicales seraient prises vis-à-vis d'une dissémination même improbable.

Le principal argument invoqué contre l'idée d'amener ici des malades tombe donc devant l'examen des faits ; c'est d'ailleurs avec une certaine tristesse que nous constatons que les Anglais n'ont même pas songé à une semblabe objection pour leur organisation à Liverpool.

Plus favorisés que les autres pays coloniaux, nous possédons à Alger même qui va devenir le centre intellectuel et la porte de l'Afrique française, la chaire de pathologie tropicale qui constituera l'un des plus beaux fleurons de *notre future université coloniale*. Son titulaire, M. le Professeur Brault, a déjà lancé maints appels invitant à entrer résolument dans cette voie pratique qui ne saurait rester plus longtemps fermée, puisqu'il y va de l'intérêt de la science française et de l'humanité.

Presque toutes les maladies spéciales à l'Afrique se rencontrent au Sénégal. Or les navires qui font le service de la côte Ouest font escale à Oran. Il est donc bien facile de nous amener, à peu de frais, ici, les types à étudier, d'autant plus qu'il s'agit non seulement d'affections non contagieuses, mais encore d'affections le plus souvent chroniques et par conséquent ne rendant pas pénible le transport des malades.

La chaire des pays chauds serait aussi très avantageusement dotée d'un musée d'hygiène et de pathologie, *auquel on pourrait donner le nom de de Brazza*, et dans lequel on grouperait les différents produits des zones tropicales tels que substances alimentaires, drogues diverses, spécimens d'animaux dangereux (reptiles, mollusques, insectes), d'animaux ou de végétaux parandaires pour l'homme et les bêtes, sans compter les vues diverses, ustensiles de ménage, armes, flèches empoisonnées, instruments utilisés par les médecins plus ou moins sorciers de ces contrées du centre de l'Afrique.

Enfin il a été récemment question d'organiser en Algérie un sanatorium colonial dans lequel seraient soignés plus avantageusement que dans la Mère-Patrie, en raison du climat spécial de ce pays, les colons et fonctionnaires de nos établissements coloniaux dont la santé aurait été ébranlée par un séjour trop prolongé sous les tropiques.

En conséquence je propose au XX° Congrès des Sociétés de géographie, réuni à Alger, d'émettre le vœu :

Que M. le Ministre des Colonies, d'accord avec son collègue de l'Instruction publique, fasse le nécessaire pour que la chaire des maladies des pays chauds d'Alger soit outillée aussi largement que possible pour l'étude non seulement théorique, mais aussi clinique et expérimentale des maladies tropicales.

La clinique, annexée à cette chaire, recevrait dans des chambres spéciales des colons et explorateurs dont l'état nécessiterait des soins spéciaux. D'autre part, on y étudierait les principaux types non contagieux qui déciment les noirs dans nos diverses colonies du continent africain.

Enfin, dans le cas où l'idée des sanatoria coloniaux serait reprise et où la création d'un pareil établissement serait décidée à Alger, que cet établissement devienne une annexe, au point de vue du service médical, de la chaire des maladies des pays chauds.

Le vœu de M. le Docteur Blaise est mis aux voix et adopté.

M. Bascou annonce que, d'accord avec M. Bonnard, il a apporté une légère modification au vœu qu'il avait déposé, au commencement de la séance, au sujet des communications postales et télégraphiques entre la France et les colonies françaises de l'Afrique.

Le vœu qu'il soumet au vote du Congrès est le suivant :

« Attendu qu'il y a intérêt pour la France d'être en communications rapides et constantes, et par voies exclusivement françaises, avec ses colonies ;

« Considérant en ce qui concerne les colonies africaines, que la voie Algérie, Sahara, Soudan est la plus courte et assure ces conditions.

Le XXe Congrès national des Sociétés françaises de géographie émet le vœu que le Gouvernement mette à l'étude :

1. — Un projet de jonction du réseau postal algérien-tunisien aux réseaux du Sénégal, de la Boucle du Niger, du Tchad, du Congo et des colonies bordant l'Atlantique.

II. — Un projet d'établissement d'un réseau télégraphique entre l'Algérie, Tunisie et ces mêmes colonies.

III. — Un projet d'établissement d'un câble télégraphique sous-marin entre un point quelconque de l'Algérie, Tunisie (Gabès par exemple) et Madagascar, passant par Obock.

Le Président met aux voix ce vœu qui est adopté.

La séance est levée à 11 h. 1/4.

SÉANCE DU SOIR

La séance est ouverte à 2 h. 1/2.

M. Etienne Port, Professeur au Collège et délégué de la Société de Géographie Commerciale de Saint-Nazaire, préside, MM. le Capitaine Godchot, du 1er régiment de Zouaves, et le Doteeur Huguet, Médecin-Major de 2m.e classe à l'hôpital du Dey, remplissent les fonctions d'assesseurs.

M. le Président remercie le Congrès de la distinction dont il est l'objet, et de l'honneur qui est fait en sa personne à la Société de Géographie de Saint-Nazaire qu'il représente.

M. Demontès, Professeur au Lycée d'Alger, M. S. G. A., donne connaissance de l'étude suivante :

Acclimation des races Européennes en Algérie

Il ne saurait entrer dans ma pensée de produire ici une étude complète du climat algérien et de ses effets sur l'homme, sur les animaux, sur les végétaux. Le problème est trop complexe et le temps de ces communications trop parcimonieusement accordé pour que j'ai la prétention même d'effleurer ce sujet. Excusez-moi donc,

Messieurs, d'avoir fait inscrire sur le programme du Congrès un titre aussi prétentieux ; mon but est beaucoup plus modeste. Je ne veux vous présenter que quelques brèves remarques sur l'acclimatation des races européennes ; je limiterai encore plus ma communication, je discuterai surtout la différence très curieuse de résistance des deux sexes masculin et féminin au climat africain. Si la question est moins étendue, elle est plus agricole, et les idées que je vais essayer de développer présenteront peut être quelque nouveauté.

Quelque nouveauté ! Ce n'est pas que les recherches les plus patientes et les plus minutieuses n'aient été faites par les démographes, ce n'est pas que de gros livres très documentés n'aient été publiés. Le problème de l'acclimation des races européennes dans le Nord de l'Afrique et en particulier en Algérie, a déjà son histoire. Les opinions les plus opposées ont été soutenues. Je ne rappellerai que pour mémoire, devant une aussi illustre assemblée, les prévisions très pessimistes des premiers médecins qui se fixèrent en Algérie : « les enfants, nés en Algérie de père et de mère européenne, depuis vingt-trois ans, sont impitoyablement moissonnés » (Docteur Vital, de Constantine), — les constatations plus désolantes encore de généraux, bien placés pour connaître de la mortalité des soldats et des colons : « les cimetières sont les seules colonies toujours croissantes en Algérie » (Général Duvivier) — enfin les discussions passionnées auxquelles se livrèrent médecins et statisticiens au sein de nos grandes Sociétés savantes.

A ce pessimisme d'autrefois a succédé de nos jours l'optimisme le plus absolu ; à cette ardeur dans les recherches, l'indifférence et le silence. La cause semble entendue. Le beau livre du Docteur Ricoux a eu le grand mérite de trancher un pareil débat dans un sens beaucoup plus favorable à notre colonie naissante ; il a prouvé que si les statistiques des premières années de la colonisation justifiaient toutes les craintes, toutes les appréhensions sur l'avenir de notre race en Afrique, ces mêmes statistiques démontraient jusqu'à l'évidence que l'acclimatement des Français n'était pas impossible, que celui des Italiens, des Espagnols, des Maltais était déjà fait, voire même que les races latines présentaient une vitalité plus grande que dans leur pays d'origine.

La cause est-elle cependant si bien entendue, qu'il faille l'accepter sans la discuter, sans la contrôler, sans la mettre à l'épreuve des documents nouveaux que nous possédons ? et ce livre qui, je le répète, a rendu à l'Algérie cet inestimable service d'atténuer et même d'effacer l'idée fâcheuse que l'opinion publique française ne laissait pas de se faire touchant les effets meurtriers du climat africain sur notre race, n'a-t-il pas eu pour conséquence d'arrêter, de suspendre les recherches scientifiques?

Peut-être les conclusions du Docteur Ricoux sont-elles trop optimistes, trop absolues! trop optimistes, car en parcourant les dernières statistiques j'ai constaté, en particulier pour les Maltais et pour les Italiens un fléchissement singulier dans les chiffres de leur natalité; les Français ont toujours un grand nombre de décès. Trop absolues aussi! le temps suffit parfois pour rendre instables les conclusions les mieux étayées comme les constructions les plus solides; souvent le problème, qui au début nous paraissait un et simple, devient complexe et comporte ainsi plusieurs solutions. Or n'en est-il pas ainsi pour l'acclimatation des européens?

Ces doutes furent fortifiés, sinon justifiés par la lecture de la préface si substantielle du Docteur Bertillon. Tout en ne ménageant pas les éloges mérités à ce livre, il n'en épouse pas toutes les théories; il doute encore après sa lecture et il fonde son doute et sur l'histoire de l'Algérie et sur la statistique moderne. Il se demande si « ce puissant soleil d'Afrique qui sème presque en pure perte tant de forces vives sur les landes algériennes pourra enfin bénéficier aux hommes de l'Europe, à ceux de la France », s'il ne tarira pas au contraire en la desséchant, la source de toute race, comme il a déjà anéanti le sang romain, si les Français ne sont pas condamnés à ne laisser dans quelques siècles sur cette terre africaine que « quelques restes inanimés de leurs constructions, vains fossiles d'une prospérité qui a péri ».

Si la population française ou même européenne se maintient et s'accroît, l'immigration entre pour une part considérable dans cet accroissement. Quand elle s'arrêtera, peut-on espérer une progression! L'hésitation n'est-elle pas permise? La démographie ne constate-t-elle pas certains symptômes alarmants? Et le Docteur Bertillon relève la différence constante de la mortalité chez les hommes et chez les femmes. « Quelle résistance offre-t-elle, une race dont un seul sexe s'accroît, tandis que pour l'autre sexe, les décès surpassent toujours les naissances? » Le Docteur Ricoux fut très frappé lui-même de ces observations suggérées d'ailleurs par son livre. Il croit l'opinion exagérée et nous la croyons exagérée comme lui, mais elle est importante et elle mérite d'être discutée. Il se refuse toutefois à ouvrir cette discussion. « Les documents officiels font défaut, dit-il ils sont trop imparfaits. »

Quoique les statistiques officielles soient restées très imparfaites on possède quelques faits nouveaux. C'est en se servant de ces éléments que nous essayerons de résoudre ce problème en nous gardant et d'un pessimisme exagéré et d'un optimisme excessif.

I

Les signes auxquels on reconnaît que l'acclimatation d'une race dans un pays est chose possible ou même chose faite, sont fort nombreux. Trois sont surtout à retenir :

a) Excédent des naissances sur les décès ;

b) Existence dans la population actuelle d'une forte proportion d'adultes ;

c) Equilibre des naissances et des décès entre le sexe masculin et féminin.

Le plus souvent on n'envisage que la première de ces conditions ; aussi dès que, parmi les Français établis en Algérie, on eut constaté un excédent de naissances sur les décès, on se crut autorisé à conclure que notre race était acclimatée. Cette précipitation du jugement mène à l'erreur. Lors même que, durant quelques années le chiffre des naissances demeurerait fort élevé, il n'est pas impossible que les enfants, arrivés à l'âge adulte s'étiolent et disparaissent et comme les adultes sont les sources de vie et de fécondité d'une nation, le peuple ne comprenant ainsi qu'une majorité d'enfants et de vieillards ne tardera pas à diminuer. N'a-t-on pas craint que pareil phénomène se produisit en Algérie ? Est-ce tout ? Supposez que l'un des deux sexes éprouvé par le climat ait une mortalité exagérée tandis que l'autre plus favorisé s'accroisse continuellement je ne suppose pas que la procréation d'enfants persiste abondante, à moins d'admettre la polygamie ou un singulier relâchement des mœurs. Il est donc nécessaire, pour fonder sa conviction sur des assises solides, sur le roc et l'argile, d'étudier le problème et l'acclimatement dans la complexité de ses éléments.

II

Excédent des naissances sur les décès.

A ne considérer que l'excédent des naissances sur les décès, la population européenne fixée en Algérie s'accroît, d'une manière irrégulière sans doute, mais elle progresse d'année en année. De ce fait, les statistiques comparées accusent annuellement une augmentation de plusieurs milliers d'individus. En 1896, le nombre des naissances atteint 16,909 et le chiffre des décès s'abaisse à 12,494 : d'où un bénéfice net de 4,445 unités : c'est, dans la dernière période de 13 ans, l'année la plus favorable. En 1890 au contraire, la somme des naissances est plus considérable 17,012, mais celle des décès est plus forte aussi 15,428 ; il ne reste plus qu'un excédent minime de 1,584 unités : ce fut dans la même période l'année, la plus défavorable. La moyenne de l'accroissement de la population européenne prise en bloc s'élève à 2,516.

Ce qu'il y a de plus remarquable dans cette progression après la continuité, ce sont ses oscillations qui paraissent se produire à des intervalles réguliers, de cinq ans en cinq ans. Ainsi de 1884 à 1896 et d'après le tableau ci-contre, on est frappé, on ne peut pas ne pas être frappé par la différence que présentent les excédents : dans la dernière période quinquennale, les bénéfices de la population se maintiennent à près de trois mille unités, dans la période précédente ils s'abaissent à 1,500 pour ne jamais s'élever à 2,000.

Comparaison des naissances et des décès

Années	Naissances	Décès	Bénéfices
1884	15.618	13.123	2.495
1885	15.723	13.286	2.437
1886	15.841	13.342	2.499
1887	15.770	14.076	1.694
1888	17.279	15.567	1.712
1889	18.071	16.188	1.883
1890	17.012	15.428	1.584
1891	17.451	15.594	1.857
1892	17.207	14.178	3.029
1893	17.954	14.531	3.423
1894	16.431	13.733	2.698
1895	16.582	13.592	2.990
1896	16.909	12.494	4.415

Frappé par ce fait fort curieux, j'ai recherché si ces oscillations correspondaient à des variations dans le climat algérien. Vous n'êtes pas sans savoir, Messieurs, que des climatologistes ont depuis longtemps remarqué, qu'à quatre ou cinq années de sécheresse et de famine succédait presque toujours un nombre égal d'années pluvieuses et fécondes. Pour ne prendre que les dix dernières années dont les résultats nous sont complètement connus (1886-1895), on observe une première période quinquennale (1886-1891) où les hauteurs annuelles de la pluie à Alger atteignent 900 millimètres ; à cinq années pluvieuses succèdent cinq années très sèches pendant lesquelles la tranche annuelle de pluie n'est plus que 500 à 600 millimètres — n'y aurait-il pas concomitance dans ces variations climatologiques et démographiques ? Or la correspondance donnée est incontestable à une année près. Mais les influences climatériques n'agissent sur les individus et à plus forte raison sur l'ensemble de la population que lentement et ne produisent tout leur effet que dans l'année qui suit. Et puis faut-il bien s'étonner de ce parallélisme, de cette concomitance de variations, le corps humain supportant plus facilement une température chaude mais sèche qu'une température moins élevée mais humide.

Hauteurs mensuelles et annuelles de la pluie à Alger

Années	Janv.	Févr.	Mars	Avril	Mai	Juin	Juillet	Août	Sept.	Oct.	Nov.	Déc.	Totaux
1844	166.3	185.0	87.2	170.5	88.1	0.0	1.6	9.8	41.5	81.0	22.2	193.0	1.046.8
1845	200.0	397.0	109.2	43.5	111.3	16.7	0.0	0.0	32.5	26.0	20.7	89.5	1.046.4
1846	70.5	36.7	43.5	44.5	73.0	7.5	0.0	8.0	9.3	189.5	180.5	301.8	1.046.8
1847	106.5	250.0	105.5	134.0	10.0	19.3	0.0	11.2	2.5	44.8	445.5	175.7	1.305.0
1848	296.7	151.7	138.3	17.6	66.8	3.5	0.0	0.0	25.2	97.2	211.0	20.2	1.028.2
1864	48.7	148.2	41.8	36.4	6.0	7.7	1.3	0.0	29.1	96.0	122.6	160.7	608.5
1865	123.6	36.8	135.4	102.2	0.5	51.0	0.1	1.2	0.4	62.3	45.6	218.3	776.4
1866	72.9	13.7	56.0	54.1	9.3	23.5	0.0	0.0	13.5	136.3	37.8	14.7	431.8
1867	78.4	2.4	51.5	12.7	2.0	13.2	1.3	0.0	167.2	39.0	47.4	114.0	529.4
1868	92.8	49.2	70.7	75.3	34.0	59.6	5.8	0.8	18.1	80.2	73.5	40.3	599.8
1886	147.5	126.4	42.4	77.0	42.7	0.0	1.6	0.0	0.4	157.8	141.5	229.8	937.1
1887	144.2	143.2	111.7	70.6	7.2	21.3	1.2	0.4	77.8	48.7	154.3	157.9	938.5
1888	103.8	152.5	97.5	24.3	37.2	9.9	0.0	5.3	32.0	131.2	125.5	78.5	797.7
1889	207.3	81.5	165.0	85.1	92.2	3.0	1.6	1.2	14.5	75.5	142.4	159.9	978.9
1890	86.1	93.4	180.4	46.6	48.6	3.6	7.8	0.3	24.6	79.7	131.1	233.5	975.8
1891	142.5	88.0	63.8	92.4	21.0	1.4	0.4	2.8	17.3	58.5	98.8	12.3	599.2
1892	130.6	103.4	28.5	60.1	37.3	1.0	0.3	0.7	5.8	59.8	45.9	195.7	669.0
1893	127.2	9.8	13.1	8.4	18.0	8.9	0.3	3.7	7.8	80.8	234.3	142.0	654.3
1894	130.9	50.7	110.7	46.8	110.4	7.7	0.0	3.0	10.5	5.4	53.1	107.3	533.5
1895	174.6	67.6	85.8	18.9	23.3	22.6	0.0	9.4	4.5	54.4	16.7	88.2	546.0
Moyenne générale	110.7	93.5	86.7	59.9	35.5	14.4	1.5	7.0	28.3	79.1	110.9	139.2	766.7

Ce ne sont là au demeurant que des hypothèses ; elles ne s'appuient pas sur des observations assez nombreuses pour qu'elles ne puissent pas paraître contestables. Il m'a paru bon toutefois de vous présenter ces remarques, ne serait-ce que pour les soumettre à votre haute compétence.

Toutes les colonies européennes ne participent pas à cet accroissement global de la population européenne. Dans une étude démographique que j'ai publiée dans le *Bulletin* de la Société de Géographie d'Alger sur les Etrangers, j'ai indiqué la part proportionnelle qui revenait à chaque race. Permettez-moi de vous les indiquer brièvement.

Toutes les populations de race latine ont un fort excédent de naissances sur les décès. Les peuples de race anglo-saxonne au contraire s'acclimatent mal et dépérissent.

Les Belges, les Allemands, les Suisses, diminuent rapidement ! En ces trois dernières années, quels vides la mort n'a-t-elle pas faits dans leurs rangs, vides que les naissances ne sont pas parvenues à combler. En trois ans, les Belges ont diminué de 71 unités, les Allemands de 256 et les Suisses de 93. Pour une naissance, les Belges ont trois ou quatre décès, les Allemands deux à trois, les Suisses toujours un et souvent deux. Ces races sont donc condamnées à disparaître de notre colonie, comme d'ailleurs toutes celles qui sont originaires du Nord de l'Europe ; elles ne sauraient laisser quelques traces d'elles-mêmes que grâce à leur croisement avec d'autres mieux acclimatées.

Les peuples d'origine latine s'adaptent plus facilement et prospèrent. Certains d'entre eux n'étaient-ils pas d'ailleurs, et par le climat dont ils jouissaient dans leur propre pays et qui ne diffère pas très sensiblement du climat algérien (Malte, Espagne méridionale, Sicile), et par leur croisement avec les conquérants arabes, n'étaient-ils pas avant même leur arrivée dans la colonie, prédisposés à cette acclimatation ?

Toutefois quelques-uns n'ont pas conservé la vitalité qu'ils montraient au début, ou plutôt les conclusions du Docteur Ricoux leur étaient trop favorables. Les Maltais, suivant lui, avaient 1,479 naissances pour 1,000 décès ; actuellement ils en ont 1,200 environ. Quant à leur mortalité, elle est excessive en certaines périodes d'épidémie. Leur malpropreté légendaire, les écuries où ils vivent pêle-mêle avec leurs chèvres, les taudis où ils restent confinés par amour du lucre, les privations de toutes sortes sont autant de conditions hygiéniques déplorables. Aussi constate-t-on parfois une forte élévation dans le chiffre de leurs décès : en 1889, 704 décès pour 553 naissances ! ce qui explique pourquoi en dix ans la balance de leurs naissances et de leurs décès se solde par un simple bénéfice de 357 unités.

D'autres, les Italiens et les Espagnols maintiennent leurs positions. Si la colonie italienne a perdu de 1885 à 1895 près de 10,000 de ses nationaux, si la colonie espagnole ne s'est accrue que de 5,701 individus au dernier recensement, la cause de ce recul ou de cet arrêt ne saurait être cherchée dans une mortalité trop faible ou une mortalité excessive. La vertu prolifique de ces deux races n'a pas été affaiblie par le soleil africain, toutes deux ont près de 1,300 naissances pour 1,000 décès. Et malgré les dangers de toutes sortes auxquels sont exposés les terrassiers piémontais ou les pêcheurs napolitains, malgré les labeurs débilitants qu'acceptent hardiment les défricheurs ou les alfatiers espagnols, la mortalité chez eux ne s'exagère pas. Enfin la colonie espagnole présente (singulier avantage pour une colonie naissante) un plus grand nombre de femmes que d'hommes (75,054 hommes contre 81,506 femmes).

Il était à prévoir que les Français n'offriraient pas contre le climat une force de résistance égale à celle des Espagnols et des Italiens. Le climat de presque toutes les régions de notre beau pays est sensiblement différent de celui du Tell et même des Hauts-Plateaux, et notre peuple formé par le croisement de races originaires, soit du Midi, soit du Nord de l'Europe devait fournir à l'émigration des éléments variables : les uns seraient fauchés impitoyablement comme les Allemands ou les Belges, d'autres feraient souche dans notre colonie aussi bien que les Espagnols ou les Italiens. Dans cet ordre d'idées, il serait du plus haut intérêt de vérifier ces déductions hypothétiques, mais les statistiques sont muettes, et on est obligé de raisonner sur la population française prise dans son ensemble.

La natalité française en Algérie persiste très abondante, chaque année le chiffre des naissances est de 8 à 10,000. En 1890 il a été de 9,973, maxima de la période qui s'étend de 1884 à 1896; en 1884 il avait été de 7,496, minima de cette même période. La seule différence entre ces deux nombres et les deux dates fait prévoir que la quantité des naissances augmente en même temps que s'accroît la population. Cependant après six années où la natalité avait toujours dépassé 9,000 enfants annuellement, elle a fléchi depuis 1894 et reste inférieure d'un millier à ce qu'elle avait été.

Français. — Comparaison des naissances et des décès

Années	Naissances	Décès	Bénéfices
1884	7.496	6.318	1.178
1885	7.748	6.505	1.243
1886	7.597	6.618	979
1887	7.831	7.087	744
1888	9.053	8.045	1.008
1889	9.709	8.213	1.496
1890	9.973	8.150	1.823
1891	9.410	8.360	1.050
1892	9.357	7.983	1.474
1893	9.926	7.732	2.194
1894	8.072	7.790	282
1895	8.148	7.637	511
1896	8.513	7.530	983

Mais, et c'est une loi démographique qui se vérifie chaque jour, parallèlement à cet accroissement ou à cette diminution dans les naissances se produit un accroissement ou une diminution dans les décès. Les exemples sont frappants et bien suggestifs.

	Naissances		Décès
En 1889............	9.709	En 1889............	8.213
En 1890............	9.973	En 1890............	8.150
En 1891............	9.410	En 1891............	8.360
En 1894............	8.072	En 1894............	7.790
En 1895............	8.148	En 1895............	7.637
En 1896............	8.513	En 1896............	7.530

Il s'ensuit que les gains et les pertes de la nationalité française se compensent en partie. En partie seulement! car les bénéfices annuels et continus que permet de constater la comparaison des naissances et des décès sont fort inégaux. Aussi ai-je cherché si ces inégalités correspondaient aux variations climatologiques. Les relations entre ces deux ordres de faits sont moins sensibles que lorsqu'il s'agissait de la population totale européenne. Cependant je suis convaincu qu'il doit exister certains rapports.

Peut-être le français plus habitué à un climat humide supportera-t-il aisément la grande humidité de certaines années pluvieuses, mais ne pourra résister aux chaleurs torrides des années de sécheresse. Effectivement l'excédent des naissances françaises sur les décès constitue pour la majeure partie et même pour la totalité l'augmentation globale de la population européenne. Ainsi en 1890, année humide les européens se sont accrus de 1,584 et les français seuls ont eu 1,823 naissances de plus que de décès, d'autre part, en 1894, année sèche les premiers ont progressé de 2,698 unités et les seconds n'entrent que pour une quantité infime 282. Là encore l'influence du climat me parait bien digne d'être étudiée et susceptible d'être formulée en des lois.

III

Constitution d'une nombreuse population d'adultes

Tant qu'il ne s'est agi que de comparer des naissances aux décès, les statistiques nous fournissaient quelques documents ; elles sont muettes ou très vagues sur le problème qui nous préoccupe.

Elles ne nous offrent en effet que deux tableaux : l'un indiquant la répartition de la population par âge, sexe et état civil, pourrait nous être de quelque utilité s'il ne confondait les Indigènes avec les Européens, l'autre sous le titre de classement spécial des étrangers nous fait connaître la répartition de la population étrangère par âge, sexe et état civil, de telle sorte que par ce régime de faveur il est plus aisé de savoir où en sont les étrangers que d'apprendre où en sont les français. Pourquoi donc, en vérité, ceux qui établissent ces statistiques ne dresseraient-ils pas un tableau où on dénombrerait à part la population française, ainsi qu'on le fait actuellement pour les étrangers ?

Déjà par une observation inexplicable et contre laquelle le Docteur Ricoux protestait, les statistiques de 1876 confondaient pêle-mêle toutes les nationalités européennes et les populations musulmanes et israélites. Un progrès a été fait, puisqu'on a compté à part les étrangers ; il ne suffit pas, il est nécessaire qu'on en fasse autant pour les français.

Profitons cependant de ce premier progrès et de plus, en l'absence de toute statistique pour les français, essayons d'y remédier en calculant cette population d'adultes d'après d'autres renseignements indirects que l'on peut posséder.

Sur un total de 237,000 étrangers, les enfants mineurs et adultes c'est-à-dire ceux dont l'âge est compris entre ces deux limites : la naissance et 20 ans, sont au nombre de 80,207. Ils forment donc un peu plus du tiers de la population étrangère. Les enfants mineurs sont un peu plus nombreux que les adultes 44 au lieu de 35,000, mais cette différence s'explique naturellement par le nombre croissant des mariages et la progression de la population. Inutile de rapprocher ce nombre 80,207 de celui des hommes ou des femmes ayant atteint 20 ans et n'ayant pas dépassé 40. Seuls les hommes faits et les femmes s'expatrient et doivent par conséquent enfler démesurément le chiffre de la population entre 20 et 40 ans. Il dépasse en effet 150,000.

Quant au nombre des français adultes, on ne peut que l'apprécier. Il doit être considérable à en juger par le taux très faible de la mortalité des premiers âges et au dire de ceux qui ont visité les campagnes et les fermes algériennes.

Combien erronée est aujourd'hui l'affirmation du Docteur Vital ! Non, il n'est pas vrai que les enfants nés de parents européens soient impitoyablement fauchés. Ils ne résistent pas aussi bien au climat africain qu'ils auraient résisté au climat français ; encore est-ce bien vrai ? Comment expliquer la mortalité très faible du premier âge !

En 1894, elle est de 21 %.
En 1895, elle est de 21 %.
En 1896, elle est de 22 %.
Les dernières statistiques en font foi.

Or le chiffre normal et minimum de la Mère-Patrie est de 20 %. Il est même donc faux de soutenir, comme le Docteur Ricoux, que la mortalité de la première année est excessive chez tous les peuples. Elle n'est ni plus faible, ni plus forte qu'en Europe.

Sans doute, m'objectera-t-on, le fait est indéniable pour la population européenne prise en bloc ; mais pourquoi vouloir appliquer aux français ce qui n'est vrai que de tous les européens et d'européens mieux acclimatés que nous? Les statistiques toujours très précises ne font pas le départ pour tous les âges des décès de chaque nationalité. Mais il est à supposer que la mortalité des enfants français n'est guère plus considérable que celle des étrangers, car ils sont mieux soignés et d'ailleurs les croisements de nos nationaux avec les femmes de nationalité étrangère contribuent puissamment à leur donner une immunité presque aussi forte.

Laissons de côté les statistiques ; ne consultons que nous-mêmes ou appelons en témoignage, les observations de ceux qui ont visité nos campagnes. Tous en rapportent cette impression d'une population forte, vigoureuse, féconde. Les familles sont nombreuses, elles essaiment de toutes parts. Les concessions, naguère suffisantes, ne suffisent plus à la nourriture de tous les enfants du colon. Ces préoccupations se font jour dans une des dernières circulaires du Gouverneur Général de l'Algérie. Au retour de son voyage en Kabylie, il faisait mettre à l'étude un projet d'une aliénation prochaine de nouvelles terres domaniales au profit des fils de colons actuels.

IV

Supériorité des décès masculins sur les décès féminins

L'excédent des naissances sur les décès chez tous les peuples de race latine est démontré par les statistiques, l'existence d'une forte population d'adultes est prouvée par d'autres documents tout aussi probants ; l'acclimatement des européens et en particulier des français est donc probable. Est-ce que la comparaison entre les décès masculins et féminins viendra infirmer cette probabilité?

Cette disproportion dans la mortalité des deux sexes ne saurait être contestée. Elle est indéniable, et loin de la cacher, il est préférable de la faire connaitre et d'en chercher les causes.

Comparaison par nationalités des décès féminins et masculins

		Français	Mallais	Espagnols	Italiens	Autrichiens	Belges	Allemands	Suisses
1894	Sexe masculin	4.847	196	2.294	583	16	27	112	75
	Sexe féminin	2.943	136	2.012	323	2	7	48	35
1895	Sexe masculin	4.786	244	2.172	685	17	28	130	66
	Sexe féminin	2.851	168	1.926	309	6	4	34	25
1896	Sexe masculin	4.617	214	1.764	581	20	33	81	53
	Sexe féminin	2.913	148	1.585	362	13	2	33	21
Population totale en 1896	Sexe masculin	190.400	6.614	76.054	20.634	240	1.036	2.084	1.868
	Sexe féminin	156.770	6.602	81.506	14.905	73	333	1.235	1.332

Etudions-la sous toutes ses formes, dans la population européenne, dans chaque nationalité, à chaque âge. Nos observations ne porteront que sur les trois années, 1894-1895-1896, pour lesquelles on possède des statistiques plus détaillées, mais les résultats seraient les mêmes, nous les avons vérifiés d'après le petit nombre de documents que l'on a sur les années précédentes, si l'on étendait plus loin ses investigations.

Population européenne

Années	Sexe Masculin	Sexe Féminin
1894	8.207	5.526
1895	8.169	5.423
1896	7.405	5.089

Il meurt donc en Algérie annuellement 2,500 hommes de plus que de femmes. Or quoique la population féminine européenne de notre colonie soit inférieure à la population masculine, la différence n'est pas proportionnellement aussi considérable que celle qui existe entre les décès des deux sexes. Sans doute au début de la colonisation le nombre des femmes était infime, mais il s'est accru très vite. Aujourd'hui elles sont environ 260 à 265,000 pour 300,000 hommes. D'où peut donc provenir cet excédent?

Même phénomène s'observe pour toutes les nationalités européennes. Il n'en est pas une au dernier recensement qui ne présente cette singularité. Le Docteur Ricoux signalait la race allemande comme ayant en Algérie plus de décès féminins que masculins. Aujourd'hui rien de pareil: les Allemands suivent la loi commune et même, chez eux, quoique le nombre des femmes ne soit pas inférieur à la moitié de celui des hommes, le chiffre des décès féminins n'atteint jamais la moitié de celui des décès masculins. Parfois même il en représente à peine le quart. Il en est de même chez les Suisses, les Belges, les Autrichiens.

Pour les races latines, la comparaison est plus facile encore et la constatation de cette infériorité plus remarquable ; car chez elles l'équilibre entre les individus des deux sexes est chose presque réalisée. La colonie maltaise compte 6,614 hommes et 6,602 femmes, la colonie espagnole a même plus de femmes que d'hommes 81,506 femmes pour 76,054 hommes. Seule la colonie italienne fait

18

exception : la différence entre les deux sexes est considérable 20,634 hommes pour 14,905 femmes. Or, pour les deux premiers groupes surtout, il est du plus haut intérêt de savoir, si le sexe masculin est plus frappé que le sexe féminin. Les Espagnols ont eu en 1894, 2,294 décès d'hommes pour 2,012 décès de femmes ; soit en plus pour la mortalité masculine 282. Même proportion pour les autres années comme le montre le tableau 3. — Les Maltais ont eu en 1894, 196 morts pour 136 mortes, soit une différence de 60 décès au désavantage des hommes.

Et chez les Français? La mort frappe aussi de préférence les hommes. A peine le nombre des femmes est-il inférieur de 1/6 à celui des hommes, et voyez combien sont plus rares leurs décès ! Ils approchent de 3,000, tandis que ceux du sexe masculin atteignent presque 5,000. Toutefois les statistiques officielles sont si mal établies ou sont si variables que parmi les décès masculins on a pu confondre les décès des militaires ; il est vrai que l'on a compris aussi l'armée dans le recensement total.

Consulte-t-on enfin les statistiques relatives aux différents âges? Les petits garçons sont plus éprouvés que les petites filles durant la première année ; à l'âge adulte, les deux sexes ont même mortalité ; mais de 20 à 30 ans, les hommes perdent plus d'un millier des leurs, les femmes à peine 500. Et cette proportion défavorable au sexe masculin se maintient jusqu'à 70 ans. Régulièrement pendant chaque période de 10 ans, on note un excédent de décès masculins sur les décès féminins. Ce n'est que parmi les personnes très avancées en âge que les rôles sont renversés. De tous les nonagénaires qui meurent, le plus grand nombre sont des femmes. Enfin, l'étude de l'état civil des décédés n'amène-t-il pas aux mêmes conclusions ! Considérez les décès des hommes mariés et des femmes mariées. Profit et profit considérable pour les dernières ? D'où grand nombre de veuves. Considérez d'autre part le classement des veufs et des veuves ! Cette mortalité plus considérable des veuves puisqu'elles-mêmes sont bien plus nombreuses.

V

S'il est prouvé que les deux sexes sont inégalement frappés par la mort en Algérie, faut-il de toute nécessité en conclure que les races européennes ne pourront pas s'y acclimater ? Faut-il prévoir le jour où, l'immigration s'arrêtant, les progrès des européens s'arrêteront aussi ?

La déduction paraît fondée ; toutefois, pour qu'elle fut inattaquable, il faudrait aussi que les naissances masculines ne pussent pas compenser les décès. Or, si pendant longtemps la balance des profits et des pertes pour les deux sexes se traduisit par un accroissement des femmes et une diminution des hommes, de nos jours, il y a une légère, très légère augmentation du sexe masculin.

1894 — 8.377 naissances masculines pour 8.207
1895 — 8.524   id.   id.   8.169
1896 — 8.616   id.   id.   7.405

Assurément l'écart entre ces chiffres est minime, excepté pour 1896. Et puis est-il bien sûr que la population française bénéficie de cette plus-value? Ne sont-ce pas les nationalités espagnole, italienne et maltaise qui en profitent? Eclaircir cette difficulté est impossible dans l'état actuel des statistiques. Toutefois cette légère augmentation ne permet-elle pas d'infirmer ce qu'avait de trop absolu le scepticisme du Docteur Bertillon? La population masculine européenne de notre colonie n'a pas besoin de l'immigration pour se maintenir.

Elle resterait stationnaire ou ne progresserait que très lentement; là est sinon le symptôme alarmant, du moins la raison de notre doute, d'autant plus que les naissances masculines diminuent par rapport aux naissances féminines. Elles étaient de 112 pour 100, il y a 20 ans; elles ne sont plus que de 103 ou 104. Tout fait prévoir que le fléchissement s'arrêtera, mais il n'y aura plus alors qu'une juste compensation entre naissances et décès, et un peuple colonisateur a besoin de prospérer.

De ce phénomène démographique on a donné plusieurs raisons. Les uns ont parlé de l'affaiblissement de notre race comme si elle ne prouvait pas sa vitalité par le nombre considérable de ses naissances. D'autres ont mis en avant les habitudes d'intempérance de certains colons et citadins, l'intoxication par l'alcool et les boissons frelatées. Loin de nous l'idée de contester et même d'atténuer les ravages d'un pareil fléau plus meurtrier sous le soleil d'Afrique que dans les brumes des pays du Nord? D'autres enfin ont insisté sur la différence de vie des hommes et des femmes, les uns obligés par leurs travaux à affronter toutes les fatigues sous un climat tropical et débilitant, exposés aux insolations et aux fièvres, les autres vivant d'une vie sédentaire, peu fatigante. Cette influence du climat sur l'homme est si vraie, si réelle que l'on retrouve parmi les musulmans cet excédent des décès masculins sur les décès féminins. Mais, chez eux, l'usage de la polygamie permet à la population de réparer rapidement les pertes, après des épidémies meurtrières.

La conclusion de cette étude ne saurait être le souhait de voir nos populations européennes civilisées et chrétiennes adopter la polygamie.

D'ailleurs rappeler les étapes parcourues dans ce problème de l'acclimatation, n'est-ce pas justifier toutes les espérances? Aux premières années de la conquête, la population européenne périclitait, les décès l'emportaient sur les naissances; aujourd'hui elle prospère, la natalité s'est accrue, la mortalité a diminué. Hier encore on ne croyait pas à la résistance des enfants nés de parents européens, aujourd'hui ils forment une vigoureuse et nombreuse population d'adultes. Pourquoi ne pas espérer que, le temps et les croisements aidant, la population masculine offrira plus de résistance? N'est-ce pas déjà un heureux symptôme que cette adaptation du sexe féminin? C'est par la femme que se transmettent les prédispositions ataviques possibles de résistance au climat.

M. le Docteur Blaise, Professeur à l'Ecole Supérieure de Médecine d'Alger. M. S. G. A., demande à présenter quelques observations sur la thèse soutenue par M. Demontès.

Le Président fait connaître qu'il ne lui est pas possible, à son grand regret, de donner satisfaction à M. le Docteur Blaise, le règlement spécifiant formellement que les communications faites dans les séances de l'après-midi, ne devaient entraîner aucune discussion.

M. Doutté, Professeur à la Médersa de Tlemcen, M. S. G. A., prend ensuite la parole. Il traite des:

Récentes Contributions à la Géographie du Maroc

L'orateur présente au public les trois derniers ouvrages importants qui ont paru sur la Géographie du Maroc, la traduction par M. Augustin Bernard, le très distingué professeur de géographie à l'Ecole des Lettres, de l'ouvrage capital de M. Schnell sur la géographie physique du Maroc. Cette traduction est merveilleuse d'aisance et de fidélité, et de nombreuses notes contribuent çà et là à éclairer le texte de M. Schnell. Il montre comment, par l'étude attentive des différents textes, M. Schnell est amené à renouveler presque entièrement la géographie physique du Maroc. Tel des résultats auxquels l'a conduit une critique pénétrante des différentes relations de voyageur constitue une véritable découverte géographique.

Parlant ensuite du grand ouvrage de MM. de La Martinière et le Capitaine Lacroix, M. Doutté rappelle comment les auteurs ont été chargés de réunir les documents sur le Nord-Ouest de l'Afrique. M. de La Martinière est trop connu pour qu'il soit nécessaire d'insister sur sa personnalité : il en est de même de M. le Capitaine Lacroix qui, comme on l'a dit excellemment, continue dans l'armée la tradition des officiers érudits, des Hanoteau et des Faidherbe. L'ouvrage de M. le Capitaine Lacroix constitue la monographie la plus détaillée que nous ayons de la région de la frontière, du Rif, des Djebâlâ, du Sud Oranais et des oasis du Touat.

L'ouvrage de M. Auguste Mouliéras, professeur d'arabe à la chaire d'Oran, le *Maroc Inconnu*, est d'un genre bien différent; M. Doutté nous explique comment il est extrêmement difficile de pénétrer au Maroc autrement qu'en se déguisant en musulman ; ce déguisement même est si difficile et exige une telle pratique de la langue et des mœurs arabes que peu d'européens ont pu jouer ce rôle.

Aussi a-t-on depuis longtemps essayé de se servir d'informateurs musulmans. Sa profonde science de l'arabe et du berbère, sa parfaite connaissance des indigènes, désignaient plus que tout autre M. Mouliéras pour procéder à une enquête de ce genre : il a eu la chance de rencontrer un informateur exceptionnel. le derviche Mohamed ben Taïeb qu'il a longuement interrogé en contrôlant ses dires par ceux de centaines d'autres marocains.

De cette immense enquête est sorti le 2ᵉ volume du *Maroc Inconnu* qui comporte plus de 800 pages sur la seule tribu des Djebâlâ. Géographie physique, productions du sol, histoire, sociologie, linguistique, son livre fournit les renseignements les plus clairs, les plus variés, les plus curieux.

« Par ces travaux scientifiques, les savants algériens nous font entrevoir l'éventualité de magnifiques extensions de notre domaine. Malgré les amertumes récentes, nous avons foi dans l'avenir colonial de la France et ce sera la gloire des savants algériens, d'avoir, par leurs travaux, préparé à leur pays les revanches et les moissons futures.»

M. Doutté termine en proposant à l'Assemblée d'adopter le vœu suivant:

Le Congrès émet le vœu :

Que les Pouvoirs Publics veuillent bien examiner la possibilité d'encourager par tous les moyens à leur disposition les travaux du genre de ceux que MM. Bernard, Lacroix et Mouliéras poursuivent sur le Maroc.

Ce vœu est adopté à l'unanimité et renvoyé à la Commission de revision.

M. Flamand, Professeur à l'Ecole Supérieure des Sciences d'Alger, M. S. G. A., donne lecture au Congrès du rapport suivant de M. Ficheur, Professeur à l'Ecole supérieure des Sciences, Directeur adjoint du Service de la carte géologique de l'Algérie, M. S. G. A.

Les Chaînes Calcaires du Littoral Algérien

Les grandes rides montagneuses de l'Atlas Tellien, orientées de l'Ouest à l'Est, sont découpées dans la région littorale en une série de tronçons séparés par les vallées transversales, qui les entaillent d'une manière plus ou moins profonde dans des gorges étroites et pittoresques. Je désirerais simplement insister ici sur l'importance des formations calcaires qui constituent les chaînons les plus saillants, notamment à l'Est du méridien d'Alger. Au point de vue purement orographique, les cartes nous montrent une série de massifs isolés, jalonnant la direction générale d'une chaîne dont les diverses parties présentent des aspects différents, mais que leur nature lithologique permet de relier d'une extrémité à l'autre.

Prenant comme point de départ la chaîne du Djurjura dont les crêtes neigeuses présentent d'Alger un aspect saisissant : les murailles rocheuses, les cimes dentelées, les pics aigus en sont formés par des calcaires massifs de la période liasique, sur une étendue de 60 kilomètres. Dans le prolongement vers l'Ouest, nous retrouvons la même ossature sous des terrains plus récents, notamment dans les gorges de l'Isser jusqu'au Bou-Zegza, dont le profil hardi présente tant d'analogie avec le Djurjura.

A l'Est, ce sont les sommets culminants de la chaîne des Babors, avec ses contreforts variés dont l'ensemble donne un cachet de suprême grandeur au panorama du golfe de Bougie. De nombreux défilés, profonds et étroits entament ces crêtes, notamment dans les fameuses gorges du Châbet-el-Akra.

En poursuivant vers l'Est, la chaîne numidienne au Nord du bassin de Constantine offre aux regards les pittoresques dentelures du Msid-Aïcha, du Kef-Sidi-Dris, des rochers d'El-Kantour, des Tounisettes, dont les calcaires ont toujours la même origine.

La nature lithologique si constante de ces rochers culminants nous montre que ces différents tronçons, dont les derniers témoins vers l'Ouest, sont le Djebel Chenoua et le Cap Ténès, appartiennent à une même ligne montagneuse disloquée et fragmentée, plus tard recouverte par des formations plus récentes, au travers desquelles les masses calcaires, brisées et tronçonnées, ont surgi, en portant leurs bancs redressés souvent à la verticale, jusqu'aux sommets les plus élevés du Djurjura, des Babors, de la chaîne numidienne, c'est-à-dire sur l'étendue de toute la grande barrière qui ferme l'horizon du littoral d'Alger à Bône.

M. Flamand communique ensuite à l'Assemblée une étude sur les :

Grandes dépressions du Sud de l'Oranie
Chotts et Sebkhas, Mekamens et Mehereg

Il expose une théorie nouvelle de la formation des grandes dépressions sud-oranaises à savoir le chott Rarbi, les Mekamen sur les Hauts-Plateaux, et les Meharrez sur les plateaux hammadiens du Sahara.

M. Flamand insiste sur ce point que M. Pouyanne, le savant Inspecteur des Mines, avait, lors de son voyage avec le Général Colonieu, en 1862, établi dans un rapport inédit une théorie presque semblable. M. Flamand, par l'étude générale de toutes les sortes de dépressions connues sur les Hauts-Plateaux, a pu relier en un ensemble les phases complexes et les détails multiples de la morphogénie de ces entités géographiques.

Sous l'action des eaux météoriques qui, par leur passage dans l'atmosphère dissolvent de l'acide carbonique, et, par leur séjour à la surface du sol se chargent d'acide silicique, il y a dissolution lente des carapaces calcaréo-siliceuses sur lesquelles se développent les steppes d'alfa.

Sous l'action de la chaleur, ces eaux météoriques s'évaporent peu à peu ; elles reprécipitent les matières primitivement dissoutes, mais sous forme de poussières ; l'action éolienne alors agit et les disperse dans l'atmosphère.

Ce phénomène se répétant, dans le temps, on conçoit que bientôt toute la carapace calcaire, attaquée, disparaisse par places ; celle-ci enlevée, des ruissellements se produisent dans les masses grèseuses sous-jacentes et la cuvette du chott se forme ainsi.

Toute l'idée de cette théorie résulte donc d'une part, de l'action acide des eaux et, d'autre part, de la fonction du vent comme agent transporteur.

Les masses de sable, ainsi peu à peu arrachées au sol des Hauts-Plateaux, s'accumulent dans la direction opposée au vent dominant et viennent former cette longue série de dunes qui s'appliquent à l'Ouest contre la chaîne de l'Antar, atteint les sommets et les dépasse en beaucoup de ses cols.

M. Flamand rattache à ce même mode de formation les meharrez du Sahara.

Le chott Chergui a une toute autre origine. C'est la première fois qu'on établit ainsi une théorie générale sur ces intéressantes formes si particulières à notre sol algérien.

M. Flamand termine en faisant connaître qu'il devrait également, à cette séance, entretenir le Congrès des *gisements de sel gemme et de quelques autres produits salins du Sud et des Etats barbaresques du Sahara et du Soudan* Mais cette question, étant étroitement liée dans son esprit, à celle du Transsaharien dont la discussion est fixée au lendemain, il se réserve de la traiter aussi à la prochaine séance.

M. le Docteur Huguet, Médecin-Major de 2ᵐᵉ classe à l'hôpital du Dey, M.S.G.A., donne lecture de l'étude suivante :

Le Mzab d'après les Géographes et les Voyageurs

Dans un auteur qui naguère écrivait sur l'Algérie, nous relevons le passage suivant (1) : « Il n'y a pas si longtemps que l'Arabe poétisé par toutes les « Orientales » était l'objet de notre admiration ; on commence à en rabattre ; c'est aujourd'hui le Berbère qui est « à la mode ». Semblable assertion ne saurait plus avoir cours aujourd'hui, sous cette forme du moins. En effet, l'histoire de l'Afrique Septentrionale mieux étudiée partout, mieux connue, nous a révélé les époques berbères et indiqué combien il était nécessaire que leur étude devint « à la mode ». C'était un devoir pour les chercheurs de rendre justice aux Berbères, en s'attachant à faire connaître ce qui a pu être retrouvé non seulement de leur histoire, mais aussi de leurs mœurs et de leurs institutions, j'allais dire de leur civilisation, car il est évident que leur état politique et social semble avoir toujours été bien supérieur à celui des Arabes.

La publication en 1852 par M. de Slane de la traduction de « l'histoire des Berbères et des pays musulmans de l'Afrique Septentrionale » d'Ibn Khaldoun devait être suivie de l'apparition de nombreux travaux et mémoires sur les Berbères.

Les savants se reprochaient de les avoir si longtemps ignorés et avaient hâte de leur rendre justice. Depuis trente ans, les études berbères ont bien progressé, on connaît mieux cette race et son histoire, aussi faut-il trouver naturel qu'aujourd'hui l'un des meilleurs manuels, celui de M. Mercier, porte au-dessous de son titre « Histoire de l'Afrique Septentrionale », celui de « Berbérie », pour bien montrer que les Arabes n'ont point été les seuls habitants du pays, qu'il y a eu aussi des Berbères et des Berbères arabisés dont le rôle n'a pas été moindre et dont l'histoire est pour nous du plus haut intérêt.

En m'engageant dans la voie des études berbères où se sont signalés des devanciers aussi savants qu'illustres, j'ai cru devoir

---

(1) Maurice Wahl. L'Algérie, 3ᵉ édition, p. 204.

concentrer mes recherches sur l'une des plus intéressantes régions de notre Sahara algérien : le pays du Mzab et de ses habitants.

Pour mieux montrer ce que l'on en savait jusqu'ici, je vais passer sommairement en revue les travaux des géographes qui avant l'époque présente ont parlé de ce pays et des voyageurs qui, l'ayant visité, ont recueilli sur place des documents sur les Ksour Mzabites et leur population. Sans vouloir remonter trop haut, je citerai tout d'abord Ibn Khaldoun (Tome III, page 304).

« .... Une portion de la tribu de Ouacin se trouve aussi dans les Cosourdes Mozab, bourgades situées en deçà des sables, à cinq journées au Midi de la montagne de Interi, et à trois journées Ouest des Beni Righa. Mozab est le nom du peuple qui fonda ces bourgades ; quelques familles de la tribu des Beni Badin s'y sont établies aussi comme nous venons de le dire. Les bourgades des Mozab occupent les sommets de plusieurs collines et rochers d'accès difficile qui s'élèvent au milieu d'un pays brûlé par la chaleur........

Bien que la population de ce pays soit maintenant désignée sous le nom de Mozab, on y reconnaît des familles Abd el Ouadides, Toudjinides, Zerdalides, Mozabites et autres descendants de Ouacin, sans compter leurs dépendants Zenatiens. Leurs édifices, leurs cultures et les dissensions qui éclatent parmi eux quand leurs chefs se disputent le pouvoir, tout cela rappelle l'état de choses qui existe chez les Righa et dans le Zab ».

Après le texte d'Ibn Khaldoun mentionnons comme documents géographiques d'une certaine valeur deux cartes de Sanson d'Abbeville datées de 1656 et portant les titres suivants :

1° Partie de Barbarie où est le royaume d'Alger divisé en ses provinces ;

Partie du Biledulgerid où sont Tegorarin, Zeb, etc :

2° Afrique ou Libie ultérieure où sont le Saara ou désert, le pays des nègres la Guinée, etc.

Dans la première de ces cartes le pays du Mezzab est figuré avec sa capitale Mezzab. Un lac indiqué sur le territoire de ce pays représente l'origine du fleuve Major qui va se jeter dans la Méditerranée au sinus Bugiensis après avoir traversé les régions des villes de Mezzab, Nesta, Mascara, Zeolacha, Nesila, Necausa, Tezli, Labez ou Calaa enfin Bugia.

Des limites sont figurées au pays du Mezzab qui le séparent à l'Ouest du pays de Tegorarin, au Nord du pays de Zeb, à l'Est le Biledulgerid proprement dit au Sud, les pays de Techort et de Targa.

Dans sa seconde carte, Sanson d'Abbeville ne donne plus au Mezab les mêmes limites ; le pays du Mezzab, et une partie de celui du Zeb ne font qu'un, c'est ainsi que dans les limites indiquées, Mezzab, Nesta et Borgium, cette région est limitée à l'Ouest par le Zeb proprement dit dans lequel cet auteur place Tensara et Caphesa, que dans son autre carte il fait figurer dans les limites du Biledulgerid proprement dit. Au Sud, comme dans la précédente carte, ce sont bien les pays de Techort et de Targa, de même qu'à l'Ouest celui de Tegorarin.

Il ressort de l'examen comparatif de ces deux cartes que les limites assignées à ces différents pays devaient être absolument arbitraires.

Dapper, dans sa description de l'Afrique (Amsterdam 1686) a tracé une carte générale qui figure au commencement de son ouvrage sous la rubrique : *Africae accurata tabula ex officina Jacobum Meursium* ; il place la localité de Mesab au Sud de Mascara, au Nord-Ouest de Nesta et de Techort dans le Bileludjerid et à proximité d'un grand fleuve qui va se jeter près de Bizerta, dans le royaume de Tunis. Dans cette carte, le pays de Mezab n'est aucunement limité. Il est en outre intéressant de signaler que dans une autre carte (page 116) : Barbaria Biledulgerid O. Libya et pars migritarum, le pays du Mezab se trouve situé à environ 65 milles germaniques au Nord-Ouest de Guargala (Ouargla).

Je n'insisterai pas davantage, les renseignements que peuvent nous fournir les cartes anciennes sur le pays du Mezab me suffisant pour les considérations que j'aurai à émettre plus loin.

Dans l'ouvrage de Dapper, à la description du Biledulgerid (1) nous trouvons une courte description du pays de Mesezab : « C'est, dit-il. une habitation du désert de Numidie, à cent lieues de Tégorarin, du côté du Levant, et à autant de distance de la mer Méditerranée du côté du Midi. Elle contient six châteaux et plusieurs villages et les habitants sont riches parce qu'ils sont adroits et vigilants dans le trafic qu'ils font aux quartiers des Nègres : le mal est qu'ils dépendent des arabes et qu'ils sont obligés de leur payer tribut ».

Vingt-deux ans avant la publication des œuvres d'Ibn Khaldoun par M. de Slane, l'anglais W. Shaler (Esquisse de l'état d'Alger 1830) avait déjà consacré aux Mzabites quelques lignes dont Masqueray nous a transmis la traduction dans la bibliographie de sa thèse de doctorat : « Un thalib de ce pays, écrit Shaler, qui habite Alger, m'a

---

(1) Dapper, ex. cit. p. 212. Nous ferons remarquer les incohérences orthographiques qui font que dans les cartes nous trouvons écrit Mzab tandis que dans le texte il y a Mesezab.

appris que chacune de leurs tribus était gouvernée par un Conseil de douze notables, que leur population, à ce qu'il pensait, était de deux cent cinquante mille âmes, chose qui me semble exagérée...»

D'après lui, il pleut rarement dans le pays. Ils boivent de l'eau de source, mais les dattes sont le produit le plus important du pays. Autour de cette contrée, s'élèvent de hautes montagnes escarpées où l'on trouve des mines d'or. Ils refusent de faire les cérémonies de leur culte dans les mosquées publiques, ils les regardent comme des lieux impurs à cause des égouts qui sont pratiqués en dessous.

Je n'insisterai pas sur les erreurs grossières que contient ce fragment. Il n'y a jamais eu au Mzab ni deux cent cinquante mille âmes, ni eau de source, ni mine d'or.

Carette, dans son exploration scientifique (1843 Tome III, chap. VIII) ne nous en apprend guère plus que Shaler : « Toutes ces villes de l'oued Mzab, dit-il, à l'exception de Metlili, sont peuplées par la race autochtone qui y est désignée sous le nom de Berbères, mais les tribus n'en sont pas moins toutes arabes.

Mais la population berbère de l'oued Mzab n'est point originaire du pays qu'elle occupe aujourd'hui. Une tradition universellement adoptée parmi les habitants de cette oasis les ferait venir du Djebel Nefont dans la région de Tripoli. A quelle époque cette colonie s'est-elle formée ? Dans quelle circonstance s'est accompli ce mouvement d'émigration qui a renouvelé la population de cette contrée si intéressante ? C'est ce que je n'ai pu découvrir. Les écrivains du moyen âge n'en font pas mention. Marmol lui consacre sous le nom de Mesezab une notice de quelques lignes. Le texte de Marmol auquel M. Carette fait allusion est identique à celui de Dapper reproduit plus haut.

M. Reboud a consacré quelques pages un peu spéciales au pays du Mzab dans une lettre sur un voyage dans la partie méridionale du Sahara (*Bulletin* de la Société botanique 1857). Ce mémoire résume d'importantes recherches de l'auteur sur la flore du Mzab.

En 1859, Henri Duveyrier, passe au Mzab; le 27 juin, il s'installe à Ghardaïa venant de Guerara.

Dans ses lettres, après une courte description de Guerara et de l'oued Nessa il parle de la vallée de Metlili, de la vallée de l'oued Mzab et du régime des eaux. Je ne citerai ici que ce que dit l'auteur de la vallée de l'oued Mzab ; si je reproduis *in extenso* cette page c'est surtout pour donner dans toute leur exactitude les impressions de l'illustre voyageur.

Ghardaya, 8 août 1859.

« La vallée de l'oued Mezab est l'une des nombreuses déchirures d'un vaste plateau de roc vif, qui s'étend depuis environ une journée de marche au Nord de Ghardaya jusque bien loin au Sud de Methlily (Ici, les cartes tracées non sur les lieux, mais sur ouï-dire, ne valent plus rien). Les arabes ont donné le nom de Chebka ou filet, au réseau de vallons et de ravins qui caractérise la partie septentrionale du plateau, celle où sont les villes des Beni Mezab, à l'exception de Guerara et de Berriane, qui sont en dehors du Chebka. Toutes ces vallées finissent par se réunir, et vont aboutir dans la région de Ouargla, les unes par le canal de l'oued Nesa, les autres par l'oued Mezab même. Comme il est facile de le concevoir, le plateau en question est excessivement aride et nu ; quelques graminées et l'artémise de Judée, espèce de thym aromatique, sont les seules plantes qui trouvent encore le moyen de végéter sur ce sol ingrat ; mais ces végétaux eux-mêmes y sont très clairsemés et rabougris ; c'est à peine si l'œil peut les découvrir à quelques pas et les distinguer sur la surface rougeâtre et uniforme du plateau. Quelque désert que soient ces rochers, deux créatures vivantes en font cependant leur séjour de prédilection ; l'une est le mouflon à manchettes, le même qui vit aussi dans les montagnes de la Sardaigne et de la Corse ; l'autre, une espèce de petit cochon d'Inde que l'on nomme « Goundi ». Quant aux vallées, ou plutôt aux ravins, la nature y est un peu plus vivante ; la vue fatiguée par la monotonie du désert trouve à se reposer sur quelques touffes verdoyantes de jujubier sauvage ; de nombreux genêts et de hautes graminées ressemblant à des roseaux (stipa statoïdes) permettent au chameau de tondre en passant quelques bouchées de sa nourriture de prédilection. De petits troupeaux de gazelles fréquentent les endroits de ces vallées où le jujubier sauvage abonde, car les feuilles de ces arbustes forment leur nourriture habituelle. Un chaanbi de Ouargla m'a raconté que les chasseurs choisissaient le moment où les gazelles broutent pour s'approcher d'elles et les tuer. Leur avidité à dépouiller les jujubiers et les mouches dont les piqûres les obligent à tenir les paupières baissées, font que ces animaux ordinairement si vigilants ne s'aperçoivent plus de l'approche de l'ennemi. L'hôte le plus dangereux du désert, le céraste ou vipère cornue, est aussi très commun dans les ravins ; il se tient de préférence au pied des jujubiers sauvages. En allant à Methlily, un peu avant le lever du soleil, je me baissai devant un de ces arbustes pour tacher de découvrir une plante parasite assez rare qui s'attache à leurs branches ; je mis la main sur le sable à deux ou trois centimètres d'un céraste, qui, engourdi par la fraîcheur de la nuit, regagna son trou, clopin, clopant, sans même m'honorer d'un sifflement. Mon guide qui aperçut le reptile, récita bien à cette occasion la valeur d'un *Te Deum* en Hamdou Lillah !

« Une des choses les plus importantes chez les Beni Mezab, c'est le régime des eaux (1), si l'on peut se servir de cette expression dans une contrée où cet élément est si rare. Il pleut ici cependant plus souvent qu'on ne serait tenté de l'imaginer. J'ai même vu, pendant mon séjour, une petite pluie d'orage qui dura vingt minutes. C'était à Beni-Izguen. Mais il y a loin des petites pluies qui doivent être ordinaires en hiver, à ces sortes de déluges qui fournissent assez

---

(1) Ce régime des eaux, véritablement remarquable, signalé par M. Henri Duveyrier a été étudié avec soin par M. Ville, Ingénieur en chef des Mines, que le Gouvernement français a envoyé à cet effet dans le Mezab.

d'eau pour que les torrents se forment au fond des vallées, entraînant tout sur leur passage et engloutissant hommes et chameaux. Je désirerais beaucoup être témoin d'un de ces phénomènes cet hiver ; ce serait un complément intéressant des observations que j'ai eu l'occasion de faire sur le climat de ce pays. Chose singulière et que je cherche en vain à m'expliquer, ce sont les vents du Sud-Est qui amènent la pluie ; dans les années où le vent du Nord prédomine on est presque sûr que l'eau manquera. La vallée de l'oued Mezab reçoit près d'ici deux affluents ; le plus considérable est l'oued Netisa, que l'on remonte pendant quelque temps pour aller à Methlily. La ville de Beni-Izguen est bâtie à l'endroit où il se réunit à la vallée principale. L'autre qui est plutôt un ravin se nomme Zouil ; la petite ville de Melika est perchée sur le faîte d'un rocher qui se trouve à son embouchure et fait face à Beni-Izguen. Bounoura la Borgne (car tel est le surnom bien justifié de cette ville ruinée) se trouve située plus loin en descendant la vallée, et enfin El-Ateuf que je n'ai pas encore vue, est encore plus bas. Les plantations de palmiers ont été établies autant que possible à l'origine des vallées. La véritable forêt de dattiers de Ghardaya est loin de la ville, en remontant l'oued Mezab ; les plantations des Beni-Izguen sont dans l'oued Netisa ; et enfin, les palmiers peu nombreux de Melika sont plantés à la naissance du ravin de Zouil. Cet arrangement tient à ce que l'eau est toujours plus abondante (dans les puits) en amont des vallées que plus bas. Pour conserver cet avantage de position, les habitants de Ghardaya ont construit à grand renfort de travail plusieurs systèmes de barrage en maçonnerie qui retiennent l'eau dans leurs plantations Mais ces travaux ont été faits au détriment de Melika où l'eau n'arrive plus que dans les grandes inondations. Aussi les palmiers de Melika sont-ils dans un état peu florissant et les puits de cette ville sont taris depuis plusieurs années. Il n'y en a qu'un dans l'enceinte de la ville qui donne une eau salée et amère : il mesure 50 m. 5.

« Voilà pour le moment, ce que j'ai à te dire de la géographie de ce pays ».

Le Colonel Trumelet (1) qui faisait partie de la colonne du Colonel Durrieu (1853-1854) a consacré des pages fort curieuses aux Mzabites. Si je n'en donne pas ici des fragments c'est qu'ils seront mieux à leur place dans les chapitres où nous décrirons les Ksour du Mzab.

Son ouvrage les *Français dans le désert* contient en outre un croquis de la vallée de l'oued Mzab qui mérite d'être reproduit à cause même de l'intérêt historique qui s'y rattache. C'est, croyons-nous, le premier qui ait été dressé par un officier français.

Le Baron Aucapitaine (2) est le premier auquel on ait dû à l'occasion d'une description des villes mzabites l'emploi de l'expression d'heptapole qui a été depuis maintes fois reproduite par les auteurs. Ce terme d'heptapole a même induit en erreur d'éminents hommes de lettres, M. Hugues Le Roux, par exemple. Dans son ouvrage sur le Sahara, M. H. Le Roux sous l'impression du merveil-

---

(1) Les *Français dans le désert*, 2ᵉ édition 1885, chap. X.
(2) Les Beni-Mzab, *Journal des voyages*, 1867, Tome 2, p. 55.

leux spectacle que quelque temps auparavant il avait eu devant les yeux a écrit que des hauteurs qui dominent la vallée de l'oued Mzab, en arrivant d'Ouargla, on aperçoit l'*heptapole*. Ce n'est pas heptapole, mais bien *pentapole* que cet auteur a dû vouloir dire, car il ne faut pas oublier que les Ksour de Berriane et de Guerara sont à de grandes distances (en chiffres ronds 50 et 80 kilomètres de Ghardaïa).

Paul Soleillet arrive au Mzab en 1876 (1), rédige sur place une description de tous les Ksour et il nous apprend entre autres choses que la position du ksar de Berriane avait été déterminée astronomiquement par M. E. Renou. Signalons une exagération assez grande dans l'évaluation du chiffre de ses habitants. C'est ainsi qu'il attribue à Ghardaïa 14 à 16,000 habitants, Beni-Izguen 10 à 12,000 habitants etc.

Je tiensen outre à faire remarquer que Melika est désignée par lui comme étant : « La ville sainte du Mzab, la résidence du Cheikh El Baba. » Nous verrons plus loin que Beni-Izguen seule a eu jusqu'ici l'honneur d'être réellement considérée comme une ville sainte.

M. Vivien de Saint-Martin dans son dictionnaire a consacré au Mzab un article très consciencieux qui mérite d'être consulté, mais dans lequel cependant on relève une grosse erreur en ce qui concerne les limites géographiques du Mzab et des exagérations relativement aux rapports des maîtres avec leurs esclaves.

Dans le supplément de son dictionnaire, M. Vivien de Saint-Martin a mentionné les travaux les plus récents publiés sur le Mzab c'est-à-dire ceux de M. Zeys, Amat, Robin et Motylinski dont il sera parlé plus loin.

Le Colonel Niox dans sa géographie physique de l'Algérie a résumé toutes les connaissances qu'il était possible de puiser dans les ouvrages parus. Sa description méthodique est d'une extrême clarté et contient divers renseignements qui méritent d'être connus.

M. Elisée Reclus a consacré au Mzab, quelques pages de sa géographie universelle (2).

Son chapitre est le résumé aussi exact que concis des notes de Duveyrier, des ouvrages de Soleillet, de Mosgueray, Coyne, Amat.

Nous avons tenu à parler simultanément des diverses études ou monographies rédigées l'une par le Docteur Amat, médecin militaire, les autres par nos plus distingués Officiers du service des affaires arabes. Le Lieutenant Crochard, aujourd'hui Commandant supérieur

---

(1) L'Afrique Occidentale (1877), Algérie, Mzab, Tidikelt, chap. V.

(2) Tome II, pages 572 à 578 et suivantes.

à Djelfa, le Commandant Coyne, le Commandant Robin ; nous citerons ensuite celle d'un savant interprète militaire, M. de Motylinski, Professeur à la chaire publique de Constantine.

En 1879, trois ans avant l'annexion du Mzab, le Commandant Coyne avait fait paraître une brochure sur le Mzab, brochure consacrée surtout à l'étude générale du pays et de ses habitants.

En 1884 c'est le Commandant Robin qui, à son tour, étudie le Mzab et son annexion à la France ; sa monographie et celle du Commandant Coyne restent les modèles du genre, ce sont des plaquettes consciencieusement rédigées où ne manque aucun renseignement, les plus généraux touchant le pays et les habitants.

Dans un but tout spécial a été faite la notice sur Guerara par M. de Motylinski (1885). Après avoir traduit un historique rédigé par un taleb indigène, il a fait suivre sa traduction de longs commentaires historiques. On n'y trouve pas à proprement parler de renseignements géographiques, aussi n'en dirons-nous rien de plus ici, nous réservant d'en parler avec beaucoup de détails quand nous étudierons le ksar de Guerara et ses habitants.

L'étude du Lieutenant Crochard rédigée en 1886 au bureau arabe de Ghardaïa où elle est restée dans les archives, a été conçue suivant un plan très méthodique de sorte que l'abondance des matériaux réunis ne nuit aucunement à la clarté de l'exposition. Les données géographiques et topographiques y sont présentées avec suffisamment de détails et l'on peut dire que l'étude de M. Crochard tant au point de vue des renseignements généraux que de l'histoire des Ksour est le meilleur résumé qui, dans les premières années de l'occupation permanente, ait été produit sur le cercle de Ghardaïa et ses habitants.

Au lendemain de l'installation définitive des troupes françaises au Mzab, un médecin militaire, M. le Docteur Ch. Amat avait recueilli sur le pays et les indigènes des documents publiés seulement en 1888. Il m'est agréable de mentionner les travaux de ce confrère, car son livre est le premier où soit esquissée une étude d'ensemble un peu détaillée du Mzab autant toutefois qu'on pouvait tenter de le connaître il y a quinze ans.

Dans ce livre, l'histoire et la géographie ont été un peu trop sacrifiées, la topographie est naturellement fort incomplète, quant à l'hydrographie, à l'hydrologie et la géologie elles sont bien traitées. Il est vrai de faire remarquer que sur ce point, depuis les recherches de M. Ville dont nous parlerons tout à l'heure, il ne restait plus guère de choses nouvelles à trouver.

Il me reste à parler des savants français venus au Mzab pour combler des lacunes encore considérables et continuer avec des orientations diverses, la tâche si bien tracée par leurs devanciers. C'est un devoir pour moi de rappeler combien furent fécondes les missions scientifiques, qui sous les auspices du Gouvernement ont eu le Mzab pour objectif.

De 1855 à 1863, M. l'Ingénieur en chef Ville, du corps des Mines, fait l'exploration géologique du Mzab, du Sahara et de la région des steppes de la province d'Alger. Dans un magnifique ouvrage, cet auteur nous a laissé de magistrales descriptions que l'on consulte aujourd'hui encore avec fruit sur le système géologique du Mzab, sur les sondages et sur la composition chimique des eaux.

En 1877, c'est un distingué Professeur de l'Université qui entreprend de nous révéler le Mzab. Je n'ai pas, devant un auditoire aussi lettré, à rappeler les ouvrages du Professeur Masqueray qu'une mort prématurée a enlevé à la science. Le compte rendu de sa mission publié dans les archives du Ministère de l'Instruction Publique, son édition de la chronique d'Abou Zakaria, sa thèse de doctorat sur la formation des cités chez les populations sédentaires de l'Algérie sont autant d'œuvres durables. Je demanderai toutefois de faire quelques restrictions en ce qui concerne la trop favorable opinion que M. Masqueray a voulu nous donner des Mzabites. Hélas ! sans prétendre ternir à tout jamais la réputation exagérée que les Beni Mzab se sont faite eux-mêmes auprès de cet auteur, je considère comme indispensable de mettre les choses au point. Je me propose d'exposer dans le présent rapport de mission, le bien qu'il faut penser des Mzabites et les critiques qu'on doit leur adresser.

Pour me résumer, je ne saurais mieux comparer M. Masqueray qu'à un illustre voyageur qui, lui aussi, était passé au Mzab en 1859, M. Henri Duveyrier. Ce que M. Duveyrier avait fait pour les Touareg du Nord a été renouvelé par M. Masqueray pour les Beni Mzab. Tout en exprimant ainsi une opinion personnelle sur des recherches dont je puis considérer les résultats comme définitifs, je tiens d'autre part à rendre un nouvel hommage au mérite considérable qu'a eu M. Masqueray de remplir aussi utilement sa mission à une époque où la France n'avait pas encore effectué l'annexion du Mzab.

En 1885, un autre membre de l'Université, M. le Professeur René Basset, aujourd'hui Directeur de l'Ecole Supérieure des Lettres d'Alger et correspondant de l'Institut, était chargé par M. le Gouverneur Général Tirman de faire des recherches sur les manuscrits et l'idiome zenatia. A la suite de son voyage en Extrême-Sud, ce savant a publié une série de mémoires parus en 1886, 1887, 1888 et 1893. L'un deux, consacré au zenatia du Mzab d'Ouargla et l'oued Rir', est déjà un ouvrage classique et recherché de tous ceux qui s'adonnent aux études berbères.

Plus tard, un éminent professeur en Sorbonne, M. Rambaud, accompagné du regretté inspecteur des écoles indigènes, M Scheer, tenait à étudier au Mzab même, la question si intéressante à beaucoup d'égards de l'instruction des indigènes.

En 1887, M. Zeys, chargé de cours à l'Ecole de Droit, avait, au cours d'une mission à lui confiée par le Ministère de l'Instruction Publique, fait des recherches sur la législation Mzabite et ses origines.

Pendant l'année 1892, M. l'Ingénieur des Mines Jacob, allait dans le Sud étudier les points d'eau de Laghouat à Ghardaïa par Berriane, discutait sur place les données du problème de l'eau au Mzab, exposait ses idées personnelles sur la distance probable de la nappe artésienne et les conditions de réalisation des forages artésiens à Ghardaïa. Cette mission devait avoir des résultats vraiment pratiques ; après, s'ouvrait la période des essais d'exécution.

Il m'a paru, en 1897, que le moment était propice pour consacrer au Mzab une étude approfondie ; entreprise avec conscience et bonne foi, elle a pu être menée à bonne fin, après plusieurs séries de voyages entrepris non seulement dans le Mzab proprement dit, mais toute la zone saharienne périphérique d'El-Goléa-Ouargla.

L'Académie de Médecine a voulu montrer l'intérêt qu'elle attachait à ma mission et en a donné la preuve en m'allouant au commencement de l'année 1898 la Fondation Monbinne. De tels encouragements me créaient des devoirs nouveaux : j'ai fait tous mes efforts pour réaliser de la façon la plus complète, le programme que je m'étais tracé. Si la maladie est malencontreusement venue m'imposer un repos de plusieurs mois, je lui rends cette grâce qu'elle m'a frappé seulement après seize mois de séjour en Extrême-Sud, à la suite d'un surmenage prolongé et au moment même où, tous documents recueillis, je pouvais quitter le Mzab.

Le Président fait connaître à l'Assemblée que M. Harold Tarry, ancien Inspecteur des Finances, M. S. G. A., demande à donner lecture et à proposer à l'adoption du Congrès un vœu tendant à *remplacer le Gouvernement général de l'Algérie par le Gouvernement général de l'Afrique du Nord*, conformément au programme tracé par M. Laferrière, dans son discours au banquet du 7 mars 1899. Il estime que ce vœu ne devrait pas trouver sa place dans une séance de l'après-midi, surtout alors qu'il n'est précédé d'aucune communication portée à l'ordre du jour. Il est prêt toutefois à consulter le Congrès sur ce point.

Quelques membres demandent la question préalable.

Le Président met aux voix la question préalable, qui est adoptée à l'unanimité moins une voix.

La proposition de M. Tarry est repoussée.

Le Président, donne connaissance de la notice suivante due à M. Batail, M. S. G. A.

L'HOROSPHÈRE

Comment la terre tourne-t-elle ? De l'Est à l'Ouest, ou inversement ? Pour vous, Messieurs, la question semble un tantinet ridicule. Mais interrogez les enfants et même les hommes du peuple qui n'ont reçu, à l'école, que de vagues notions de géographie. Vous les embarrasserez fort par cette demande, et vous serez tout surpris de leur ignorance.

Ce qu'ils comprennent tout de suite, ce qui saute pour ainsi dire aux yeux, c'est le mouvement apparent du soleil. Celui-ci se *lève* et se *couche*, disent-ils. Ils en concluent que le « matin » est à l'Orient, le « soir » à l'Occident et que la terre doit forcément tourner du Levant au Couchant.

On a fait jusqu'ici peu d'efforts pour dissiper cette erreur. Les sphères terrestres ont contribué, du reste, à l'accréditer. Lorsque pour les rendre plus complètes, on les a divisées, non pas seulement en degrés, mais en heures, on a fait comme les enfants et les hommes dont je viens de parler : au quinzième degré de longitude Est de Paris, on a placé le chiffre XI, de telle sorte que l'on peut croire qu'il est onze heures à Brindisi, par exemple, quand il est midi à Paris.

Les inventeurs de « l'horosphère » ont voulu faire en quelque sorte toucher du doigt cette erreur généralement admise sur la foi non des traités, mais des cartes géographiques.

Leur appareil se compose essentiellement :

1º D'un globe terrestre porté par un axe vertical et animé d'un mouvement de rotation tel qu'il effectue une révolution complète en 24 heures, *dans le sens inverse des aiguilles d'une montre* (sens de la flèche).

2º D'un cercle gradué en deux fois douze heures et leurs subdivisions, dont le plan coïncide avec le plan de l'équateur du globe précédent.

Une des deux divisions XII représente le soleil. Il est alors bien aisé de voir que pour avoir l'heure en un lieu donné à un instant donné, il suffit de lire sur le cercle gradué la division qui se trouve devant le méridien du lieu.

On a donc, par une simple lecture, l'heure de tous les points du globe.

La méthode classique pour la détermination des longitudes devient évidente.

Ainsi, notre horosphère présente les mêmes avantages que les appareils et tableaux mis actuellement à la disposition des écoles et elle représente de plus, d'une façon rigoureusement exacte, le mouvement diurne de la terre. C'est donc un instrument puissant de vulgarisation scientifique.

Son extrême simplicité permettra de la construire dans des conditions de bon marché exceptionnelles et nous osons espérer que, grâce à l'appui de votre honorable assemblée, elle ne tardera pas à être adoptée officiellement.

M. Lebourgeois, Chef de division honoraire au Ministère de l'Instruction Publique, membre de la Société de Topographie de France, M. S. G. A., a ensuite la parole pour présenter l'étude ci-après :

LA COLONISATION PAR VOIE FERRÉE

Pour arriver à la colonisation rapide de l'Algérie, différents systèmes ont été successivement expérimentés. Concessions gratuites et révocables, vente aux enchères à prix fixe ou de gré à gré, concessions à des associations d'exploitation, concessions aux petits colons, tous ces systèmes ont été tour à tour essayés.

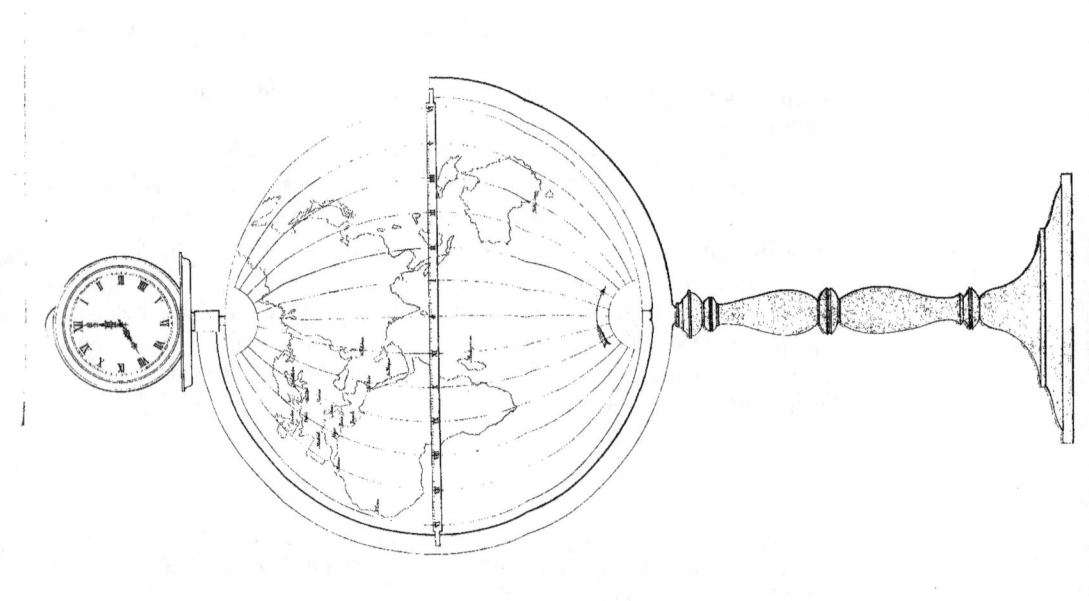

L'Algérie a été traitée tantôt comme colonie d'exploitation, tantôt comme colonie de peuplement. En résumé, M. Becquet a pu dire à la Commission du Sénat, qu'il n'y a pas de système meilleur ; tout dépend de la façon dont on applique celui qu'on a choisi.

Les résultats les plus sérieux ont été obtenus jusqu'ici, mais l'impatience humaine est telle que colons et gouvernants voudraient voir s'établir un grand courant d'immigration européenne et surtout française. Ils souhaiteraient voir diminuer rapidement la disproportion énorme qui existe entre les immigrés et la population indigène.

Ils s'étonnent de la lenteur avec laquelle s'accroît l'élément européen, alors qu'un flot énorme d'émigrants se dirige chaque année sur les deux Amériques et surtout sur l'Amérique du Nord.

Aussi depuis longtemps l'étude des causes qui ont amené cet exode vers le nouveau monde a-t-elle exercé la sagacité des écrivains qui s'occupent du mouvement continu auquel sont soumises les populations de l'Europe.

Parmi les causes, qui sont multiples, l'attention s'est portée sur un procédé de colonisation que les Américains ont mis en usage dès le commencement de l'utilisation des chemins de fer.

A ses débuts le chemin de fer avait été considéré comme un moyen de communication perfectionné, mais coûteux, qui ne doit servir qu'à relier des localités pourvues précédemment de routes d'accès et ayant atteint déjà un développement suffisant pour fournir un trafic rémunérateur.

Les Américains ont rompu hardiment avec cette tradition. Ils ont pensé que le chemin de fer doit *précéder la colonisation et non la suivre*.

Le succès a dépassé toutes les espérances et, en un siècle, les Etats-Unis sont devenus cette grande puissance que nous voyons aujourd'hui.

Sans aller jusqu'à attribuer exclusivement aux chemins de fer un développement aussi rapide, tout le monde est d'accord pour reconnaître que le procédé nouveau qui consiste à commencer par le rail pour établir les communications et à n'ouvrir de routes que pour alimenter les grandes artères a offert d'énormes avantages. Il n'a pas seulement aidé à la prospérité agricole en rendant plus facile le transport des produits, mais en même temps il a favorisé l'immigration et étendu les relations commerciales.

L'immigrant grâce à la facilité avec laquelle il peut se déplacer se trouve moins isolé ; il peut de temps en temps revoir ses compatriotes, ce n'est plus un enfant perdu.

D'un autre côté, les commerçants peuvent sans grande perte de temps, sans fatigue appréciable, tenter les populations sédentaires par l'exhibition de leurs marchandises et créer un marché pour ainsi dire du jour au lendemain.

Depuis longtemps le procédé américain avait été signalé au Gouvernement algérien.

Dès 1859, M. Emile Cardon dans une brochure publiée sous le titre : *Les chemins de fer en Algérie*, rappelait un passage d'un rapport à l'Empereur (8 avril 1857).

« En Algérie, disait-il, il existe des intérêts gouvernementaux et
« politiques dont il faut tenir compte avant tout et l'on est naturel-
« lement conduit à suivre l'exemple de l'Amérique qui, loin
« d'attendre que la colonisation fut fondée, a établi ses chemins de
« fer comme le plus puissant moyen de la provoquer et d'en déve-
« lopper le progrès.

« La construction des voies de fer appellera promptement en
« Afrique un grand nombre d'ouvriers, parmi lesquels plusieurs s'y
« fixeront et la colonisation recueillera sans aucun doute, un contin-
« gent de travailleurs éprouvés. »

A cette époque, le régime militaire alors en vigueur n'était pas très favorable à la colonisation par le peuplement et les paroles de M. Cardon ne trouvèrent aucun écho.

Le sénatus-consulte du 22 avril 1863 changea les choses du tout au tout. Désormais, plus de terre disponible dont on puisse disposer en dehors du maigre contingent des terres domaniales. Il en restait tout juste assez pour une colonisation restreinte, les projets de grande colonisation devaient être mis de côté. La possession défi- nitive des terres était assurée aux indigènes, qu'ils en fissent usage, ou qu'ils les laissassent en friche.

Les Américains n'avaient pas hésité à détruire les Indiens par le fer et par le whisky. Ils s'étaient emparés ainsi du pays qu'ils occu- paient. Mais du moment que, en vue de la chimérique conception d'un royaume arabe, l'empire tendait à renverser les rôles et à cons- tituer pour les populations indigènes une sorte d'autonomie, le Gouvernement français ne pouvait plus disposer de cette valeur si facilement utilisable en raison de sa fixité et qui s'appelle le *sol*.

Voici comment les Américains s'y sont pris pour réaliser cette valeur et faire sortir du sol même à défricher les capitaux nécessaires pour le faire produire.

Les Etats fédérés accordaient le long de la voie à construire des terres en quantité variable suivant la plus-value qu'il était possible d'en attendre. La compagnie concessionnaire émettait des bons hypothécaires remboursables en trente années. A l'expiration de ce terme, les bons étaient remboursés au moyen de la vente des terrains dont la valeur se majorait dans des proportions énormes (au Texas, valeur de début, 7 fr. 50 l'hectare ; 50 francs au bout d'une dizaine d'années).

Maintenant que les terres commencent à faire défaut, le seul moyen auquel il est permis d'avoir recours pour employer le procéder américain dont l'efficacité ne saurait faire aucun doute, est l'expropriation préalable.

Veut-on s'engager résolument dans cette voie? Peut-on appliquer cette méthode en obligeant ou en amenant par la persuasion les indigènes à nous céder dans les conditions usitées en Europe une partie de leur territoire. Peut-on obtenir ce résultat sans faire preuve d'injustice ou de violence à leur égard ?

Pour ne rien dissimuler, c'est là une façon différente de reprendre une ancienne théorie que l'on avait appelée la théorie du *refoulement*, dénomination impropre parce qu'elle éveille l'idée de mesures arbitraires.

Mais de ce que, au moment où elle a été émise et où l'on a essayé de l'appliquer d'une façon brutale en expulsant des douars entiers sans leur attribuer autre chose que des indemnités dérisoires qu'ils ne pouvaient même pas toucher, il ne s'ensuit pas que si les idées d'équité qui doivent présider à l'administration des populations indigènes eussent été scrupuleusement respectées, l'excellence de la mesure n'eut apparue aux yeux de tous.

Comme nous l'avons dit dans une étude précédente (1) : « Peut-
« être, en s'y prenant avec douceur, aurait-on pu amener les Arabes
« à partager le sol avec nous. Il suffisait de leur faire comprendre
« que ce n'était pas en réalité une spoliation, qu'il y avait là une
« sorte d'association ; nous, leur apportant nos perfectionnements
« agricoles ; eux, se serrant un peu pour nous livrer des champs de
« démonstration. »

Les indigènes n'auraient pas tardé du reste à constater qu'il en résulterait pour eux des avantages matériels par suite de la plus-value qui ne manquerait pas de se produire pour les terres restant en leur possession.

En 1864, M. le Baron Aucapitaine qui a publié d'importants travaux sur la colonisation, écrivait (2) :

---

(1) La question du Gouvernement général en Algérie, p. 68. — Ad. Jourdan, 1895.
(2) Les Kabyles et la colonisation de l'Algérie par le Baron H. Aucapitaine Alger, Bastide, 1864.

« Les arabes aiment l'argent : ils cultivent beaucoup plus qu'ils ne
« le faisaient jadis et mieux.

« Si nous avons besoin de terres pour des motifs politiques ou
« agricoles, *exproprions et payons*.

« Avec l'argent de leurs compensations, les indigènes dépossédés
« acquerront d'autres terres : la mise en culture augmentera et la
« colonie ne pourra que gagner. »

Nous avons à parler maintenant d'une objection qui a été lancée timidement, il est vrai, mais qui n'en a pas moins fait son chemin.

Les Chambres ne consentiront jamais, a-t-il été dit, à l'expropriation des indigènes. En 1883, lorsqu'elles ont eu à examiner le projet d'ouverture d'un crédit de 50 millions qui comportait l'expropriation d'environ 300,000 hectares (exactement 299,689) elle a rejeté ce projet.

Si le fait du rejet de ce projet est exact, les conclusions qui en sont déduites pour préjuger de l'opinion des Chambres ne le sont guère.

En nous reportant au rapport de M. Labiche sur la colonisation (Sénat 4 février 1896 — p. p. 40 et suiv.) nous remettrons les choses au point.

Résumant les opinions de ceux qui ont combattu le projet des 50 millions, le Rapporteur dit que « ceux-ci ont critiqué le mauvais
« emploi des ressources antérieurement affectées à la colonisation ;
« ils ont fait ressortir les dangers que présentaient les expropriations
« poursuivies sur les indigènes, en exposant que ceux-ci n'étaient
« pas suffisamment indemnisés ; ils ont enfin montré que les spécu-
« lateurs étaient prêts à mettre à profit au détriment de l'Etat, cette
« grosse opération d'acquisitions portant sur 300,000 hectares de terre.

« *Mais*, ajoute M. Labiche, *le principe même de l'utilité du déve-
« loppement de la colonisation par le peuplement ne fut pas
« contesté.* »

Cette citation démontrera aux esprits les plus prévenus qu'il n'y a pas lieu de s'arrêter un seul instant à l'objection telle qu'elle a été présentée.

L'Administration supérieure est-elle de son côté hostile aux projets qui ne réclament que des avantages territoriaux en écartant toute subvention ou garantie d'intérêt ?

Elle a prouvé le contraire. En 1897 (*Journal Officiel — Documents parlementaires — Annexe n° 2,334*) M. Lebon présente un projet de chemin de fer concédé à un syndicat de Bordeaux sans subvention ni garantie d'intérêt, mais avec des concessions de terres.

Le chemin de fer de Sousse à Gafsa a été construit dans les mêmes conditions par une Société qui a obtenu simplement des concessions territoriales.

En 1886, M. Massicault négociait la construction d'une ligne de Gabès à Tozeur-Nefta avec une Société à laquelle il se montrait disposé à concéder cent hectares de terre par litre d'eau artésienne amené à la surface du sol. Si ce projet n'a pas eu de suite, ce n'est pas par le fait de M. le Résident général.

Nous ne parlons pas de ce qui se fait à l'étranger. Le système américain y est d'un usage courant.

En résumé, ce système sera applicable à l'Algérie le jour où les expropriations seront bien réglementées et surveillées de manière à ne donner prise à aucun abus de nature à léser les indigènes. Elles seront accueillies comme le sont en France toutes les expropriations pour cause d'utilité publique.

Et si quelques propriétaires opposaient une résistance que l'on ne pourrait vaincre, il suffirait de ne leur permettre aucun accès sur la voie et de s'adresser à d'autres qui comprendraient mieux leurs propres intérêts. Il n'est pas absolument nécessaire en effet que les terrains concédés se trouvent exactement situés sur la ligne ; il suffit qu'ils en soient assez voisins pour profiter largement des facilités de transport.

Ce problème de l'expropriation qui a été soulevé pour l'Algérie, ne tardera pas à apparaître dans toute sa force pour les autres colonies.

Au fur et à mesure de notre pénétration au milieu des populations à grande densité, nous serons bien obligés de déterminer les règles à suivre pour donner satisfaction aux grandes entreprises d'utilité publique, tout en tenant compte des droits que possèdent les propriétaires du sol. Le conquérant devra trouver le moyen de concilier ces droits avec les principes auquel il est tenu d'obéir pour ne pas se mettre en contradiction avec les idées de justice vis-à-vis des peuples conquis.

D'ores et déjà la question est posée. Elle a besoin d'être résolue le plus tôt possible. L'intérêt des colonisateurs l'exige impérieusement.

M. Gaudot, Vérificateur du service topographique à Alger, M. S. G. A., présente au Congrès ses obvervations sur la question suivante :

Adoption d'un chiffre uniforme pour représenter la valeur de l'aplatissement terrestre

J'ai l'honneur d'appeler votre attention sur une question qui, dans le cas où elle n'aurait pas encore été traitée, me paraît devoir intéresser tout particulièrement le Congrès national des Sociétés de géographie.

Il s'agirait de savoir s'il ne serait pas d'intérêt général d'adopter un chiffre uniforme pour représenter la valeur de l'aplatissement de la terre et les dimensions générales de l'ellipsoïde terrestre servant de base aux calculs géodésiques et à la construction des cartes.

Personne n'ignore que la forme du globe terrestre a, depuis longtemps, fait l'objet d'études approfondies qui ont nécessité des opérations extrêmement délicates et des calculs compliqués demandant une très grande précision.

Les nombreux travaux entrepris à ce sujet dans plusieurs parties du monde ont permis d'arriver à la connaissance exacte de la figure de la terre et à la mesure précise de ses dimensions principales, à l'aide de l'immense réseau de triangulations géodésiques qui couvre actuellement, d'un bout à l'autre, les îles britanniques, la France, l'Espagne et l'Algérie, et on est parvenu à déterminer un arc de méridien d'une amplitude de 28°, le plus grand qui ait été mesuré sur la terre et projeté astronomiquement sur le ciel.

Ainsi que Francœur l'expose, avec une grande clarté, dans son savant traité de géodésie, lorsqu'on a calculé tous les triangles sphéroïdaux qui composent un réseau géodésique, on peut, par des procédés astronomiques, obtenir directement ces arcs, non seulement pour une station, mais même pour tous les sommets : la comparaison des résultats du calcul à ceux de l'observation, donne des moyens de vérification.

Mais le résultat du calcul dépendant de la valeur qu'on a adoptée pour l'aplatissement, ce résultat doit être regardé comme moins exact que les observations directes, car il existe des discordances qui dépassent de beaucoup les erreurs d'observations possibles. On a donc été amené à reconnaître que, même abstraction faite des inégalités montueuses du sol, la terre n'a pas rigoureusement la forme d'un ellipsoïde de révolution.

De ces considérations, il résulte qu'il est impossible de concilier entre elles les latitudes, les longitudes et les azimuts, lorsqu'on les déduit du calcul géodésique et de l'observation directe.

D'autre part, on regarde comme un fait incontestable que l'aplatissement de l'ellipsoïde obtenu au moyen de mesures géodésiques diffère peu de celui déduit d'observations du pendule.

La surface de la terre paraît formée de nappes différentes appartenant à des sphéroïdes irréguliers ayant des aplatissements très différents l'un de l'autre : on peut citer les valeurs suivantes : 1/280, 1/260, 1/263, 1/309, 1/334 et enfin 1/293,5.

D'après l'annuaire du bureau des longitudes, M. Clarke trouve les dimensions ci-après reproduites, en se basant sur les mesures d'arcs de méridiens suivants, savoir: arcs Russo-Suédois, Anglo-Français, des Indes, du Pérou et du Cap, en y joignant un arc du parallèle mesuré aux Indes.

    Demi grand axe ou rayon de l'équateur...   6.378.253^m
    Demi petit axe ou rayon du pôle.........   3.356.621^m
    Aplatissement........................   1/293.5

Ces résultats pourront subir quelques changements lorsqu'on y fera intervenir les arcs mesurés aux Etats-Unis et les arcs de parallèle obtenus en Europe; mais ces changements seront probablement très faibles.

En effet, depuis que les résultats trouvés par M. Clarke ont été publiés à l'annuaire du bureau des longitudes, M. Faye, astronome de l'observatoire de Paris, a repris les calculs en y faisant intervenir les méridiens mesurés au Danemark et au Hanovre et en négligeant l'arc du parallèle mesuré aux Indes; les résultats qu'il a obtenus ne diffèrent pas sensiblement des dimensions données par M. Clarke.

On peut donc supposer que les nouvelles opérations géodésiques qui seront exécutées sur d'autres parties de la surface terrestre ne seront pas de nature à faire abandonner les premiers résultats.

Ce sont, sans doute, ces considérations qui ont dû amener le service géographique de l'armée à adopter comme définitives les dimensions trouvées par M. Clarke. C'est d'ailleurs d'après ces données que les officiers du dépôt de la guerre ont procédé à la réfection des triangulations française et algérienne.

Puisqu'il est bien établi que la valeur de l'aplatissement du globe terrestre ne peut être modifiée, à l'avenir, que dans des proportions très faibles, on est conduit à se demander, s'il ne convient pas de profiter de la réunion prochaine des membres du Congrès des Sociétés de géographie pour faire cesser l'incertitutde qui existe sur le choix de cette valeur. On mettrait ainsi un terme aux discordances et aux difficultés auxquelles on se heurte, chaque fois qu'il s'agit de raccorder les travaux de plusieurs géographes ayant opéré sur des territoires limitrophes en employant un aplatissement différent.

Le dépôt de la guerre n'a pas hésité à adopter le chiffre de 1/293,45, bien que cette détermination ait eu pour conséquence la réfection des calculs de toutes les triangulations de la France et de l'Algérie.

L'occasion paraît donc favorable de signaler au Congrès la nécessité de faire choix d'une valeur déterminée et définitive pour désigner l'aplatissement terrestre et les axes.

Les valeurs publiées à l'annuaire du bureau des longitudes et adoptées par le service géographique de l'armée semblent remplir les conditions voulues pour être proposées par la Société de géographie d'Alger.

Telle est, Messieurs la question sur laquelle j'ai l'honneur d'appeler l'attention du Congrès et de la soumettre à sa haute appréciation.

L'ordre du jour étant épuisé, la séance est levée à 5 heures 1/2.

Journée du Vendredi 31 Mars

SÉANCE DU MATIN

La séance est ouverte à 9 heures du matin, sous la Présidence d'honneur de M. Basset, Chef adjoint du Cabinet du Ministre, délégué adjoint du Ministère des Colonies, et la présidence effective de M. Guy, agrégé de l'Université, Chef du Service géographique et des missions au Ministère, délégué de la Société de Géographie de Paris.

MM. Guénot, délégué de la Société de Géographie de Toulouse, et Bénard, délégué de la Société de Géographie commerciale de Bordeaux, remplissent les fonctions d'assesseurs.

M. Broussais, Président du Conseil général d'Alger, M. S. G. A., communique au Congrès, l'étude suivante :

Les chemins de fer Africains et Transafricains

L'ampleur du sujet dont j'aborde l'exposé et le désir que j'ai de ne prendre, à la discussion, que la part qui me revient légitimement, m'engagent à me souvenir que si le temps est de l'argent, les belles phrases trop arrondies en font beaucoup perdre.

C'est donc sans apprêt et en causant avec vous que je vais examiner :

L'état actuel des chemins de fer africains et transafricains construits ou projetés ;

La pénétration et la traversée du continent africain par les voies ferrées ;

L'utilisation et le remplacement des voies fluviales ;

Les transsahariens et leurs prolongements transafricains ;

Les voies les plus rapides pour se rendre de l'Algérie au Cap et à Madagascar ainsi que vers l'Amérique du Sud par la côte occidentale d'Afrique (Dakar, Kouakry, Grand Bassam ou Kotonou) ;

Le transafricain anglais de l'Egypte au Cap de Bonne-Espérance (Alexandrie-Capetown).

Cet examen, au cours duquel je me bornerai à grouper les documents sur la matière, me paraît être la préface indispensable de la discussion qui va s'ouvrir sur les moyens de relier les chemins de fer de l'Afrique par réseau français d'Algérie et par suite aux voies ferrées de la France et de l'Europe.

A - B.

Dans une conférence faite à l'association française pour l'avancement des sciences le 2 février 1899, M. Etienne Grosclaude disait :

« On a comparé le relief général de l'Afrique à celui que présente
« une assiette renversée. Cette image, triviale mais expressive, est
« née sous la plume académique de M. Hanotaux.

« En allant de la périphérie au centre, dit l'ancien Ministre des
« Affaires Etrangères, on trouve tout d'abord une région de pentes
« très rapides, c'est la région côtière ; puis un bourrelet, un ressac,
« c'est la région des chutes et des cataractes ; puis une plate-forme

« centrale dont le niveau relativement bas laisse s'attarder les eaux
« des fleuves et dormir celles des grands lacs et des terres maré-
« cageuses ».

« C'est pour cela que l'Afrique est demeurée si longtemps impéné-
« trable à la colonisation européenne, confinée, durant des siècles,
« sur l'étroite zone côtière, et c'est aussi pourquoi le développement
« local d'une civilisation spontanée ne s'y rencontre guère — les voies
« de communication étant les organes indispensables à la circulation
« des éléments vitaux dont l'échange incessant entre les peuples est
« le facteur le plus constant du progrès social.

« Assurément, les grands fleuves ne manquent pas en Afrique,
« mais comme l'a remarqué M. Chailley-Bert, au lieu d'être des
« chemins qui marchent, selon la formule de Pascal, ce sont des
« chemins qui s'arrêtent. Il serait peut-être encore plus exact de dire
« qu'ils font des faux pas, que ce sont des chemins qui buttent, et
« malheureusement les obstacles sur lesquels ils buttent ainsi,
« cataractes ou rapides, sont situés dans les régions les plus voisines
« de la côte, en sorte qu'ils barrent la porte par où le commerce
« européen aurait passé trois ou quatre siècles plutôt pour entrer en
« contact avec les riches populations du centre, s'il avait trouvé,
« comme en Amérique, des fleuves de pénétration largement et
« profondément ouverts aux navigateurs. En un mot, l'Afrique était
« la forteresse naturelle de la barbarie ».

Il était difficile de mieux poser le problème de la pénétration africaine, et c'est à le résoudre que l'industrie de la civilisation européenne s'attache aujourd'hui avec une véritable passion.

Voyons quels sont les résultats obtenus :

C'est à créer des moyens de communication entre la côte et l'intérieur que devait, pour commencer, s'employer l'activité des peuples colonisateurs. Pour arriver rapidement à un résultat, il fallait tirer le plus grand parti possible des voies naturelles, demandant peu ou pas de dépenses d'appropriation, c'est-à-dire des rivières. Il fallait, en un mot, prolonger, par un moyen artificiel, leurs biefs navigables jusqu'à la mer. N'insistons pas sur l'impossibilité, dans l'état actuel de la science de l'ingénieur, d'une canalisation à écluses qui nécessiterait de gigantesques travaux de maçonnerie. Quant aux routes, qui présentent l'avantage de pouvoir comporter de fortes pentes et des lacets, elles offrent l'inconvénient d'exiger des véhicules et des animaux de trait qui font, le plus souvent, défaut dans les pays neufs ; aussi conviennent-elles surtout comme voies secondaires, s'embranchant à d'autres voies plus importantes.

Ces chemins de fer sont, pour la plupart, des chemins de fer de pénétration, des sentiers de fer. La voie étroite de 0m75 à 1 mètre d'écartement, au lieu de 1m44, largeur normale des voies ferrées européennes, semble préférable ; elle offre plus d'élasticité pour les courbes et les rampes, exige moins de terrassements, des ouvrages d'art moins considérables et moins coûteux. Instruments politiques et militaires, de conquête et de pacification, ces chemins de fer ne sont pas les collecteurs, mais bien les créateurs de transports. Néanmoins, ils sont destinés à donner rapidement un rendement assez élevé, puisqu'ils doivent drainer un hinterland riche, producteur et très étendu, et les nouvelles lignes qui les ramifieront par la suite viendront alimenter leur trafic, comme les eaux des affluents grossissent celles des fleuves.

Ces railways ayant tous ou presque tous à franchir des seuils élevés, des pays rocheux sans eau et à population clairsemée, leur construction rencontrera parfois de sérieuses difficultés. Toutefois, l'expérience l'a démontré, elles ne sont pas suffisantes pour faire reculer les promoteurs de pareilles entreprises ni les capitaux qui veulent s'y engager. L'œuvre accomplie est assez éloquente : en 1896, le réseau des chemins de fer africains dépassait 13,000 kilomètres ; depuis, de nouvelles lignes ont été ou sont sur le point d'être achevées, et beaucoup d'autres sont projetées.

Pour faciliter l'examen des voies ferrées africaines, je vais les étudier successivement en les groupant par affinités et par régions.

L'Afrique Méditerranéenne et l'Afrique Australe

Si les lignes africaines sont presque toutes des voies de pénétration, il est cependant deux régions où elles présentent déjà, pour la plupart, le caractère de voies d'exploitation : l'Afrique Septentrionale, c'est-à-dire l'Egypte et les anciennes provinces romaines dévolues aujourd'hui à la France, et l'Afrique Australe. L'une et l'autre se prêtent à la colonisation blanche, qui y est très avancée. Dans le commerce général du continent africain, qui n'atteint pas trois milliards, elles entrent pour plus des deux tiers.

En exceptant le Maroc et la Tripolitaine, on peut dire que la zone méditerranéenne est assez largement dotée de railways. En janvier 1897, 2,056 kilomètres de voie ferrée, exploités presque tous par l'Etat, sillonnaient l'Egypte ; le delta seul en comptait 1,305. Le Nil étant navigable jusqu'à Siout, une voie ferrée, partant du Caire et contournant les cataractes, a été construite (488 kilomètres) ; elle se prolonge jusqu'à Louxor. Les autres lignes principales sont celles du Caire à Alexandrie (209 kilomètres), de Tantah à Damiette (115 kilomètres), de Calioul à Suez (232 kilomètres) qui se ramifient en nombreux embranchements.

En Tunisie, la longueur totale des chemins de fer construits et en construction est d'environ 1,422 kilomètres : la régence a donc gagné 1,200 kilomètres depuis l'occupation française. La ligne de Tunis à Zaghouan a été ouverte au trafic l'an dernier. Celle de Gafsa à Sfax, vient d'être achevée. Enfin, celle de Sousse à Kairouan, qui fait de rapides progrès, sera vraisemblablement prolongée jusqu'à Tébessa. En 1897, la recette kilométrique a été, sur 523 kilomètres exploités, de 2,262 francs.

Le réseau algérien est de 2,905 kilomètres de railway qui sont livrés à l'exploitation, et la recette kilométrique 1897 a atteint 7,995 francs. Actuellement il est question de compléter ces lignes par une voie de Rachgoun au Maroc et par un réseau littoral de la Méditerranée à l'Atlantique. Les premières voies ferrées datent du second empire : on établit alors une ligne parallèle à la mer, d'Alger à Oran, de 426 kilomètres, et une autre, perpendiculaire à la première, de Philippeville à Constantine, de 87 kilomètres. Plus tard se constituèrent les Sociétés *de Bône à Guelma*, *d'Arzew à Saïda* et *de l'Ouest-Algérien*, qui donnèrent aux travaux publics une grande impulsion. Toutes les villes du Tell furent reliées par une voie ferrée se prolongeant jusqu'à Tunis par la vallée de la Medjerda. Mais, jusqu'en 1890, les chemins de fer algériens ont été construits à voie large, dans des conditions absurdes qui font que le prix de revient en a été d'un tiers ou de moitié trop cher : les garanties d'intérêts, pour l'Algérie et la Tunisie, coûtent à l'Etat français, bon an mal an, 25 millions de francs.

Trois voies de pénétration traversant les Hauts-Plateaux se dirigent vers le Sahara. La première, du côté d'Alger, ne va encore que jusqu'à Berrouaghia.

Le Conseil supérieur en 1898 (séance du 24 mars), avait émis le vœu que M. le Ministre de la Guerre et M. le Ministre des Travaux Publics veuillent bien se concerter :

1° Pour le dépôt d'urgence devant les Chambres, du projet de concession de prolongement de la ligne de Blida à Berrouaghia jusqu'à Boghari dans le réseau d'intérêt général ;

2° Pour la prompte réalisation de la combinaison permettant de sauver de la destruction, d'utiliser rapidement et d'achever la plate-forme du chemin de fer dont le service des Ponts et Chaussées poursuit la construction de Boghari à Laghouat.

Ce double vœu a provoqué de la part de l'Administration la réponse suivante :

« Section Berrouaghia-Boghari. — Un avant projet de la section
« de Berrouaghia à Boghari (42 kilomètres) a été transmis à M. le
« Ministre des Travaux Publics, le 10 octobre 1895, mais malgré
« les instances réitérées du Gouvernement général, le Parlement
« n'a pas encore était saisi du projet de loi qui doit en ordonner la
« construction.

« Section Boghari-Laghouat. — La section Boghari-Laghouat a
« 270 kilomètres ; les travaux en terrassements et ouvrages d'art
« sont effectués sur 184 kilomètres pour lesquels il a été dépensé de
« 1892 à 1897 : 2,791,000 francs — En exécutant cette plate-forme de la
« voie ferrée, l'Administration algérienne n'a fait que se conformer
« aux vues exprimées par M. Burdeau dans son rapport sur le budget
« de l'Algérie, pour l'exercice 1892 (p. 244). — Mais, à la suite de
« réductions du crédit destiné aux travaux neufs des routes natio-
« nales et de critiques très vives formulées par MM. Boudenoot et
« Doumergue, rapporteurs du budget de l'Algérie pour les exercices
« 1895 et 1896, les travaux ont dû être interrompus. Le service des
« Ponts et Chaussées a été invité à établir un avant-projet des tra-
« vaux sur les 86 kilomètres qui restent à construire en plate-forme.
« Cet avant-projet a été transmis à M. le Ministre des Travaux
« Publics, le 16 juillet 1896, il a été pris en considération par
« décision du 3 novembre de la même année.

« Les études du projet définitif de construction de la ligne Boghari-
« Laghouat sont sur le point d'être terminées. On pourrait com-
« mencer les travaux en 1899 si le Parlement votait le crédit d'un
« million dont le Conseil supérieur a demandé l'inscription dans sa
« dernière session. »

La première section, celle de Berrouaghia à Boghari, appelée à desservir un pays appartenant encore à la région du Tell, a été étudiée conformément aux règles ordinaires au même titre et dans les mêmes formes que les autres voies ferrées d'intérêt général.

Pour la section de Boghari-Laghouat, on s'est inspiré de la pensée émise par M. Burdeau en 1892 dans son rapport général sur l'Algérie. M. Burdeau s'exprimait ainsi : « Votre Commission signale l'utilité de porter les efforts sur les routes qui ne font pas double emploi avec des voies ferrées, mais qui leur servent d'affluent ou de prolongement. Dans ce dernier cas, les ingénieurs se proposent d'asseoir la route dans des conditions propres à permettre ultérieurement d'y poser des rails : on ne peut qu'encourager cette tendance si elle doit se borner au cas où la disposition est justifiée par l'importance commerciale et stratégique de la route. » Or, la ligne de Boghari à Laghouat est précisément celle à laquelle se rapportait le mieux la définition présentée par M. Burdeau : il s'y attache à la fois un intérêt commercial et un intérêt stratégique : cette conception de M. Burdeau a été présentée par lui au nom de la Commission du budget, et la Chambre des députés se l'est appropriée.

Le Gouvernement général de l'Algérie et le Service des Ponts et Chaussées, en opérant la construction de la route nationale de Laghouat dans des conditions propres à recevoir l'assiette d'une voie ferrée n'ont donc fait que se conformer rigoureusement à un principe sanctionné, indiqué même par le Parlement français.

Non seulement l'Algérie a été autorisée à procéder ainsi, au vu et au su de tout le monde, sans arrière-pensée de dissimulation quelconque, mais encore la méthode qu'elle a suivie a été plus tard l'objet de l'approbation et des encouragements formels du Parlement. Nous lisons dans le rapport présenté au nom de la commission du budget de 1895, par l'honorable M. Pourquery de Boisserin :

« La route de Laghouat présente à tous les points de vue une
« extrême urgence. La construction en est exécutée de façon qu'on
« puisse y placer un railway si l'on décide le prolongement jusqu'à
« Laghouat du chemin de fer de Blida à Berrouaghia. Cette manière
« de procéder permettra, le moment venu, d'établir la voie ferrée
« rapidement et dans des conditions très économiques, que la
« concession en soit faite à une Compagnie, ou que l'Etat se charge
« lui-même de l'exécution des travaux.

« Nous estimons que les travaux de construction de la route de
« Laghouat doivent être continués dans les conditions où ils ont été
« entrepris et qu'il y a lieu en outre de pousser rapidement à l'étude
« de l'établissement de la voie ferrée sur cette route. »

Mais l'année suivante les choses changèrent brusquement de face. Le procédé considéré l'année précédente comme étant simple, expéditif et économique, parut tout à coup incorrect et blâmable à la Commission du budget de 1896.

Un crédit de 468,000 francs était demandé pour les travaux neufs de la route nationale d'Alger à Laghouat. M. Doumergue, rapporteur de l'Algérie, propose de réduire ce crédit à 168,000 francs pour appeler, dit-il, l'attention de la Commission du budget sur le procédé « fâcheux » et « irrégulier », employé pour arriver à la construction de ce chemin de fer, et le Parlement, malgré les efforts des distingués représentants de l'Algérie, MM. Bourlier et Samary, s'est rallié à cette opinion.

M. Cochery, Président de la Commission du budget, a consacré dans les termes suivants la nouvelle jurisprudence du Parlement :

« La Commission du budget a considéré qu'il n'y avait qu'un seul moyen d'amener le Gouvernement à suivre une procédure régulière, c'était de supprimer les crédits irrégulièrement employés à construire un chemin de fer, alors qu'on les demandait pour une route. »

L'Algérie a dû s'incliner devant une telle exécution, quelque sommaire qu'elle ait pu être, mais elle a le droit de rappeler bien haut que, si elle a commis une erreur au début, elle l'a partagée avec les esprits les plus élevés comme M. Burdeau, avec les Commissions du budget, et pendant plusieurs années avec le Parlement lui-même.

Elle a également le droit de demander qu'elle ne soit pas plus longtemps victime d'une situation créée de bonne foi, et qu'elle ne soit pas châtiée pour une faute qu'elle n'a pas commise, car si on voulait lui infliger une expiation, ce n'est pas seulement l'Algérie, c'est bien plutôt la France elle-même qui serait exposée à en subir les désastreuses conséquences.

L'intérêt de cette ligne n'est-il pas surtout et avant tout stratégique ?

Assurément, l'intérêt commercial ou agricole envisagé à lui seul est des plus appréciables. Les pays parcourus par cette ligne sont loin d'être dépourvus de tout trafic : tout le long du parcours, de nombreuses concessions d'alfa restent inexploitées, faute de moyens de transport ; les peaux, les primeurs, les dattes fournissent de nombreux éléments de trafic. Dans la région comprise entre Boghar, Chellala et Djelfa, l'élevage du mouton est appelé à prendre des proportions considérables ; en l'état actuel, des négociants français achètent déjà chaque année des moutons par centaines de mille ; malheureusement, les troupeaux, obligés d'accomplir de longs trajets sur les routes, subissent des fatigues qui entraînent une mortalité excessive et une dépréciation importante. Le transport par voie ferrée, en supprimant ces causes de déchet, développerait immédiatement l'élevage et l'exportation de ces troupeaux.

Enfin, la ligne de Laghouat est le seul accès qui puisse être ouvert à la région du M'zab qui comprend, dans cinq villes situées à proximité les unes des autres, une population de 50,000 habitants.

Chacun connaît l'activité, le caractère industrieux de ces M'zabites qui se livrent à la fois au commerce et à l'agriculture, qui sont adjudicataires des fournitures de l'armée, qui étendent leur commerce jusque dans les populations de l'Extrême-Sud et qui forment, entre celles-ci et le Nord de l'Algérie, un centre de ravitaillement pour les céréales, les tissus et les denrées de toute espèce.

Il ne faut pas non plus négliger l'afflux des touristes que la construction d'une voie ferrée multipliera dans la direction de Ghardaïa.

Mais cet intérêt commercial déjà si puissant, le cède encore devant l'intérêt stratégique :

Le rapporteur de la Commission de budget de 1895 s'exprimait ainsi :

« Au point de vue commercial, l'intérêt de la construction d'un
« chemin de fer sur Laghouat ne peut être contesté.

« Au point de vue stratégique, l'intérêt est plus grand encore.

« La ligne d'Alger à Laghouat coupe l'Algérie dans son centre. Dans
« les insurrections de 1864 et de 1881, c'est de Laghouat que sont
« parties les forces qui ont le plus utilement opéré dès le début dans
« le Sud-Oranais, c'est ce qui s'imposera toujours, par le fait même
« de la situation géographique de Laghouat.

« Qu'un mouvement se produise dans les tribus du Sud, le
« chemin de fer sur Laghouat étant construit, des troupes sont rapi-
« dement dirigées sur cette oasis, et en peu de jours parvenues au
« point sur lequel elles sont nécessaires, soit à l'Est, soit à l'Ouest.

« Que de temps s'écoulera, et que d'événements pourront se produire
« avant qu'elles aient pu y arriver si elles doivent y être dirigées, soit
« par la ligne de pénétration dans le Sud du département de Constan-
« tine, soit par la ligne de pénétration dans le Sud du département
« d'Oran ; un rapide examen de la carte suffit pour se rendre compte
« de la situation. Nos postes avancés dans le Sud, à Fort Miribel et à
« Fort Mac-Mahon, ne peuvent être utilement desservis et secourus
« que par la ligne de Laghouat ».

Cet exposé, présenté en 1895, n'est-il pas plus saisissant encore en 1899 au moment où les pouvoirs Publics, enfin avertis, se préoccupent à si juste titre d'une mise en défense sérieuse, complète et définitive de nos possessions d'Algérie ? Pourrons-nous oublier un seul jour que la pénétration réelle, effective des territoires algériens, s'étend aujourd'hui à 1,100 kilomètres d'Alger et que sur ces 1,100 kilomètres, 135 seulement sont pourvus d'une voie ferrée. Pourrons-nous oublier que nos postes militaires sur lesquels notre attention doit être constamment fixée, sont répartis sur une longueur de 700 kilomètres au delà de Laghouat, à savoir Ghardaïa, 200 kilomètres, El-Goléa 450 kilomètres, puis enfin Fort Miribel et Fort Mac-Mahon ? Il nous suffirait de faire appel aux chefs militaires qui siègent dans cette assemblée. Leur témoignage serait unanime et concluant. Ils s'attacheraient tous à démontrer également qu'en dehors de la rapidité des communications, l'Etat réaliserait sur les frais de transport des troupes, aujourd'hui si coûteux, une économie considérable, le jour où le chemin de fer fonctionnerait jusqu'à Laghouat, et les services compétents peuvent affirmer que cette économie couvrirait plus que largement la garantie d'intérêt nécessaire pour assurer l'exploitation de cette ligne.

D'ailleurs la nécessité et l'urgence de cette voie ferrée a été hautement avouée par ceux-là même qui ont critiqué les procédés employés et ont décidé le Parlement à y couper court, et M. le Ministre des Travaux Publics, dans la séance du 12 décembre 1895, a pris au nom du Gouvernement des engagements formels qu'il convient de placer une fois de plus sous vos yeux : « J'accepte la suppression du « crédit de 300,000 francs, mais je crois que tout le monde ici est « d'accord pour reconnaître qu'il est absolument nécessaire qu'une « voie de pénétration et une voie ferrée réunissent Laghouat à nos « possessions intérieures. Pour atteindre ce but, le Gouvernement « à un devoir à remplir, et il le remplira, c'est de déposer à bref « délai un projet de loi ayant pour objet d'établir sur la voie actuelle « un chemin de fer qui ira jusqu'à Laghouat ».

M. le rapporteur de la Commission du budget, celui même qui avait été l'auteur du coup de ciseau pratiqué dans le crédit, à contresigné cet engagement en s'écriant : « c'est tout ce que nous demandons, pas autre chose ! » Confiants dans cet accord unanime, si solennellement manifesté, nos représentants, MM. Bourlier et Samary, ont retiré leur amendement comme étant devenu sans objet. Or, les mois et les années se sont écoulés, et le projet de loi annoncé par M. le Ministre des Travaux Publics n'a pas encore été déposé.

Nous savons cependant que M. le Ministre a invité la Compagnie de l'Ouest Algérien à lui présenter un projet de convention pour l'armement de la voie, quand l'infrastructure serait terminée. La Compagnie de l'Ouest Algérien a présenté son projet.

Ce retard imprévu menace de se transformer en véritable désastre.

En effet, les travaux antérieurement effectués se dégradent de jour en jour par l'effet des intempéries ; les diligences, sur certains points, ne peuvent même plus emprunter la plate-forme de la route, et sont contraintes de suivre les pistes anciennes ; il serait déjà regrettable de voir dormir un capital de plusieurs millions, on ne peut se consoler de le voir péricliter et disparaître, et 86 kilomètres de travaux, seulement, restent à faire.

Aussi, le Conseil supérieur dont faisaient partie des délégués d'Alger, de Constantine et d'Oran, a-t-il été unanime à comprendre l'intérêt supérieur, patriotique et français qui s'attache à cette question, et à souhaiter que la situation actuelle prenne fin dans le plus bref délai.

Il a renouvelé tous ses vœux précédents à la suite du remarquable rapport de M. Lutaud, Préfet d'Alger, auquel je viens de puiser ces renseignements.

La seconde voie algérienne de pénétration s'arrête à Biskra, mais doit être prolongée jusqu'à Ouargla ; la plus profonde a pour tête de ligne Oran : elle a dépassé Aïn-Sefra et s'avance sur Djenien-bou-Resg ; mais, malgré son importance, son rendement kilométrique n'est guère que de 1,000 francs, le courant commercial persistant à se diriger sur Figuig et, de là, vers la côte marocaine.

Plus au Sud se pose la question si passionnante du transsaharien, de ses directions, de ses tracés, de ses aboutissants, de son trafic, en un mot de son utilité.

Le transsaharien destiné à desservir tout le Soudan français, partirait de la Méditerranée pour bifurquer, en plein désert, vers Tombouctou et le lac Tchad. MM. Duponchel et Rolland ont indiqué trois tracés possibles : un tracé occidental, d'Aïn-Sefra au coude du Niger, en passant par le Touat (2,700 kilomètres) ; un tracé central d'Alger au Niger, par El-Goléa (2,400 kilomètres) ; enfin, un tracé oriental, de Biskra au Tchad, par Ouargla, Igharghar et Amguid (3,400 kilomètres). M. Ed. Blanc a préconisé plus particulièrement un tracé qui, du golfe de Gabès ou de Bougrara, se dirigerait sur Ghadamès et Ghât : la distance serait ainsi abrégée de plus de 500 kilomètres. Malheureusement, les travaux s'exécuteraient au milieu de populations belliqueuses et hostiles, hors de l'influence ou tout au moins de l'autorité française et, comme on l'a dit souvent, il faudrait y employer, à la manière romaine, des soldats armés tantôt de la pioche, tantôt du fusil. La construction, dans ces plaines de sable, coûterait cher et le rendement de la ligne, alimentée seulement par ses extrémités, serait assez faible.

La partie méridionale de l'Afrique, au Sud du Zambèze peut, de même que la partie méditerranéenne, être considérée comme une colonie de peuplement. Plus de 700,000 européens l'habitent et son commerce a pris un bel essort. Il y a actuellement, dans cette région, près de 7,000 kilomètres de chemins de fer, tous de 1^{m}06 d'écartement, comme ceux de l'Egypte, auxquels les Anglais espèrent les raccorder dans le courant du siècle prochain.

Le réseau du Cap comprend trois systèmes, partant : l'un de Capetown, qui a le monopole des passagers ; l'autre, de Port-Elisabeth principal port de débarquement des marchandises ; le troisième, d'East-London ; ils sont reliés par une dizaine de voies transversales. Ces chemins de fer, dont le coût kilométrique est d'environ 140,000 francs, constituent pour le Gouvernement une sérieuse source de revenus. Se détachant de ce réseau, une ligne traverse tout l'Etat d'Orange, par Bloemfontein, pour aller desservir Johannesburg et Prétoria, Ces dernières localités sont, d'autre part, reliées à l'Océan Indien par deux chemins de fer concurrents : celui de Lourenço Marquez et celui de Durban, qui coupe le Natal.

La plus importante des lignes de l'Afrique australe est assurément celle qui va de Capetown à Buluwayo, à travers le Cap, le Bechuanaland et la Rhodesia. La *British South Africa Company* avait construit un chemin de fer de la frontière de la colonie du Cap à Kimberley (1889) et à Vriburg (1890). La *Bechuanaland Company*, subsidiée par la *Chartered* et par le Gouvernement impérial, entreprit de continuer la voie ; les travaux, grâce à l'impulsion que leur donna sir Cécil Rhodes, furent poursuivis avec une rapidité prodigieuse : le tronçon Vrybourg-Mafeking (154 kilomètres) fut ouvert à l'exploitation en octobre 1894 ; Mafeking-Mashudi (199 kilomètres) en mars 1897 ; Mashudi-Palapye (217 kilomètres) en juillet ; Palapye-Buluwayo en octobre. Il est à remarquer que le prix de revient kilométrique de la section construite par la *Bechuanaland Company* n'a pas dépassé 50,000 francs.

Passons maintenant à l'Occident de l'Afrique.

L'Afrique Occidentale

Le chemin de fer de 264 kilomètres de longueur qui, traversant le Cayor, relie Saint-Louis à Dakar est un des plus anciens de l'Afrique intertropicale. Commencé en 1882, il fut ouvert à la circulation en 1885. Mais son trafic n'a pas pris l'essor qu'on espérait : les tarifs sont si élevés que les marchandises suivent toujours l'ancienne voie du fleuve Sénégal et franchissent sa barre. Aussi le port de Dakar, dont on voulait faire le débouché des produits de l'intérieur, ne se développe-t-il guère. Ce qui lui manque, c'est un hinterland. Il a été question de lui en donner un par la création d'une ligne de 800 kilomètres qui le rattacherait à Kayes ; mais celle-ci, parcourant des régions désertes et privées d'eau, coûterait fort cher, et il n'est pas étonnant que ce projet ne soit pas entré dans sa phase de réalisation.

Une œuvre plus considérable est celle que conçut le général Faidherbe, Gouverneur du Sénégal, de 1854 à 1865, et qui consiste à rattacher le cours libre du Sénégal à celui du Niger. La première section de cette voie ferrée, de Kayes à Bafoulabé (132 kilomètres), était destinée à obvier aux difficultés de la navigation sur le premier de ces fleuves. Les travaux, entrepris en 1882, furent retardés par des *impedimenta* de toute nature et en 1890 seulement, la première locomotive arriva à Bafoulabé. Mais la ligne était construite au mépris des règles les plus élémentaires et l'on dut tout refaire ou réorganiser.

En 1892, on étudia la continuation de la voie au delà de Bafoulabé. La construction est commencée : le chemin de fer passe le Bafing, affluent du Sénégal, sur un pont de 400 mètres, et atteint Dioubéba. Son prolongement jusqu'au Niger est désormais certain : récemment une convention a été conclue entre le Ministre des Colonies et le Gouverneur de l'Afrique occidentale, convention aux termes de laquelle la colonie du Soudan s'engage à contribuer pour moitié aux frais de la construction et l'Etat jusqu'à concurrence de 12 millions. Le railway traversera le Bakhoy à Toucolo, sur un pont de 360 mètres, desservira Kita, puis bifurquera vers Bamako et Toulimandio, qui seront respectivement les ports principaux du haut et du moyen Niger. De Kayes à Toulimandio, il y aura 540 kilomètres de voie ; il reste donc à construire 420 kilomètres.

Du reste, tout engage à l'ouverture de voies commerciales vers le Soudan oriental. Le pays est riche et habité par une population assez dense. Le Niger constitue une route naturelle absolument insuffisante : sur le bas fleuve, la navigation est possible jusqu'à Boussa, mais très difficile à partir du confluent de la Benoué ; puis commence une suite d'écueils, de rapides et de chutes qui s'étend de Boussa à Ansongo ; au delà de ces obstacles s'ouvre l'immense bief du moyen Niger, navigable aux hautes eaux et qui va jusqu'aux rochers de Sotuba, à 10 kilomètres en aval de Bamako (1,200 kilomètres) ; enfin, en amont de ceux-ci, le haut fleuve est encore accessible sur un important parcours.

La mission Salesses a étudié le tracé d'une ligne de montagne qui relierait Konakry, capitale de la Guinée française, au cours navigable du haut Niger, à Bafara ou Sormoréia, en amont de Kouroussa. Cette ligne, qui comporterait un développement de 500 kilomètres, franchirait un seuil de 800 mètres d'altitude et coûterait, dit-on, environ 25 millions. Elle aurait surtout pour but de concurrencer les Anglais qui, à Sierra-Leone, font montre d'une grande activité. En effet, ceux-ci ont entrepris, à la fin de 1895, la création d'une voie ferrée de 76 centimètres d'écartement, dont le premier tronçon doit aller de Freetown à Songotown ; en janvier dernier, 32 kilomètres étaient exploités et, en juin prochain, la ligne sera ouverte jusqu'à Songotown, soit sur un parcours de 48 kilomètres, pour être prolongée ensuite jusqu'à la frontière du Soudan français.

Plus à l'Ouest, à la Côte d'Ivoire, les Français se proposent également d'établir une ou plusieurs voies de pénétration, soit un chemin de fer partant de Grand-Lahou pour remonter la vallée de la Bandama et aboutir au Bogoué, sous-affluent du Niger, soit une ligne allant de Grand-Bassam à Grand-Lahou et se dirigeant ensuite sur Kong ; soit, enfin, une ligne allant de Grand-Lahou à Boudoukou pour partager avec les Anglais le trafic de l'hinterland de la Côte d'Or. Dans cette dernière colonie, deux railways seront construits sous peu : l'un rattachant la côte à Takwa, en vue de l'exploitation des mines d'or ; l'autre d'Akra à Kumassi, en vue de la pacification du pays des Ashantis. Au Dahomey, la maison Mante et Borelli va établir une voie ferrée de 60 centimètres d'écartement, entre Kotonou et Abomey, par Whydah et Allada ; elle serait, par la suite, poussée jusqu'à Carnotville et au Niger. Dans la colonie de Lagos, la construction d'un railway commencée depuis quatre ans a atteint cette année le kilomètre 80 ; il ira de Lagos à Abeokuta, pour être un jour prolongé jusqu'au Niger ; il a pour objectif d'ouvrir au commerce anglais l'hinterland de Lagos et d'aller concurrencer le chemin de fer français du Soudan.

Toutes les voies de pénétration que nous venons d'énumérer ont assurément un but commercial, celui de développer et de drainer le trafic du moyen et du haut Niger et de rendre productif l'hinterland des colonies françaises et anglaises qui s'échelonnent du cap Vert à Lagos, mais elles offrent surtout un intérêt stratégique : Français et Anglais considèrent à juste titre le rail comme l'instrument qui assurera leur domination sur les districts de la Nigritie qu'ils se disputent. Aussi, si l'on veut porter un jugement sur ces différents projets, faut-il se placer à un point de vue politique plutôt qu'économique.

Au Congo belge, le système orographique du grand fleuve avec ses biefs navigables séparés par des gorges coupées et rapides infranchissables, font naître la conception d'un vaste réseau de chemins de fer, mettant les hautes terrasses en communication rapides et économiques avec la mer.

Une de ces lignes est capitale et sert de débouché à toute cette ancienne mer d'eau douce intérieure qui a percé l'enceinte côtière, pour se déverser en cascades infranchissables dans l'Océan. Aussi ce débouché a-t-il été comparé au Canal de Suez par les Belges enthousiasmés de leurs succès.

Le chemin de fer à travers la chaine côtière, relie le bas fleuve au haut Congo et à sa ramure d'affluents navigables. Jadis il n'existait entre Matadi et le Stanley Pool qu'un chemin de postage; depuis 1898, ce sentier pénible est remplacé par une voie ferrée de 0,75 centimètres.

Le railway du Congo, dès le début, a satisfait toutes les exigences du trafic. Les rails, en acier, pèsent 24 kilogrammes 500 grammes ; les traverses, également en acier, sont espacées de 90 centimètres et pèsent 47 kilogrammes ; l'ensemble de la voie atteint ainsi un poids de 100 kilogrammes au mètre courant. Le matériel roulant se compose de 56 locomotives de 31, 26.5 et 18.5 tonnes, de 208 wagons à marchandises de 10 tonnes et de 15 voitures à voyageurs. Sur la ligne circulent 8 trains par jour, sans compter les trains de voyageurs (3 par semaine). Le trajet se fait en une vingtaine d'heures ; il dure deux jours, avec arrêt de nuit à Tumba. Le tarif est, pour les voyageurs, de 500 francs en 1re classe et de 75 francs en 2me classe ; à la montée, pour toutes marchandises, de 97 fr. 30 c. les 100 kilogrammes ; à la descente, il est proportionné à la valeur des marchandises : l'ivoire est taxé 97 fr. 30 c. par 100 kilogrammes, le caoutchouc à 41 fr. 18 c. Du moins, il en était ainsi au début.

Au surplus ces tarifs ont été modifiés depuis, ainsi que nous le verrons en discutant les solutions transsahariennes.

Le chemin de fer des chutes, dont les esprits pessimistes déclaraient, il y a une dizaine d'années, la réalisation impossible, apparait aujourd'hui non seulement comme une œuvre civilisatrice au premier chef, mais aussi comme une entreprise des plus rémunératrices ; vraisemblablement, son trafic dépassera de loin celui des autres railways africains. Arrivée au Pool, la voie a atteint son plus grand développement ; jamais elle ne devra être prolongée, son prolongement étant, dès à présent, constitué par le colossal réseau fluvial du Congo. Elle est certaine de drainer le trafic de territoires immenses, s'étendant sur 15 degrés de latitude et autant de longitude. A-t-elle grand chose à redouter du projet de chemin de fer français de Loango à Brazzaville ?

Nous craignons bien que non.

L'ouverture de l'exploitation publique de la ligne entière a eu lieu le 1er mai 1898, à tarif plein, de Matadi à Inkisi et à demi-tarif d'Inkisi à Dolo. La première recette encaissée dans ces conditions, pendant le mois de septembre a été de 731,000 francs, celle du mois de septembre, à tarif plein, a atteint 985,000 francs. Ce résultat dépasse considérablement les prévisions qui n'estimaient qu'à 2 millions 1/2 la recette annuelle.

La construction de ce chemin de fer a coûté fort cher. Le capital action est de 30 millions et il a été émis pour 35 millions d'obligations.

Le chemin de fer des chutes n'est pas inauguré que déjà, en Belgique, différents projets se font jour. Ainsi, il est question de créer des voies ferrées entre le terminus de la navigation du Lomani et le bief navigable du Lualaba (Ponthierville-Nyangwe) et entre la Lubefu navigable et le Congo-Kamolordo, en amont de la Porte d'Enfer. Un autre railway, pour l'étude duquel l'Etat du Congo vient de décréter un premier subside de 300,000 francs, partirait vraisemblablement de l'Itimbiri, relierait au réseau central le bassin de l'Uele et de ses affluents. Enfin, ainsi que nous le faisait entrevoir le remarquable discours de notre Président M. de Brazza, discours qui a fait le tour de la presse internationale, les explorations des voyageurs français dans la région du Tchad permettent d'entrevoir la possibilité de rattacher la Kémo ou le coude de l'Ubangi aux affluents navigables du Chari. D'autres projets de moindre envergure, mais peut-être plus pratiques, sont à l'étude ayant pour but de franchir au moyen d'installations mécaniques peu importantes, les chutes qui entravent la circulation sur le fleuve et ses affluents et de gagner ainsi à la navigabilité les biefs successifs qui s'étagent sur tout le bassin,

Si les Belges donnent ainsi l'exemple d'une ardeur colonisatrice qui ne se ralentit pas, les Portugais, de leur côté, poursuivent l'œuvre qu'ils ont si vaillamment commencée dans leurs possessions de l'Angola. Il y a trente ans, ils caressaient l'orgueilleux espoir de relier Saint-Paul de Loanda à Mozambique par un transafricain ; le traité du 11 juin 1891, qui donne à l'Angleterre de vastes territoires séparant les deux colonies lusitaniennes, a réduit ce projet à des proportions plus modestes.

C'est en 1888 qu'une compagnie portugaise, à laquelle le Gouvernement garantissait un intérêt de 6% pour le capital de construction et une recette kilométrique de 6,666 francs, commença les travaux d'un railway de 365 kilomètres allant de Saint-Paul de Loanda à Ambaca, centre principal de la culture du café. A l'heure présente, 308 kilomètres sont en exploitation et la compagnie s'est engagée à créer des embranchements, d'un développement de 60 kilomètres, reliant Calumguembo à Zeuza, sur le Gobungo, et Cassoaballa à Dondo, sur le Kuanza ; elle s'est engagée aussi à prolonger la ligne vers Malange (150 kilomètres), et il est même question de lui faire atteindre le Kwango, à Kassange. Le chemin de fer d'Ambaca traversant une contrée fertile et riche en plantations, dépourvue de moyens de communication et où le transport à dos d'homme est extrêmement onéreux, son trafic semble devoir être assez important. Le prix moyen du kilomètre de voie ferrée s'est élevé à 144,000 francs et la recette kilométrique a été :

En 1890-91 . . . . 878 francs
En 1896-97 . . . . 2,591 —

Ajoutons, pour terminer, que les Portugais manifestent l'intention d'établir deux autres railways reliant respectivement Benguella à Bithé et Mossamedes au plateau de Huilla.

L'Afrique Orientale

Depuis le golfe de Suez jusqu'au Zambèze, aucun grand cours d'eau ne débouche à la côte orientale. Aussi les chemins de fer qu'on se propose d'y construire ou dont on a déjà achevé des tronçons sont-ils avant tout des lignes de pénétration, ayant pour objectif de rattacher soit au réseau égyptien, soit à la Mer Rouge ou à l'Océan Indien, le bassin du haut Nil, l'Abyssinie et les lacs Victoria-Nyanza, Tanganyka et Nyassa.

Le Nil supérieur, est coupé par une série de six cataractes qui entravent la navigation. Toute la région souffre du manque de voies de communication et seul l'établissement de chemins de fer permettra de l'exploiter. Jusque dans ces dernières années la ligne du Caire s'arrêtait à Assiout ; il y a cinq ans, elle put être prolongée jusqu'à Girgeh ; le 6 mars 1898, elle fut ouverte jusqu'à Louxor, qui est le point terminus du chemin de fer à voie normale de 1m50. Au delà commence la voie de 1m05, qui est terminée jusqu'à Assouan. La première cataracte se trouve à dix kilomètres en amont de cette dernière localité. Il y existe, depuis longtemps, un tronçon de voie ferrée pour le transbordement à Shellal des marchandises et des voyageurs. Enfin, il a été question de créer une ligne d'Assouan à Bérénice, reliant ainsi le Nil à la Mer Rouge. Bérénice ne serait plus qu'à quarante-huit heures du Caire et Aden à soixante. Le trajet de Brindisi à Bombay pourrait s'effectuer, par la voie nouvelle, en neuf jours environ, et le trafic des chemins de fer égyptiens prendrait un essor extraordinaire.

Les deux autres, construites plus au Sud, sont plutôt des routes militaires. La ligne de Whadi-Halfa à Akashch, qui contourne la seconde cataracte, a desservi, en 1896, l'expédition de Dongola. Celle qui part de Korosko, en aval du deuxième rapide, et traverse le désert de Nubie, par les puits de Mourad, pour aboutir à Habu-Hamed a été posée plus récemment ; elle mesure 400 kilomètres. Bien que faite en vue de ravitailler l'expédition du Soudan, elle est solidement construite et destinée à être permanente. Son prolongement vers Berber, en amont du cinquième rapide, a déjà été entrepris et elle sera probablement poussée jusqu'à Omdurman (Karthoum) lorsque la guerre contre les mahdistes aura pris fin.

Si en aval de Berber, le Nil est obstrué par des rapides, il présente au contraire, en amont, un bief navigable de 2,000 kilomètres, auquel s'embranchent ceux du Nil Bleu et du Bahr-el-Ghazal. Un chemin de fer qui irait de Berber à Suakim, sur la Mer Rouge, ouvrirait donc à l'exploitation d'immenses étendues de territoire. La voie aurait environ 420 kilomètres. Notons qu'on projette également de rattacher par un railway Berber à Kassala, que l'Italie vient de céder à l'Angleterre.

Le Négus a résolu de travailler lui-même au développement économique de ses Etats et a concédé à MM. Ilg et Chefneux, qui ont fondé la *Compagnie impériale des chemins de fer éthiopiens*, la construction d'une ligne reliant Harrar au port français de Djibuti, sur le bord méridional du golfe d'Obock. Le tracé part donc de Djibuti, se dirige, par le Sud-Ouest, via Lassarat, Oasi-Udrof et les petits lacs de Timli et d'Armaya, vers Harrar. La longueur de cette section est de 300 kilomètres en ligne droite; les travaux sont attaqués jusqu'au 50e kilomètre. Environ 60 kilomètres avant d'arriver à Harrar, une deuxième voie se détachera de la première, vers l'Ouest-Sud-Ouest, et, après avoir parcouru 400 kilomètres, aboutira à Adis-Abeba, la nouvelle capitale de Menelik II. Elle serait prolongée ensuite vers Kaffa et le Nil Blanc, si la conception entière pouvait être réalisée.

*
* *

Par ses dimensions et par l'audace de sa conception, le chemin de fer de l'Uganda est l'un des plus importants de l'Afrique. Une ligne de 1,057 kilomètres doit rattacher le lac Victoria-Nyanza à l'Océan Indien. Le tracé part du port de Mombassa, traverse ensuite le désert de Toru sur un parcours de 160 kilomètres, franchit un col de 2,600 mètres d'élévation entre les puissants reliefs Kénia et du Kilimandjaro, pour aboutir à Port-Victoria, dans la baie de Bekerley. C'est la *Compagnie impériale de l'Afrique orientale* qui avait d'abord accepté la charge de cette entreprise. Mais l'État s'est substitué à elle et le Parlement britannique a voté en 1896 un crédit de 75 millions de francs. La largeur de la voie est d'un mètre et le coût kilométrique probable de 40,000 à 45,000 francs. A l'heure présente, la ligne est ouverte à l'exploitation sur une longueur de 200 kilomètres.

La construction de la ligne de l'Usambara, dont la première section, de 90 kilomètres, devait relier le port de Tanga à Pungwe, Mohesa et Korogwe, pour être, par la suite, prolongée jusqu'à Arasusha, près du Kilimandjaro, a été commencée par la *Eisenbahn Gesellschaft für Deutsch-Ost Africa*. La largeur de la voie est d'un mètre et le prix de revient d'environ 72,000 francs le kilomètre. Un tronçon de 42 kilomètres, allant de Tanga à Mohesa, a été livré à la circulation en janvier 1896. Mais, faute d'argent, on n'a pu aller plus loin.

La seconde conception allemande consiste à rattacher l'Océan Indien aux grands lacs : deux lignes, partant respectivement de Dar-ès-Salam et de Bagamayo, se rejoindraient en une seule qui se dirigerait sur Tabora, en passant par Rogoro et Mpwapwa. De Tabora une branche gagnerait le lac Victoria-Nyanza et une autre Ujiji, sur le Tanganyka. La largeur de la voie serait de 75 centimètres. La première section, de la côte à Rogoro, coûterait plus de 15 millions de francs ; l'œuvre complète, plus de 300 millions.

La principale voie de communication naturelle de la colonie portugaise de Mozambique est le Zambèze. Malheureusement, les difficultés de sa navigation l'empêchent de répondre aux exigences d'un mouvement commercial considérable. Non seulement des chutes et des rapides barrent le fleuve en amont de Tété, mais encore des bancs de sable remplissent son lit au point d'interrompre, pour ainsi dire, la navigation pendant une partie de l'année. Le Gouvernement portugais a donné à la *Compagnie des chemins de fer du*

Zambèze l'autorisation de construire une ligne de 250 à 300 kilomètres de Quelimane, sur la côte, au confluent du Ruo, petit tributaire du Shiré, situé à la frontière anglaise, avec garantie d'un intérêt de 3 % et différents autres avantages financiers. Les frais de construction s'élèveront à environ 35 millions de francs.

Le Zambèze reçoit d'importants affluents, mais ceux-ci ne forment pas des routes de commerce de bien grande valeur : ils ne sont pas navigables sur un long parcours. Ainsi le Shiré, émissaire du lac Nyassa, est obstrué par des chutes entre Impimbi et Katungo, et le bief Katungo-Shiromo n'est pas accessible aux steamers pendant la saison sèche. L'*Afrikan Lakes Corporation*, société anglaise, a étudié la possibilité de relier Shiromo, sur le Shiré inférieur, à Blantyre grand centre de cultures. De là, la ligne se dirigerait ensuite vers Impimbi, sur le Shiré supérieur ; son développement serait de 208 kilomètres, soit 136 kilomètres de Shiromo à Blantyre et 72 kilomètres de Blantyre à Impimbi. Le tracé traverse une région riche en plantations de caféiers et il y aurait peu de difficultés naturelles à vaincre.

Grâce à ces deux tronçons, de Quelimane à Ruo et de Shiromo à Impimbi, le vaste bassin du lac Nyassa sera relié à la mer. Ces voies constitueront, de plus, une route de pénétration permettant d'atteindre facilement le Tanganyka, le Moero et aussi la région du Katanga.

Pour être complet, il nous faut mentionner encore le progrès du rail dans les îles africaines de l'Océan Indien. A la Réunion, une voie ferrée de 124 kilomètres, parallèle au littoral, relie Saint-Pierre à Saint-Benoît depuis 1882 ; elle est administrée par le Gouvernement depuis 1887. L'île Maurice est traversée par deux lignes : celle de Port-Louis à la Grande-Rivière et celle de Port-Louis à Mahébourg, avec embranchement à la Savanne et à Moka, soit plus de 169 milles en exploitation. Madagascar, moins favorisée que ces deux petites colonies, ne possède encore aucun chemin de fer. Le Commandant Roques a étudié le tracé d'un railway de 371 kilomètres qui rattacherait Tananarive au port de Tamatave. Ce serait une ligne de montagne, ayant à franchir des altitudes assez élevées (au maximum 1,600 mètres), et qui nécessiterait, en fait d'ouvrages d'art, quelques tunnels ne dépassant pas 300 mètres et quatre ponts de 100 à 300 mètres ; le coût total serait de 50 millions. Récemment une convention a été passée entre le Ministre des colonies et la *Compagnie coloniale de Madagascar* en vue de la construction d'une voie ferrée. La société reçoit la concession d'un chemin de fer de Tananarive à un point voisin d'Andevorante-Amverano, limite de la navigabilité du Vohitra, avec obligation pour elle de prolonger la ligne jusqu'à Tamatave. D'autre part, l'Etat et la colonie s'engagent à faire effectuer chaque année des transports pour une somme d'au moins 2,800,000 francs et la compagnie reçoit 100,000 hectares de terres. L'écartement sera de 1 mètre et la construction devra être terminée en six ans. Notons qu'il est question également d'établir un railway de Tananarive à Majunga, sur la côte occidentale. Enfin, plus au Sud une autre ligne importante semble devoir être prochainement entreprise ; elle rattacherait Fianarantsoa à la mer. La *Société auxiliaire de colonisation française à Madagascar* a envoyé dans l'île, dès le mois d'avril 1897, des ingénieurs qui ont levé un tracé de 211 kilomètres de voie ferrée.

C - D.

En Afrique, comme sur les autres continents, les chemins de fer ne tarderont pas à concurrencer sérieusement les voies fluviales et à les remplacer presque partout pour le transport des voyageurs, des marchandises de prix et des munitions.

Ne voyons-nous pas que, malgré les facilités de navigation de l'Atlantique et du Pacifique sur les côtes américaines, malgré la navigabilité de la plupart des grands fleuves et de leurs affluents, la locomotive tend à détrôner le bateau. On se préoccupe sérieusement de compléter les transcontinentaux E.-W. par le grand intercontinental américain dont l'examen avait été recommandé par le Congrès pan-américain de 1889-1890. Il relierait à travers les isthmes la Colombie, l'Equateur, le Pérou, la Bolivie, les réseaux du Mexique et l'Argentine.

Il en est de même en Asie avec le transsibérien. Il en sera de même en Afrique avec les transafricains.

Le français partant d'Alger, l'anglais partant d'Alexandrie et du Caire, tous deux se rejoignant par le lac Tanganyka (Albertville).

Le premier branchera vers l'Atlantique pour ouvrir la route terrestre de l'Amérique du Sud et par Oudjidji et Zanzibar, il expédiera voyageurs et marchandises vers Madagascar.

Mais le temps me presse ; je ne pouvais entrer, sans vous fatiguer, dans la discussion des tarifs et la comparaison du prix des transports, pour chemins de fer avec ceux obtenus par les autres procédés utilisant plus ou moins les voies fluviales.

Qu'il me suffise de dire que le Soudan est riche et qu'il recevra par les chemins de fer du Nord tous les produits manufacturés de l'Europe, que ces voies ferrées y apporteront le sel indispensable à l'alimentation des noirs, qui leur manque et que les caravanes leur apportent péniblement et à grand frais d'Idjil, de Taodenni et de Bilma.

Le transsaharien fait leur donnera du sel maritime, si les difficultés de la traversée du Sahara s'éloignent des mines de sel précitées. Les nègres saleront aussi bien leurs mets avec du sel des côtes de la Méditerranée ou celui recueilli par nos bretons de l'Océan.

La solution terrestre de la pénétration africaine est bien française. Stanley a dit « l'Afrique sera au premier qui saura y pousser le rail » les Anglais l'on prouvé dans la haute Egypte, et constatation douloureuse, c'est ainsi qu'ils nous ont chassé de Fachoda.

Allons-nous être les derniers à pousser le rail ou bien montrerons-nous que les fils de la vieille France peuvent encore étonner le monde par leur audace, leur activité et surtout par leur dévouement à la grandeur de la Patrie Française.

Le Président, fait connaître que le Contre-Amiral Servan, commandant la marine en Algérie, offre aux Délégués du Congrès une promenade en torpilleur, 25 places sont disponibles, le départ est fixé au lendemain samedi à 8 heures du matin, du quai de l'Amirauté. Il adresse au Contre-Amiral, les vifs remerciements du Congrès.

M. Bonnard, délégué de la Société de Géographie Commerciale de Paris, (section de Tunis) fait remarquer que vu l'heure avancée et la fatigue manifestée par l'Assemblée, il lui semble préférable de ne pas traiter ce matin la question inscrite en son nom à l'ordre du jour. Il se bornera donc à faire quelques observations d'ordre général. Il constate qu'il y a à faire en Afrique une œuvre grande et profitable à la France ainsi qu'à notre empire colonial. Il est indispensable que l'Afrique ait son transsaharien, mais elle doit en avoir un seul. Il n'y a pas en effet plusieurs Sahara, et il faut éviter cette conception qui consiste à établir un Sahara Oranais, Algérois, Constantinois ou Tunisien. Il faut éviter d'éparpiller les efforts et les capitaux sur plusieurs projets. Une solution unique doit être recherchée, et à son avis, le véritable point de départ du futur transsaharien est Bougrara. En préconisant ce tracé, il n'obéit pas à des considérations d'intérêt local, il est persuadé seulement que là est la vraie solution capable d'assurer le succès de l'œuvre finale.

Il traitera ce soir cette question du tracé avec tous les développements qu'elle comporte.

La séance est levée à 11 heures 1/2.

SÉANCE DU SOIR

La séance est ouverte à 2 heures 1/2, sous la Présidence d'honneur de M. Houdas, délégué de l'École spéciale des langues orientales vivantes, et la Présidence effective de M. Bénard, délégué de la Société de Géographie Commerciale de Bordeaux.

MM. Lebourgeois, Chef de division honoraire au Ministère de l'Instruction Publique, membre de la Société Topographie de France, M. S. G. A., Imbert, de la Société de Géographie Commerciale de Bordeaux, remplissent les fonctions d'assesseurs.

Le Président remercie le Comité de l'honneur qu'il a fait à la Société de Géographie Commerciale de Bordeaux et à la Société de Géographie du Sud-Ouest en le chargeant de présider une séance aussi importante.

M. Bonnard a la parole pour continuer l'exposé dont il avait tracé les grandes lignes à la séance du matin. Il constate d'abord que la solution qu'il propose à la question du transsaharien ne semble pas connue de tout le monde, et il en éprouve un étonnement profond. Cette solution n'avait pas échappé à la haute sagacité de Jules Ferry, ainsi qu'en témoigne la préface écrite par cet éminent homme d'État pour le livre de M. Faucon consacré à la Tunisie. Si le Ministère présidé en 1883 par M. Jules Ferry était resté quelques mois de plus au Pouvoir, le projet dont il s'agit serait peut-être réalisé aujourd'hui.

M. Bonnard s'élève contre l'opinion de M. Paul Leroy-Beaulieu qui a déclaré que le tracé de Gabès au Tchad devait être écarté sans la moindre hésitation, et il estime pour sa part que le premier transsaharien doit partir de Bougrara pour aboutir au Tchad.

A son avis, Bougrara est la meilleure tête de ligne, avec son lac de 30,000 hectares, double de celui de Bizerte, ses eaux profondes de 20 à 25 mètres, et son chenal court et large de 1,800 mètres.

Quant aux bassins du Tchad et du Chari que le tracé projeté a pour objectifs, ce sont de beaucoup les régions les plus fertiles et les plus peuplées auxquelles on puisse aboutir au delà du désert. Nos droits sur le Tchad ne peuvent d'ailleurs plus être discutés depuis la récente convention anglo-française.

C'est seulement à la condition d'adopter le tracé de Bougrara au Tchad que le transsaharien sera efficace et pourra, après avoir réuni l'Europe au Congo, former l'amorce d'un transafricain.

Le passage de la ligne par Ghadamès et Ghat ne soulèverait certainement aucune opposition de la part de la Tripolitaine, qui a, au contraire, intérêt à nous voir faire la police dans ces deux villes, si souvent exposées aujourd'hui aux attaques des pillards.

Rien ne nous empêche en outre de suivre cet itinéraire. La Compagnie Bône-Guelma n'a-t-elle pas établi un chemin de fer en Tunisie, avant notre occupation, avec la garantie d'intérêts du Gouvernement français ?

Du Sud de la Tripolitaine au Tchad, la ligne suivrait à peu près l'itinéraire du Colonel Monteil, lorsqu'il effectua son voyage de Saint-Louis à Tripoli ; elle passerait par Bir-el-Amar, l'oasis de Bilma et de Kdouar.

Tandis que la contrée qui s'étend de Biskra à l'Aïr est inconnue, et que, tout récemment, des explorateurs y ont vu surgir des montagnes dont on ne soupçonnait pas l'existence, la région située du Sud de Bougrara est exempte de montagnes et pourvue de points d'eau reconnus par le Colonel Monteil et par les caravanes qui, depuis longtemps, fréquentent cette route.

Le tracé de Bougrara au Tchad est, d'un autre côté, le moins long des tracés français, si l'on prend pour point de départ le littoral de la Méditerranée.

Il présente une économie de 5 à 600 kilomètres sur le tracé Philippeville-Biskra. Bougrara est, de plus, à 2,000 kilomètres du lac Tchad, tandis qu'Alger en est à 3,500 kilomètres.

Enfin, la ligne de Bougrara au Tchad serait la moins onéreuse, et la moins difficile à exécuter.

Si nous tardons, ce sont nos rivaux qui établiront cette ligne et qui nous supplanteront dans la plus riche des régions transsahariennes. Comment nous y opposerons-nous si nous ne faisons rien, si nous abandonnons le Tchad et notre empire africain ?

— M. Cornetz, Ingénieur civil et explorateur, M. S. G. A., désire répondre quelques mots aux choses si intéressantes dites par M. Bonnard. M. Cornetz croit être à même de pouvoir renseigner le Congrès sur les amorces du transsaharien en ce qui touche la Tunisie, car il a fait en 1891 deux fois la route de Gabès à Ghadamès et a ensuite exploré pendant trois hivers le Sahara tunisien.

Il y a deux projets par rapport à la Tunisie du Sud. En premier lieu une voie ferrée partant du beau port naturel de Bougrara (Gabès) vers l'Algérie par les oasis du Djerid jusqu'à Touggourt (Projet de M. Lebourgeois M. S. G. A.). Ce projet serait un rattachement du réseau tunisien à un transsaharien ou saharien algérien. Le second projet, présenté par M. Bonnard, serait un transsaharien spécialement tunisien, de Bougrara au Tchad par Ghadamès et Ghat. La priorité de ce second projet appartient à M. E. Blanc (de la Société de Géographie de Paris) ; son auteur le proposa à une époque où aucun Européen n'avait encore fait le voyage de Gabès à Ghadamès ; on ne connaissait donc pas suffisamment les difficultés qu'une voie ferrée aurait à surmonter.

Le trajet de la baie de Bougrara au pied de la falaise du Djebel Demmer (Djebel Douirat) est facile, quelques petits ponts à faire pour passer des oueds allant à la mer. Par contre le passage du Djebel oblige la voie à escalader une marche d'escalier de 400 mètres à moins que l'on ne fasse un long, difficile et coûteux détour dans l'Ouest par la déchirure d'érosion à pente très forte du Toum Darsen.

Les travaux d'art pour le passage du Djebel coûteront 3 millions au moins. Arrivée au sommet de la falaise, la voie ferrée, dont la direction générale est Nord-Sud trouve devant elle, jusqu'à Ghadamès, une région coupée par de nombreuses et profondes vallées d'oueds dont les thalwegs sont tous dirigés de l'Est à l'Ouest. Ces oueds, ordinairement desséchés, mais coulant quelques fois en torrents, nécessiteront la construction de nombreux ponts de 100 à 200 mètres (15 à 17 ponts en tout).

Entre certaines vallées d'oueds, avant d'arriver à la région de hammada, le terrain est difficile et obligerait à des lacets nombreux.

Bref, on peut évaluer de 15 à 20 millions les dépenses supplémentaires pour travaux d'art dans le trajet de Bougrara à Ghadamès. Au point de vue politique, l'occupation d'une bande de territoire tripolitain et de Ghadamès est nécessaire : cette occupation par la France se fera un jour prochain par la force des choses, mais pas par un acte de cession de la part du Gouvernement Turc.

Croire à un acte pacifique et bénévole de cession de territoires musulmans ottomans, par exemple : de la Tripolitaine, c'est ignorer l'histoire. Les Turcs cèdent à la force, après des guerres malheureuses, mais ils ne reconnaissent pas la présence des étrangers dans des territoires anciennement ottomans (par exemple la présence de la France en Tunisie).

En outre les Turcs savent très bien que céder Ghadamès et Ghat à la France c'est mettre les Touaregs du Nord à la merci des Français. Or, les dits Touaregs sont les alliés étroits des Turcs. Voici un fait peu connu, mais instructif, pour beaucoup de personnes insuffisamment éclairées sur cette question et qui préconisent une alliance amicale avec les Touaregs sans emploi de forces militaires (ce que l'on a nommé la pénétration pacifique et commerciale au Sahara).

En 1893, les Turcs craignaient une tentative italienne d'occupation en Tripolitaine. Ils doublèrent la garnison de Tripoli et avertirent les tribus de l'intérieur. Le Gouverneur turc fit demander aux Chefs touaregs Adjzers de participer à la défense ; ces Chefs répondirent textuellement que tous leurs jeunes hommes avec leurs méharas partiraient pour Tripoli au premier appel pour aider à défendre le sol turc, à condition qu'on ne les fasse pas combattre sur mer.

La construction de la ligne projetée devrait être forcément accompagnée d'une occupation militaire comme protection, car c'est ignorer absolument les sentiments réels des turcs de Tripoli ou des indigènes de l'intérieur tripolitain que de penser que ce chemin de fer serait vu d'un bon œil de la part de la Tripolitaine (Vouloir tourner Ghadamès par le Nord avec la voie ferrée est un pauvre expédient, car les sables de l'Areg obligent à passer très près de la ville).

Au point de vue stratégique, on aurait donc un chemin de fer le long d'une frontière. En cas de guerre européenne, la Turquie pourrait fort bien faire partie d'une combinaison de puissances hostiles à la France. Alors il faudrait compter avec les troupes turques de Tripoli et de Nalout, les nombreuses tribus du Djebel tripolitain et quelques touaregs du Nord. Cet ensemble d'ennemis serait peu dangereux, vu les distances et la différence d'armement, pour les postes importants comme le serait par exemple Ghadamès, mais il serait excessivement incommode à cause des nombreuses œuvres d'art disséminées le long du trajet ; une grande partie du corps d'occupation tunisien, serait donc immobilisé pour la protection de la voie et surtout des nombreux ponts. Sans voie ferrée, c'est-à-dire dans son état actuel, le désert inculte qui s'étend de Douirat à Ghadamès se défend tout seul car il ne s'y trouve que trois puits d'eau (Keçira, Djenneien et Zar) absolument insuffisants pour alimenter un corps quelconque d'invasion venant de Tripolitaine et voulant tourner par le Sahara les postes militaires français de Medennie et de Tatahouine.

Au point de vue économique le projet Bougrara-Ghadamès ne met en valeur pour une future colonisation que les postes de Medenine et de Tatahouine ; à partir de ce dernier endroit c'est le désert rocheux jusqu'à Ghadamès. Le projet Bougrara-Tuggurt par le Djerid met en valeur les oasis de Gabès, d'El-Hamma, puis toutes les belles oasis du Djerid.

L'orateur croit parler au mieux dans l'intérêt de la Tunisie en disant qu'il faut persévérer dans l'idée d'un rattachement de Bougrara par le Djerid à un saharien ou transsaharien algérien ; il est du reste persuadé que l'aménagement du beau port de Bougrara et le rattachement du futur réseau tunisien méridional à l'Algérie sera un fait accompli bien avant l'achèvement d'un transsaharien, car les travaux publics vont vite en Tunisie.

Quant au tracé Bougrara-Ghadamès, il est pratiquement et politiquement difficile ; il est stratégiquement impraticable, la Tripolitaine n'étant pas française.

M. le Contre-Amiral Servan tient à faire remarquer qu'il ne parle pas avec un caractère officiel, comme représentant du Ministre de la marine. Les idées qu'il va exposer sont des idées qui lui sont personnelles.

Il commence par déclarer hautement et sans réticence qu'il est partisan d'un réseau franco-africain. Ce réseau peut et doit, à son avis, mettre en communication les principales frontières maritimes de notre nouvel empire. Ces frontières sont : au Nord, la Méditerranée ; à l'Ouest, les côtes du Sénégal ; au Sud-Ouest, les côtes de Sierra Léone et de Konakry, la Côte d'Ivoire, enfin les les côtes du Dahomey et du Congo.

Ce projet implique la création, sur un point encore indéterminé d'une gare centrale, vers laquelle convergeraient et de laquelle rayonneraient les voies ferrées à créer.

Le choix de ce point serait facile si, sur l'immense superficie qui constitue notre empire africain, il n'y avait pas le désert, s'il y existait des terres fertiles et irrigables.

Il n'est pas d'exemple dans l'histoire qu'une ville ait pu se développer et devenir un centre réel de civilisation et d'activité commerciale, si elle n'est située au bord de la mer ou d'un fleuve. Or, il n'y a pas de fleuve dans le Sahara.

Si le choix du point central était fixé, les tracés des voies de rayonnement vers les trois mers : Méditerranée, Atlantique-Nord, Golfe de Guinée ou Atlantique-Sud, en découleraient d'eux-mêmes.

De ce point central, qui, à son avis, ne doit pas être choisi hors des limites du triangle presque équilatéral qui a pour sommets le Touat, Tombouctou et le Tchad, quatre artères principales rejoindraient : la première, Alger, qui est et doit rester la capitale maritime de notre empire africain, avec ramifications à l'Est et à l'Ouest sur la Tunisie et le Maroc ;

La seconde, Saint-Louis, chef-lieu des provinces océaniques, par Tombouctou et Kayes avec embranchements sur Konakry et sur Grand Bassam ;

La troisième, Kotonou, par Say ;

La quatrième, Libreville ou plutôt Loango, par le Tchad, le Baghirmi et l'Oubanghi.

Le bon sens indique que, pour le tracé définitif de chacune de ces grandes voies, il faudrait obéir aux indications de la nature en suivant les cours des rivières ou fleuves existants.

En considérant, sur les cartes, le dessin formé par le cours du Niger, M. l'Amiral Servan a été amené à penser que l'embouchure actuelle de ce fleuve était relativement récente. Voilà plusieurs années que cette question le préoccupe et qu'il a demandé à des Officiers stationnés au Soudan de le renseigner sur le bien ou le mal fondé de son pressentiment.

C'est en étudiant l'histoire de Tombouctou de Djenné, c'est en considérant le cours actuel du fleuve où plusieurs indices trahissent une création torrentielle presque subite ; c'est en considérant le chapelet de lacs situés au Nord de Tombouctou et alimentés vraisemblablement par le Niger, soit par voie souterraine, soit par déversement naturel à l'époque des grandes eaux ; c'est en cherchant les causes de la prospérité lentement mais continuellement décroissante de l'ancienne et mystérieuse capitale d'Afrique Centrale ; c'est en scrutant les itinéraires des caravanes : c'est enfin en recherchant, aux heures de patriotiques méditations, les moyens de mettre en valeur notre domaine nouvellement acquis, mais à jamais français, qu'a germé en lui l'idée qu'il se décide, non sans hésitation, à exposer devant le Congrès.

Il a toujours pensé, il pense encore qu'autrefois, à une époque relativement peu reculée dans les âges de la terre, le Niger était un fleuve saharien, comme le sont encore le Charem, le Logone, le Chari, etc. Dans quel lac immense aujourd'hui desséché déversait-il ses eaux ? Peut-être dans la Sebkha du Touat.

Sur les dernières cartes d'Afrique, on peut lire que Tombouctou, ou plutôt Kabara, port de Tombouctou, est à la cote 245, et, en remontant vers le Nord, jusqu'à 700 kilomètres sur la route des caravanes du Maroc ou du Touat, on rencontre :

A Araouan, la côte 255 ;
A Eldjouf, la côte 201 ;
A O-Téligh, la côte 148 ;
A Tarmanant, la côte 180.

Enfin, un peu au Nord de la Sebkha du Touat, à Tamenfit, la cote serait de 137 mètres.

Sauf Araouan, qui est à une altitude supérieure de 10 mètres à celle du Niger, à Tombouctou, toutes les autres cotes sont inférieures. Or, ces cotes représentent les altitudes des dunes les plus élevées dans la région saharienne ; il est donc permis d'affirmer que le niveau moyen de la mer de sable qui les entoure leur est sensiblement inférieur.

Dès lors, n'est-on pas autorisé à concevoir qu'un siphon amorcé à Kabara, pourrait irriguer les 700 kilomètres désertiques dont il vient d'être parlé ?

Dans le combat que lui ont livré les dunes mouvantes qui l'enserrent encore de si près, à Tombouctou même, le grand fleuve, mal secouru par l'homme, qui peut-être d'ailleurs n'existait pas encore, a été vaincu, mais il a dû lutter longtemps. Actuellement, avec les moyens dont dispose l'industrie humaine, les conditions du combat seraient toutes différentes.

Ce n'est pas le changement du cours du Niger qu'il demande, c'est une dérivation partielle qui dirigerait, ou plutôt laisserait couler les eaux du fleuve sur le Touat, en contournant les dunes d'Araouan. La dérivation totale serait vraisemblablement impossible, et, ne le serait-elle pas, que son exécution, non seulement entraînerait des difficultés diplomatiques en raison des conséquences qui en résulteraient dans le delta actuel du Niger, mais encore porterait un irrémédiable préjudice à d'autres régions qui nous appartiennent et que le Niger arrose en les fertilisant. Le Contre-Amiral Servan termine en priant le Président :

1º De vouloir bien poser au Congrès la question suivante :

Est-il quelqu'un parmi les membres du Congrès qui soit possesseur de renseignements permettant de confirmer ou d'infirmer avec une certitude absolue, les côtes que j'ai relevées sur la carte, sur un parcours de 700 kilomètres au Nord de Tombouctou ?

2º De vouloir bien, si aucune réponse n'est faite à cette première question, proposer au Congrès d'émettre le vœu suivant :

Considérant qu'il y a un intérêt de premier ordre et de première urgence à vérifier s'il serait possible soit par une dérivation, soit par une canalisation amorcée sur le Niger, à Kabara, de conduire les eaux du fleuve vers le Nord et principalement dans la direction du Touat ;

Considérant qu'il y a connexité entre cette question et celle du chemin de fer Méditerranée-Niger.

Le Congrès émet le vœu que le Gouvernement fasse sans délai procéder à des vérifications de nivellement permettant de déterminer définitivement la différence de hauteur au-dessus du niveau des mers qui peut exister entre la dépression saharienne et l'altitude de Timbouctou.

Le Président demande si l'un des membres du Congrès est en mesure de fournir des renseignements sur la question posée par M. l'Amiral Servan.

M. Flamand n'est pas favorable à une exécution immédiate du transsaharien par l'Est ou par le centre. Par l'Ouest, la question se pose différemment. Mais ce qu'il faut, avant de songer à s'enfoncer au cœur du Sahara, c'est occuper le Touat et construire des chemins de fer de pénétration dans les trois provinces. A la suite des dernières explorations, le choix d'un itinéraire s'impose naturellement. A l'Est d'après les renseignements de la mission Foureau-Lamy, il y aurait occlusion d'un passage facile par une barre montagneuse reliant le Tassili au Hoggar. Au centre, nos connaissances sont tellement incomplètes qu'il ne faut pas songer un seul instant à pénétrer au cœur du massif du Hoggar, si toutefois cela est possible. On se trouve donc fatalement appelé à considérer comme plus probable pour l'avenir le passage vers l'Ouest, c'est-à-dire en suivant plus ou moins les régions libres situées à l'Ouest des massifs successifs du Sahara central. C'est d'ailleurs là que se trouvent les plus nombreuses voies suivies par les caravanes.

D'autre part, pour le chemin de fer central, il deviendra fatalement occidental ou oriental une fois arrivé à In-Salah, le massif du Hoggar s'opposant à la marche vers le Sud. Il est donc écarté de ce fait.

En ce qui concerne l'exécution de tunnels destinés à traverser les dunes de sable, il n'y a pas lieu de s'arrêter à cette idée, qui parait absolument invraisemblable.

La vallée de l'oued Saoura, habitée et peuplée de ksour, serait la voie la plus pratique pour aboutir au Touat. Les descriptions de G. Rholfs permettent d'affirmer que le passage ne présenterait pas de difficultés, sauf peut-être dans la traversée du Foum-el-Chink, au point de vue d'une exécution rapide pour atteindre le Touat. Mais il faudrait envisager les choses différemment si le chemin de fer existait de Laghouat à El-Goléa ; car, à partir de ce point, il suffirait de suivre la vallée du Meguiden, qui trace la voie jusqu'au Touat, Tabelkosa ou Timimoun.

L'établissement de la ligne n'y présenterait aucune difficulté en raison de la nature du terrain sur lequel on peut même faire de la bicyclette entre Fort Mac-Mahon et Tabelkosa.

Mais néanmoins, eu égard aux populations de l'Ouest, et pour répondre à notre rôle de puissance islamique, il faudrait conjointement construire le chemin de fer de l'oued Saoura pour appuyer notre politique à l'occident. A la suite de Rohlfs, on connait l'existence — et très récemment les raids poussés par le Capitaine Boulle et le Lieutenant Brenot sur l'oued Zousfana jusqu'auprès d'Igli viennent de le confirmer — de terrasses quaternaires sur l'oued Zousfana, de Duveyrier à Ksar-el-Azoudj, et de ce dernier point vers Igli. De là on se relie à l'itinéraire de Rohlfs précipité.

Le Président croit que la réponse de M. Flamand ne peut que confirmer le désir de M. l'Amiral Servan de voir émettre le vœu qu'il a présenté.

M. le Colonel Périssé estime que ce vœu a une portée un peu large, et qu'il serait bon d'indiquer la direction générale de la zone dont le nivellement est demandé.

Le Congrès adopte ensuite le vœu du Contre-Amiral Servan qui, après modification, est rédigé dans les termes suivants :

Le Congrès d'Alger émet le vœu que les Pouvoirs publics fassent procéder le plutôt possible au nivellement de la zone transsaharienne comprise entre Tombouctou et le Touat afin d'en établir le régime hydrographique et de savoir s'il n'existe pas des niveaux inférieurs à celui du lit du Niger.

M. Bouty, Contrôleur principal des Mines en retraite, Secrétaire général de la Société de Géographie et d'Archéologie d'Oran, fait appel à l'indulgence et à la bienveillance de l'Assemblée. Le sujet qu'il a à traiter, ne comporte aucune de ces formes gracieuses et élégantes dont les orateurs qui l'ont précédé ont donné le régal.

Il s'agit en fait, d'une question d'affaires, c'est-à-dire émaillée de pas mal de chiffres. Il sera aussi bref que possible pour ménager les précieux instants du Congrès. Entrant alors dans son sujet, M. Bouty communique l'étude suivante :

Notes sur les Divers Tracés de Chemin de fer Transsaharien en étude en Algérie

CONSIDÉRATIONS GÉNÉRALES

« Dessiner sur une carte, un réseau de chemins de fer en se
« donnant, *à priori*, pour conditions, que toutes les mailles en soient
« également serrées, et procéder, ensuite, à l'exécution de ces
« lignes, est commettre un véritable gaspillage de la fortune publique,
« s'il n'est pas permis, d'ores et déjà, de compter sur un courant
« sérieux de voyageurs et de marchandises ».

Telle est l'opinion de M. de Lapparent, Ingénieur des Mines, exprimée dans un ouvrage technique qui a pour titre : « *Le siècle de fer* » (Savy, éditeur, Paris).

C'est sous les auspices de ce principe indiscutable que je place le présent travail. Jamais circonstance n'avait été plus opportune.

Il y a aujourd'hui 18 ans, je fus délégué, par la *Société de Géographie* d'Oran, au Congrès de l'*Association française* pour l'avancement des sciences, dont les assises se tenaient ici-même, c'est-à-dire, à Alger. J'avais reçu mission de faire au Congrès, une communication sur un projet de chemin de fer transsaharien par l'Ouest de la province d'Oran ; projet dont notre Société poursuit la réalisation depuis sa fondation, en 1878.

La vérité m'oblige à dire que l'insuccès fut complet ; ce projet ne sollicitait aucun intérêt, disait-on ; il fut traité d'utopique et fut relégué dans les futurs contingents.

Je cite ce fait pour démontrer, une fois de plus, combien l'on était encore en France, ignorant des conditions nécessaires d'avenir de la grande colonie algérienne.

Eh bien, cinq années à peine après le Congrès, une amorce de 454 kilomètres de longueur formait la première section de cette voie utopique, et la locomotive faisait entendre son sifflet strident, au seuil même du désert : le point terminus provisoire était arrêté à Aïn-Sefra.

La *Société de Géographie* a le droit d'être fière de son œuvre ; seule, elle a lutté énergiquement, malgré l'indifférence de ceux qui auraient dû l'aider dans cette œuvre patriotique, qui intéresse l'Algérie en général et notre département en particulier.

Aujourd'hui, par suite de circonstances qu'il est inutile de rechercher, l'utopie s'est évanouie, et deux tracés concurrents visent, eux aussi, l'Extrême-Sahara. Et c'est grâce à cette compétition jalouse que le prolongement de notre première section arrive à peine à Djenien-bou-Resg ; soit, 96 kilomètres seulement au delà d'Aïn-Sefra.

Les deux voies concurrentes sont :

1° Le tracé oriental, ayant Philippeville pour point de départ et Biskra pour terminus actuel, puis, le Tchad ;

2° Le tracé central, dont la tête de ligne serait Alger et le terminus actuel Berrouaghia, mais visant le Tchad, avec une variante sur le Touat (*Voir la carte*).

Je me propose de faire ressortir le caractère de possibilité et d'opportunité de chacun des trois tracés en présence.

Pour rester dans le cadre des considérations générales, je dirai, tout d'abord, que dans les études de voies ferrées, il est un certain nombre de considérations techniques de la valeur desquelles dépend le succès ou l'insuccès de l'entreprise, mais bien souvent négligées dans les études préparatoires. On vise un but, on s'inquiète médiocrement des voies et moyens à mettre en œuvre pour la réussite.

« Un chemin de fer, dit M. de Lapparent, dans l'ouvrage cité plus
« haut, est un appareil qui fait circuler la sève industrielle à travers
« toutes les parties du même territoire ; mais cette sève, les voies
« ferrées ne la créent pas, elles se bornent à la recueillir : s'il est
« certain qu'elles facilitent l'expansion en lui ouvrant des débouchés,
« il ne dépend pas d'elles, par leur valeur propre, de les faire naître
« là où il n'existe pas de germes... »

On ne saurait parler plus judicieusement.

Je diviserai mon travail en trois parties principales ou chapitres, qui seront subdivisés en paragraphes :

Chapitre 1er. — TRACÉ OCCIDENTAL

§ 1er. — *Travaux de substruction d'art;*
§ 2e. — *Exploitation technique;*
§ 3e. — *Conditions économiques.*

Chapitre 2e. — TRACÉ ORIENTAL

§ 1er — *Travaux de substruction et d'art ;*
§ 2e. — *Exploitation technique ;*
§ 3e. — *Conditions économiques.*

Chapitre 3e. — TRACÉ CENTRAL

CHAPITRE PREMIER

TRACÉ OCCIDENTAL

§ 1er.— Travaux de Substruction et d'Art

PREMIÈRE PARTIE

Pour résoudre le premier terme, il est absolument indispensable de connaître, aussi exactement que possible, la description topographique du pays à traverser, afin de permettre l'étude du tracé en direction, d'en déduire le profil en long, les profils en travers et la forme des courbes. On obtient, ainsi, une approximation suffisante du mouvement des terres et des travaux d'art. En dehors de ces éléments, toute base d'évaluation, même approximative, fait défaut, et on s'expose à de cruelles déceptions économiques. C'est alors le vrai gaspillage dont parle M. de Lapparent.

La Compagnie P.-L.-M. a fait la coûteuse expérience de cette insuffisance d'études, dans l'exécution du réseau algérien. Pour certaine ligne, la dépense concernant les travaux de substruction a doublé.

Pour le tracé qui nous occupe, je signale d'abord, au point de vue topographique, cette circonstance particulièrement favorable, qu'à partir d'Aïn-Sefra, jusques au delà du Touat, tout le pays dépend, pour ainsi dire, du bassin hydrographique nigérien; ce point est important à noter, il permet, d'ores et déjà, d'émettre cette opinion, que les dépenses de terrassements et la construction des travaux d'art seront réduites à leur minimum.

Je dois dire, de suite, que le type de voie adopté, est le même que celui d'Arzew à Djenien-bou-Resg; c'est-à-dire la voie de un mètre de largeur entre rails.

L'ensemble du tracé formera deux parties; la première embrassera l'espace d'Oran au Touat, elle comprendra trois sections:

1re D'Oran à Djenien-bou-Resg;
2e De Djenien-bou-Resg à Igli;
3e D'Igli au Touat.

La deuxième partie traitera du Touat au Niger.

1re SECTION

D'Oran à Djenien-bou-Resg

Cette section est exploitée, depuis plusieurs années, d'Oran à Aïn-Sefra, et de cette dernière station à Djenien bou Resg, l'exploitation sera ouverte sous peu.

2e SECTION

De Djenien-bou-Resg à Igli

A partir de Djenien-bou-Resg, la voie ferrée suivra la rive gauche de l'oued Dermel et se dirigera, par Kreneg-ez-Zoubia, vers Aïn-Sefra; de Figuig, laissant cette oasis à l'Ouest pour éviter toute difficulté diplomatique avec le Maroc, elle descendra, ensuite, la vallée de l'oued Zousfana, passant par Ben-Brahim, Ksar-el-Aroudj, El-Mangar, pour atteindre Igli, ksar très important, construit au confluent de l'oued Zousfana et de l'oued Ghir, rivières courantes, dont la réunion constitue l'oued Messaoura.

Jusques là, et sauf quelques travaux d'art d'importance secondaire sur l'oued Dermel et l'oued Zousfana, le tracé ne rencontre aucune difficulté technique, car le pays est plat et légèrement sableux.

Il est permis de croire, d'ailleurs, que le service des Ponts et Chaussées possède sur cette région, des données suffisantes pour pouvoir entreprendre la réalisation rapide et économique. Il est donc inutile d'aller plus loin dans cet ordre d'idées.

La construction de ce premier tronçon de voie transsaharienne par l'Ouest Oranais s'impose à tous les points de vue. Si notre influence n'est pas prépondérante dans cette région ; si nous ne nous établissons pas solidement à Igli, le Tafilalet, pays riche et producteur, et aussi très peuplé, sera perdu pour nous à tout jamais. Les Anglais chercheront à atteindre Igli avant nous par le Dra, et alors, tout accès dans le Touat et jusques au fond du Niger nous sera interdit.

Dans ces conditions désastreuses pour notre politique, la voie ferrée actuelle d'Oran à Djenien-bou-Resg deviendra inutile, elle sera une charge budgétaire sans compensation, un vrai gaspillage.

Quant au Maroc, entouré par les Anglais et n'ayant avec nous que quelques rares points de contact sans valeur, nous devrons forcément renoncer à toute extension de territoire de ce côté.

J'ai entendu développer cette thèse d'une façon très logique et très concluante ; et le Gouvernement, qui aura l'heureuse chance de résoudre le problème posé dans la 2me section du transsaharien, aura droit à la reconnaissance de la France et de l'Algérie, car la continuation de notre influence sur le Touat s'opérera comme par surcroît.

La longueur de ce tronçon sera de 250 kilomètres environ.

3e SECTION

D'Igli au Touat

Il convient maintenant de s'occuper de la 2e section, comprise entre Igli et le Touat.

A partir d'Igli, la voie ferrée transsaharienne descend la vallée de l'oued Messaoura, au milieu de laquelle elle développera son ruban d'acier ; elle passera par Khersas, Ksabi, Beni-Amram, Zaouïa-Kounta, ksour principaux, placés au milieu de groupes d'autres ksour dépassant, ensemble, le nombre de 185, et entourés de véritables forêts de dattiers. Elle arrivera, enfin, à Taourirt, en plein Touat, après avoir suivi un développement de 450 kilomètres.

A l'Est, et au droit de Kersas, est le groupe considérable du Gourara, oasis formant un total de 114 villages ou ksour ayant, pour villes principales : Timimoun, Tiberkamin et Deldoul : ce dernier ksar se trouvera à 80 kilomètres tout au plus de la voie ferrée.

Il est important de noter ici que, avant l'insurrection de Bou Amama, un négociant de Saïda avait créé des relations commerciales importantes avec le Gourara.

A l'Est encore de la voie, au droit de Taourirt, et à 100 kilomètres de distance, on entre en plein dans le Tidikelt, comprenant 51 ksour dont le principal est Timagden, puis Akabli, un peu plus loin, à l'Est.

En fait, toute la troisième section est animée, depuis Igli, par une population de 459,300 habitants, dont M. Sabatier, ancien député d'Oran, a fait le classement ethnographique par rapport aux diverses castes et aux différences d'origine qui distinguent cette population.

Ce pays a été parcouru, à pied, par René Caillé et Gérard Rholfs : ce dernier a dénombré et relevé la position des divers ksour. Le Colonel Daumas et le Général de Colomb ont complété les renseignements fournis par ces premiers explorateurs. M. Burin, Chef du bureau arabe de Géryville, et M. le Colonel Colonieu, Commandant supérieur du cercle de Géryville, sont descendus jusques à Timimoun.

Le pays est plat, le sol facile, pas de travaux d'art sérieux.

Conclusion : pas de difficultés techniques pour la première partie du tracé.

Une autre source d'information a été fournie par les caravanes qui partent, annuellement, des Hauts-Plateaux oranais, et qui vont trafiquer jusques au Gourara et au Touat. L'effectif de ces caravanes est considérable : je donnerai plus loin des détails circonstanciés.

Incontestablement, le tracé oriental, dont je m'occuperai plus loin, ne présente rien de pareil, rien de si avantageux, bien au contraire.

Si je récapitule les distances qui sépareront Oran du Touat, j'aurai, savoir :

Première Section. — *D'Oran à Djenien-bou-Resg*, partie en exploitation.................................... 550 k.

Deuxième Section. — *De Djenien-bou-Resg à Igli*, partie dont l'étude est entreprise..................... 250

A reporter..... 800 k.

Report.....	800 k.
Troisième Section. — *D'Igli au Touat*, partie sur laquelle on possède des données suffisantes pour un avant-projet..	460
Total........	1.260 k.

DEUXIÈME PARTIE

Du Touat au Niger

Au Sud du Touat, l'oued Messaoura s'enfonce dans les sables de l'Erg lequel borne, à l'Ouest, le Tanesrout. On possède, sur ces régions, des indications ayant une certaine valeur. MM. Pouyanne, Ingénieur en chef des Mines à Alger, et Sabatier ont recueilli d'une foule d'informants, indigènes ou soudaniens, des renseignements précieux que ces Messieurs ont soigneusement coordonnés. Le Commandant Deporter et le Capitaine Bissuel ont fourni également un certain contingent de recherches. M. Sabatier est, d'ailleurs, un savant arabisant, connaissant à fond les idiomes arabe, kabyle et berbère ; il a compulsé toutes les publications sorties de la plume des grands explorateurs : René Caillé, Barth, Gérard Rholfs et autres. La carte qui accompagne son ouvrage est un document géographique judicieusement préparé et dont la précision n'a pas encore été dépassée.

De sorte que l'on est en mesure, dès aujourd'hui, de pouvoir esquisser, à grands traits, une sorte de reconnaissance préparatoire suffisante, pour justifier la possibilité d'atteindre le Niger, sans avoir à vaincre des difficultés techniques trop grandes, tout en possédant, sur les pays traversés, des indications économiques et ethnographiques précieuses.

Deux embranchements peuvent être dirigés sur le Niger ; l'un, visant Tossaye, au coude oriental de la grande boucle ; l'autre, Timbouctou.

Le premier embranchement aurait pour étapes principales : Tin-Tenaï, Aïn-Arlal, Tfinok sur l'oued Teghazrt, Timissao, Es-Souk.

La deuxième, rencontrerait Ouallen, Inzize, Inrhaman sur l'oued

Temarrasset, puis l'Adrar, l'Azaouat et le Taganet, finalement, Timbouctou. M. Sabatier a donné une intéressante description de ces peuplades.

A tout prendre, ce dernier tracé est préférable, depuis l'occupation par nos troupes, de cette importante et ancienne cité, et à raison de l'influence que nous finirons par exercer sur la confédération des Touaregs Aouellimmiden.

D'ailleurs, on pourra descendre le Niger jusques à Say, de manière à pouvoir prendre sous notre protection, le cas échéant, les nombreuses populations du Saberma, de l'Adar, le Gober, l'Aïr et le Damergou jusques à Baroua, sur les bords du Tchad.

Evidemment, ce ne sont là que des indications sommaires, et il n'est jamais entré dans mon esprit cette idée que l'entreprise de la deuxième partie du Transsaharien de l'Ouest exigerait une réalisation immédiate; ce ne sera que longtemps après notre installation dans le Touat, lorsque l'influence française règnera dans les régions Nigériennes, dont M. Sabatier nous montre le brillant avenir qui les attend; c'est, enfin, lorsque nous serons pourvus de renseignements topographiques et économiques suffisants que des études définitives pourront être entreprises.

Le développement de cette deuxième partie du tracé serait de.. 1.140 k.
Reportant le total de la première partie.............. 1.260

On aura la longueur totale d'Oran au Niger.......... 2.400 k.

§ 2. — Exploitation technique

Ce point est spécial au mouvement des trains et, surtout, à l'alimentation en eau des chaudières des locomotives motrices. Il pourrait être traité sous le titre de conditions hydrologiques des pays traversés.

Cette question de l'alimentation des chaudières pour la voie transsaharienne présente une importance capitale, parfois exclusive de tout succès.

En France, comme aussi dans les autres contrées de l'Europe, ainsi qu'en Asie, et en Amérique, la question hydrologique n'a qu'une importance très secondaire. Généralement, les voies ferrées trouvent partout et abondamment des eaux de bonne qualité, parce qu'elles traversent des pays parfaitement arrosés par des fleuves et des rivières. Des prises, des dérivations d'eau y sont faciles. En outre, on se trouve au milieu de pays civilisés : personne ne menace les ouvrages hydrauliques créés pour l'alimentation des machines à vapeur, sécurité qui n'existera pas dans certaines régions du tracé Oriental.

Il n'en est pas de même ici, et le cas est absolument exceptionnel, dans les vastes régions désertiques, caractéristiques du grand Sahara Africain. Dans ces vastes régions, très sableuses, il n'existe aucun cours d'eau, depuis les crêtes méridionales du grand Atlas jusque au 15e parallèle, sauf la petite gouttière de l'oued Messaoura, et peu ou pas de sources ; de rares puits primitifs, souvent détruits par les nomades, mais fournissant généralement des eaux lourdement chargées de sels calcaires et magnésiens.

Les pluies sont très rares, d'ailleurs, entre le 20e et le 30e parallèles.

Or, les eaux trop saturées d'éléments calcaires, incrusteront rapidement les chaudières des locomotives, et des accidents très graves pourront se produire de ce fait. Se figure-t-on un train resté en panne, en plein désert, par suite d'un accident de machine ? — Il en résultera, dans tous les cas, de coûteuses réparations d'entretien du matériel roulant.

Cette appréciation est basée sur ce fait, qu'à Oran, les Compagnies de chemins de fer P.-L.-M. et de l'O.-A., n'emploient, pour éviter des accidents de chaudières, que de l'eau de la source Raz-el-Aïn, de préférence à celle des sources de Brédéah, excellente cependant pour les usages domestiques, mais que l'on rejette à cause de ses propriétés incrustantes.

Or, l'eau de Raz-el-Aïn renferme par litre....... 0g560 de sels
Et celle de Brédéah........................ 0g771 id.

Sans doute, ceci n'a rien d'absolu, et, le cas échéant, on peut faire usage d'eaux titrant un chiffre de sels plus élevé ; mais il est des limites qu'on ne saurait dépasser, et j'ai tenu à mettre ce fait en relief, pour prouver que la question hydrologique doit jouer un grand rôle dans un projet d'établissement de voie ferrée.

Quoi qu'il en soit, pour le tracé qui nous occupe, rien n'est à craindre dans cet ordre de faits ; en voici la raison :

Sur tout le parcours, et jusques à Taourirt, l'eau est abondante et de bonne qualité. L'oued Ghir, cité déjà du temps des Ptolémée comme le plus grand fleuve saharien, alimente, ainsi que je l'ai dit plus haut, la grande vallée de l'oued Messaoura jusques au fond du Touat : il descend du versant méridional du grand Atlas marocain, et est produit par la fonte des neiges et des glaciers qui en couronnent les cimes. Vers le printemps, au moment de la fonte des neiges, l'oued Ghir débordé, prend l'aspect de la Loire, selon l'expression des militaires qui faisaient partie de l'expédition du Général de Wimpfen, à Aïn-Chaïr, c'est-à-dire en plein Tafilalet, en 1870. Ce sont ces mêmes eaux accumulées dans le sous-sol sableux de la vallée, qui arrosent les palmiers et alimentent les nombreuses populations de cette grande région.

Voici, d'ailleurs, l'opinion de M. l'Ingénieur en chef des Mines, Pouyanne :

« Il n'y a certainement aucun obstacle à aller d'Oran au fond du
« Touat ; cette route offrant excellent profil et eau abondante,
« évitant, d'ailleurs, toute dune de sable... »

La question hydrologique pour la première partie du tracé Occidental est donc résolue favorablement.

§ 3. — Conditions économiques

Ce paragraphe sera divisé en deux articles :
1º Dépenses de construction.
2º Exploitation générale

1º *Dépenses de construction* — J'ai dit, déjà, que la deuxième section du tracé, soit, depuis Djenien-bou-Resg jusques à Igli, ne comportait aucune difficulté technique : tout se bornera à la pose de la voie et à l'exécution de quelques travaux d'art ; pas de terrassements notables ni de terres dures, pas de grands ravins à franchir. Quant aux gares et aux stations, ces bâtiments seront édifiés de manière à pouvoir servir de refuge en cas d'attaque momentanée et en attendant l'envoi immédiat de secours expédiés des postes permanents établis en divers points stratégiques choisis sur la ligne.

En ce qui concerne l'exécution des travaux, la main-d'œuvre sera abondante et à bon marché. Pour en fournir, d'ores et déjà, la preuve, il suffit de signaler ce fait décisif, que, dans le département d'Oran, les grands travaux publics et particuliers, sont exécutés par un contingent considérable d'ouvriers marocains, venant du Tafilalet, ou bien par des indigènes originaires du Gourara et même du Touat. Cette main-d'œuvre se paie à raison de 2 à 3 francs la journée. C'est là encore une des conditions des plus favorables qu'on ne trouvera nulle part.

Aussi bien, il me sera aisé de déterminer le prix de revient du kilomètre de voie ferrée.

Au surplus, je puis procéder, dans mon estimation, par la méthode expérimentale, selon des bases d'appréciation des plus solides, établies déjà. Ainsi : la Compagnie Franco-Algérienne, qui a construit la partie comprise entre Kralfallah et Aïn-Sefra, a dépensé à peine 50,000 francs par kilomètre. Bien que les conditions soient à peu près les mêmes, j'adopterai le chiffre de 60,000 francs.

Soit, de ce chef, pour une longueur de 250 kilomètres, entre Djenien-bou-Resg à Igli, 15,000,000 francs.

Mais, pour faire face à tous les *aléa*, je fixerai 16,000,000 francs.

Moyennant cette dépense relativement faible, eu égard à la grande importance du but patriotique et économique à atteindre, on pourra s'installer à Igli en deux années de temps. Et, certes, cette durée n'a rien d'extraordinaire, si l'on songe que le tronçon de Kreider à Aïn-Sefra, mesurant 182 kilomètres, a été construit en 50 jours.

J'ai fait ressortir les considérations politiques et éconnomiques qui nous commandaient d'agir rapidement et énergiquement à la tête de l'oued Messaoura, je n'y reviendrai pas.

Passons à l'évaluation sommaire de la troisième section des travaux, c'est-à-dire, d'Ilgli à Taourirt ; soit, 450 kilomètres de longueur.

Certaines personnes trop timides, ou peut-être trop ignorantes des conditions qui régissent le voisinage de notre frontière marocaine, ont exprimé la crainte que la prise de possession de l'oued Messaoura soit la cause de difficultés diplomatiques graves. Cette crainte me semble tellement puérile, tellement dépourvue d'énergie, que je ne puis résister à en démontrer l'inanité, en citant quelques-uns des articles du traité conclu entre le Gouvernement Français et l'Empereur du Maroc, en 1845, véritable traité de dupes, pour nous.

L'article 4 porte : « .... Qu'en Sahara il n'y a pas de limite « territoriale à établir entre les deux pays, puisque la terre ne se « laboure pas et qu'elle sert de pacage aux Arabes des deux « empires ».

L'article 6 va plus loin encore :

« Quant au pays qui est au Sud des ksour des deux Gouvernements « (*Figuig et Iche... ksour marocains ; Tyout et Moghar... ksour* « *français*), comme il n'y a pas d'eau et qu'il est inhabitable et que « c'est le désert proprement dit, la délimitation en serait superflue... »

Que peut-on craindre en présence d'un semblable traité ?

Il ne serait pas prudent de fixer un chiffre de dépenses au sujet d'une entreprise d'aussi longue haleine et pour laquelle les éléments de détail font défaut. Néanmoins, il est à peu près certain que les difficultés techniques seront réduites. C'est ce que démontrera, d'ailleurs, une étude sérieuse ultérieure, qui ne pourra être entreprise qu'après notre installation à Igli, ainsi que je l'ai dit déjà.

Cependant, et dans le désir d'avoir une idée générale des dépenses que nécessitera l'établissement de la première partie du transsaharien occidental, je calculerai l'estimation kilométrique à raison de 80,000 francs, soit une augmentation de 33 % du prix de la 3ᵉ section. J'obtiendrai ainsi pour les 450 kilomètres d'Igli au Touat 36.000.000 francs.

que je porterai à raison des *aléa* possibles à... 40.000.000 francs.
Report de l'estimation de la 2ᵉ section..... 16.000.000

Total des dépenses de la 1ʳᵉ partie...... 56.000.000 francs.

M. de Lapparent estime à 60,000 francs le kilomètre, en moyenne, de voie ferrée de un mètre de largeur : c'est le prix de revient en France. Mais il convient de noter qu'en France les frais d'expropriation sont considérables, tandis qu'ils n'existeront pas en Algérie : d'autre part, les travaux d'art, les gares, les stations, sont bien plus importantes dans la Métropole et la main-d'œuvre plus chère.

« Le Touat, dit M. Sabatier, placé au carrefour des chemins suivis
« par les grandes caravanes qui vont : 1º du Tidikelt à Ghadamès ;
« 2º du Figuig et du Gourara au Touat et à Timboktou ; 3º du Khezas
« au Tafilalet ; 4º du Gourara vers le Sud-Oranais et aux Beni-M'zab,
« le Touat sera le centre d'un mouvement commercial considérable
« dont profitera la voie ferrée ».

J'estime que personne ne contestera l'opinion de M. Sabatier en pareille occurrence.

2º *Exploitation générale.* — Ce titre s'applique au trafic dont la voie ferrée sera susceptible, c'est-à-dire, aux matières et aux produits auxquels elle servira de canal.

Voyons, d'abord, quel est le chiffre de la population que le railway desservira.

Il résulte des renseignements recueillis par M. Pouyanne et par M. Sabatier, et résumés par ce dernier dans son ouvrage déjà cité, que l'effectif des populations qui seront placées directement sous l'action de la voie ferrée se divise ainsi :

De Djenien à Igli.....................	608.000	habitants
D'Igli à Taourirt et In-Salah............	378.173	—
De Taourirt au Niger..................	923.000	—
Soit.............	1.909.173	habitants
Populations soudaniennes placées plus ou moins directement sous l'action de la gare terminus..........................	5.132.000	—
Total..........	7.041.173	habitants

Nombre de ksour relevés depuis Igli jusques au Touat, y compris le Gourara et le Tidikelt : 349.

D'autre part, et continuant ces données statistiques, on peut compter que le nombre de palmiers dattiers qui ombragent toute la région placée sous l'action directe de la voie ferrée depuis Igli, a.. 5.400.000
Zône placée à 2 jours 1/2 de marche............. 2.700.000
Zône placée au delà et jusques à 8 jours de marche. 3.000.000

Total....... 11.100.000

On pourra contester quelques-uns de ces chiffres : mais les réductions qu'on pourra opérer seront sans influence sensible sur le résultat final.

Selon les déductions de M. Pouyanne, chaque pied de palmier dattier peut donner une moyenne de 40 kilogrammes de dattes. Les deux premières zônes forment un total de 8,100,000 pieds de dattiers. J'admettrai seulement 6,000,000 : soit une production annuelle en dattes, de 240,000,000 kilogrammes, ou bien, en tonnes 240,000.

M. Sabatier obtient de son côté 320,000 tonnes.

Quoi qu'il en soit, j'admettrai, de confiance avec lui, pour l'ensemble de l'importation et de l'exportation probables, le chiffre de 200,000 tonnes.

Il est inutile de mettre en relief l'importance et la valeur du fruit délicieux que les dattiers produisent. Le Gourara et le Touat fournissent des qualités supérieures dont je ne donnerai pas ici le classement spécifique. Les arabes consomment les qualités ordinaires, qui font la base de leur nourriture : les supérieures figurent sur les tables opulentes. Quant aux qualités inférieures, en provoquant la fermentation de ce fruit essentiellement sucré, on obtiendra des eaux-de-vie aussi fines, aussi parfumées qu'avec la canne à sucre.

La datte se vend actuellement depuis 1 franc jusques à 1 fr. 50 le kilogramme pour les qualités supérieures. La voie ferrée permettra une réduction de 50 % dans les prix de vente.

Voilà un élément de trafic sérieux.

A ce mouvement d'importation, il convient d'ajouter celui qui naîtra de l'exploitation des gîtes de nitrate et de sulfate de potasse qui existent dans la région du Gourara et au delà, et qui ont été découverts par M. Flamand, Professeur de minéralogie à l'Ecole supérieure des lettres, à Alger. On sait que nous sommes tributaires du Chili pour cette matière, qui constitue un des éléments indispensables pour l'agriculture, et dont la France et l'Algérie pourront s'assurer le monopole.

Quant à l'exportation, on pourra noter les produits et matières suivants : blé, bestiaux, tissus cotonneux, quincaillerie domestique, viande sèche, graisse, beurre, huile, sucre, café, bougies, et surtout le sel, qui fait absolument défaut dans le Soudan et dont la valeur est très élevée.

J'ai dit, plus haut, pour justifier l'existence d'un mouvement commercial réel, qu'un certain trafic par caravanes se produisait annuellement entre les populations des Hauts-Plateaux oranais, et le Gourara et le Touat. Voici le relevé de ce mouvement forcément limité à raison de l'exiguité des moyens dont disposent nos indigènes. Il a été relevé sur le journal officiel de l'Algérie : Le *Mobacher*, et se rapporte à l'année 1897 ; il représente une année moyenne :

TRIBUS	Hommes	Femmes et enfants	Chameaux	Moutons
Ouled Sidi Cheikh	200	50	600	»
Trafi	600	300	2.500	1.100
Hamians	800	300	4.500	1.100
Totaux	1.600	650	7.600	2.200

Je laisse sous silence, faute de documents positifs, le mouvement qui remonte vers le Tafilalet ou qui en descend mais qui doit être très important, si l'on considère que ce pays est très industrieux et très peuplé.

Le tableau qui précède met vivement un point en lumière : c'est le nombre de femmes et d'enfants qui accompagnent les caravanes, témoignage évident de la sécurité qui règne dans les régions parcourues, et que font ressortir davantage les massacres et les assassinats qui ont jalonné le tracé Occidental : Mission Flatters et le marquis de Morès, pour ne citer que ceux-là.

En présence de ces chiffres, et quelques modestes qu'ils soient, n'est-on pas en droit d'espérer une augmentation énorme de ce mouvement initial, grâce à la voie ferrée ?

Il m'a paru utile de mettre en présence les rapports qui existent entre l'effectif des populations desservies par le P.-L.-M. et celles que le Transsaharien intéresse. Voici ce rapport :

P.-L.-M., longueur exploitée : 2,933 k.
Population desservie : 4,429,173.
Chemin de fer Transsaharien jusques au Touat : 1,260 k.
Population desservie : 1,909,173.

Je signalerai, seulement pour mémoire, les 5,000,000 de populations soudaniennes.

Fixation du trafic probable.

Selon les relevés méticuleux de M. Sabatier, le total des importations et des exportations de la mer au Touat s'élève à 200,000 tonnes, dont moitié sur toute la longueur du parcours, et moitié de Kreneg-es-Zoubia seulement au Touat (*J'ai négligé les voyageurs*).

Soit, en tonnes kilométriques, pour la longueur totale : $100,000^t \times 1,260^k =$ .... 126.000.000 t. k.
Du Touat à Kreneg-es-Zoubia : $100,000 \times 660^k =$ 66.000.000 —
En outre, de Figuig au Tafilalet : $30,000^t \times 150^k =$ .... 4.500.000 —

Total...... 196.500.000 t. k.

J'ai déjà réduit notablement le chiffre des dattiers pour faire la part des *aléa* ; j'ai fait la même opération pour le calcul des dattes récoltées. C'est le même sentiment qui m'amène à réduire le chiffre des tonnes kilométriques à 180,000,000, et à négliger l'exportation.

Appliquant à ce chiffre le tarif le plus réduit de la Compagnie P.-L.-M., chemin algérien, soit 0 fr. 15 par tonne kilométrique on obtient comme revenu brut : 27,000,000 francs.

Il reste à déterminer les dépenses d'exploitation.

Actuellement, il n'est guère possible d'établir un budget exact; ce document doit comprendre, comme dépenses: d'abord, l'intérêt du capital et l'amortissement. Ensuite, les dépenses d'exploitation, d'entretien et de protection militaire. Ce dernier chapitre a été longuement discuté par M. Sabatier; je ne puis que renvoyer à son ouvrage. Je dirai cependant qu'il évalue à 2,000,000 francs les travaux de construction de forts, hôpitaux, smalas, etc. Plus, pareille somme annuelle pour vivres, déplacements, entretien, etc.

Au sujet des diverses dépenses d'exploitation, elles peuvent s'élever à 10,000 francs le kilomètre au minimum et à 15,000 francs au maximum; adoptant néanmoins ce dernier chiffre, on aura, comme dépense annuelle:

probable.......................... 18.900.000 francs
soit, en chiffres ronds................ 20.000.000 —
Il y a, comme différence avec la recette brute.. 7.000.000 —

Ce revenu est très rassurant pour l'entreprise.

Je ne prétends pas affirmer que ce résultat sera atteint dès les premiers temps de l'exploitation; mais il est permis d'émettre cette opinion, que la réussite du projet de chemin de fer transsaharien entre la mer Méditerranée et le Touat est certain et que l'entreprise sera productive.

Je reproduis, en terminant mon travail sur la première partie du tracé, les conclusions de M. Sabatier:

« Nos conclusions très fermes et très réfléchies sont que l'établis-
« sement d'une voie ferrée, desservant par l'oued Messaoura l'inté-
« gralité des populations, tant nomades que sédentaires des vallées
« de l'oued Ziz, de l'oued Ghir et de l'oued Messaoura, s'impose au
« double point de vue politique et militaire; que le trafic serait —
« marchandises dénombrées en gare de Khreneg-ez-Zoubia, quel que
« soit le point de départ — de 230,000 tonnes; que la ligne de
« construction extrêmement aisée et peu coûteuse, serait assurée de
« bénéfices considérables; que notre marché d'exportation y trou-
« verait un débouché sérieux........................

« Tel était, d'ailleurs, dès 1880, l'avis d'un Ingénieur dont j'ai pu
« bien souvent, constater l'esprit positif et la grande valeur scienti-
« fique: M. Pouyanne ».

CHAPITRE DEUXIÈME

TRACÉ ORIENTAL

Ce tracé sera examiné, ainsi que je l'ai fait pour l'occidental, au triple point de vue, savoir:

§ 1er.— *Travaux de substruction et d'art.*
§ 2e.— *Considération sur l'exploitation technique proprement dite.*
§ 3e.— *Considérations économiques ou trafic.*

§ 1er.— Travaux de Substruction et d'Art

En ce qui concerne le tracé Oriental, quelles sont les données topographiques que l'on possède et qui sont capables de fournir des indications techniques et économiques suffisamment précises pour passer, de suite, à l'exécution des travaux? On peut dire, *à priori*, que, sauf pour la section de Biskra à Ouargla, on est très peu édifié à cet égard

De Biskra, terminus actuel de la ligne Orientale, à Ouargla, la voie ferrée développera 400 kilomètres environ de longueur; il faut noter que Biskra est à 289 kilomètres de Philippeville, tête de ligne.

A tout prendre, cette section pourrait se justifier comme débouché du M'zab. D'ailleurs, le pays est bien connu, il est plat, il ne présente aucune difficulté technique, pas de travaux d'art sérieux.

C'est à moitié distance de la route, un peu au delà de Tuggurth, que se trouvent les palmeraies de l'oued R'hir, œuvres d'entreprises particulières, et qu'arrosent une multitude de puits artésiens récemment forés.

Il est évident qu'un certain mouvement naîtra du voisinage des principales villes du M'zab : Guerara, Berrian, Gardaïa et Metlili; et aussi, de l'exploitation des palmeraies de l'oued R'hir.

Mais, ce pays, limité à l'Est et à l'Ouest par les grandes dunes de l'Erg Oriental et de l'Erg Occidental ou des Chambaa, tout développement dans ces deux zônes infranchissables est impossible; et Rhadamès qui est le marché le plus important et le plus voisin est tout à fait sollicité du côté de Tripoli.

Au delà d'Ouargla, vers le Sud, et jusques à Timassinin, on traverse toute une région mamelonnée de fortes dunes de plus de 350 kilomètres de long, sur une largeur comprenant plusieurs degrés de longitude. Le pays est inhabité et, d'ailleurs, inhabitable ; c'est le désert dans toute sa nudité, toute son horreur, ne laissant entre voir, si lointaine soit-elle, aucune perspective d'amélioration ou d'avenir. Les sources y sont très rares et d'une faible abondance. Mais on semble compter sur la sonde artésienne pour rafraîchir quelques passages dans le Gassi-Mokhanza. Du reste, on ne possède à cet égard, que des renseignements très sommaires sans indications géologiques, lesquelles sont cependant indispensables pour bien juger de l'existence souterraine de nappes artésiennes. Donc, le fameux Igharghar, cette antithèse absolue de l'oued Ghir, ne permet aucune espérance.

En réalité, dans toute la région que je viens d'indiquer on ne rencontre que deux puits: El-Biodh, dont l'eau est détestable, et Timassinin, triste kouba, qu'ombragent quelques palmiers. D'ailleurs, je m'appuie, à cet égard, sur l'avis de Duveyrier qui a émis cette opinion, que le peu d'eau rencontrée par hasard, dans le prétendu lit de l'Igharghar, est amère et salée.

A partir de Timassinin, on se trouve en présence du grand massif Hoggarien, presque infranchissable à cause des fortes pentes que l'on sait exister d'Amguid à Amagdor et, quoique moins accidentées, jusques au delà de Bir-Gharama, point où périt le malheureux Colonel Flatters et ses infortunés compagnons.

Dans cette longue distance de 700 kilomètres, qui sépare Timassinin de Bir-Gharama, on ne trouve de l'eau qu'à Amguid ; mais on est là en plein pays Touareg, et personne n'ignore que ces nomades pillards, la terreur du désert, se sont créés dans le Hoggar, des repaires inattaquables.

Dans cette situation, de même que dans la précédente, il n'y a rien : pas de population calme et tranquille comme celle qui peuple la vallée de l'oued Messaoura, pas de productions. A qui et à quoi une voie ferrée pourrait-elle profiter ?

Je laisse sans description, et pour cause, toute la suite du tracé jusques au Tchad. Cette partie de voie ferrée traversera des régions au sujet desquelles on n'a d'autres indications que celles fournies par Barth et quelques autres explorateurs du Soudan qui, certainement, à l'époque de leurs voyages, ne pensaient guère aux voies ferrées ni aux conditions de leur installation.

Des données sommaires qui précèdent, on peut affirmer *à priori*, que, depuis Ouargla jusques à Barroua, soit une distance de 2,500 kilomètres, tout le pays est à peu près inconnu, tant au point de vue topographique que des ressources qu'il peut posséder. Il n'est donc pas possible d'établir un avant-projet indiquant, même très sommairement, les profils en long et en travers de la voie ferrée en projet ainsi que les travaux d'art.

A l'égard de ces régions désertiques, M. Sabatier s'exprime ainsi :

« La faune y est très pauvre ; les fauves, aussi bien que l'homme, « y meurent de faim. Pas une voix dans ces espaces hamadiques « immenses, pas un insecte, pas même une ombre. Le sol ne paraît « y recéler aucun métal précieux, non plus que aucun combustible ».

Quant au relief du pays, point intéressant à considérer à cause des frais énormes de traction motivés par la raideur des rampes et des pentes, il est signalé tout le long du tracé par les cotes altitudinales suivantes, vivement accentuées surtout dans le massif Hoggarien :

Philippeville....................	5 mètres
Constantine.....................	1.000 —
Batna...........................	1.059 —
Biskra..........................	223 —
Ouargla.........................	96 —
Aïn-Taïba.......................	250 —
Timassinin......................	375 —
Amguid.........................	1.500 —

Rien de comparable n'existe sur le tracé Occidental.

§ 2ᵉ. — **Exploitation technique**

J'ai dit quelles étaient les conditions nécessaires, ou mieux, indispensables, pour l'exploitation technique en matière de chemin de fer ; elles se résument dans cette exigence : eau abondante et dépourvue d'éléments incrustants par rapport au foyer des locomotives et à leur faisceau tubulaire.

De Biskra à Touggourt, l'eau est abondante et assez bonne. Au delà, elle laisse beaucoup à désirer. Ainsi, à Mraïer, le poids total des sels par litre est de 4ᵍ201 : Tamerura donne 4ᵍ511 ; les eaux qui alimentent Touggourt possèdent 3ᵍ710 ; à Saïda elles renferment 6ᵍ896. Quant aux oasis d'Ouargla, visitées en 1863 par M. Pomel, géologue, et M. Rocard, Ingénieur en chef des Mines, à Oran, ces Messieurs ont trouvé une proportion considérable de sels par litre d'eau.

La source de Raz-el-Aïn, préférée à Oran par la Compagnie P.-L.-M., ne renferme, je l'ai déjà dit, que 0ᵍ560 par litre.

Voici, d'ailleurs, l'opinion de M. Choisy, Ingénieur en chef des Ponts et Chaussées, chargé par M. le Ministre des Travaux Publics, de l'étude du transsaharien oriental : « L'eau de ces diverses régions, « malheureusement, est médiocre ; les européens s'y habitueront « avec peine ; elle incrustera vite les chaudières.... ».

Depuis Ouargla jusques à Timassinin, en négligeant El-Biodh, dont l'eau est très saumâtre, on ne rencontre pas la plus petite source, pas de puits. MM. Rolland et Philibert, dit M. Sabatier, espèrent, grâce à la sonde artésienne, découvrir quelques nappes souterraines. Mais cette espérance est bien incertaine, bien lointaine car on ne connaît rien sur la constitution géologique du pays, ni quelle sera la qualité de l'eau obtenue.

A Amguid, la petite station à 250 kilomètres de Timassinin, il y a un puits assez abondant; 100 kilomètres plus loin, on en rencontre un autre, celui d'Inzinan-Tikhsin ; 300 kilomètres au delà, on atteint le puits de Bir-Gharama, terminaison fatale de la malheureuse mission Flatters. Enfin, Assiou, sur l'oued Tefassaset, est à 250 kilomètres de Bir-Gharama.

Mais on ne connaît rien sur le débit de ces divers puits, ni sur la qualité de l'eau qu'ils peuvent fournir. Il est possible, d'ailleurs, que la sebkha salée d'Amagdor, située à moitié distance d'Amguid et de Bir-Gharama, transmette de sa salure aux terrains environnants.

Enfin, on rencontre, plus loin, le pays d'Aïr, dont la capitale est Agadès, puis le Damergou, finalement, le Tchad, à Barroua. Ces dernières régions sont à peu près inconnues ; assez peu, toutefois, pour juger qu'il serait très imprudent de fonder sur elle un projet quelconque de railway.

M. Leroy-Beaulieu a cité l'établissement de voies ferrées dans l'Asie Centrale, en Australie, en Egypte dans la vallée du Nil, pays inhabités, dit-il ; il n'a pas indiqué dans quelles conditions hydrologiques se trouvent les contrées traversées.

Résumant les différentes sections du tracé Oriental au point de vue hydrologique on a :

De Philippeville à Biskra, *ligne exploitée*............	289 k.
De Biskra à Ouargla, *projet étudié et réalisable*......	340 —
D'Ouargla à Timassinin, *pays peu connu, pas d'eau*..	400 —
De Timassinin à Amguid *pays peu connu, pas d'eau*..	250 —
D'Amguid à Bir-Gharama, *pays inconnu, pas d'eau*...	450 —
De Bir-Gharama à Agadès, *inconnu*................	650 —
D'Agadès à Barroua (Tchad), *inconnu*.............	750 —
Total...............	3.129 k.

§ 3. — Conditions économiques

Ce chapitre comprendra, comme le tracé Occidental, deux subdivisions :

1º Dépenses de construction.
2º Exploitation et trafic.

1º *Dépenses de construction.* — A l'exception de la section de Biskra à Ouargla, il est fort difficile d'établir, même approximativement, un prix de dépenses kilométriques moyen.

MM. Rolland, Philibert et Fock, fixent un prix de 100,000 francs. Ce chiffre est évidemment trop faible et devra être fortement majoré si l'on considère la longueur de la ligne, son relief très accentué et abrupt dans le massif Hoggarien, et l'Etat désertique du pays, lequel est très peu connu sur la plus grande partie du tracé. Quelle sera, dans ces conditions, l'importance des travaux de terrassement et des travaux d'art, deux éléments qui peuvent atteindre des chiffres très élevés ? Certainement, à cet égard, la réponse sera négative ou à peu près.

Autre considération : d'où viendra la main-d'œuvre, puisque le pays est inhabité et inhabitable ? Elle sera rare, sans doute, et très coûteuse.

Au Sénégal, la construction des voies ferrées de Saint-Louis à Dakar et de Kayes à Bafoulabé, a donné lieu à des dépassements énormes par rapport aux estimations primitives.

Le pays qui nous occupe est absolument privé de toutes sortes de ressources. L'alimentation en vivres et en eau sera très difficile ; les soins médicaux seront assurés avec beaucoup de peine, sinon impossibles, à raison des distances.

Enfin, si l'on considère qu'on se trouvera en plein pays Touareg, c'est-à-dire au milieu de populations nomades, très pillardes, desquelles, ainsi que le dit le Commandant Demæght, il ne sera jamais possible de gagner le concours, mais qui seront toujours jalouses de notre présence au milieu d'elles, si l'on considère toutes ces circonstances, de fortes installations militaires deviendront absolument indispensables. Dans de semblables conditions, il est prudent, pour éviter tout mécompte, de porter l'estimation à 150,000 francs le kilomètre, prix moyen pour la section de Ouargla au Tchad, et compter seulement 65,000 francs pour la section de Biskra à Ouargla.

De sorte que la dépense probable, sera ainsi fixée :

De Biskra à Ouargla, 340 kilomètres à 65,000 francs....................	22.100.000 francs.
De Ouargla au Tchad, 2,500 kilomètres à 150.000 francs.....................	375.000.000
Total.......	397.100.000
Soit, en chiffres ronds :	400.000.000

Je me contente de ce résultat sommaire pour établir l'impossibilité économique de la voie ferrée poussée au delà d'Ouargla.

2º *Exploitation et trafic.* — Je rappellerai ici, avec à-propos, la définition de M. de Lapparent, sur les chemins de fer.

Or, depuis Ouargla jusques à Barroua, la sève industrielle, selon l'heureuse expression de M. de Lapparent, fait absolument défaut. Rien ne se produit, rien ne se consomme. Du moins, je n'ai jamais vu aucun document, aucune statistique pouvant servir de base à un trafic commercial quelconque, ainsi que l'a fait M. Sabatier dans son ouvrage : *Touat, Sahara, Soudan*.

Quelques écrivains ont mis en avant que la voie transsaharienne concurrencerait avantageusement le commerce anglais au Soudan. Cette idée est au moins bizarre.

On sait que l'Hinterland anglais, au Soudan, est séparé de l'Hinterland français par la ligne Say-Barroua, en vertu du traité de 1895. Est-il possible d'admettre que les marchandises françaises venant de la Méditerranée et suivant la direction d'une voie ferrée de 3,150 kilomètres de développement, qui aura coûté 40,000,0000 francs, puissent atteindre les bords du Tchad dans des conditions plus économiques que les marchandises anglaises remontant par le Niger et la Bénoué avec un parcours fluvial, c'est-à-dire très économique, de 4,400 kilomètres seulement ?

Non, cela n'est pas admissible.

J'ajoute qu'il est permis de croire que la construction de la voie orientale, si elle était entreprise, demanderait au moins 25 années.

Dans ces conditions, j'adopte les conclusions précises de M. Sabatier, en ajoutant, pour leur donner plus de poids, l'irréduction de la question hydrologique :

« Sauf quelques régions isolées, présentant un effectif d'habitants
« insignifiant, la grande voie transsaharienne orientale traverse le
« désert dans toute sa nudité ; pas de population stable, pas d'ani-
« maux, pas de produits naturels du sol, pas de végétation. Rien ne
« pourra, dans l'avenir, modifier un état de choses qui s'aggrave
« tous les ans.

« Ce tracé, entre Ouargla et Barroua, rencontrera, dans son
« exécution, de grandes difficultés techniques qui auront pour
« conséquence d'élever considérablement le prix de revient que l'on
« peut estimer déjà à 600,000,000. L'exploitation technique exigera
« une protection armée, coûteuse et pénible, si l'on veut se préserver
« des bandits touareg. Le trafic commercial sera d'une insuffisance
« notoire...... »

CHAPITRE TROISIÈME

TRACÉ CENTRAL

La critique relative à ce tracé ne demandera pas beaucoup de développement, car il emprunte la plus grande partie de son parcours aux deux autres tracés : Oriental et Occidental. D'un côté, il vise le Tchad et, à cet effet, on utilise le projet Oriental, depuis d'Ouargla jusques à Barroua. Il aurait aussi pour objectif le Touat.

Alger serait tête de ligne.

Il n'existe sur ce tracé qu'un tronçon de 135 kilomètres de long ayant Berrouaghia pour terminus actuel.

A tout prendre, cette section de Berrouaghia à Laghouat est possible et même désirable ; sa longueur de 300 kilomètres, pourrait être édifiée sans des difficultés sérieuses.

A partir de Laghouat, le tracé obliquerait vers l'Est pour atteindre

Ouargla, en traversant le M'zab par Gardaïa, il aurait 250 kilomètres de développement.

Mais, étant donnée cette circonstance que la section de Biskra à Ouargla sera plus importante et d'une exécution plus facile que la section précédente, et sera plus rapidement construite, il n'y a pas grand espoir de voir jamais Alger en communication avec Ouargla, du moins directement.

En ce qui concerne la ligne Laghouat-Touat, elle se trouve dans des conditions très défavorables. Une partie du tracé s'installe sur les terres de parcours des Chambaa ; l'examen de la carte de M. Fourreau, nous montre que ce pays est très tourmenté, il est coupé de ravins nombreux et profonds qui nécessiteront d'importants ouvrages d'art, et ce, sur 400 kilomètres de longueur, au moins.

J'ajouterai que le sol est hamadien, qu'il ne présente aucune espèce de ressources en eau et en produits et qu'il est limité à l'Est et à l'Ouest par des régions d'Erg ou dunes sableuses.

Voici d'ailleurs, sur cette région, l'opinion de M. Choisy, désigné déjà plus haut :

« Il est possible d'installer une voie ferrée entre Laghouat et Goléa ;
« mais il y aura de sérieuses difficultés à vaincre dans le dernier
« tiers du tracé, où s'accumulent les mauvais passages, les oueds et
« les sables. Comme ressource en eau, le plateau entre Goléa et
« Laghouat ne présente aucun indice de nature à faire espérer le
« succès d'un sondage artésien.... »

D'autre part, on ne rencontre, sur ce plateau, aucune population stable, on ne recueillie aucun produit, on ne créera aucun mouvement commercial.

De Goléa où l'on trouve exceptionnellement de l'eau assez abondante, le tracé atteindra les Forts Mac-Mahon et Inifel, récemment construits ; il suivra la ligne des escarpements occidentaux du plateau hamadien du Tademaït, pour descendre, ensuite, par une chute brusque de 300 mètres au moins, dans la région du Tidikelt, et atteindra enfin Taourirt

Cette section de Laghouat à Taourirt, passant par Ghardaïa et Goléa, développerait une longueur de 1,000 kilomètres environ.

Toute la région, sauf Goléa, ne présente aucune espèce de ressources de même que la région précédente.

Il ne faut pas espérer que l'embranchement Algérois enlève jamais une tonne de trafic à la voie Occidentale. Lorsque nous serons installés à Igli, dont la possession est indispensable, je l'ai déjà établi, tant au point de vue économique que politique, tout le mouvement de l'oued Messaoura, du Touat et du Gourara, ne sera nullement influencé par la voie concurrente. L'établissement de la voie Oranienne de Djenien-bou-Resg à Igli représente une distance de 250 kilomètres seulement, estimée 18,000,000 francs. Or la voie Algéroise, depuis Berrouaghia jusques à Goléa, point situé sur le même parallèle qu'Igli, représente une longueur de 650 kilomètres et coûtera plus de 50,000,000 francs.

La comparaison de ces deux termes est tout au profit du projet Occidental.

Je vais, maintenant, estimer la dépense de construction du tronçon de Berrouaghia-Laghouat, très désirable, et celui de Laghouat-Ouargla, dont la nécessité est très contestable. Je laisserai, sous silence, la section Laghouat-Touat, dont je viens d'établir tout à l'heure l'inanité, ainsi que tout le tracé Ouargla-Barroua de la voie Orientale, formant double emploi, à coup sûr parfaitement inutile.

Le prix kilométrique du tronçon Berrouaghia-Laghouat, doit être évalué, par comparaison, à la première section du tracé occidental, à 60,000 francs le kilomètre, soit, pour 300 kilomètres, 18,000,000 francs, en chiffres ronds.................................... 20.000.000 fr.

De Laghouat à Ouargla, le pays est plus difficile, il y a peu d'eau et sa qualité est très douteuse. Le prix kilométrique devra être porté à 70,000 francs, soit pour 250 kilomètres, 17,000,000 francs, en chiffres ronds.............................. 20.000.000

Total............. 40.000.000 fr.

Il reste à régler la question du trafic probable. Ce trafic sera bien réduit depuis Berrouaghia à Laghouat, et presque nul de Laghouat à Ouargla, à cause de la concurrence très avantageuse que créera la section Biskra-Ouargla du tracé Oriental.

Quant aux populations desservies, l'effectif doit être très faible.

Somme toute, le revenu ne sera pas bien élevé.

A tout prendre, il n'y a à considérer comme exécutable, dans des conditions économiques suffisantes, ainsi que je l'ai déjà dit, que le tronçon Berrouaghia-Laghouat

Là doit se borner le tracé central.

RÉSUMÉ

Des faits et des circonstances mis en lumière dans la note qui précède, j'en tirerai la comparaison suivante, pour chacun des trois tracés.

TRACÉ OCCIDENTAL

1° Longueur totale du tracé d'Oran au Niger :
Tossaye ou Timboktou.............................	2.400	kilomètres.
Section déjà exploitée.............................	550	—
Section à entreprendre de suite de Djenien-bou-Resg à Igli.............................	250	—
D'Igli au Touat.............................	460	—

2° Estimation probable des dépenses de construction :
De Djenien-bou-Resg à Igli.............................	16.000.000	fr.
D'Igli au Touat.............................	40.000.000	
Total........	56.000.000	fr.

3° Populations desservies le long du tracé jusques au Touat :
Répartie dans 349 villages ou ksour.............	1.909.173	habit[s]
Populations tributaires.............................	5.132.000	—
Total........	7.041.173	habit[s]

4° Nombre de palmiers :
Placés sous l'action de la voie.....................	5.400.000
Zône à 2 jours 1/2 de distance.....................	2.700.000
Zône à 8 jours de distance.........................	3.000.000
Total............	11.100.000

5° Production et Trafic :

La production de ces palmiers peut être évaluée au minimum de 270,000 tonnes, lesquelles transformées en tonnes kilométriques, eu égard aux distances à parcourir, donnent 196,500,000 tonnes.

Ce chiffre sera une des bases du produit de l'exploitation, sans compter les voyageurs.

TRACÉ ORIENTAL

1° Longueur totale :
De Philippeville au Tchad.................... 3.129 kilomètres.
Longueur en exploitation................... 289 —
Section à entreprendre, de Biskra à Ouargla... 340 —

2° Estimation probable des dépenses de construction :
De Biskra à Ouargla........................ 25.000.000 fr.
De Ouargla à Bourroum..................... 375.000.000

        Total........ 400.000.000 fr.

3° Populations desservies :
Sans renseignements positifs, mais chiffres relativement faibles ;

4° Nombre de palmiers :
Plantations de Biskra, de l'Oued R'hir et de la région d'Ouargla. Sans renseignements positifs ; à coup sûr, bien inférieur au chiffre constaté par les relevés du tracé Occidental.

5° Production, trafic :
Sans indications positives ; mais il est permis de croire que le trafic sera très réduit par rapport comparatif à celui du tracé Occidental.

TRACÉ CENTRAL

1° Longueur d'Alger à Ouargla............... 689 kilomètres.
Partie en exploitation....................... 139 —
Section à réaliser, de Berrouaghia à Laghouat.... 300 —
De Laghouat à Ouargla..................... 250 —

2° Estimation probable des dépenses de construction :
De Berrouaghia à Laghouat................. 18.000.000 fr.
De Laghouat à Ouargla..................... 18.000.000

        Total.......... 36.000.000 fr.

Soit..... .... 40.000.000 fr.

3° Populations desservies :
Sans renseignements positifs, en tous cas, chiffre très peu élevé ;

4° Palmiers :
Chiffre inconnu, mais insignifiant.

5° Production et trafic :
Même observation que ci-dessus.

TABLEAU SYNOPTIQUE ET COMPARATIF
des principaux éléments de chaque tracé

	TRACÉ OCCIDENTAL d'Oran au Niger	TRACÉ ORIENTAL de Philippeville à Barrona	TRACÉ CENTRAL d'Alger à Ouargla
Longueur totale des tracés	2.400 kil.	3.429 kil.	689 kil.
Section actuellement en exploitation	550 kil.	289 kil.	139 kil.
Section à construire	250 kil.	340 kil.	300 kil.
Estimation des dépenses de cette section	16.000.000 fr.	25.000.000 fr.	18.000.000 fr.
Estimation totale de chaque tracé	170.000.000 fr.	400.000.000 fr.	40.000.000 fr.
Population totale desservie directement	1.909.173 hab.	»	»
Population totale desservie indirectement	5.132.000 hab.	»	»
Nombre de palmiers	11.100.000 pal.	»	»
Production en dattes en tonnes	360.000 ton.	»	»
Trafic presque assuré en tonnes kilométriques	196.500.000 t. k.	»	»
Revenu brut probable	700.000 fr.	»	»

Carte Sommaire

présentant la position relative des trois tracés du Chemin de fer Transsaharien

Fait à Oran, le 19 Mars 99

J. BOUTY
Secrétaire Général
de la Société de Géographie
et d'Archéologie d'Oran

CONCLUSION

Il résulte, du travail qui précède, que des trois tracés de voie saharienne en présence, le tracé Occidental est le seul qui réunisse toutes les conditions techniques, économiques et politiques désirables et nécessaires. C'est le seul, dont les dépenses de construction sont réduites dans une proportion très diminuée, par rapport aux autres tracés concurrents. Le terrain à parcourir ne présente aucune difficulté technique ; l'eau, cet élément de première nécessité, est abondante et de bonne qualité dans toutes les régions traversées. Cette voie desservira des populations nombreuses, stables et tranquilles. Le trafic sera assuré et productif. Enfin, son action stratégique et politique contribuera, dans une large mesure, à asseoir notre influence dans la vallée de l'oued Messaoura, le Gourara et le Touat jusques au Niger ; le Tafilalet sera notre tributaire.

A cet effet, la construction de la section de Djenien-bou-Resg-Igli s'impose absolument, si nous ne voulons pas être chassés, à brève échéance, de tout le Sud algérien jusques au Soudan occidental.

Aucun des autres tracés ne présente de semblables avantages, dus évidemment, à la situation géographique et topographique de la région. Mais, il convient pour établir notre action protectrice dans tout le Sud algérien, d'entreprendre la construction du tronçon Biskra-Ouargla et celui de Berrouaghia-Laghouat.

Quant aux voies et moyens à mettre en œuvre, c'est au Gouvernement qu'appartient le choix entre le mode suivi dans la Métropole et le système de Compagnies privilégiées.

M. Broussais, Président du Conseil Général d'Alger, M. S. G. A., demande que la parole lui soit réservée à la séance du lendemain samedi, pour lui permettre de réfuter certains points de l'argumentation de M. Bouty.

M. Flamand prend ensuite la parole pour l'exposé de son étude sur les gisements de sels gemmes du Sahara dont il a demandé la jonction à la discussion concernant le transsaharien. Dans le Sahara, trois points appellent notre attention et auraient dû la fixer depuis nombre d'années : Bilma, Taodeni et Idgil. Ce sont les trois centres salins qui approvisionnent tout le Soudan occidental et central. Le sel gemme servant de matière d'échange au Sahara et au Soudan, ces gisements salins doivent être notre faisceau d'objectifs : Bilma, accessible par l'Aïr ; Taodeni est notre rendez-vous prochain tout désigné avec nos possessions du Niger ; Idgil par Tichit appartient à la sphère sénégalaise.

Traitant aussi la question des autres richesses minérales du Sahara M. Flamand réduit à néant les légendes relatives aux gisements d'émeraudes, de diamants et d'or.

Que le coq gaulois, dit-il en concluant, aiguise scientifiquement et méthodiquement ses ergots, peut-être trouvera-t-il réellement des ressources, je ne dis pas des richesses, sous ce sol qu'il aime tant.

Le Président expose, que, comme sanction à la très intéressante conférence faite le mercredi 29 mars aux Ecoles Supérieures, par M. Flamand, sur « *les premiers habitants des Hauts-Plateaux et du Sahara algérien d'après les monuments rupestres* », MM. de Vialar, Rivière, Mesplé et Paysant, proposent au Congrès d'adopter le vœu suivant :

Le XXe Congrès de Géographie réuni à Alger, émet le vœu :
Que les documents lybico-berbères recueillis par M. Flamand sur les rochers et pierres écrites du Sahara, si curieux pour l'histoire de l'art et si intéressants pour l'étude de l'ethnologie et de la zoologie préhistoriques de l'Afrique du Nord, soient modelés pour figurer à l'Exposition universelle de 1900.

Ce vœu est adopté à l'unanimité et renvoyé à la Commission spéciale de revision des vœux.

M. le Commandant Napoléon Ney, à propos de la partie de l'étude de M. Flamand, relative aux pierres précieuses du Sahara, raconte qu'il a eu lui-même en mains un certain nombre de ces pierres. Il en possède encore une, de la catégorie dite des émeraudes, et se fera un plaisir de la faire parvenir à M. Flamand.

M. Ruff, de la Société de Géographie d'Oran, au nom de M. le Colonel Derrien délégué de cette Société, indisposé, donne lecture de la délibération suivante de la Chambre de Commerce d'Oran, relativement à la construction du transsaharien.

Considérant que la construction d'un chemin de fer à travers le Sahara s'impose pour relier les diverses parties de notre domaine colonial africain, mettre en valeur leurs produits et assurer leur protection contre toute incursion étrangère ou tous désordres intérieurs ;

Que la construction de ce chemin de fer, pour être la plus économique, la plus profitable et le plus en rapport avec le but à atteindre doit tenir compte de la nature des terrains sur lesquels elle sera faite, des ressources que ces terrains pourront fournir, des garanties de protection et d'entretien de la voie ferrée et par suite de la densité et du caractère des populations que la ligne devra traverser et souder entre elles ;

Que ce serait folie de songer à construire une voie ferrée dans des contrées où il est constaté que l'eau manque, que la voie aura à parcourir des solitudes peu ou point connues, sans productions traficables, où la sécurité est incertaine, et traversées à peine de loin en loin par des déplacements de nomades qui comptent parmi eux de nombreux pillards ;

Qu'il faudra au contraire, en vue d'une exécution réfléchie et à l'abri le plus possible de toutes aventures, s'appuyer sur des données exactes, dûment controlées, ne laissant rien à l'imprévu, et par conséquent installer la voie dans des milieux où les conditions indispensables à tout établissement de chemin de fer pourront être remplies, qu'il s'agisse de l'hydrologie, du climat, des produits du sol, des éléments de transactions commerciales ou encore de la nature sauvage ou sociable des populations ;

Que plusieurs projets de chemin de fer transsaharien ont déjà été mis en avant, proposant tous des tracés différents :

Que de ces tracés quelques-uns semblent sinon avoir été suggérés par des mobiles où l'intérêt national n'a rien à voir, tout au moins ne pas tenir assez compte de cet intérêt primordial ; que d'autres, tout en s'appuyant sur des considérations d'ordre colonial, ne paraissent pas suffisamment étudiés, pas suffisamment pratiques, quant aux conditions qui viennent d'être indiquées comme indispensables à toute exécution de voies ferrées dans des contrées nouvelles ;

Que le tracé, par exemple, dont Philippeville est désigné comme tête de ligne, s'il est tout indiqué de Philippeville à Biskra et de Biskra à Ouargla, ne remplit à partir de Ouargla jusqu'au point terminus aucune de ces conditions ; que l'eau y fait défaut dans les contrées à traverser, que ces contrées sont pour la plupart presque inconnues, qu'il en est de même des populations et des ressources, si populations et ressources réelles on peut espérer y rencontrer ; et que tous ces *aléas* se résument par une dépense énorme que semble ne devoir compenser aucun trafic ni en importation ni en exportation ;

Que d'autre part, si le tracé dont Alger serait le point de départ côtoie les populations du Mzab dont la région offre des ressources certaines, il ne remonte ensuite sur son parcours, si l'on en excepte la région d'El-Goléa, qu'un sol tourmenté, que la voie devra traverser des espaces sans eau, sans productions susceptibles de trafic avant de reprendre d'un côté la ligne inscrite au tracé par Oran et de l'autre la ligne du tracé par Philippeville ; que par suite, en ce qui est à mettre à son actif direct, il n'utilisera que l'embranchement à construire de Berrouaghia à Laghouat dont l'établissement devra se faire en tout état de cause parce qu'il offre toutes les conditions désirables de réussite ;

Considérant que le tracé au contraire qui aurait Oran pour tête de ligne présente toutes les garanties de succès au point de vue technique, toutes les garanties de sécurité et de profit au point de vue des ressources de protection et de trafic commercial tant à l'importation qu'à l'exportation ;

Que la construction en sera relativement peu coûteuse par suite des facilités qu'offrent les terrains à parcourir ;

Qu'il traverse des populations que l'on peut estimer à deux millions d'habitants placés directement sous l'action de la voie ferrée, que cette action s'exercera encore, quoique indirectement, sur cinq autres millions d'âmes ;

Qu'en ce qui concerne les résultats de l'exploitation, il est permis dès à présent de compter sur un trafic de 230,000 tonnes et sur des débouchés assurés, que ces résultats se résumeront ainsi, de l'avis des écrivains compétents, par un excédent annuel de seize millions de recettes sur trente six millions de dépenses, soit d'amortissement, soit d'exploitation ;

Que ces dépenses sont de beaucoup inférieures à celles qu'exigeaient les autres tracés ; que la ligne est déjà en exploitation sur un parcours de 550 kilomètres, et que la distance de Djenien-bou-Resg à Igli qui n'est que de 250 kilomètres ne sera pas longue à combler ; tandis que les autres tracés ne sont actuellement exploités, celui d'Alger à Berrouaghia que sur 139 kilomètres, et celui de Philippeville à Biskra sur 289 ;

Considérant enfin qu'il ne faut jamais perdre de vue que le voisinage du Maroc, tant que nous n'aurons pas la clef du Touat, sera pour nous une cause de dangers et de complications, que ces dangers et complications seraient annihilés par l'établissement d'une voie ferrée nous permettant d'asseoir notre prépondérance dans le

Tafilalet, que le parcours de cette voie, de Djenien-bou-Resg à Igli, nous assurerait tout le trafic des contrées riveraines de l'oued Tafilalet et de l'oued Genis, et que notre installation à Igli préviendrait de ce côté toute immixtion d'influence et d'intérêts étrangers dans nos possessions Sud-Africaines.

Pour toutes ces raisons dont l'évidence se passe de commentaires :

La Chambre de Commerce d'Oran, en dehors de toute préoccupation d'intérêt local et ne s'inspirant que des intérêts généraux du pays, est d'avis que le chemin de fer transsaharien doit aller d'Oran à Aïn-Sefra, d'Aïn-Sefra au Touat et au Tidikelt par Igli et la vallée de l'oued Messaoura pour rejoindre aussitôt que possible Tombouctou.

M. le Docteur Huguet, médecin-major de 1re classe, à l'hôpital du Dey, M. S. G. A., s'excuse de prendre la parole en ce grave débat, mais il estime qu'il n'est pas inutile de faire connaître, parallèlement aux idées émises avec tant d'autorité par les gens d'expérience, l'avis des jeunes. Il tient à féliciter tout d'abord M. Broussais qui a très justement dit qu'il n'y avait qu'un chemin de fer transsaharien, qu'il soit Oranais, Algérois, Constantinois, ou même Tunisien. Mais il croit également, pour se servir d'un terme qu'il a inauguré et qui a été accepté déjà par plusieurs, qu'il est indispensable d'établir aussi une sorte d'*anse saharienne*, qu'il faut d'abord établir un saharien avant le transsaharien, ainsi que l'a dit déjà très justement M. le Gouverneur Général. Il faut en effet, avant de construire ce dernier, assurer d'abord la sécurité de notre Extrême-Sud, et pour cela, nous avons besoin d'une *anse saharienne*, allant de Laghouat à Ouargla par Guerara, de Laghouat vers l'Oranie, alimentant ainsi notre Sud. On pourrait avoir aussi une anse sur la Tunisie. En ce qui concerne la question de savoir sur quel point de ces lignes sera embranché le transsaharien, cette question est secondaire pour le moment : qu'on l'embranche, le moment venu, n'importe où, pourvu qu'on écarte à ce sujet, toutes les considérations étroites d'intérêt local. C'est ainsi qu'un jeune peut envisager la question.

M. Broussais a fort éloquemment dit ce qu'il fallait penser de nos chemins de fer : mais nous aurions aussi à connaître l'avis de la Chambre de Commerce d'Alger. Déjà cette Assemblée a donné un bel exemple de désintéressement et de hauteur de vues ; elle est en effet la seule, qui ait envisagé la question d'assez haut, pour ne pas demander que le transsaharien parte d'Alger ; elle n'a eu en vue que l'intérêt supérieur de la Patrie. M. Huguet termine en disant qu'il serait heureux d'entendre, par la bouche autorisée d'un membre de la Chambre de Commerce d'Alger, une nouvelle déclaration affirmant les sentiments de cette Assemblée sur la question qui nous occupe, et qu'il sollicite même cette déclaration (*applaudissements répétés*).

Le Président félicite M. le Docteur Huguet, qui dit-il, suit les tracés de Duveyrier.

M. Simian, Vice-Président de la Chambre de Commerce, M. S. G. A., pour répondre au désir exprimé par M. le Docteur Huguet, donne connaissance de la note suivante qui, dit-il, donne le sentiment exact de la Chambre de Commerce sur la construction du transsaharien.

LE TRANSSAHARIEN

Messieurs,

La Chambre de Commerce d'Alger estime ne pas devoir intervenir directement dans la discussion des tracés divers qui pourront être proposés au cours du Congrès.

Fidèle à sa délibération, elle appuyera celui des projets qui lui paraîtra se concilier le mieux avec les intérêts du département d'Alger, sans toutefois s'opposer au projet qui finalement serait adopté par les Pouvoirs publics après une sérieuse étude faite avec calme mais sans lenteur. Car, comme elle l'a déjà déclaré, la Chambre de Commerce, s'inspirant avant tout de sentiments patriotiques, souhaite la réalisation d'un transsaharien.

Ce qu'elle désire tout d'abord, c'est le prolongement de ces lignes de pénétration vers Laghouat, Ouargla et nos postes les plus avancés vers l'Extrême-Sud.

Dans une question aussi grave que celle de la construction d'un chemin de fer transsaharien, alors qu'il s'agit non seulement de dépenser des centaines de millions, mais encore de se lancer dans la traversée d'immenses régions plus ou moins bien connues, en affrontant des difficultés de toutes sortes, on conçoit aisément la prudence qui présida tout d'abord aux sages délibérations de nos Assemblées consultatives. Car, si puissantes que fussent les raisons qui motivaient la conception d'un chemin de fer transafricain, on ne pouvait raisonnablement pas, dès l'origine, pousser aveuglement les Pouvoirs publics dans les aventures de cette gigantesque entreprise sans prendre le temps nécessaire pour étudier comme il convenait un projet si audacieux.

Aussi trouvons-nous très naturel le vœu plein de précaution, que le Conseil Général d'Alger adopta dans sa séance du 18 octobre 1890. Il était ainsi formulé :

« Le Conseil Général émet le vœu qu'une ligne de pénétration de

« l'Extrême-Sud algérien, et partant d'Alger, soit entreprise, sans
« retard, pour maintenir notre puissance dans le Nord de l'Afrique.
« Cette ligne deviendra la tête de la voie transsaharienne si le
« Parlement, *après une étude minutieuse de la question*, reconnais-
« sait cette dernière ligne nécessaire et utile à l'extension de l'in-
« fluence politique et commerciale dans le centre de l'Afrique. »

Voilà huit longues années d'écoulées depuis l'émission de ce vœu et la question matérielle n'a pas avancé d'un pas! Notre Département n'a pas vu s'accroître son réseau de voies ferrées.

On aurait cependant bien pu, sans témérité, prolonger nos lignes de pénétration vers Laghouat et bien au delà ; de même qu'on aurait pu s'occuper simultanément de poser la voie entre Biskra et Ouargla.

C'eût été utiliser avec fruit le temps pendant lequel se produisait l'action des reconnaissances de nos vaillants explorateurs dans les régions du Sud-Africain.

Si l'on eût agi ainsi, nous serions prêts dès aujourd'hui à entreprendre résolument et non sans maturité dans la réflexion, la construction de la voie principale destinée à traverser le Sahara ; la voie que nous appelerons le tronc commun.

Sur ce tronc commun devraient venir se relier les diverses lignes qui, comparables à un immense filet, couvriraient dans nos trois départements, l'espace compris entre les côtes méditerranéennes et nos possessions de l'Extrême-Sud algérien, espace affectant dans son ensemble un infléchissement plus ou moins prononcé vers le Sud, et que l'on a proposé de nommer l'*anse saharienne*.

Durant les dix dernières années qui viennent de s'écouler, tout ce travail matériel préalable aurait dû s'accomplir ; c'était une première satisfaction à donner à la fois aux intérêts militaires comme aux intérêts commerciaux de notre Nord-Africain.

Pourquoi ne l'a-t-on pas réalisé ?

Sans en rechercher les causes, que nous n'avons d'ailleurs pas la prétention de connaître toutes, nous ne pouvons nous empêcher d'exprimer le regret de constater cet état de choses.

Il a fallu pour nous ouvrir les yeux, et stimuler notre zèle, que des événements récents soient venus exciter nos sentiments patriotiques.

Aussitôt, la Presse, avec l'unanimité la plus louable, a retenti dans toute la France, commentant et approuvant les belles études si documentées et si intéressantes de notre éminent économiste M. Paul Leroy-Beaulieu, publiées dans le *Journal des Débats* et dans l'*Economiste*.

Puissent ces voix si nombreuses, si puissantes, si autorisées, convertir ceux que des scrupules respectables sans doute, mais certainement pusillanimes, rendraient encore hésitants.

Puissions-nous voir bientôt la question du transsaharien, entrer dans la voix de la réalisation matérielle et pratique : puissions-nous enfin, comme la Russie l'a fait, pour son empire sibérien, assurer solidement notre souveraineté dans notre vaste empire africain par l'établissement avec nos capitaux français du chemin de fer transsaharien, qui reliera l'Algérie par des communications sagement conçues et bien étudiées, avec les parties encore éparses de notre grand domaine africain, qui sera dans l'avenir l'orgueil de la France dans le monde.

M. Imbert, de la Société de Géographie Commerciale de Bordeaux, assesseur, au nom de M. Sabatier, indisposé, donne lecture au Congrès de la communication suivante :

Messieurs,

Le transsaharien a eu la fâcheuse fortune de susciter des dévouements tellement ardents que l'intensité de l'esprit particulariste local jointe à la passion du bien public n'ont pas toujours suffi à les expliquer. En tout cas, cette ardeur des combattants pour les divers tracés a nui au bon renom de l'entreprise.

Ce sera l'honneur du Congrès d'imposer aux partis en lutte un patriotique armistice et de concentrer tous les efforts et toutes les bonnes volontés en vue d'accomplir, du moins sans aucun retard, la part d'œuvre à laquelle, sans contredire à leurs espérances et à leurs projets, peuvent souscrire les diverses écoles.

En dehors du tracé partant de la mer de Bougrara qui a le tort dirimant pour un français de placer la tête de ligne plus près de Malte, de Palerme, de Naples, et des autres ports italiens que de Marseille et encore plus près de Trieste que de Bordeaux, trois lignes françaises rivales s'offrent qui sont toutes trois amorcées : actuellement l'une s'arrête à Biskra, l'autre à Berrouaghia, la troisième à Djenien-bou-Resg.

Or, nous sommes tous d'accord pour reconnaître que, quand même le Soudan n'existerait pas,

1° L'importance économique de l'oued R'hir et de Touggourt et les avantages stratégiques justifieraient le prolongement jusqu'à Touggourt de la ligne aujourd'hui arrêtée à Biskra ;

2º L'importance économique des plaines d'alfa, des pâturages sahariens et du commerce du Mzab, et également les avantages stratégiques exigent le prolongement jusqu'à Laghouat de la ligne actuellement arrêtée à Berrouaghia ;

3º L'importance économique du massif de l'oued Messaoura et du Touat, depuis neuf ans proclamé français par le Gouvernement lui-même à la tribune de la Chambre, massif riche de plusieurs mille habitants et de quatorze millions de dattiers, exige, non moins impérieusement que les nécessités stratégiques, le prolongement jusqu'à Igli de la ligne actuellement menée jusqu'à Djenien-bou-Resg.

Par une coïncidence heureuse les trois sections nouvelles de Biskra à Touggourt, de Berrouaghia à Laghouat et de Djenien-bou-Resg à Igli ont sensiblement le même nombre de kilomètres et n'offrent aucune difficulté sérieuse d'exécution.

Quoi de plus rationel dès lors que de souhaiter entre les rivalités locales un armistice de dix-huit mois et la mise en commun de tous les efforts en vue de l'exécution immédiate et simultanément poursuivie des trois sections ci-dessus indiquées. Durant ce temps, de nouvelles missions auraient pu explorer, soit en partant de Tombouctou, soit en partant de l'Algérie, les parties encore obscures du Sahara.

C'est après avoir amené ainsi l'entreprise au point d'une exécution immédiate, qu'il serait opportun de provoquer le verdict d'un aréopage de géographes et d'ingénieurs sur la meilleure voie à suivre en vue de mettre en communication l'Afrique du Nord, non pas seulement avec le Niger ou avec le Tchad, mais bien en même temps avec l'un et l'autre, et par eux avec le Congo français.

En conséquence je prie le Congrès d'émettre les vœux suivants :

1º Que toutes rivalités étant ajournées entre les champions des trois tracés algériens de transsaharien, les Pouvoirs publics apportent un égal bon vouloir à l'éxécution immédiate et simultanément poursuivie des sections de Djenien-bou-Resg à Igli, de Berrouaghia à Laghouat et de Biskra à Touggourt.

2º Que des études soient entreprises, soit de Tombouctou, soit d'Algérie, en vue de reconnaître les parties encore obscures du Sahara.

3º Que la ligne transsaharienne qui sera déterminée ultérieurement, soit établie de telle sorte qu'elle mette l'Afrique du Nord en communication, non pas avec le Niger seulement ou avec le Tchad seulement, mais bien par un système de bifurcation ou autrement, avec l'un et l'autre et puisse se poursuivre jusqu'au Congo français.

M. Bonnard regrette qu'un vœu de cette importance ait pu être déposé par un homme de la valeur de M. Sabatier dans de pareilles conditions. Ce vœu n'est pas suffisamment éclairé, puisque M. Sabatier n'a pas assisté à la discussion et, n'a pas entendu le discours de M. Broussais qui lui aussi veut avant tout un transafricain. M. Bonnard estime que si on ne fait pas aujourd'hui un transsaharien allant sur la rive du Tchad, c'est amener la division en deux parties de l'empire africain de la France.

Le Président consulte l'Assemblée sur le point de savoir si on doit procéder immédiatement au vote sur le vœu Sabatier, ou si ce vote sera renvoyé à la séance suivante du lendemain samedi, après la clôture de la discussion.

Le Congrès décide que le vote aura lieu à la prochaine séance après la clôture de la discussion.

La parole est ensuite donnée à M. de Soliers pour un fait personnel.

M. de Soliers expose qu'il y a deux jours, il a fait au Congrès, au sujet des « *Mariages mixtes en Algérie* », une communication qui n'avait soulevé d'abord aucune objection. Le lendemain, et en son absence, MM. le Capitaine Godchot et Sabatier, ont protesté avec véhémence contre les théories qu'il avait émises. M. Sabatier, plus particulièrement a formulé contre lui des critiques d'une véritable virulence, et l'a accusé d'avoir continuellement fait confusion sur les diverses conditions des naturalisés. Il tient donc à maintenir l'exactitude des chiffres et des renseignements qu'il a donnés, et s'étonne de la sévérité des appréciations de M. Sabatier qui n'a certainement pas écouté sa communication. Il se propose du reste de faire imprimer son travail, et s'empressera d'en adresser un exemplaire à M. Sabatier qui pourra ainsi l'étudier à loisir.

Le Président donne lecture à l'Assemblée de la lettre suivante, adressée à M. Savorgnan de Brazza, président du Congrès, par M. Mario Vivarez, au sujet du projet de construction du chemin de fer transsaharien.

A M. Savorgnan de Brazza

Président du XXe Congrès de Géographie

(Au sujet du transsaharien)

Monsieur,

Bien que je n'appartienne à aucune Société de Géographie, je ne m'intéresse pas moins aux questions qui font l'objet de leurs travaux.

C'est en cette qualité et également au titre de très ancien défenseur, peut-être même de promoteur de l'occupation du lac Tchad — je parle de 1877 — que j'ai l'honneur de vous adresser, comme hommage personnel, certaines études que j'ai publiées sur un des principaux sujets à l'ordre du jour du Congrès et que j'ajoute quelques considérations motivées par les circonstances.

Ainsi que l'exprime fort bien mon ancien collègue et ami du Conseil Général d'Alger, M. Broussais, dans la lettre qu'il vous a adressée, je crois qu'il est urgent d'affirmer, en ce qui concerne la question transsaharienne, des résolutions conformes à l'intérêt national et dégagées de tout calcul particulier.

La solution des difficultés sera d'autant plus simple à trouver qu'on aura mieux défini le problème qui en réalité se résorbe dans le choix de l'origine et de l'objectif de la voie ferrée qu'il importe d'établir.

Nous sommes certainement tous d'accord en considérant Marseille comme origine virtuelle du transsaharien puisque c'est le point de puissance commercial le plus proche du continent africain, le centre dominant où doivent affluer l'exportation et l'importation afférents au trafic de l'Afrique Intérieure.

En ce qui concerne l'objectif, la discussion peut être amenée à introduire deux hypothèses : l'unité ou la dualité du but à atteindre, bien que dans le second cas, l'examen réduise encore les éléments à l'unité, c'est-à-dire à la priorité de l'une des deux conceptions.

Quelles sont donc les conditions auxquelles doit répondre l'objectif à déterminer ?

J'imagine que la définition suivante peut être facilement acceptée: « l'objectif d'une voie ferrée de domination économique est le point d'irradiation maximum de la région qu'elle se propose d'exploiter.»

On conçoit que cette condition dépend de la situation géographique du lieu de laquelle découle, à titre de corollaire, la densité de la population.

Si nous envisageons le Soudan aussi bien sous le rapport physique qu'au point de vue démographique, nous trouvons deux noyaux principaux d'effusion : l'un, à l'Ouest, au coude du Niger, excentrique par rapport au massif africain et dont le rayon d'épanouissement, rapidement restreint, embrasse le Sénégal et la côte d'Afrique, le pays du Mandingo, la région occidentale du Sokoto, et le domaine royal Niger C^{ny}.

L'autre, la région du lac Tchad, au centre de rupture qui creusa la dépression soudanaise et qui ouvre ses vallées :

Au Nord, vers le Kanem, l'Aïr, l'Algérie, la Tripolitaine;

A l'Ouest, dans le pays de Sokoto;

Au Sud et Sud-Ouest, sur les régions du Bénoué-Niger, du Kameroun, du Baghirmi et du Congo;

A l'Est et au Sud-Est, vers le Darfour, l'Egypte, le Nil et les grands lacs.

La seule inspection de la carte démontre combien différente est la puissance d'attraction qu'est capable d'exercer chacun des deux contres considérés.

Si les considérations d'ordre topographique ne suffisent pas à convaincre les esprits par simple raisonnement d'induction, les preuves tirées des conditions politiques, économiques, agricoles et démographiques concernant les Etats tributaires du Tchad, viennent corroborer la présomption de dominance et permettre d'affirmer que la région du lac Tchad est appelée à jouer à l'endroit du centre africain, le rôle dévolu au bassin de la Seine, pour la **région française**.

C'est donc un centre d'attraction et réciproquement d'émergence imposé par la structure du continent africain, c'est le point forcé de passage de la grande voie terrestre constituant l'artère principale du système longitudinal ferré qui, perçant les solitudes du désert réunira dans un avenir qui n'est vraisemblablement pas lointain, les rives civilisées de la Méditerranée aux riches régions du Congo et du Cap de Bonne Espérance.

Cette importance, cette priorité du lac Tchad pris comme objectif principal, déterminant de la pénétration française en Afrique Centrale, cette prédominance qui dérive de sa condition géographique, se trouve encore augmentée par le fait des derniers accords franco-anglais. La Chambre de Commerce de Paris vient de le proclamer hautement.

Ce lemme est donc considéré comme démontré.

Cette proposition étant acceptée et ce point d'accès déterminé, l'axe général la direction du tracé se déduit par voie de conséquence puisqu'il doit répondre à des conditions communes à tout projet de cet ordre.

Développement minimum conciliable avec les éléments du trafic, les difficultés du relief et les ressources en eau.

La Compagnie Franco-Belge de M. le Député Caze, demanderesse en concession de la ligne Alger-Niger, préconise le tracé Laghouat — Goléa — Buat — Bourraim avec embranchement sur le Tchad.

Un simple regard jeté sur la carte permet de reconnaître qu'au point de vue de l'arrivée au Tchad, cette direction doit être appréciée avec le même sérieux que le public aurait accueilli un projet du P.-L.M., s'il avait proposé de joindre Paris à Marseille en faisant un crochet par Bordeaux.

Il est vrai qu'à l'appui de cette solution, les partisans de ce système curviligne invoquent le danger d'un transsaharien Tunisien !

L'avis de ce péril ne me terrifie guère, car nos heureux voisins de la Régence ont comme moi, le Tchad pour objectif, ce qui est d'intérêt primordial pour la France.

Qu'ils construisent une ligne spéciale rejoignant en un point quelconque la grande artère nationale menant au Tchad, c'est leur affaire comme ce sera celle d'Alger, de Bône, d'Oran de s'y relier aux meilleures conditions.

Nous devons faire abstraction des origines algériennes ou tunisiennes du transsaharien, puisque c'est sur le trafic avec la France que ses éléments doivent être estimés.

Quoiqu'on fasse, la vérité économique finira toujours par l'emporter.

Aussi bien devons-nous éloigner le fantôme lointain d'une concurrence future de Bougrara, port à créer et qui, à la moindre complication européenne, serait à la merci de l'étranger.

Plus dangereux pour l'avenir des ports algériens sera l'attraction de Bizerte et plus sérieuse, plus imminente est la rivalité pouvant surgir d'une ligne Tripoli — Fezzan — Bilma — Lac Tchad et encore, planant au-dessus, la concurrence certaine de la voie déjà partiellement construite, attaquée par ses deux bouts, du Cap à Alexandrie par le Congo avec amorce sur le Darfour.

Eh bien, dans ces deux cas encore, la nécessité de la ligne Ouargla-Tchad, c'est-à-dire à développement minimum s'imposera plus impérieusement.

Est-ce vraiment parce qu'une Compagnie étrangère a seule jusqu'ici demandé la concession d'un chemin de fer d'Alger au Niger, sur Bourroum, que cette direction doit être réputée plus sérieuse ? Sans doute, des promesses de concours financiers, même quand elles émanent d'étrangers méritent d'être prises en considération et dans le cas spécial, le Département doit s'en féliciter pour d'autres raisons. Mais l'argent va où il est le mieux rémunéré ; il se portera aussi bien sur l'artère nationale du Tchad, à moins que les oasis du Touat, qu'une résistance des indigènes convertirait en butin de guerre réparti aux victorieux, ne soient une cause occulte, hypnotisante, en faveur du transsaharien à crochet.

Mais, si de ce côté il s'est produit une demande, de l'autre, du côté Ouargla-Tchad, des faits plus réels se sont accomplis. Une concession jusqu'à Ouargla est déjà consentie par signature ministérielle. Au delà, des avant-projets sont établis ; voyages, missions, explorations, expéditions, ont fourni une connaissance suffisamment exacte du terrain pour permettre de poser le rail jusqu'à 1,200 kilomètres au Sud, le long d'une suite d'oasis et d'aiguades, qui pourrait ne pas être interrompue. Alors, je le demande, des deux groupes de promoteurs, quel est le plus proche de la vérité ? Celui qui, documenté, poursuit depuis longtemps le bon combat, a organisé explorations, missions d'études, imprimé le mouvement dans le sens de l'intérêt national ou celui qui, à la légère, sans plan scientifiquement relevé, lance comme des fusées d'artifice, des étoiles de voies, des serpentins de lignes sur la carte et le papier ?

Doit-on admettre avec M. Broussais, que les renseignements fournis par la mission Foureau-Lamy démontrent que les régions au Sud de Timassinin, à l'entrée de l'Aïr, ne sont aucunement indiquées pour le passage de la voie ferrée ?

Semblables inductions sont de gratuites hypothèses que contredisent formellement et qu'infirment absolument non-seulement la direction imposée par l'objectif, mais aussi des constatations indiscutables, des faits d'une haute signification.

Dès l'instant que les reliefs du sol restent sensiblement immuables, que les routes ont dû forcément toujours passer par les mêmes dépressions ou par les plateaux les plus accessibles, il faut bien convenir que les chemins tracés aux époques anciennes et suivis durant des siècles, à des époques où les facilités actuelles de transport se réduisaient à des moyens rudimentaires, conviennent *à fortiori* aujourd'hui. L'Ingénieur pourra percer d'autres routes artificielles, mais certainement il ne trouvera pas de meilleurs accès naturels.

Si nous consultons les Itinéraires des Antonins, les Tables de Ptolémée, nous ne trouvons aucun indice de ville, de marché, de route, entre le grand marché de l'antiquité Nigeira metropolis (région de Sokoto) et Silicé (In-Salah). Or, cette région avait été parcourue, puisque Polybe en fit l'objet de son voyage de l'an 145. Les communications se faisaient par l'Est ; le pays était donc délaissé et sans doute, les causes qui autrefois y causaient la désolation doivent encore aujourd'hui y perpétuer le vide.

Entre les Syrtes et le Tchad, au contraire, les mêmes auteurs placent de nombreuses villes, des routes fréquentées aboutissant à des marchés célèbres ou à des centres miniers, voies romaines jalonnées et le long desquelles nos voyageurs retrouvent les ruines des postes et les bornes milliaires qui marquaient le chemin.

Sans insister autrement sur ces souvenirs de géographie historique, il convient cependant de faire remarquer que ces sortes de renseignements généralement dédaignés ont largement pesé sur les itinéraires d'explorateurs remarquables tels que Nachtigall, G. Rohlh, Livingstone, contribué à leurs découvertes puisque ceux-ci ont confirmé l'exactitude des portulans romains.

Qu'entre Timassinin et Bir Assiou ou plus exactement entre Tadent et Bir Katelet, c'est-à-dire, au nœud orographique qui sépare le bassin de l'Igharghar des bassins du Niger et du Tchad, la colonne Foureau-Lamy ait eu quelques difficultés sur cette étendue de 150 kilomètres, cela n'a rien d'extraordinaire et c'est d'autant moins étonnant qu'elle ne perdait pas son temps à chercher les bons passages et que d'autre part, *ses bons amis* Adzgar ne semblent pas l'avoir renseignée très sincèrement sur le meilleur col des Ighargharen. Aussi bien fallait-il cheminer en défiance des Hoggar. La perte de 140 chameaux est un accident de proportion normale. Que reste-t-il alors de cette constatation ? C'est que jusqu'à ce point la route, a été bonne, que la « reconnaissance s'est poursuivie d'une façon satisfaisante » et qu'au delà le pays est connu.

Après Bir-Katelet en effet, on rentre sur le terrain des explorations classiques. Nachtigall, Barth Richardson, Bou-Derba, Overweg, Barry et autres, ont donné pour toute la région qui s'étend entre le Tchad et les derniers contreforts de sa ceinture Nord, du Ahoggar au Tibesti, les renseignements les plus circonstanciés.

Ici, l'exploration en découvertes prend fin.

Or, les caravanes traversent, la mission a passé : la voie ferrée pourra donc franchir.

Du côté de l'Ouest, il n'est certes pas possible d'apporter d'égales preuves matérielles. D'Hassian Taïbin (26ᵉ lat.) à Shaneja (18ᵉ lat.) soit durant 900 kilomètres, le seul itinéraire de Lenz donne des renseignements sur lesquels on pourrait édifier une image d'avant-projet.

Mais, ce qui apparaît de plus net, à l'examen du système général orographique et hydrographique que présente la carte, c'est que pour gagner le lac Tchad, dans l'hypothèse du tracé Goléa-Touat, la voie devra descendre jusque vers Say, la vallée du Niger, avant de rebrousser utilement sa direction vers l'Est, c'est-à-dire vers l'objectif principal. Tout autre embranchement supérieur est hypothétique, en tout cas inconnu, je dis même irréalisable en vertu de grandes probabilités.

A ce point précis (Say) on aura donc encore un parcours de 1.400 kilomètres à effectuer pour atteindre le lac Tchad ; ce chiffre qui est une estimation minima représente la différence de développement des deux projets : en plus, via Touat, en moins, via Igharghar.

Certes, l'importance du Touat n'est pas à nier au point de vue commercial pas plus que sous le rapport de l'extension de l'influence française.

Je me féliciterais, comme tout bon patriote, de cette occupation, si, ainsi qu'on l'affirme toujours sans jamais le prouver par l'exécution, les conditions diplomatiques permettent ce « règlement de police intérieure » sans nous exposer « à prendre un œuf pour perdre un bœuf », mais je m'élève énergiquement contre l'équivoque qui « identifie le transsaharien donnant accès au Tchad avec le transsaharien marocain » destiné bien plus à conquérir et à exploiter le Touat qu'à relier utilement l'Algérie au Sénégal et au Niger.

Je serais particulièrement satisfait si cette brèche ouverte dans l'empire

Marocain ne donne pas le signal de son démembrement et ne détermine pas, de la part de certaines puissances, la mainmise sur d'autres positions autrement importantes du Moghreb.

Mon contentement ne sera que plus complet si le fait d'englober dans le domaine français les oasis touatiennes, n'est pas considéré par le Schériff et par tous les musulmans comme un acte absolument contradictoire avec nos aspirations et nos affirmations d'union Franco-Islamique.

Quoiqu'il en soit de ces choses, si l'objectif Touat importe davantage, qu'on le dise franchement et qu'on le prouve.

Alors nous nous inclinerons et nous n'hésiterons pas à proclamer qu'avec cette définition nouvelle, la droite Arzew—Saïda—Bourroum est le transsaharien direct à objectif Guinéen.

Dans ce cas, la transversale Alger-Goléa passe au rôle secondaire de voie de relation et de trafic régional.

Mais si la région du lac Tchad présente un intérêt supérieur au point de vue national, si cette région est géographiquement appelée à être le point de puissance du centre africain, alors au nom de la Patrie, nous demandons que toute compétition cesse et que le transsaharien via Ouargla-Tchad soit voté.

Ma bonne fortune serait extrême, Monsieur, si les pensées et les conclusions qui viennent d'être exprimées au cours de ces quelques pages, pouvaient se trouver en harmonie avec les idées élevées que votre grande expérience en matière africaine et votre haute valeur ont dû faire naître en votre esprit, car, alors, le prestige si mérité qui s'attache à votre personne inséparable de votre œuvre grandiose, emporterait toutes les hésitations et déterminerait le triomphe d'un sublime projet non moins fécond pour la France que profitable à la civilisation universelle.

Le Président invite les orateurs qui désireraient prendre la parole à la séance suivante, à se faire inscrire à l'avance.

La séance est levée à 6 heures.

Journée du Samedi 1er Avril

SÉANCE DU MATIN

La séance est ouverte à 9 heures du matin, sous la Présidence d'honneur de M. Lugeon, Professeur de géographie physique à l'Université de Lauzanne, délégué de la Société de géographie de Genève, et la présidence effective de M. Guy, Chef du service géographique et des missions au Ministère des Colonies, délégué de la Société de géographie de Paris.

M. Cornetz remplit les fonctions d'assesseur.

M. Lugeon se déclare très flatté d'avoir été choisi comme président d'honneur de cette séance et en remercie le Congrès au nom de la Société qu'il représente.

Après avoir constaté que les travaux du Congrès ont parfaitement réussi, il exprime le regret de voir que l'enseignement de la géographie physique, qu'il professe lui-même à l'Université de Lauzanne, n'est pas plus développé en France.

S'il avait un vœu à émettre, il demanderait qu'à côté des chaires de géographie coloniale et sociale, il soit créé des chaires de géographie physique et, à Alger spécialement, une chaire de géographie physique saharienne.

Il termine en rendant hommage à l'œuvre accomplie en Algérie par le Service géographique de l'armée et par le Service géologique, et adresse au Congrès le salut de toutes les sociétés de géographie de la Suisse.

Le Président remercie M. Lugeon des sentiments qu'il vient d'exprimer. Il ajoute que, si nous n'avons pas de chaires spéciales de géographie physique, nous nous préocupons cependant de cette branche de la science géographique, et il n'en veut pour preuve que les éloges décernés par M. Lugeon lui-même au Service géologique de l'Algérie.

M. Bernard prend la parole et s'exprime dans les termes suivants :

La Question du Transsaharien

« Dans toute affaire, disait un écrivain, il n'y a que deux ou trois bonnes raisons à donner pour et contre. Quand on les a données, il faut s'arrêter, parce qu'ensuite on ne dit plus que des sottises. » Les raisons pour le transsaharien vous ont été éloquemment exposées; permettez-moi de vous indiquer les raisons contre. Elles me paraissent très fortes. Je n'ai pas l'espoir que mon humble avis puisse modifier votre opinion, et je vais, par ailleurs, me trouver en contradiction avec des personnes que j'aime et avec d'autres que je respecte. Mais je ne voudrais pas que mon silence pût être considéré comme un acquiescement ; c'est pourquoi j'ai cru indispensable de dire quelques mots.

Les sociétés de géographie, les réunions purement scientifiques comme la nôtre, ont parfois une très lourde responsabilité. Car de leurs discussions théoriques peuvent dériver des conséquences regrettables. Certains géographes n'ont-ils pas une part de responsabilité dans des événements tels que le massacre de la mission Flatters ou l'entreprise de percement du canal de Panama ? Il y a d'autant plus de raison de le croire que plusieurs d'entre eux en ont fait leur *meá culpá*, soit en public, soit dans l'intimité.

Je crois qu'il est bon, si vraiment nous sommes à la veille de nous lancer dans l'entreprise transsaharienne, de rapeller ce nom de M. de Lesseps, longtemps si vénéré, puis si décrié parmi les géographes, et qui ne méritait « ni cet excès d'humeur, ni cette indignité ». « Ce n'est pas un homme de mauvaise foi, disait de lui M. Carnot, seulement sa fougue naturelle l'emporte ; il raisonne mal et ne sait pas compter. Lorsque son imagination lui suggéra le projet de creuser une mer intérieure, une commission d'ingénieurs fut réunie pour étudier sa proposition et n'eut pas de peine à démontrer que c'était une pure chimère. Il parut très étonné, laissa percer quelque dédain et nous vîmes que nous ne l'avions pas persuadé. Tenez pour certain qu'il aurait dépensé millions sur millions pour faire sa mer, et cela de la meilleure foi du monde. » M. de Lesseps, bien qu'ancien Président de la Société de Géographie de Paris, ignorait la géographie. Il avait assimilé hâtivement et légèrement l'isthme de Panama à l'isthme de Suez, comme on assimile aujourd'hui, aussi hâtivement et aussi légèrement, le transsaharien ou le transibérien. Avant de nous demander par où doit passer le transsaharien, demandons-nous donc s'il doit passer quelque part.

I

La question des chemins de fer coloniaux, me paraît avoir été posée sur son véritable terrain au Congrès colonial international de Bruxelles (1) par M. le major Thys : « Dans les pays européens, dit M. Thys, le problème des chemins de fer est celui-ci : Il existe un mouvement commercial et industriel qui nécessite des transports. Quels sont les chemins de fer qu'il faut construire pour faciliter et améliorer ces transports et développer le commerce et l'industrie ? Aux colonies, le problème est autre ; voici un pays à peu près vierge de toutes communications, mais où il y a des terres riches à cultiver un commerce à étendre, des industries à créer. Quels chemins de fer faut-il faire pour permettre à l'activité du vieux monde de s'y développer ? »

Y a-t-il au Sahara des terres riches à cultiver, un commerce à étendre, des industries à créer ? Il serait bien téméraire de l'affirmer, et les faits parlent assez haut d'eux-mêmes. Des considérations de

---

(1) 1897, p. 451.

climat, contres lesquelles rien ne peut prévaloir, font du désert qui sépare le monde européen du pays des noirs, la région la plus déshéritée qu'il y ait au monde : « Quand la terre sera si pleine d'habitants que tous les autres pays auront été utilisés par l'homme, il restera le Sahara comme dernière ressource. (1) »

Cette opinion est celle de la plupart des explorateurs sahariens : « Quand je suis venu dans le Sahara pour la première fois, écrit M. Cornetz (2), j'étais de l'avis de M. Fock (favorable au transsaharien) après trois longs séjours de six mois chacun, je suis bien près d'être de l'opinion de M. Schirmer (hostile au transsaharien). » On n'extrairait pas, je crois, de tous les ouvrages de M. Foureau, un seul mot en faveur du chemin de fer transsaharien, et M. G.-B.-M. Flamand est, je pense, à peu près du même sentiment. Ce dernier explorateur a dressé une liste des produits minéraux du Sahara : cette liste est un procès-verbal de carence, si on excepte le sel et les nitrates. Encore les indices au sujet des nitrates sont-ils trop vagues pour qu'on puisse rien affirmer en ce qui les concerne.

Reste le commerce du Soudan. Mais le commerce du Soudan n'a jamais pris les voies sahariennes que lorsque les voies de la côte occidentale d'Afrique lui étaient fermées, pour une raison ou pour une autre. Les indications fournies par le commerce indigène, au moyen-âge ou de nos jours, sont de nulle valeur, les procédés de ce commerce étant tout différents des nôtres. D'ailleurs, la principale marchandise du commerce transsaharien, la seule qui puisse supporter les frais énormes de la traversée, c'est, vous le savez, la marchandise humaine, le bois d'ébène, l'esclave. Il ne faut pas chercher d'autre raison que les entraves apportées à ce commerce à la diminution du commerce transsaharien depuis la conquête de l'Algérie et de la Tunisie. A Tripoli même, dans ces dernières années, le commerce transsaharien est tombé de 8 millions à 2 millions.

Il est impossible de discuter les questions de voies de communication si l'on n'admet, avec tous les économistes et tous les géographes, que les marchandises prennent de préférence la voie de mer et la voie fluviale toutes les fois que cela est possible, parce que c'est la moins coûteuse. Or, c'est précisément le cas ici.

Pour le Soudan occidental, le prix de la tonne de marchandises rendue d'un point de la boucle du Niger à Bordeaux ou à Marseille sera toujours moins élevé par la voie maritime que par la voie ter-

---

(1) Scott Keltie.

(2) C. R., Soc. Geogr. Paris, 1894, p. 135.

restre que vous vous proposez de lui faire suivre et qu'elle ne suivra pas. Il suffit de jeter un coup d'œil sur une carte d'Afrique pour s'en convaincre. Nous sommes d'ailleurs comme quelqu'un qui aspirerait aux deux bouts d'un siphon, puisque nous travaillons présentement, et avec raison, à créer à ces produits du Soudan un débouché vers Saint-Louis du Sénégal, vers Konakry, vers Grand-Bassam. Non-seulement le Sahara est vide, mais il se videra de plus en plus à mesure que nous nous efforcerons de drainer le Soudan et le Sahara même par le Sénégal et le Niger.

Quant au Soudan central, à la région du Tchad et du Baguirmi, le domaine qui nous a été réservé par la convention de ces jours derniers avec l'Angleterre, quoiqu'en partie ruiné par Rabah, est riche et fertile dans plusieurs de ses parties. Mais il ne suffit pas (1) qu'un pays renferme nombre de produits utiles pour qu'il y ait lieu de l'exploiter. Il faut qu'on ait intérêt à transporter ces produits sur les marchés où ils se consomment. Or, il n'est pas un des produits du Soudan central qui ne se trouve également dans l'une ou l'autre de nos colonies africaines, d'où nous pourrons les tirer à meilleur compte.

D'ailleurs, à ces produits du Soudan central s'ouvrent la voie de la Bénoué, la voie du Tchad et de l'Oubangui, enfin la voie du Nil, toutes bien préférables à la voie transsaharienne. Les deux conventions franco-anglaises de 1890 et de 1899 présentent les plus grandes analogies : la première nous a exclus du Bas-Niger sous prétexte de nous autoriser à prolonger l'Algérie vers le Sud ; la seconde nous a exclus du Haut-Nil et nous a encore fait cadeau de quelques morceaux de Sahara. Heureusement, dans l'une comme dans l'autre, nous avons réservé la liberté de navigation du Niger et du Nil ; sachons la rendre effective, imposons-la au besoin par la force, et ne nous laissons pas séduire pas le mirage saharien.

Permettez-moi, Messieurs, de vous signaler encore une erreur trop souvent commise par les partisans du transsaharien : c'est de croire qu'une fois arrivé à Tombouctou ou au Tchad, tout est dit. Mais on n'est là qu'à la lisière du désert, et je ne pense pas que ce soit pour drainer une zone de quelques lieues de large que l'on fera cet immense effort. Il faut, pour raisonner juste, supposer une marchandise partie du Mossie ou du Haut-Oubangui par exemple, et voir si elle aura intérêt à prendre le transsaharien.

---

(1) Schirmer, *La pénétration commerciale au Soudan central* (*Revue des Sciences pures et appliquées,* 15 décembre 1897). Nous renvoyons pour plus de détails à ce remarquable article.

C'est volontairement que je m'abstiens de donner des chiffres, d'entrer dans le détail du prix de revient du kilomètre de voie ferrée, de la tonne de marchandises. Cela ne me serait pas bien difficile, croyez-le. Mais personne ne possède à l'heure actuelle des données suffisantes pour le faire. C'est une fantasmagorie que de prétendre indiquer, comme on le fait, combien de kilos de dattes et de sel utiliseront ce chemin de fer. Du Sahara, nous ignorons tout ce qui est nécessaire pour étudier le tracé d'une voie ferrée. Il faudrait un devis topographique ou au moins une reconnaissance préliminaire. Sachons, comme l'a dit M. Flamand, avouer notre ignorance. J'ai voulu me fonder sur des considérations purement géographiques ; un congrès de travaux publics, une réunion d'ingénieurs se fondant sur des considérations d'un autre ordre, aboutiraient, je crois, au même résultat, c'est-à-dire à la condamnation des projets de transsaharien.

Il y a des colonies qui conduisent à quelque chose et d'autres qui ne conduisent à rien ; ces dernières ne sont d'ailleurs pas forcément les moins belles. Je m'explique. Si nous avons pris possession de la Nouvelle-Calédonie, par exemple, et de Madagascar, c'est pour leur valeur propre et intrinsèque, et non parce qu'elles ouvrent l'accès d'autres contrées. Au Congo, au Sénégal, au contraire, nous avons surtout cherché l'accès des magnifiques réseaux du Congo et du Niger. Au Tonkin, nous avons un pays riche par lui-même, et qui nous ouvre en outre la voie vers le Yunnan et la Chine méridionale. Eh bien ! Messieurs, je n'hésite pas à le dire, l'Algérie ne conduit à rien. En constatant le fait, je ne crois pas déprécier l'Algérie ; elle a sa valeur propre, et cette valeur est telle qu'elle reste le plus beau joyau de la parure coloniale de la France ; mais l'Algérie n'est pas du tout la porte de notre empire africain. Notre empire africain a plusieurs portes, qu'il nous faut tenir toutes grandes ouvertes ; aucune ne donne sur l'Algérie.

Un journal annonçait gravement, il y a quelques mois, que « l'Angleterre ne verrait aucun inconvénient à ce que la France construisît un transsaharien ». Je crois même qu'elle y verrait de très grands avantages : celui notamment de nous atteler à une besogne indéfinie, qui détournerait notre attention de contrées du globe bien autrement intéressantes et où elle nous devancerait. Car enfin, et j'en appelle aux plus fougueux partisans du transsaharien, à qui fera-t-on croire que son exécution s'impose, alors que le Tonkin attend encore les voies ferrées qui lui permettront de drainer la Chine méridionale de population excessivement dense, pays de grande consommation et de grande production, pays de houille et de thé, d'une richesse hors de pair ? Nous nous sommes laissés devancer au Congo français : allons-nous également nous laisser gagner de vitesse par nos rivaux au Dahomey, à la Côte d'Ivoire, à Konakry ? Achèverons-nous enfin la voie ferrée de Bammakou au Niger ? Mettrons-nous les côtes de Madagascar en relations avec le plateau de l'Imérina autrement qu'à dos d'homme ? Il faut sérier les questions et les classer par degré d'urgence. Exécutons le transsaharien, j'y consens volontiers ; mais à condition qu'il ne soit entrepris que lorsque les chemins de fer que je viens d'énumérer, chemins de fer de l'Indo-Chine, de l'Afrique occidentale, de Madagascar, de Djibouti, seront achevés.

En Algérie même, le réseau des voies ferrées est-il donc complet? Loin de là ! Dans quelques jours, Messieurs, vous parcourerez avec nous notre magnifique colonie. Ceux d'entre vous qui s'écarteront un peu des sentiers frayés, qui ne se contenteront pas du banal voyage à Biskra et qui chercheront à voir le pays d'une façon moins superficielle, ceux qui nous accompagneront à Boghari et même en Kabylie, pourront voir tout ce qui manque à ce pays-ci en fait de voies de communication pour atteindre sa pleine valeur. On peut citer, entre bien d'autres, les lignes de Tizi-Ouzou à Azazga, de Bouira à Affreville, d'Orléansville à Ténès, de Tlemcen à Marnia et à la mer. Alors, je crois, vous demeurerez stupéfaits comme moi que des Algériens soient assez aveugles et assez ennemis de leurs propres intérêts pour réclamer un ruban de fer de 3,000 kilomètres à travers les immensités à jamais stériles du Sahara, alors que la même somme, employée en Algérie même en travaux de chemins de fer, de routes, de ports, d'irrigations, en feraient la plus belle colonie du monde et décupleraient sa valeur.

Sur les quais et dans le port d'Alger se pressent les barriques de vin, les troupeaux de moutons, les écorces de liège : augmentez ce trafic, joignez-y les jarres d'huile, le minerais de zinc et de cuivre, bientôt peut-être les réservoirs de pétrole. Mais ne lâchez pas la proie pour l'ombre, et ne comptez pas, pour vous enrichir, sur les plumes d'autruche et la poudre d'or.

La Métropole, qui est parfois un peu sévère pour celui de ses enfants qui lui fait pourtant le plus d'honneur, reproche à l'Algérie la garantie d'intérêt de ses chemins de fer. Elle a tort, car les voies ferrées de ce pays sont précisément dans les conditions indiquées par M. le Major Thys : elles ont à faire naître l'agriculture et le commerce dans les régions où ils n'existaient pas, et en fait elles les font naître. Mais lorsque, dans un demi-siècle, les successeurs de

M. Leroy-Beaulieu ajouteront, au compte des dépenses faites en Algérie ou à l'occasion de l'Algérie, les dépenses, radicalement improductives celles-là, du chemin de fer transsaharien, que pourra-t-on leur répondre? Que ce chemin de fer avait été conseillé par des économistes éminents : mais cette consolation ne sera vraiment pas suffisante. Du moins, laissons ces utopies à ceux qui ne connaissent ni l'Algérie ni le Sahara ; que les Algériens comprennent enfin leurs véritables intérêts, et que le Congrès de géographie ne s'associe pas à une œuvre aussi funeste à l'Algérie.

II

Est-ce à dire qu'il n'y ait rien à faire dans notre *hinterland* saharien ? Telle n'est pas mon opinion, loin de là. Comme le disait éloquemment M. de Brazza l'autre jour, « l'avenir appartient aux peuples qui auront su préparer et sauvegarder leur champ d'action dans le monde ». Grâce à lui, grâce aux héroïques efforts des Maistre, des Gentil et des Brunache, l'avenir est désormais assuré du côté du Soudan ; le grandiose projet conçu par M. de Brazza, la jonction de toutes les colonies françaises du continent africain a été réalisée.

Il faut agir aussi au Sud de nos possessions de l'Afrique du Nord, il y a vraiment urgence à agir vite. Il faut d'abord explorer ces pays, nous renseigner ; nous ne serions pas des géographes si nous ne souhaitions vivement que les derniers blancs de la carte d'Afrique disparaissent le plus promptement possible.

Ce qu'il faut faire aussi, d'autres que moi l'ont dit et redit tant de fois, depuis tant d'années, que j'ai honte de le rabâcher après eux : c'est d'en finir une bonne fois avec la question du Touat.

« L'Algérie n'est pas achevée, à écrit Rohlfs. Il est absolument nécessaire que le système de l'oued Saoura, et par suite le Gourara, le Touat et In-Salah soient attirés dans la sphère d'action de la France Il est tout à fait étonnant qu'on ne l'ait pas reconnu après le massacre de la mission Flatters. » Peut-être l'a-t-on reconnu, mais il est certain qu'on ne l'a pas fait. Rien ne montre mieux que cette fameuse question du Touat la faiblesse, la stérilité, l'incohérence de notre action dans le Sud. Cette histoire a été si bien narrée, dans les *Questions diplomatiques et coloniales* (1), par l'écrivain distingué qui signe Mandeville, que je crois inutile d'en rappeler les diverses phases.

---

(1) G. Mandeville, *L'Algérie méridionale et le Touat* (Quest. diplom. et col. 1898).

Le Touat est un des centres de population sédentaire des plus importants que renferme le Sahara ; c'est aussi un véritable carrefour et un lieu de ravitaillement pour les nomades : In-Salah est « une protégée et une table ouverte pour les Touareg (1) ». Comme l'a fort bien dit M. de Castries (2), « on ne tient pas les nomades avec des bordjs, on les tient par le ventre. » On ne saurait nier l'impérieuse nécessité de nettoyer ce foyer de dangereuses intrigues. C'est à In-Salah que fut résolu le massacre de la mission Flatters ; depuis lors, le Touat est le dernier refuge de tous les fauteurs de désordre, de tous les fanatiques, de tous les mécontents. Il faut y faire œuvre de police et de salubrité. En tergiversant et en hésitant comme nous l'avons fait, on laisse prendre une importance démesurée à des questions qui, au début, n'en avaient aucune. A l'origine, c'est une égratignure pour laquelle le plus léger pansement aurait suffi ; puis c'est une plaie qui s'envenime, et on finit par être obligé d'appliquer les grands remèdes.

Notre puissance dans le Sud, comme d'ailleurs celle des Européens dans la plupart des colonies, est une puissance morale. Si nous laissons porter atteinte à notre prestige, si, après nous être laissé braver par les Touareg, nous laissons rire de nous par des Ksouriens, nous nous ménageons de redoutables difficultés pour l'avenir.

Si j'en veux tant au transsaharien, c'est parce qu'il nous a détournés depuis vingt ans et qu'il risque de nous détourner encore de notre véritable tâche. La France a une belle et enviable mission à remplir en limitant sagement ses efforts, en avançant peu à peu au lieu de rêver de chimériques entreprises. Dès 1879, c'était, en Algérie même, l'opinion de quelques bons esprits. La plupart jugèrent inutile d'intervenir, espérant que le courant d'idées créé par le transsaharien profiterait en tout état de cause à l'influence française dans le Sahara septentrional. Ces prévisions ne se justifièrent pas, et ce fut exactement le contraire qui arriva. L'opinion, un moment favorable, s'aperçut qu'on l'avait trompée et égarée ; elle tomba dans un autre extrême. Parler du transsaharien, c'était mettre la charrue avant les bœufs. La méfiance qu'on témoignait assez justement aux projets de ce genre fut étendue à tort à des entreprises raisonnables et nécessaires dans notre *hinterland*. Avant de songer à atteindre le Soudan et indépendamment de ce but lointain, il fallait se préoc-

---

(1) H. Schirmer, *Le Sahara*.

(2) *Journ. des Débats*, 17 février 1899.

cuper d'explorer le Sahara et, selon l'heureuse formule de M. le Gouverneur Général de l'Algérie, construire des chemins de fer *sahariens*. Laissons de côté pour le moment la question de savoir si le chemin de fer atteindra Tombouctou ou le lac Tchad : contentons-nous qu'il gagne le Touat, Laghouat, Touggourt.

On a beaucoup abusé du terme de chemin de fer *stratégique*. En France, lorsqu'une région dépourvue de tout avenir réclame un chemin de fer qu'on ne peut justifier par aucun argument, les efforts de son représentant au Parlement tendent à le faire classer comme d'intérêt stratégique ; il faut bien entendre qu'il s'agit, dans la plupart des cas, de stratégie électorale (1).

Aussi préférerais-je, pour nos voies de l'Extrême-Sud, le terme de chemin de fer politique. La seule façon de progresser dans ces régions consiste à n'avancer qu'en se faisant suivre de la locomotive. Le chemin de fer est la marque la plus certaine d'une prise de possession effective, le signe indiscutable du fait accompli. Notre marche en avant n'a qu'un seul motif, mais c'est le plus sérieux et le plus puissant de tous : c'est notre réputation dans l'Islam tout entier, d'où dépend la sécurité et la solidité de notre établissement dans l'Afrique du Nord. Pour la sécurité de l'Inde, l'Angleterre, la pratique Angleterre, n'a-t-elle pas été amenée à agir dans les Pamirs, solitudes tour à tour brûlantes et glacées, dont la valeur économique est nulle, comme celle du Sahara ?

Si l'on se place à ce point de vue, le chemin de fer vraiment stratégique ou politique et analogue au transcaspien, c'est évidemment le chemin de fer du Sud-Oranais au Touat par la vallée de l'oued Saoura, qui surveillera le Maroc comme le transcaspien surveille la Perse et aboutira, en outre, au plus riche groupe d'oasis et au centre de population le plus important du Sahara. La mission de Ghadamès elle-même, dont le témoignage n'est pas suspect, bien que personne, je crois, n'ait songé à l'invoquer, estimait que la vraie voie de pénétration saharienne est le Touat. Combien cela n'est-il pas plus vrai encore qu'en 1864 ?

La manière dont j'envisage les chemins de fer du Sahara vous indique assez que, bien qu'ennemi en principe de l'ingérence excessive de l'Etat, je ne crois pas qu'un autre que lui puisse construire les

---

(1) N'est-il pas surprenant aussi de voir des économistes invoquer toujours en faveur du transsaharien des « raisons stratégiques », alors que les stratégistes de profession ne réclament rien de pareil ? La stratégie partagerait-elle donc avec la géographie le fâcheux privilège réservé jusqu'ici à cette dernière, dont tout le monde parle sans avoir pris la peine de l'étudier.

voies sahariennes. M. Chailley-Bert a surabondamment démontré (1) par l'exemple de l'Inde anglaise, que, pour les chemins de fer coloniaux, il n'y a guère d'autre procédé que la construction par l'Etat ou par une Compagnie formellement assistée : « Le plus souvent, disait un Gouverneur de l'Inde, Lord Elgin, les entreprises de ce genre sont présentées d'abord comme des entreprises purement privées, auxquelles ensuite le Gouvernement est amené à prêter assistance, puis forcé de donner une garantie. De ces sortes d'entreprises privées, nous n'en voulons plus. Cela équivaut à faire emprunter par l'Etat indirectement à un taux plus élevé qu'il ne pourrait emprunter directement ».

J'ai déjà trop abusé de vos instants, Messieurs, et je ne puis indiquer en détail toutes les raisons qui militent en faveur de l'exécution immédiate des 300 kilomètres de voie ferrée qui séparent le Sud-Oranais du Touat. La récente convention franco-anglaise nous fournit un argument de plus : l'Angleterre « ne verrait aucun inconvénient » à ce que nous nous brouillions avec l'Italie à propos de la Tripolitaine. Le jeu n'en vaudrait pas la chandelle. Ne tombons pas dans le piège : le sens de la dernière convention me parait être que l'axe de la politique française en Afrique se trouve reporté vers l'Ouest. Et je m'appuie, pour le dire, sur la haute autorité du grand explorateur qui préside notre Congrès, de M. de Brazza.

Je ne peux naturellement passer en revue les divers projets de voies ferrées au Sud de l'Algérie et de la Tunisie. Il faudrait, pour cela, entreprendre une étude détaillée de la géographie physique et économique de tout le Sahara septentrional, et plusieurs heures n'y suffiraient pas. Je me borne à dire que je ne suis l'ennemi, en principe, d'aucun de ces projets, qui tous se recommandent par quelque côté. Je ne m'explique pas trop la rivalité des provinces africaines à cet égard. Comme l'a dit M. Bonnard (1), Tunis n'est pas aux Tunisiens, mais à la France, et aussi Alger, et aussi Oran. Si le chemin de fer, comme je le crois, n'a pas d'utilité économique, les prétentions opposées seront moins vives. Alger, d'ailleurs, sera toujours la capitale de l'Afrique du Nord et la tête de ligne du transsaharien, même s'il passe par l'oued Saoura ou l'Igharghar. C'est ce qu'ont très bien compris la Chambre de Commerce d'Alger et son éminent Vice-Président, M. Simian.

On ne peut laisser, d'autre part, la seule province d'Alger privée de

---

(1) *Quinzaine Coloniale 1899.*

(1) Délégué de la Société de Géographie de Tunis au Congrès.

toute voie d'accès vers le Sud ; la ligne qu'on y construira constituera une économie considérable pour le ravitaillement du cercle de Laghouat et des postes de l'Extrême-Sud ; elle rapprochera en outre de nous la région du Mzab, peuplée de riches et industrieux commerçants; c'est d'ailleurs là un de ces chemins de fer *algériens*, dont je vous signalais l'extrême urgence plutôt qu'un chemin *saharien* à proprement parler. Enfin la plate-forme est faite depuis plusieurs années et se détériore : l'exécution de cette voie est donc une économie bien entendue.

La voie de Biskra à Touggourt desservira le magnifique groupe d'oasis de l'oued Rir, et on ne saurait trop rendre hommage à l'œuvre accomplie de ce côté par M. Jus, par M. Rolland et ses associés ; enfin, je manquerais à la vérité autant qu'à la courtoisie due à nos hôtes tunisiens, si je n'ajoutais que le golfe de Gabès, sans être précisément le « port du Touat », correspond à un rentrant de la côte si prononcé, qu'il conviendra sans doute de relier cette région à la ligne de Touggourt. Mais l'essentiel et le plus pressé, c'est que, selon les éloquentes paroles de M. le Gouverneur Général, que vous avez applaudies dans la séance d'ouverture « la locomotive suive nos colonnes dans ces oasis de l'ouest où la nature des choses et les accords diplomatiques nous donnent le droit de planter notre drapeau ».

J'ai donc l'honneur de soumettre aux membres du XXe Congrès de géographie le vœu suivant, qui, tout en laissant intacte la question du transsaharien, et en sauvegardant les susceptibilités des diverses provinces algériennes et tunisiennes, me paraît de nature à rallier tous les suffrages.

Le Congrès émet le vœu : 1º Que l'Algérie soit pourvue de son hinterland naturel par l'occupation des oasis du Touat.

2º Que la ligne d'Aïn-Sefra au Touat par Duveyrier soit construite dans le plus bref délai, sans préjudice des autres voies de pénétration sahariennes, et notamment du chemin de fer de Laghouat.

A la suite de la discussion sur le transsaharien, le Congrès a émis le vœu suivant :

1º Qu'il soit procédé dans le plus bref délai possible à l'occupation de l'arrière-pays algérien et principalement des oasis du Touat ;

2º Qu'il soit procédé d'urgence au prolongement des lignes de pénétration saharienne, et notamment de celle d'Aïn-Sefra au Touat par Duveyrier, sans préjudice du complet achèvement du réseau algérien et tunisien, tant vers Laghouat que vers la frontière marocaine ;

3º Que des missions scientifiques soient rapidement organisées en vue d'établir la carte et le nivellement des terrains compris entre l'Atlas et le Niger au Nord de Tombouctou ;

4º Que des études de même nature soient faites au Nord du lac Tchad.

On remarquera que, dans ce vœu, le mot de transsaharien n'est pas prononcé.

M. Bernard termine en proposant au Congrès d'émettre le vœu ci-après :

Le Congrès émet le vœu que l'Algérie soit pourvue de son *hinterland* naturel par l'occupation des oasis du Touat, et que la voie ferrée soit poussée dans cette direction avec activité de Djenien-bou-Resg à Duveyrier et de là au Touat, sans préjudice des autres chemins de fer de pénétration saharienne dont l'exécution est nécessaire à notre domination.

M. Bonnard dépose le vœu suivant, qui résume les idées qu'il a exposées à la séance d'hier.

Le Congrès, considérant qu'il y a lieu aujourd'hui, de sauvegarder, pour l'avenir, l'unité de notre empire africain ; que cette unité rendra nécessaire un transafricain français ; que notre premier transsaharien en doit être l'amorce ; que, dès lors, il doit aboutir à l'Est du Tchad ; qu'il faut donc rechercher quel est le meilleur tracé français du Tchad à la Méditerranée ;

Considérant aussi que le bassin du Tchad et du Chari est la région de beaucoup la plus fertile et la plus peuplée au delà du désert, avec le Kanem, le Baghirmi, l'Ouadaï, où nos droits sont aujourd'hui reconnus, mais où il convient de les exercer :

Attendu que Bougrara serait la meilleure tête de ligne avec son lac double en surface de celui de Bizerte, ses eaux profondes ça et là de 20 et 25 mètres, son chenal d'Adjim large de 1,800 mètres, et au besoin un second chenal ;

Attendu que la ligne passerait à Rhadamès ou près de Rhadamès, à Rhât ou près de Rhât, selon qu'il conviendrait à la France, car aucune opposition n'est à attendre de la part de la Tripolitaine ; que, du Fezzan au Tchad, distance de 1,000 kilomètres, on irait presqu'en ligne droite, suivant l'itinéraire du Colonel Monteil, la ligne passerait par Bir-el-Amar, l'oasis Kaouar, Bilma (si riche en sel). C'est la voie séculaire de caravanes incessantes ;

Attendu que le tracé de Bougrara au Tchad est le moins long des tracés français, n'étant que de 2,000 kilomètres environ, le moins onéreux pour les marchandises dans l'une et l'autre direction, le moins difficile à exécuter (on peut l'affirmer aujourd'hui, bien que tout autre soit en grande partie inconnu), exempt de montagnes, avec des passages à l'abri des sables mouvants, pourvu tout le long de points d'eau rapprochés et reconnus, n'avoisinant la Tripolitaine que sur une longueur facile à garder (fort éloignée de notre région frontière, et à partir des confins du Fezzan au Tchad), sur tout depuis le nouvel arrangement anglo-français.

Considérant que, si nous tardons, nos rivaux chercheront à établir une ligne de la Tripolitaine au Tchad, et qu'il sera difficile à la France d'interdire à la civilisation une telle voie dont elle-même n'aurait rien voulu faire ; que nos rivaux nous supplanteraient alors dans la plus riche des régions transsahariennes, coupant irrémédiablement notre empire africain, dont nous aurions aujourd'hui délibérément abdiqué l'unité :

Par ces causes, émet le vœu que les Pouvoirs Publics fassent étudier sans retard l'amorce d'un transsaharien de la mer de Bougrara au lac Tchad.

M. Laurens s'exprime dans les termes suivants :

Messieurs,

Vous dites sans doute qu'il est bien inutile, après le lumineux exposé fait par M. Broussais de la question des chemins de fer en Afrique, après les communications documentées de MM. Bonnard et Bouty sur un des tracés de transsaharien, après l'éloquente critique que vient de faire M. Bernard, de parler encore de la pénétration africaine par voies ferrées. Peut-être aussi y a-t-il témérité de ma part de vouloir entretenir encore de la colonisation par le rail une Assemblée comme celle-ci, composée d'hommes d'étude et de science que passionnèrent toujours les questions géographiques et de colonisation parce que les premiers ils ont compris quels horizons larges et nouveaux offriraient à notre commerce et à notre industrie les immensités de nos colonies d'Afrique.

Je vous demande seulement quelques minutes d'attention et votre indulgence pour vous exposer quelques idées générales qui, si elles n'ont pas le mérite d'une absolue originalité, si elles vous laissent l'impression de choses déjà entendues, aura, je l'espère, l'avantage de coordonner la discussion commencée et de conclure par un vœu de nature à donner satisfaction à ceux d'entre vous qui veulent un transsaharien et à ceux qui sous aucun prétexte ou pour aucune espèce de raison ne veulent en entendre parler.

Permettez-moi d'abord, Messieurs, de vous dire quelques mots de la convention franco-anglaise qui, le 21 courant, a réglé, de façon définitive, espérons-le, la limite de la zone d'influence des deux nations à l'Est et au Nord du Tchad.

Ce ne sont pas, quoiqu'on en ait dit, pays nouveaux que nous a cédés l'Angleterre en échange de ce Bahr-el-Ghazal si vaillamment conquis par Marchand et dont nous étions bien légitimes propriétaires par droit de premiers occupants. Le Baghirmi, le Kanem, le Ouadaï, le Bockou et le Tibest avaient été déjà reconnus comme relevant de notre autorité. C'est donc une simple reconnaissance nouvelle que nous avons obtenue qui vaut peut-être l'abandon du marais de Fashoda, mais certainement ne vaut pas davantage.

Notre domaine africain, par cette convention est maintenant absolument délimité et c'est sans solution de route que nous pouvons promener notre drapeau dans le continent noir de l'Equateur à la Méditerranée, de l'Atlantique au désert de Libye.

La période de conquête est donc terminée ou à peu près. Je dis à peu près parce que j'aurais à appeler votre attention tout à l'heure sur quelques points dont il vous faudra poursuivre ultérieurement l'acquisition. Mais la période d'exploration n'est point close et on peut dire que c'est à peine si vient de commencer celle de mise en valeur.

Le moment est venu de réagir contre notre naturel qui nous porte au repos après un effort, qui nous endort en une dangereuse sécurité après une satisfaction obtenue. Il ne suffit pas en effet que soit constatés dans de diplomatiques documents nos titres de propriétaires d'un bon tiers de l'Afrique, il faut aussi que sur cette propriété nous exercions nos droits, que nous tirions profit de notre domaine, que nous l'occupions pour éviter que ceux qui nous jalousent ne prennent trop et trop vite une grande place pour nous dire ensuite avec Tartufe : la maison est à nous, c'est à vous d'en sortir.

Or si nous ne connaissons pas encore tout le pays environnant le Tchad, s'il nous est difficile d'estimer autrement que par des récits de voyageurs dont la plupart ne songèrent pas à étudier tout le parti à tirer de ces contrées fertiles, le rendement commercial de notre Afrique équatoriale, nous ne sommes pas beaucoup plus instruits sur la plus grande partie de l'hinterland saharien de notre Afrique du Nord.

De la traversée du désert, disait hier M. Flamand, nous ne connaissons guère que la partie Nord-Est, tout le reste nous est à peu près inconnu, sauf un itinéraire à l'Ouest rapporté par Lenz et René Caillé. Nous avons il est vrai les renseignements fournis par les indigènes, mais de ces renseignements il faut se défier et il est sage de ne les accepter que sous bénéfices d'inventaire.

C'est l'ignorance du pays à traverser ou à exploiter, ou l'incohérence des renseignements recueillis — incohérence que M. Flamand nous a signalée en comparant hier les hauteurs de certains points sahariens relevés par Lenz à celles données par Foureau — qui faisait dire l'an dernier à M. Henri Schirmer, professeur à l'Université de Lyon, parlant de l'Afrique équatoriale.

Il importe de le répéter, si nous ne voulons pas nous exposer à une désillusion amère : nous ne pouvons dire actuellement où se trouve la véritable richesse dans cette immense zone française, ni quels courants commerciaux s'y dessineront un jour. Lorsqu'on évalue, par exemple, à 5,000 tonnes le transport assuré au transsaharien par « les vastes forêts caoutchoutières, d'une richesse incalculable, » qui s'étendent dans la région du Tchad, on oublie que la présence du caoutchouc est probable, mais que pas un voyageur n'a encore fait une certitude. Est-il prudent d'envisager, comme on l'a fait pour la même ligne, un transport annuel de « 2,000 tonnes d'ivoire, de plumes, d'indigo et de matières tinctoriales de prix », lorsque l'Afrique tout entière ne livre aujourd'hui à l'Europe que 600,000 kilogrammes du premier de ces produits ?

Il faut donc attendre, avant de parler de canaux et de chemins de fer, que nos prospecteurs aient passé au Soudan central. A l'investigation méthodique de nous dire s'il s'y trouve un de ces territoires qui valent la peine qu'on les ouvre immédiatement au commerce à coups de millions, et en cas d'affirmative, quelle route il convient de choisir pour ce grand effort.

Mais les explorations continuent et pendant que de Béhagle parcourt le Baghirmi pour remonter au Nord, Foureau et le Commandant Lamy s'installent dans l'Aïr où va les rejoindre la colonne Voulet-Chanoine partie de Timboktou au devant d'eux.

Il ne nous restera plus ensuite qu'à nous renseigner sur la partie occidentale de nos possessions dans l'hinterland tripolitain déjà parcouru par Monteil, maintenant que le Soudan français, c'est-à-dire tout le territoire compris dans la boucle du Niger a été parcouru en tous sens par nos Officiers. Mais il nous restera aussi, et surtout avant d'entreprendre de lancer le rail dans le Sahara, à prendre des mesures pour assurer dans ses immensités la sécurité nécessaire indispensable aux transactions commerciales.

Je sais bien que certains optimistes, que ni les insuccès ni même les crimes ne découragent, sont encore convaincus de l'affabilité des Touareg et croient possible, facile même d'entrer avec eux en négociation pour les amener à renoncer à vivre de vols et de rapines.

M. Bouty vous disait hier précisément que dans l'Ouest du Sahara la sécurité est toujours absolue. Ce n'est pas l'avis des caravaniers qui n'osent le plus souvent s'engager dans le Tanezrouft. Ce n'est pas non plus l'avis du Lieutenant de vaisseau Hourst qui s'est maintes fois trouvé en relations avec les Aouellimiden par exemple au cours de son exploration du Niger moyen.

Je ne donnerai certainement pas le conseil, dit M. Hourst, d'aller chez les Aouellimiden les mains dans ses poches sans s'assurer le concours des chefs : celui qui agirait ainsi serait certainement assassiné, surtout s'il possédait des objets de nature à tenter les pillards. Lorsque le grand Duc de Russie va se promener sur nos boulevards extérieurs, il se fait suivre par deux policiers solides ; or, quand on va chez les Touareg, il convient au moins de prendre les précautions que l'on juge utiles dans le périmètre de Paris.

Avons-nous un moyen de réduire à merci les Touareg de l'Est, de l'Ouest et du Centre, Azdjer, comme Aoggar ou Aouellimiden. Certainement et ce moyen vous a été déjà indiqué : c'est l'occupation de certains points dans le désert qui vous permettra de « couper les vivres » aux pillards.

Le Targui ne vit que de l'impôt qu'il prélève sur les caravanes ou des vols qu'il commet à leur détriment, et ces caravanes qui du Sud Oranais vont chaque année à Akabli, qui du Touat se rendent à Timboktou, d'El-Goléa à In-Salah, de Ghadamès à In-Salah par El-Biodh, de Ghat à In-Salah par Amguid, de Ghat à l'Aïr, de Tripoli à Nguigmi vers le Tchad, toutes ces caravanes, dis-je, sont assez nombreuses et assez riches pour assurer l'existence des écumeurs du désert. Cette énumération suffit à démontrer quels sont les points principaux de ravitaillement des Touareg et par conséquent quels sont les points dont nous devons nous emparer si nous ne voulons pas que soit absolument illusoire la sécurité dans le désert.

Ces deux pays du Rhir et du Touat, a dit M. Mandeville, sont les deux marchés, les deux portes qui permettent à l'Algérie d'atteindre le commerce du Soudan, soit à l'Orient par Ghadamès, soit à l'Occident par Tombouctou.

Tous deux ont vu notre activité vis-à-vis d'eux différenciée par cette condition géographique qui rapprochait de nous les oasis de la dépression de l'Est. Aussi notre drapeau flotte-t-il depuis longtemps dans l'oued Rhir, où les exploitations commerciales sont depuis quelque temps rémunératrices, tandis que dans l'autre bassin, le Maroc nous ferme chaque jour davantage l'accès des oasis un peu plus éloignées, connues sous le nom générique de Touat, que tous les efforts de l'opinion française sont impuissants à obtenir.

Mais la même raison donne aujourd'hui à la question du Touat une importance dominante et urgente, parce qu'elle se trouve à son tour la plus rapprochée de notre action, en attendant que nous puissions porter à nouveau nos efforts dans la dépression orientale, où les marchés de Ghadamès et de Ghat, véritables portes de la Tunisie sur la route du Soudan et du Tchad, ont été fermés par notre faiblesse, où d'ailleurs le massacre de la mission Flatters semble du même coup avoir marqué les limites de notre influence et l'étendue de la protection que la France accorde à ses enfants.

L'occupation du Touat a plusieurs fois été préparée, elle n'a jamais été tentée par crainte, a-t-on dit, de complications diplomatiques. Or, ces raisons diplomatiques que l'on a invoquées, ces raisons diplomatiques qui ont été pour notre pénétration saharienne l'obstacle infranchissable, ne peuvent et ne doivent exister, car ainsi que l'a dit avec juste raison M. Ribot au Parlement : « Il ne s'agit dans l'occupation des oasis du Touat, du Gourara et du Tidikelt que d'une opération de police intérieure.

Mais si l'occupation du Touat est simple et facile, sans difficulté aucune, sans intervention étrangère à craindre, je reconnais qu'il n'en est pas de même de l'occupation de Ghadamès et de Ghat. Ces deux points sont compris en effet dans le territoire tripolitain soumis à l'autorité du Sultan de Constantinople. Mais je crois que la cession de ces deux villes n'est pas chose impossible, si nous voulons apporter à sa réalisation toute notre volonté d'aboutir, si nous voulons, une fois par hasard, ne pas nous montrer plus scrupuleux que nos concurrents et nos jaloux.

« Vous songez à négocier la cession de Ghat et de Ghadamès avec le Sultan, disent les pessimistes et parce qu'on vous a donné ou reconnu l'hinterland saharien de la Tripolitaine, non seulement l'Italie réclame, mais Abdul Hamiz lui-même proteste au nom de ses droits méconnus. Que sera-ce donc si vous demandez l'abandon des deux villes qui, avec Tripoli et Benghari, sont les plus importantes de la Régence. »

Hier, M. Cornetz vous disait que le Sultan de Constantinople n'abandonnait jamais les droits de souverainneté. Nous le savons bien puisque Abdul Hamiz se considère encore comme propriétaire et Suzerain de l'Algérie et de la Tunisie, comme il se dit le maître au Maroc, en Tripolitaine et en Egypte. Notre intention n'est point de dépouiller le Commandeur des croyants de l'un de ses titres et pour ma part je me déclare prêt à accepter pour Ghat et Ghadamès devenues villes françaises le même effectif droit de souveraineté qu'a la Porte dans nos colonies méditerranéennes d'Afrique.

Ces points asssurés, la sécurité devenant chose certaine dans notre hinterland du Nord, nous pouvons avec utilité nous préoccuper de pousser la voie ferrée vers l'Afrique équatoriale, cette terre de Chanaan à peine entrevue.

Est-il bien nécessaire maintenant d'insister auprès de vous sur la nécessité inéluctable, si vraiment nous avons la ferme intention de faire de la colonisation et du commerce en Afrique, de construire des chemins de fer. Après les exemples que vous a donnés M. Broussais, il est superflu, je crois, de revenir en détail sur les efforts de nos concurrents, de chercher à nous persuader que nous devons au plus vite construire le plus possible de voies ferrées.

C'est cette pénurie constatée de « sentiers de fer » qui faisait dire dernièrement à M. Guy, chef du service géographique et des missions au ministère des colonies :

Oui, ce qui manque à cet empire de l'Ouest Africain, c'est ce qui manque à toutes nos colonies d'Afrique : c'est le chemin de fer. Comment s'explique la prospérité du Congo belge ? Par une voie ferrée, à peine construite, peu solide, mal établie, mais qui existe par la ferme volonté d'un homme, et qui rend déjà d'énormes services. Comment encore l'incroyable développement des établissements anglais de l'Afrique anglaise ? Par le chemin de fer de Cecil Rhodes. Il n'est pas jusqu'à la colonie portugaise de l'Angola dont l'activité économique ne se soit développée par une voie ferrée d'intérêt purement agricole. Ne nous y trompons pas ! Les richesses coloniales seront aux nations colonisatrices qui poseront, dans le minimum de temps et avec le minimum d'argent, le plus grand nombre de kilomètres de rails en pays neufs. « Le chemin de fer, tel qu'il a
« été conçu jusqu'ici, intervient seulement quand le pays est occupé

« et exploité : il est une résultante. Le chemin de fer colonial de
« pénétration est un instrument de production, une force initiatrice
« et créatrice. »

Il faut donc que nous construisions immédiatement (demain peut-être serait déjà trop tard) des chemins de fer dans la boucle du Niger.

Mais il est nécessaire, je dis même indispensable de construire des voies ferrées, il faut le faire avec intelligence et profit et non au hasard des convoitises ou des combinaisons financières.

J'ai dit que notre empire africain formait trois divisions bien distinctes : l'Afrique septentrionale, l'Afrique équatoriale et l'Afrique occidentale. De ces trois grands diviseurs, si chacun doit avoir sa vie politique propre, parce que leurs populations diverses ont besoin d'un esprit administratif différent, d'une conception politique autre, le pays targui ne pouvant être gouverné comme les tribus soudaniennes et celles-ci comme les peuplades de la côte, à plus forte raison le régime d'exploitation de ces territoires si divers doit-il être différent.

Chacun de nos trois grands sectionnements de cet empire que M. de Voguë a appelé nos « Indes Noires » a, bien déterminée sa voie naturelle d'importation et d'exportation. Par la Méditerranée sortiraient tous les produits du Bornou et du Baghirmi et du bassin du Chari et de l'Ouadaï jusques et peut-être y compris le Darfour.

Par l'Océan s'écouleront les produits du Congo et de tout le Soudan français, de Kotonou au Cap Blanc.

L'Algérie, le Sénégal avec les rivières du Sud et la côte de Guinée, le Gabon-Congo enfin, a écrit M. A. Foch dans sa brochure sur la conquête économique du Soudan central, sont autant de portes ouvertes sur l'intérieur. Ils constituent les trois grandes bases d'opération appelées à servir d'appui à la pénétration convergente.

En effet, ce serait faire fausse route que de concentrer tous les efforts en une seule direction ; les nombreux pays que celle-ci ne permettrait pas d'atteindre échapperaient ainsi à toute influence. L'œuvre à accomplir exige une marche en avant simultanée et parallèle par le Nord, l'Ouest et le Sud : il incombe à chaque colonie d'amener sa sphère d'action au maximum d'étendue dont elle est susceptible.

Le littoral atlantique, du Cap Blanc à la côte des esclaves, ne rayonnera pas au delà de la boucle du Niger : l'attraction du Gabon-Congo s'arrêtera à la ligne de faîte entre l'Oubangui et le Chari. Dès lors, il faudra que l'Algérie réussisse à englober dans sa zone d'influence les territoires du Soudan central, situés en dehors des limites extrêmes de la double pénétration occidentale et méridionale. Le trait d'union se trouvera ainsi établi.

Le Tchad est donc le point de concentration ; c'est comme la gare d'où partiront les artères de fer allant au Nord, à l'Ouest et au Sud, porter les richesses du continent noir, et rapporter en échange l'excédent de notre fabrication industrielle.

Il faut que toutes nos possessions africaines viennent se renouer vers un point commun : le Tchad, a écrit Dybowski. Nous devons donc tendre à arriver jusqu'au Tchad, franchissant ainsi toute la région saharienne, d'une part par l'Algérie, d'autre part en partant, comme le font actuellement des explorateurs, des bouches du Niger, ou, comme Crampel, du Congo vers le lac Tchad.

Du jour où nous aurons ainsi réalisé ce grand problème de joindre toutes nos possessions d'Afrique, nous aurons certainement fondé un grand empire colonial tel qu'aucune nation européenne n'en a à sa disposition.

C'est à ce programme d'ensemble qu'il faut que chacun de nous travaille, les uns par eux-mêmes en allant dans ces régions, les autres, ceux qui ne peuvent quitter la Métropole, en encourageant ceux qui veulent partir. Tous, en agissant ainsi, feront œuvre utile et véritablement patriotique, parce qu'ils contribueront à assurer la prospérité du pays non pas seulement pour le présent, mais encore et surtout pour l'avenir.

Mais ce point établi, il y a nécessité et nécessité absolue de bien arrêter les réseaux futurs de nos railways africains et de ne pas les continuer à l'aventure et au petit bonheur des conceptions journalières.

Nous avons malheureusement sous les yeux un exemple de tous les dangers résultant d'un travail hâtif fait sans ordre et sans méthode. Une cause des lenteurs de la colonisation en Algérie est justement le défaut d'avoir su ce que l'on voulait faire, où on voulait aller, ce qu'on espérait obtenir en ce pays. On s'est lancé à l'aveuglette, on a construit au jour le jour, défaisant le lendemain le travail de la veille et aujourd'hui seulement on s'aperçoit du temps perdu et de l'argent mal dépensé.

Il faut donc, pour éviter de préjudiciables pertes de temps et de douloureuses pertes d'argent, donner à chaque centre la voie commerciale qui lui convient et ne point prétendre, pour de futiles raisons détourner la marchandise des routes qu'elle suit peut-être depuis plusieurs siècles.

Vouloir drainer vers l'Afrique du Nord les produits de notre Congo inférieur serait folie : il ne serait pas plus logique de prétendre faire prendre aux marchandises de la boucle du Niger la route ferrée de l'Afrique du Nord.

Comme l'a dit le Lieutenant Chanoine à son retour du Soudan ;

Il est bien évident, que pour l'Ouest du Soudan, les voies de pénétration sont le Sénégal et la route par la Guinée ; il n'est pas moins évident que, pour le Soudan méridional, les voies de pénétration seront par le Dahomey et par la Côte d'Ivoire.

C'est d'ailleurs à peu près maintenant la tendance générale et c'est le but poursuivi par les diverses missions qui étudient la création de voies ferrées sur la côte occidentale : de la mission Fourneau-Fondin qui prépare le tracé d'un chemin de fer direct de la baie de Libreville au Congo, de la mission Salesse qui étudie le réseau de la côte de Guinée, de ceux qui, malgré la ligne de Bafoulabé sur le Sénégal à Tonlemandia sur le Niger, veulent drainer les échanges du Soudan vers Konakry relié à Kouroussa.

Mais si l'arrêt des réseaux ferrés à l'Occident demande de la circonspection, si le choix des tracés est difficile, à plus forte raison le problème est-il compliqué quand il s'agit d'un transsaharien.

Vous avez entendu, Messieurs, la communication de nos collègues MM. Bouty et Bonnard, M. Broussais vous parlera peut-être d'un autre projet, et M. Rolland, s'il était ici, vous eût entretenu du sien.

A côté de ces principaux, il est des variantes nombreuses qui montrent jusqu'à quel point est ardente la lutte des intérêts autour de cette voie ferrée.

En voici la nomenclature :

. Le tracé *oriental*. — M. Edouard Blanc, — de Bougrara (Tunisie Sud) au Tchad, par Rhadamès, Rhat et Bilma, bien que géométriquement le plus court, mais condamné en raison des obstacles diplomatiques que ferait surgir la proximité de la Tripolitaine et qu'il serait presque impossible de surmonter.

Le tracé *occidental*. — M. Bouty — d'Oran à Tombouctou ou à Bouroum (sur le Niger), par l'Oued Messaoura, le Touat et Mabrouk ou Timissao.

Reste donc le tracé *central*.

Ici encore des divergences apparaissent.

Nous avons, pour ne citer que les principaux : le tracé de Philippeville au Tchad, avec la variante d'Amguid à Bouroum (MM. le Général Philebert et Georges Rolland), par Ouargla et Timassinin ; — le tracé d'Alger au Tchad, par Laghouat et In-Salah (M. Broussais) ; — le tracé d'Oran au Tchad, par Igli et Taourirt ; et de nombreuses variantes : variantes d'Alger sur Touggourt et Ouargla ou sur le

Touat (M. Mario Vivarez); — variante de Ouargla à In-Salah (MM. Fau et Foureau); etc., etc.

Et il convient d'ajouter le tracé tripolitain auquel il a été fait allusion par M. Bonnard et dont les présentateurs disent :

Tripoli est sur la ligne droite qui mène du Tchad au centre de l'Europe occidentale ; cette ville est donc mieux située encore que Tunis et Gabès pour alimenter les ports de l'Adriatique, Trieste et Fiume qui lui font vis-à-vis et étendre son trafic à Gênes, Marseille, les Echelles du Levant et les ports de la Mer Noire.

Tripoli, ajoutent-ils, est la ville méditerranéenne la plus rapprochée du Tchad et le tracé prévu à travers les larges plateaux ininterrompus et presque unis du Sud tripolitain (Fezzar, Balmi), rend plus facile que sur n'importe quel autre point l'exécution des travaux de la voie qui ne seraient pas menacés par l'action des sables mouvants, et plus supportable par les agents de l'exploitation, le séjour dans ces régions moins exposées aux chaleurs torrides que les bas-fonds algériens et tunisiens.

Enfin, font remarquer en terminant les lanceurs du projet, la Régence de Tripoli s'étendant jusqu'aux deux tiers à peu près de la route du Tchad, peut plus facilement et plus économiquement assurer la sécurité de la voie et du trafic par la levée, sur le terrain même, de contingents militaires acclimatés et aguerris, que ne sauraient le faire dans leur hinterland saharien le Gouvernement de l'Algérie et le Gouvernement beylical.

Qui sait si ce ne sont pas ces financiers du syndicat anglais qui ont poussé le Sultan de Constantinople à protester contre la clause de la convention franco-anglaise donnant à la France l'hinterland tripolitain.

Lequel, Messieurs, de ces tracés est le meilleur ? Chacun des promoteurs vous énumère complaisamment les qualités du sien et tous font avec une joie non dissimulée ressortir les défauts ou les inconvénients des autres. Mais quand il s'agit de l'assiette de la voie ou de l'importance du trafic, tous ou à peu près parlent de choses non vues. M. Flamand nous a dit hier qu'il fallait nous méfier des affirmations des indigènes comme des levés topographiques donnés pour des pays que nul européen n'a connus.

Le tracé oriental, le Bougrara, vous dit-on, est plus court, mais M. Cornetz nous a appris que son exécution rencontrerait des difficultés presque insurmontables.

Le tracé occidental est plus facilement exécutable, mais il se dirige vers le Niger qui a lui-même une voie d'accès vers l'Orient.

Le tracé Rolland comporte des kilomètres sur un terrain inconnu et aboutit à des ports non outillés.

Le tracé par El-Goléa-Laghouat aboutit au beau port d'Alger, mais c'est celui dont la construction d'amorce dans le Tell est moins avancée.

Quel tracé choisir ? Quel projet prendre ? Je crois, Messieurs, qu'il nous sera difficile de nous prononcer en connaissance de cause et peut-être si une solution était exigée, serons-nous obligés de recourir non pas au jugement de Salomon, mais au tirage au sort que M. Bonnard, avec raison, déclarait hier un pitoyable moyen.

Le meilleur transsaharien, a dit un jour M. Rolland, est celui qui se fera. Oui, si le choix est fait avec circonspection et en connaissance de cause ; non, si on y procède par sympathie ou simple entraînement passager.

Pour ma part, il me semble qu'il serait imprudent de nous prononcer aujourd'hui sur un tracé quelconque. Votons le principe du transsaharien, mais renvoyons le choix définitif à l'époque où par une pénétration lente, nous connaîtrons mieux ce que nous pouvons attendre de chacun des projets, ce qu'ils coûteront et quelles difficultés ils nous forceront à surmonter.

N'avons-nous rien à faire en attendant? Si ; en attendant le transsaharien, nous pouvons, suivant le conseil de M. le Gouverneur Général de l'Algérie, construire des sahariens.

En attendant que les solutions espérées soient nées d'un concours d'efforts auxquels je me ferai un devoir de m'associer, nous a dit M. le Gouverneur Général.

En attendant que l'œuvre de l'Ingénieur ait été suffisamment préparée par l'œuvre de l'explorateur, l'Algérie n'a-t-elle pas déjà des tâches toutes prêtes, soit dans l'oued R'hir, soit dans la région du Touat? Déjà on entrevoit le jour où la locomotive pourra rouler vers Ouargla. Ne pourrait-elle pas suivre nos colonnes dans ces oasis dont vous parlait M. de Brazza et où la nature des choses et les accords diplomatiques nous donnent le droit de planter notre drapeau? On pourrait ainsi associer la pénétration stratégique à la pénétration économique et créer un saharien qui précèderait et préparerait le transsaharien.

Ce sont là, Messieurs, de sages paroles que vous n'avez certainement pas oubliées, que vous n'oublierez pas quand vous aurez à faire connaître votre opinion, à donner une sanction à la discussion actuelle.

Par quel bout faut-il commencer, a dit le Lieutenant Hourst, la pénétration dans ce pays, par le Nord ou par le Sud? par le Sénégal, la Guinée ou l'Algérie? Si on me le demandait, je dirais : « par tous les bouts à la fois. »

Et vous aussi, Messieurs, j'en suis convaincu, quand on vous demandera par où doit être commencée la pénétration saharienne, vous répondrez : par tout les bouts à la fois.

M. Laurens termine en proposant au Congrès d'émettre le vœu ci-après :

Considérant que par la conclusion de l'arrangement franco-anglais du 21 courant, fixant les limites réciproques de la sphère d'influence des deux nations dans l'Afrique équatoriale, le domaine français a été agrandi vers l'Est ;

Considérant que pour nous assurer la prise de possession définitive et effective de notre hinterland algérien, tunisien et de la Tripolitaine, qui nous est concédé, il convient de préparer de solides points d'appui pour tenir en respect les populations turbulentes avec lesquelles nous nous trouverons dorénavant en plus fréquent contact ;

Considérant qu'il est urgent, pour tirer immédiat profit de nos acquisitions en Afrique, de donner une vive impulsion à la construction de chemins de fer dans chacune de nos trois grandes divisions africaines : Afrique septentrionale, Afrique occidentale, Afrique équatoriale ;

Considérant que dans chacune de ces divisions est nettement indiquée la voie naturelle que prennent ou devront prendre les marchandises d'échange, à l'importation comme à l'exportation ;

Considérant en ce qui concerne plus particulièrement la voie de pénétration saharienne que, s'il importe de pousser le plus rapidement possible la voie ferrée vers le point central qui est le Tchad, il serait imprudent et malhabile d'adopter un tracé quelconque avant qu'ait été exploré et étudié le pays à traverser ;

Considérant cependant que, s'il faut agir avec prudence dans la question du transsaharien, il est urgent, au point de vue politique comme au point de vue commercial, d'étendre vers le Sud nos voies ferrées algériennes et tunisiennes,

Le XXe Congrès National des Sociétés Françaises de Géographie émet le vœu :

1° Qu'il soit procédé sans nouveau retard à l'occupation des oasis touatiennes et qu'en même temps soient engagées des négociations diplomatiques en vue d'obtenir, même à titre onéreux, la cession des points stratégiques de Ghat et de Ghadamès ;

2° Que soit adopté un plan général de construction de chemin de fer de pénétration à voie étroite dans nos trois grandes divisions africaines ;

Qu'au Congo soient activement poussées les études de la voie ferrée de Libreville au bassin de l'Oubanghi ;

Qu'au Soudan soit continué le chemin de fer de Kayes sur le Sénégal à Toulimandia sur le Niger et préparée la construction de la ligne de Konakry à Kouroussa et de toutes autres à la Côte d'Ivoire et au Dahomey destinées à relier le Soudan français de la boucle du Niger à l'Atlantique ;

3° Que dans l'Afrique française septentrionale soient repris ou commencés avec activité les travaux de construction de tous les chemins de fer sahariens : ligne d'Aïn-Sefra à Djenien-bou-Resg avec prolongement prévu sur les oasis du Touat ; ligne d'Alger à Laghouat, Ghardaïa et El-Goléa ; ligne de Biskra à Ouargla ;

4° Que par de nouvelles et successives explorations soit étudié en même temps le tracé le meilleur, le plus sûr, le plus facile à exécuter d'un chemin de fer transsaharien s'amorçant à un ou à plusieurs des points extrêmes de notre pénétration saharienne, afin de relier le Tchad et les pays voisins, par l'Est ou par l'Ouest, à un port méditerranéen de l'Afrique française ;

5° Que pour activer l'exécution de tous les chemins de fer de pénétration dans nos colonies d'Afrique et pour construire le transsaharien, il soit fait usage de la main-d'œuvre pénitentiaire, européenne et indigène, indigène surtout, dont l'emploi, plus économique, aura des conséquences moralisatrices, en même temps qu'il délivrera certaines industries françaises d'une concurrence redoutable et la Métropole d'un contingent assez fort d'importants récidivistes du vol et du crime.

M. le Docteur Huguet tient à confirmer les renseignements d'après lesquels on a dit que les Touareg devaient être réduits par la faim. Il insiste sur ce point que les Touareg ne doivent pas être considérés comme une quantité négligeable ; ils sont bien armés et constituent des ennemis dont nous devons tenir compte.

En ce qui concerne l'occupation de Ghat et de Ghadamès, il estime que les plus grosses difficultés que nous pourrions rencontrer à cet égard ne proviendraient peut-être pas du Sultan, mais bien plutôt des puissances étrangères qui ont des représentants dans ces deux villes, et notamment de l'Angleterre.

M. Broussais, Président du Conseil général d'Alger et membre de la Société de Géographie de cette ville répond en ces termes aux précédents orateurs :

Messieurs,

Pas de *transsaharien*, vous disait tout-à-l'heure M. Bernard : ce projet chimérique n'est pas raisonnable dans l'état actuel de nos connaissances sur le Sahara. A quoi servirait ce chemin de fer qui ne transporterait rien, traversant un pays qui ne produit rien ou presque rien.

Je vous demanderai alors qu'elle pourrait bien être l'utilité économique des *sahariens* que l'on préconise et qui tous iraient se perdre dans ce vide désertique, dans cette impasse naturelle qui vous ont été si brillamment décrits. Les oasis du Touat et les misérables bédouins qui les peuplent ne vaudraient certainement pas les millions qu'on veut dépenser pour les relier à notre réseau ferré algérien.

Si le Sahara est improductif et ne conduit à rien, n'est-il pas insensé d'y construire à grands frais des sahariens sans trafic et sans but, alors que les chameaux et les caravanes suffisent depuis des siècles à tous les besoins des Touatiens et des Touareg.

Seul, au contraire, le transsaharien, pour lequel le Sahara n'est qu'un passage, a un objectif immense : le cœur de l'Afrique, a une utilité évidente : mettre en relation directe et rapide l'industrie européenne avec les richesses naturelles des régions équatoriales du vieux continent noir.

C'est parce que je crois à cette utilité que j'insiste pour que toutes les voies algériennes et tunisiennes de pénétration soient réunies vers le Sud pour se rattacher au transsaharien.

Ne tombe-t-il pas sous le sens que si les produits de l'Afrique centrale et les importations européennes ne devaient emprunter que la route du Niger et celle du Nil, tout le projet serait pour des ports Anglais, des navires Anglais, des trafiquants Anglais ou Allemands. Les intérêts de la France seraient ainsi sacrifiés surtout à ceux de l'Angleterre, dont la marine marchande si puissante et si bien outillée drainerait tout le trafic de ces régions. Nos armateurs ne pourraient pas lutter en temps de paix et, en temps de guerre, nos flottes seraient impuissantes à secourir nos colonies africaines bloquées par l'ennemi.

Ne l'oubliez pas, Messieurs, la solution maritime est toujours la solution anglaise et c'est la solution terrestre qui est la solution française. C'est pourquoi nous devons construire le transsaharien et le construire vite. Il donnera de l'ouvrage à nos ouvriers et fera une rude concurrence à ces rouliers de la mer que l'action britannique envoie partout.

Nous aurions grand tort de persévérer dans les errements coloniaux qui perpétuent nos guerres de conquêtes, rendent si onéreuses nos expéditions lointaines et exposent nos colonies à un coup de main.

Le déclin de notre marine marchande et l'envahissement du commerce étranger dans nos possessions d'outre-mer sont des symptômes inquiétants qu'il faudrait méditer. Ils faisaient pousser un cri d'alarme dans le *Moniteur Universel* du 26 février 1899, dont nous extrayons le passage suivant :

« Si les contribuables français paient cent millions par an pour les
« colonies, ils peuvent, sans indiscrétion s'efforcer de savoir ce que
« l'argent qui leur est enlevé peut leur rapporter. En 1896, le total
« des importations pour les colonies françaises était de 254 mil-
« lions 134,300 francs, qui se divisait ainsi :

« De l'Etranger 123.686.917
« De France 103.947.571

« Différence en faveur du commerce d'importation de l'étranger
« 9,749,446. Le total des exportations était de 238,758,894.

« Soit à l'Etranger.................. 118.272.213
« Soit en France 107.001.070

« Différence en faveur de l'étranger pour le commerce d'exporta-
« tion : 11,271,143. Ce qui, sur un mouvement total commercial de
« 492,893,194, donne une plus-value au commerce étranger de
« 21,020,589. Il serait trop cruel à nous d'insister, à nos lecteurs
« d'apprécier ».

Cette pénible constatation ne devrait-elle pas nous profiter, nous décider à engager énergiquement la lutte, par tous les moyens dont nous disposons, en Afrique particulièrement où nous pouvons développer notre influence continentale en combattant avec succès l'influence maritime de l'Angleterre.

En dehors des critiques soulevées par toutes les grandes entreprises et qui procèdent ici du parti-pris ou de la méconnaissance des facilités exceptionnelles de passage offertes par le Sahara, une seule objection vraiment spécieuse — mais elle n'est que spécieuse — s'est dressée contre le chemin de fer transsaharien. Cette objection c'est le coût élevé des transports qui seraient effectués par cette voie ferrée. On y oppose la modération classique du fret maritime et surtout du fret fluvial. Théoriquement le triomphe est facile, si on ne connait pas les fleuves africains. Mais la réalité est toute en faveur du chemin de fer sans lequel on ne peut rien faire d'utile en Afrique.

Jetez les yeux sur une carte de ce continent. Prenez un point central du Soudan français, Bourroum, au coude du Niger, ou Kabara, port de Tombouctou par exemple. Cherchez le moyen le plus simple et le plus économique d'y conduire une tonne de marchandises d'Europe ou d'en exporter une tonne de produits naturels pour l'Europe. Si le transsaharien existait, il n'y aurait que deux ruptures de charge : une dans un port du Nord de l'Afrique et l'autre au port européen de débarquement ou d'expédition. Tandis que aujourd'hui, avec la navigation fluviale et les *traits-d'union* terrestres il en faut actuellement six : à Koulikoro, à Dioubeba, à Kayes, à Saint-Louis, à Dakar et au port de débarquement ou d'embarquement européen. Il en faudra encore cinq quand le chemin de fer du Haut-Fleuve débouchera sur le Niger navigable.

Et cette voie alternativement terrestre et fluviale n'est praticable que pendant cinq ou six mois de l'année. Le reste du temps les transports de marchandises sont interrompus sur le Sénégal et deviennent très précaires sur le Niger moyen.

Toutes ces difficultés, tous ces transbordements, alourdissent les frais de transport qui s'élèvent à des taux exorbitants. Nous pouvons même ne pas insister sur le fret maritime d'Europe à Dakar (88 fr. 50 à 100 francs la tonne), le prix de transport de Dakar à Saint-Louis (chemin de fer) et le coût de la navigation sur le Sénégal de Saint-Louis à Kayes. Bornons-nous à constater le prix de revient de Kayes sur le Sénégal à Kabara (port de Tombouctou) ou à Bourroum (sur le Niger).

Le tarif officiel des transports effectués au Soudan Français avec les moyens actuels de l'Administration (chemin de fer, voitures Lefèvre, chalands) est le suivant :

I. — De Kayes à Dioubéba, par chemin de fer (159 kilomètres).
Personnel : 1re classe 31 fr. 80
— 2e classe 19 fr. 10
Marchandises : aller : 0 fr. 50 par tonne et par kilomètre ; retour : 0 fr. 07 par tonne et par kilomètre.

II. — De Dioubéba à Koulicoro par voitures Lefèvre.
(Par tonne de marchandises)
De Dioubéba à Badumbée, aller : 29 fr. 15 ; retour : 8 fr. 75.

De Badumbée à Toukolo, aller : 37 fr. 49 ; retour : 11 fr. 25.
De Toukolo à Kita, aller : 58 fr. 31 ;
— — retour : 17 fr. 50 ;
De Kita à Bamako. aller : 158 fr. 27 ;
— — retour : 47 fr. 50 ;
De Bamako à Koulicoro, aller : 49 fr. 98 ;
— — retour : 15 fr.

III. — De Koulicoro à Tombouctou par chalands de la flotille du Niger.

Personnel européen : 0 fr. 06 par kilomètre.

Marchandises et matériel : 0 fr. 15 par tonne et par kilomètre à l'aller ; 0 fr. 075 au retour.

De Koulicoro à Kabara, personnel européen : 49 fr. 50. — Marchandises, aller : 123 fr. 75 la tonne, retour : 61 fr. 87.

IV. — De Bamako à Siguiri et Kankan par chalands.

Jusqu'à Siguiri, personnel européen : 12 fr. 60. — Tonne de marchandises, aller : 34 fr. 50 ; retour : 15 fr. 75.

Jusqu'à Kankan, personnel européen : 21 francs. — Tonne de marchandises, aller : 52 fr. 50, retour : 26 fr. 25.

V. — De Siguiri à Kouroussa par chalands.

Personnel européen : 9 francs. — Tonne de marchandises, aller : 22 fr. 50, retour : 11 fr. 25.

VI. — De Médine à Nioro par voitures Lefèvre.

Tonne de marchandises, aller : 231 fr. 57 ;
— — retour : 69 fr. 30.

Avec ces tarifs, rien que de Kayes à Kabora, une tonne coûte à l'aller 536 fr. 45 centimes et au retour 172 fr. 37 centimes, le prix serait peu différent pour Bourroum. Remarquez que nous n'avons compté ni le parcours de Kayes à Saint-Louis, ni celui de Saint-Louis à Dakar, ni celui de Dakar en Europe (88 fr. 50 à 100 francs la tonne, nous l'avons vu).

Les tarifs du transsaharien pourraient être bien plus avantageux. A la taxe kilométrique de 0 fr. 0705, soit 7 centimes et une fraction, la tonne transportée de Bourroum à Alger — et réciproquement — (2,600 kilomètres ne reviendrait qu'à 183 fr. 30 centimes. D'Alger à un port de l'Europe, la tonne paierait de plus de 10 à 40 francs de fret. Quant au tarif que j'indique, il est un peu plus élevé que celui adopté par le P.-L.-M., pour les marchandises de 3e série faisant un parcours de plus de 300 kilomètres, sur la ligne d'Alger à Oran où ce prix n'est que de 0 fr. 07 centimes par tonne et par kilomètre.

L'avantage du transsaharien scientifiquement étudié, dirigé et construit est ici de toute évidence. Les voies fluviales intermittentes, raccordées par des tronçons de chemins de fer ou des routes carrossables ne pourront jamais lutter. Il en sera de même des chemins de fer que l'on projette de Konakry à Kouroussa, de Freetown à Tantalara, de Grand-Lahor aux affluents du Niger. Ils aboutissent à des rivières qui tombent dans le Niger supérieur dont la navigation est incommode, temporaire et séparée, par des barrages naturels, de la navigation du Niger moyen.

Mais l'activité même que l'on apporte à l'étude de ces voies ferrées est la conséquence de l'impossibilité aujourd'hui constatée de prendre le cours inférieur du Niger comme route commerciale du Soudan français vers l'Océan.

Entre le Niger moyen et le Bas-Niger, il y a toute une importante partie du fleuve que la nature a fermée à la navigation commerciale.

Dans la relation de son exploration, le lieutenant de vaisseau Hourst dit textuellement :

« En aval d'Ansongo, dans la région des rapides, nous avons dû,
« Baudry et moi, abandonner le travail hydrographique, pour nous
« occuper exclusivement de la conduite de nos embarcations. C'est
« donc Bluzet qui seul a dressé la carte. Celle-ci n'est d'ailleurs plus
« guère à cette hauteur qu'un objet de pure curiosité, car jamais
« pratiquement, il ne saurait s'établir une navigation surtout une
« navigation à vapeur, dans des passages aussi difficiles. Sa seule
« raison d'être est précisément de démontrer que la navigation ne
« peut exister et de fixer par conséquent les esprits sur le choix à
« faire entre les diverses voies d'accès au Soudan occidental qui ont
« été proposées » (1).

Et dire que le Nil si vanté est presque dans le même cas. Pour joindre le Cap au Caire, les Anglais ne peuvent utiliser que les plus importants de ses biefs navigables. Ils sont dans l'obligation de construire parallèlement au fleuve des milliers de kilomètres de chemin de fer.

Quant au Niger supérieur, celui qu'il s'agit de relier, par plusieurs lignes à la côte occidentale d'Afrique, voilà ce qu'en dit le même Officier de marine que je citais à l'instant :

« Dans le courant du mois de décembre 1889, je fus chargé par
« M. le Chef d'escadron d'artillerie Archinard, Commandant supé-
« rieur du Soudan français, de reconnaître et étudier le cours du

---

(1) *La Mission Hourst*. Paris-Plon, Nourrit et Cie 1898, p. 96.

« Niger entre Bamako et Siguiri afin de déterminer la navigabilité
« pratique de cette partie du fleuve.

. . . .

« A Kouroussa, le Niger a encore 300 mètres de large ; ses rives
« sont bordées de beaux arbres. Il y existe un gué praticable en
« saison sèche et où passe la route du Fouta-Djallon au Ouassoulon.
« Sauf un barrage de rocher situé à 1 kilomètre 1/2 en dessous
« de *Kouroussa*, le Niger ne présente aucun danger entre ce point
« et *Seguiri*. Le fond est à peu près partout de sable et les quelques
« écueils qu'on y rencontre sont des plus faciles à éviter. *Malheu-*
« *reusement, comme tous les cours d'eau de la région, le Niger ne*
« *conserve pendant la saison sèche que très peu d'eau, environ*
« *30 centimètres sur certains points.*
« De décembre à juillet, ce n'est qu'avec des chalands plats ou
« des bateaux à vapeur spécialement construits et de peu de cubage
« que le commerce pourra l'utiliser pour ses transports.
« Pendant quatre mois, en revanche, à l'époque de la crue, des
« bâtiments de fort tonnage pourront naviguer sur ce fleuve. »

La plus belle partie du Niger, celle qui va de Koulikoro à Dusongo, en baignant Tombouctou et Bourroum n'est-elle même pas toujours complètement ouverte à la navigation marchande. Voici ce qu'en disait déjà le Lieutenant de vaisseau Caron :

« L'album hydrographique dressé par la mission au dépôt des
« cartes et plans de la marine montre que le Niger est navigable
« comme le Sénégal, pendant six mois d'hivernage, pour les bâti-
« ments d'une certaine dimension (1).... »

En définitive, le Niger dans son ensemble est si incommodément navigable qu'on réclame quatre ou cinq chemins de fer partant de la côte pour aboutir à ses différents biefs. Le Congo a un cours inférieur si difficile qu'il a fallu construire le chemin de fer de Matadi à Stanley-Pool pour ouvrir son bassin et qu'il est question même de relier par des voies ferrées ses bassins supérieurs séparés par des rapides infranchissables. Le Nil est si malheureusement coupé par des cataractes qu'il faut le compléter, le suppléer même par des tronçons de chemin de fer.

Ces constatations décisives n'empêchent pas quelques esprits attardés de continuer à proclamer la supériorité des voies fluviales

---

(1) *Bulletin du Comité de l'Afrique française*, n° 2, février 1893. Variétés. *Une reconnaissance hydrographique sur le Haut-Niger et le Tinkisso en 1887-1899*, par M. Hourst.

africaines sur un réseau ferré, qui, recoupant le grand désert par la voie la plus facile et la plus directe, pénétrerait le centre africain sans une seule rupture de charge.

Il ne faudrait cependant pas perdre de vue que les anglais qui dominent les mers et tiennent les embouchures du Nil, du Niger, du Zambèze, n'hésitent pas à construire une voie essentiellement terrestre, le transafricain.

Et nous hésiterions sous prétexte que le Sahara est pauvre et que le désert qu'on traverserait n'est pas plus productif que les flots qu'on sillonne. J'avoue ne pas comprendre cette argumentation, si le transsaharien pénètre plus loin dans des contrées fertiles et en ouvre le commerce à notre Patrie, s'il porte aux Soudanais le sel qui leur manque et qui constitue la principale monnaie d'échange des Nègres.

La moitié septentrionale du continent africain est beaucoup trop large, même au Soudan, pour ne pas échapper à l'attraction du transafricain anglais qui ne peut desservir ni la région du Tchad, ni le Sokoto, ni le Soudan français. C'est bien là le lot du transsaharien et de son prolongement, le transafricain français dont les branches méridionales rejoindront l'Oubangui et le Gongo.

Si la conception du transsaharien était aussi vaine qu'on veut bien le dire, elle n'aurait pas fait naître les compétitions qui divisent les ports algériens et tunisiens. Si la France, voyant plus juste dans l'avenir, avait su s'élever au-dessus de ces compétitions, elle aurait fait le transsaharien depuis longtemps et nous n'aurions pas eu la douleur de Faschoda *(Applaudissements)*.

En discutant la question, je n'ai marqué aucune préférence pour un tracé quelconque, plaçant le principe du transsaharien et l'intérêt national au-dessus des querelles de clocher. Mais représentant ici Alger, je ne dois pas oublier que cette capitale de nos possessions algériennes avait été le premier point de départ désigné. Je vous rappelle que le tracé qui prend notre port pour tête de ligne est aussi le premier qui ait été demandé en concession depuis la Méditerrannée jusqu'au Niger.

Le transsaharien pourrait être, en fait, précédé par les sahariens dont on parle.

Je l'accorde bien volontiers. Ces sahariens pourraient partir simultanément d'Alger, de Tunis, de Philippeville ou même d'Oran comme on paraît le dénier, je le veux bien, mais à la condition qu'ils soient les amorces du transsaharien, car j'ai beaucoup moins de confiance en leur utilité propre que dans la réussite de la grande entreprise de la traversée du désert par une voie ferrée.

Comme M. Bernard, je suis partisan de l'occupation du Touat, comme lui, je voudrais voir construire de suite les lignes de Ténès-Orléansville, de Bouira-Aumale, de Tizi-Ouzou à Azazga.

Par contre je ne partage pas son enthousiasme pour le saharien oranais. Ce n'est ni le meilleur ni le plus pressé.

Ce saharien est le prolongement du chemin de fer sans trafic d'Arzew à Aïn-Sefra, il n'est que le commencement du transsaharien occidental. Il aurait l'inconvénient de donner un jour aux chemins de fer espagnols le monopole du transit rapide de l'Europe avec le centre africain, au détriment du Sud et Sud-Est de la France. Il ouvrirait aussi prématurément la question marocaine dont il précipiterait peut-être le dénouement avant le temps et contre nos intérêts.

J'ajouterais que des renseignements précis que m'ont donnés des indigènes du pays, il résulte pour moi la conviction que ce tracé rencontrerait de grandes difficultés d'exécution dans la vallée de l'oued Saoura où il y a des gorges resserrées et plus de sables mouvants qu'on ne le suppose.

Ces dunes barrent tout le Sud oranais et les trouées les plus courtes présentent encore des passages d'au moins 90 kilomètres de longueur dans des montagnes de sable infranchissables sans parasables ou travaux équivalents fort coûteux.

D'autre part n'oublions pas non plus que par Bône, Philippeville et Tunis, l'Italie profiterait plus que nous d'un transsaharien exclusivement oriental.

Bien plus facile est le tracé qui par El-Goléa emprunte le Meguiden pour courir en plaine rase au Gourara et au Touat. M. Flamand qui l'a parcouru comme moi pourrait vous dire qu'un tapis de billard n'est pas plus uni que cette grande vallée.

La voie de pénétration du Sahara était tout naturellement ouverte par Laghouat et El-Goléa. Si nous sommes fort en retard, c'est parce qu'on a voulu à tout prix chercher à l'Est et à l'Ouest cette chaussée saharienne que la nature a placée au Sud d'Alger.

Mais désirant conserver aux délibérations du Congrès un caractère de haute impartialité, j'ai l'honneur de lui proposer le vœu suivant :

Considérant que les récents arrangements avec l'Angleterre vont nécessiter un effort considérable vers la région du Tchad et nous obligent à soumettre sans retard les populations les plus guerrières du Sahara et du Soudan, depuis le Tibesti et le Darfour jusqu'à l'Atlantique ;

Considérant qu'à la voie ferrée et à la ligne télégraphique que les Anglais se proposent d'établir de l'Egypte au Cap de Bonne-Espérance, il convient d'opposer une communication rapide de nos possessions de l'Afrique du Nord au Soudan occidental, comme au Soudan central et au Congo Français ;

Considérant, que tout en demandant à l'Etat les sacrifices pécuniaires qu'il ne peut refuser à la conquête, à la défense et à la mise en œuvre d'un immense domaine colonial, il est utile de favoriser toutes les combinaisons de concession de territoires ou de mines qui pourraient alléger les charges budgétaires à prévoir pour l'établissement des voies ferrées ;

Considérant qu'en présence des discussions qui se sont élevées sur le point de départ, le tracé et la direction du transsaharien, il est nécessaire de laisser aux Pouvoirs publics le soin de choisir le meilleur passage après études et d'exécuter la traversée du Sahara la plus urgente, en prenant le point de départ le mieux placé dans l'intérêt national ;

Considérant que l'occupation et l'organisation des oasis du Sahara central, c'est-à-dire du Gourara, du Touat et du Tidikelt, ne peuvent être plus longtemps retardées sans compromettre la pacification de l'hinterland algérien ;

Considérant, enfin, qu'il y a lieu de parachever immédiatement les voies algériennes de pénétration pendant qu'on étudiera les trois transsahariens.

Le Congrès national de Géographie émet le vœu :

1º Que les trois lignes de pénétration saharienne de l'Ouest, du Centre et de l'Est de l'Algérie soient complétées sans retard avec une égale sollicitude : celle d'Oran jusqu'à Igli, celle d'Alger jusqu'à El-Goléa, celle de Constantine jusqu'à Touggourt et au besoin jusqu'à Ouargla, suivant les combinaisons proposées pour chacune de ces lignes ;

2º Que les Services compétents mettent immédiatement à l'étude le meilleur raccordement du réseau tunisien avec les voies de pénétration algériennes ;

3º Que d'un commun accord entre les divers départements ministériels, des missions pacifiques, mais bien armées et soutenues par la création de postes militaires, étudient immédiatement la jonction de ces voies de pénétration diverses pour constituer l'anse saharienne ou le fuseau saharien, base d'appui de la voie ferrée transsaharienne ;

4º Que ces missions fassent les études définitives, suivant les règles de l'art, du passage le plus facile et le plus fructueux pour une voie ferrée à travers le grand désert, avec dédoublement vers le

Niger et le Tchad ; qu'en conséquence ces missions établiront les profils et les nivellements des tracés à reconnaître et à comparer ;

5° Que ces études dont la mission Foureau-Lamy a démontré la possibilité, soient rapidement conduites pendant l'hiver prochain pour qu'au cours de la campagne suivante, le Transsaharien adopté, ses branches soient exécutées en suivant l'ordre de priorité que le Gouvernement français fixera dans l'intérêt supérieur de la domination Française en Afrique ;

6° Que les lignes transsahariennes soient dirigées de façon à permettre l'étude ultérieure du transafricain intercontinental et du transafricain transatlantique qui pourraient assurer un jour l'unité de nos possessions avec la sécurité et la richesse de notre empire africain ;

7° Que quel que soit le passage adopté pour le transsaharien, il soit relié à Alger par un prolongement ou un embranchement de la ligne de Laghouat.

M. de Brazza fait remarquer que, sur le chemin de fer du Congo, le prix de transport de la tonne kilométrique est de 1 fr. 50 ; il lui paraît par suite difficile que, sur le transsaharien, ce prix puisse être de 7 centimes seulement.

M. Flamand n'est partisan du transsaharien, ni par l'Est, ni par l'Ouest, ni par le Centre. Ce qu'il faut, c'est l'occupation du Touat, et la construction de chemins de fer de pénétration dans les trois provinces algériennes.

En ce qui concerne l'exécution, critiquée par M. Broussais, de tunnels destinés à traverser les dunes de sable, il constate que cette idée a bien été mise en avant, mais que l'on ne s'y est pas arrêté.

A son avis, la vallée de l'oued Saoura serait la voie la plus pratique pour aboutir au Touat. Les descriptions très détaillées de Rholfs permettent d'affirmer que le passage ne présenterait pas de difficultés, sauf dans la traversée du Foum-el-Chink.

Son opinion serait différente si le chemin de fer de Laghouat existait, et s'il atteignait El-Goléa, car, à partir de ce point il suffirait de suivre la vallée du Méguiden qui trace la voie jusqu'au Touat : l'établissement de la ligne n'y présenterait aucune difficulté, en raison de la nature du terrain, sur lequel on peut même faire de la bicyclette entre Fort-Mac-Mahon et Tabelkosa.

M. Bernard constate qu'il y a une opposition irréductible entre son opinion et celle de M. Broussais. Il persiste à nier l'intérêt économique du transsaharien, et il n'est pas seul, puisqu'il est sur ce point, de l'avis de nombreux explorateurs, parmi lesquels il cite Foureau, Flamand, Cornetz.

Mais tout le monde paraît être d'accord sur la nécessité d'occuper le Touat et de faire suivre par le rail notre pénétration dans cette direction.

M. de Brazza croit, autant qu'il peut en juger par sa longue expérience de l'Afrique, que l'axe de la politique de la France vient de changer dans ce pays.

Si nous voulons préparer l'avenir de l'Afrique du Nord et l'occupation du Touat nous sommes dans une situation semblable à celle de l'Afrique équatoriale il y a vingt-cinq ans. A ce moment, sa voix n'avait pas assez d'autorité pour se faire entendre et dire qu'il existait en Afrique un point à partir duquel il y avait 6 à 10,000 kilomètres de voie navigables in interrompues; depuis, l'avenir a prouvé qu'il y en avait 18,000 kilomètres. Si la commission du transsaharien de l'époque avait décidé d'employer la millième partie de l'activité déployée en Afrique, la France aurait mis en communication avec la mer ces 18,000 kilomètres de voies navigables, et le véritable transsaharien aurait été celui du Congo au Nil et à la Méditerrannée. Voilà l'œuvre dont nos esprits ont été détournés.

Il souhaite que le Congrès ne renouvelle pas les fautes qui ont été commises à cette époque et rappelle le proverbe : « qui trop embrasse mal étreint. » En voulant enserrer le Sahara d'un long ruban de fer, nous n'arriverons peut-être à rien. Aussi se rattache-t-il plutôt à l'idée de prolonger de 300 kilomètres la ligne de Djenien-bou-Resg et d'occuper le Touat.

M. Tarry déclare qu'il est très heureux de voir que tout le monde reconnaît la nécessité d'occuper le Touat.

C'est l'opinion qu'il soutient depuis vingt ans. Il souhaite que le Congrès émette un vœu dans ce sens et demande également, suivant l'heureuse formule de M. le Gouverneur Général, la construction de *chemins de fer sahariens*.

M. Lebourgeois constate que le discours de M. Broussais renferme toutes les idées qu'il comptait lui-même développer. Il renonce par suite à la parole et prie le Congrès de se rallier au vœu de M. Broussais.

M. le Président propose au Congrès de ne retenir, des différents vœux déposés, que les idées générales sur lesquelles tous paraissent être d'accord Ces idées sont relatives : 1° à l'occupation du Touat ; 2° au prolongement des lignes de pénétration de l'Algérie ; 3° au nivellement des terrains situés au Nord de la boucle du Niger.

M. l'Amiral Servan demande que des études de nivellement soit également faites au Nord du Tchad.

Les propositions de M. le Président et de M. l'Amiral Servan sont adoptées par l'Assemblée, qui laisse au Comité du Congrès le soin de rédiger un vœu dans ce sens.

La séance est levée à midi 1/4.

SÉANCE DU SOIR

La séance est ouverte à 4 heures, sous la Présidence de M. Savorgnan de Brazza, Commissaire général honoraire du Congo Français, assisté de M. le Contre-Amiral Servan, commandant la marine en Algérie, délégué du Ministère de la Marine, de M. Jeannaire, Recteur de l'Académie d'Alger, délégué du Ministère de l'Instruction publique, de M. Camille Guy, Agrégé de l'université, Chef du service géographique et des missions au Ministère, délégué du Ministère des Colonies, et de M. de Varigny, ancien diplomate, Président de la Société de Géographie d'Alger ; M. le Capitaine Lacroix, Secrétaire général adjoint de la Société de Géographie d'Alger, donne lecture des vœux suivants, votés par le Congrès, et retenus par le Comité de révision :

I

Le Congrès vote de chaleureuses félicitations à MM. Gouzy et Delaune pour leur patriotique projet de loi, et, confirmant le vœu émis par le Congrès de Lorient, sur la proposition de M. Bouquet de la Grye, émet le vœu : que le Gouvernement prenne telles mesures qu'il jugera convenables pour instituer le méridien maritime et achever le système français des mesures décimales dans le plus bref délai possible.

II

Le Congrès, s'inspirant des traditions de justice et de tolérance qui ont toujours favorisé la force d'expansion et l'influence morale de la France dans le monde, émet le vœu :
1° Que les traditions de l'Islam et l'étude des textes soient continuées et soutenues ;
2° Que conformément au projet élaboré depuis 1849 et renouvelé fréquemment depuis, une mosquée qui serait naturellement un centre religieux de l'Islam, soit construite à Paris, et groupe autour d'elle les 800 musulmans qui y résident.

III

Le Congrès émet le vœu : 1° Qu'il soit créé un train rapide par semaine entre Alger et Tunis, dans l'une et l'autre direction, effectuant, par exemple, les 897 kilomètres de parcours en 24 heures et le même jour ;

2° Que les trains entre Alger et le Kroubs, entre le Kroubs et Tunis, soient pourvus d'un wagon-restaurant ;

De plus, relativement à l'élevage, le Congrès émet le vœu : que le parcours des 449 kilomètres entre le Kroubs et Tunis, s'effectuent, pour les wagons de bestiaux, en 24 heures et le même jour.

IV

Le Congrès émet le vœu : Qu'un courrier quotidien rapide mette en communication Marseille et Alger et qu'il soit complété par des trains de nuit dans la direction d'Oran et de Constantine.

V

Le Congrès, considérant à la fois les intérêts généraux de la Tunisie et l'importance de la position stratégique et navale de Bizerte remercie M. le Ministre des Affaires étrangères de la réponse qu'il a bien voulu faire au XIX° Congrès et émet à nouveau le vœu qu'une voie ferrée soit construite le plus tôt possible pour rapprocher Bizerte des richesses de l'intérieur, et mettre aussi à sa portée les ressources militaires de l'Algérie.

VI

Le Congrès, confirmant la décision du Congrès de Marseille tenu en septembre 1898, émet le vœu : 1° Que les Pouvoirs publics et les Chambres de Commerce prennent l'initiative de la création de ports francs à Dunkerque, le Havre, Saint-Nazaire, Bordeaux, Marseille et Alger ;

2° Que les mêmes Pouvoirs en étudient la réalisation immédiate à Alger.

VII

Le Congrès émet le vœu : Qu'il soit procédé à une enquête en vue de déterminer :

1° L'effectif de la main-d'œuvre indigène en Algérie avec indication du contingent kabyle et du contingent arabe ;

2° Les centres qui fournissent cette main-d'œuvre ;

3º Les travaux auxquels elle est occupée ;
4º Le taux et la nature des salaires, ainsi que les conditions du travail des ouvriers indigènes.

VIII

Le Congrès émet le vœu : Que M. le Ministre des Colonies, d'accord avec son collègue de l'Instruction publique, fasse le nécessaire pour que la Chaire des maladies des pays chauds d'Alger soit outillée aussi largement que possible, pour l'étude non seulement théorique, mais aussi clinique et expérimentale des maladies tropicales.

IX

Le Congrès émet le vœu : Que toutes les colonies françaises d'Afrique, soient réunies entres elles par des câbles sous-marins français.

X

Le Congrès émet le vœu : 1º Qu'il soit procédé dans le plus bref délai possible à l'occupation de l'arrière-pays algérien et principalement des oasis du Touat ;
2º Qu'il soit procédé d'urgence au prolongement des lignes de pénétration saharienne, et notamment de celle d'Aïn-Sefra au Touat par Duveyrier, sans préjudice du complet achèvement du réseau algérien et tunisien, tant vers Laghouat que vers la frontière marocaine ;
3º Que des missions scientifiques soient rapidement organisées en vue d'établir la carte et le nivellement des terrains compris entre l'Atlas et le Niger au Nord de Tombouctou ;
4º Que des études de même nature soient faites au Nord du lac Tchad.

XI

Le Congrès émet le vœu : Que les Pouvoirs publics veuillent bien examiner la possibilité d'encourager par tous les moyens à leur disposition les travaux du genre de ceux que MM. Bernard, Lacroix et Mouliéras poursuivent sur le Maroc.

XII

Le Congrès émet le vœu ; Que les documents libyco-berbères, recueillis par M. Flamand, sur les rochers et pierres écrites du Sahara, si curieux pour l'histoire de l'art et si intéressants pour l'étude de l'ethnologie et de la zoologie préhistoriques de l'Afrique du Nord, soient modelés pour figurer à l'Exposition universelle de 1900.

XIII

Le Congrès émet le vœu : Que le nom du vaillant explorateur Mizon, mort au service de la France, soit donné à une des localités de l'Algérie.

XIV

Le Congrès, reconnaissant de l'accueil qui a été réservé aux membres du Congrès, exprime ses sincères remerciements à M. le Gouverneur Général de l'Algérie, à toutes les autorités civiles et militaires, et renouvelle à la Chambre de Commerce d'Alger l'assurance de sa gratitude pour l'hospitalité qu'elle lui a si généreusement offerte.

M. Jeanmaire, délégué de M. le Ministre de l'Instruction publique, se déclare heureux de reconnaître les progrès qui résulteront des travaux de ce XXe Congrès national des Sociétés françaises de géographie. Ces résultats seront aussi des progrès pour l'Université, car, dit M. Jeanmaire, nous ne montrons pas seulement dans nos écoles de grands savants ou de grands penseurs, mais aussi de grands explorateurs, et je regrette qu'il n'y ait pas ici un plus grand nombre de nos élèves pour admirer celui qui préside notre Congrès. M. Jeanmaire donne ensuite lecture de la liste des récompenses accordées par M. le Ministre de l'Instruction publique à l'occasion du XXe Congrès.

Sont nommés officiers d'académie : MM. Cornetz, Ingénieur civil, explorateur ; Doutté, Professeur à la Médersa de Tlemcen ; Mirante, interprète du Gouvernement général ; Perrier, Archiviste départemental ; Rolland, Directeur des Contributions à Alger ; Saurel, Répétiteur général au Lycée.

Des applaudissements nourris accueillent ces nominations.

M. de Brazza croit être l'interprète du Congrès en remerciant M. le Ministre de l'Instruction publique pour les décorations qu'il a bien voulu accorder. Il espère que les travaux du Congrès qui vient tenir ses assises à l'ouverture du XXe siècle, formeront comme une ère nouvelle pour cette Afrique qui depuis 25 ans a fait des progrès considérables.

Il y a 20 ans, un explorateur restait deux ou trois ans à l'intérieur de l'Afrique, sans recevoir de nouvelles d'Europe et *vice versa*. Aujour-d'hui, si on reste deux mois sans avoir de nouvelles d'un voyageur, on le croit perdu. Ces faits sont probants. M. de Brazza termine en exprimant l'espoir que ce Congrès ouvre une ère de civilisation pour le continent naguère mystérieux.

La séance est levée à 4 h. 1/2.

A l'issue du Congrès des excursions avaient été organisées. La principale conduisit les membres du Congrès qui y prirent part en Kabylie. M. René Garnier M. S. G. A., qui la conduisait, en a retracé les incidents dans les termes suivants :

Cinq jours en Kabylie et aux gorges du Chabet-el-Akra

NOTES DE VOYAGE

PREMIÈRE JOURNÉE. — LUNDI 3 AVRIL 1899

Sept heures du matin ! La salle des bagages de la gare d'Alger est encombrée par une foule grouillante d'Indigènes et d'Européens. C'est le lundi de Pâques, le jour de la traditionnelle « mouna » !

Les Algérois ont l'habitude, à cette date de l'année, de se rendre, en très grand nombre, aux environs de la ville, principalement sur les plages, et de déjeuner en famille. Le dessert de ce repas, pris en plein air, est formé par un gâteau, appelé « mouna », d'où le nom donné, par dérivation, à la fête elle-même.

La « mouna » est cause d'un encombrement énorme aux départs des trains P.-L.-M. et de l'Est Algérien. J'ai toutes les peines du monde, au milieu de cette fourmilière humaine, à reconnaître les membres du XXe Congrès de Géographie dont j'ai consenti, à la demande du Bureau de la Société de Géographie d'Alger, à diriger l'excursion en Kabylie. Je parviens enfin à les faire tous passer sur le quai de la gare. Il faut nous installer dans un wagon : le Directeur de la Compagnie de l'Est Algérien devait nous en réserver un ; mais, le Chef de Gare d'Alger, fort peu courtois, contrairement à son habitude heureusement, nous oblige à nous entasser dans d'étroits compartiments : les filets pour les bagages sont trop petits et nous devons conserver des paquets sous nos pieds et sur nos genoux. Nous sommes très mal à l'aise. Mais, chacun prend heureusement son mal en patience. La cloche du départ a tinté. Nous voilà partis !

A l'Agha, ceux de nos compagnons de route qui nous attendent à la gare, nous rejoignent dans les wagons et nous continuons à nous empiler un peu plus. Je maudis du fond du cœur la Compagnie de l'Est Algérien qui, dans cette circonstance, s'est montrée bien peu aimable.

Nous sommes maintenant au complet et nous pouvons nous compter. Voici la liste des trente et un excursionnistes :

Mme et Mlles la baronne de Montfort (de Paris) ;
Mme Body (de Paris) ;
Mme et M. le capitaine de Reinach-Foussemagne, en garnison à Alger ;
M. Oscar Godin (de Lille) et son jeune fils, M. Georges Godin ;
Mme et M. Maistre, l'explorateur connu ;
Mme et M. Port, professeur au collège de Saint-Nazaire
Mme et M. Duthil, avocat à Bordeaux ;
M. le Lieutenant-Colonel Gaërtner (de Bourges) ;
M. le Commandant de Mailler (de Nancy) ;
M. le Comte Charles de Bourbon (Paris) ;
M. Guerre (de Montpellier) ;
M. Pierre Collesson (de Nancy) ;
MM. Decramer, Fache, Hoffmann et Théodore (de Lille) ;
M. Latham (du Havre) ;

M. Rampal, avocat à Marseille ;
M. Lemire (de Belley) ;
MM. Simondant, Cousin et Chapuis (d'Alger) ;
M. le Capitaine de Reinach-Foussemagne a bien voulu accepter les fonctions de directeur-adjoint de l'excursion et, grâce à lui, ma mission, souvent fort difficile, pendant ce voyage, a été facilitée dans une large mesure. M. Oscar Godin (de Lille), qui était le trésorier de la caravane, m'a également secondé dans la tâche dont je m'étais chargé. Je suis heureux de les remercier ici du concours dévoué qu'ils m'ont prêté.

Il fait dans les wagons, où nous sommes empilés, une chaleur fort désagréable : ces compartiments de l'Est Algérien sont mal aérés ; on y étouffe et jamais je ne me suis autant aperçu qu'aujourd'hui du manque de confortable de ces voitures. Le voyage sera heureusement d'assez courte durée ! Les congressistes admirent la fertilité de la région que nous traversons. Les vignobles, qui s'étendent, à perte de vue, sous leurs yeux, excitent leur enthousiasme pour l'œuvre accomplie, dans ce pays, depuis moins de soixante-dix ans. Tous semblent déjà conquis par ce qu'ils ont vu, depuis leur arrivée dans la Colonie. Alger la Charmeuse s'est emparée de leurs cœurs : ils emportent tous de la capitale algérienne un excellent souvenir et, sans être prophète, je crois que beaucoup d'entre eux ont été séduits par la cité sirène et qu'ils nous reviendront.

A Ménerville, nous profitons du quart d'heure d'arrêt qui nous est octroyé pour nous dégourdir un peu les jambes : elles étaient ankylosées : depuis trois heures, nous n'avions pas pu les bouger, de par la volonté de M. le Chef de gare d'Alger !

A 11 heures 22, le train arrive à Tizi-Ouzou. M. le Sous-Préfet, en voyage, a chargé un de ses administrateurs de se mettre à notre disposition. Je le remercie de cette attention délicate, mais le séjour très court que nous allons faire dans cette ville ne nécessite pas l'intervention de l'autorité en notre faveur.

Des tramways nous attendent à la sortie de la gare. Nous y montons rapidement et arrivons, à midi moins quelques minutes, à l'hôtel Lagarde.

Les estomacs crient famine. Le déjeuner est servi : à table ! M. le Lieutenant-Colonel Gaërtner préside : il a arboré une magnifique chéchia, ce qui lui vaut le surnom de « Gaërtner-Pacha », qui lui resta jusqu'à la fin du voyage. Je fais, au début du repas, une présentation de chacun des membres de l'excursion et, bien vite, comme cela se produit toujours en voyage, on fait connaissance. Au café, la glace est complètement rompue. Pendant qu'on nous apporte le rôti, une jolie petite Kabyle d'une douzaine d'années qui porte, attaché sur son dos, un marmot de quelques mois, montre son gentil minois à la fenêtre de la salle à manger. Elle obtient un énorme succès de curiosité : on la fait entrer, on l'examine, on la comble de gâteaux et de sous ; après quoi, M. Godin quitte sa place et va la photographier devant la porte de l'hôtel.

Les estomacs sont satisfaits ! Pendant les quelques instants qui nous séparent de l'heure fixée pour le départ, on va faire un tour dans la ville, bien banale et très vite visitée. La grand'rue parcourue, plus rien n'est digne d'attirer les regards des touristes. Aussi, ne perdons-nous pas notre temps ! Allons ! En route pour Fort-National ! Les voitures sont là ! Un petit breack et deux grandes diligences. Chacun s'y installe à sa guise. Tout le monde est casé : Filons ! La route de Tizi-Ouzou à Fort-National est fort pittoresque : à elle seule, elle vaut la peine de venir d'Alger pour monter jusqu'au Fort. Elle suit d'abord la vallée de l'*oued Aïssi* qu'on traverse sur un beau pont en fer. Au milieu du pont, on jouit d'une vue superbe sur les cîmes neigeuses du Djurdjura et sur les monts verdoyants de la Kabylie que nous allons gravir au cours de notre excursion. Puis, la montée commence bientôt. Un grand nombre d'entre nous mettent pied à terre et escaladent, « *pedibus cum jambis* », la côte assez raide qui mène, par des raccourcis, au café maure d'*Adeni*. Les voitures nous y attendent, lorsque nous arrivons. Nous rentrons dans les « gourbis » où est installé le café. L'établissement n'a qu'une très vague ressemblance avec le Tourtel ou le Grüber d'Alger : mais la tasse de « kaoua » qu'on nous sert a un arôme que ne possède généralement pas la boisson qu'on vous donne dans les grands établissements algérois. Le café kabyle a du succès, trop de succès, car je ne puis décider mes compagnons de route à remonter dans les voitures. Le temps presse ; il faut nous hâter, si nous voulons arriver à Fort-National avant la nuit. La route monte toujours et les chevaux vont au petit pas.

Arrivés à la hauteur du village d'*Adeni*, une nuée de jeunes Kabyles entourent les voitures et chantent en chœur une chanson patriotique que leur ont apprise les instituteurs français. Le refrain est : « Vive le drapeau de la France ! »

Quelques-uns de ces indigènes dont l'âge peut varier de huit à vingt ans, sont fort intelligents. Nous nous amusons à leur pousser des « colles » sur l'arithmétique, la géographie, l'orthographe. Ils répondent très correctement aux questions que nous leur posons. Ils récitent, en y mettant l'intonation, des fables de Lafontaine et de Florian, et c'est très drôle vraiment de voir ces petits sauvages, sales et déguenillés, dire, avec ce ton très spécial des enfants qui répètent a leçon apprise, *la Cigale et la Fourmi* ou *le Corbeau et le Renard*.

Les excursionnistes de la dernière voiture les incitent à venir pousser des vivats en l'honneur de ceux d'entre nous qui se trouvent dans le premier break, et nous sommes ainsi l'objet d'ovations aussi enthousiastes qu'inattendues. C'est moi qui ouvre la série de ces manifestations sympathiques et, lorsque j'entends mon nom acclamé par ces Kabyles, je reste stupéfais de cet accueil qui n'était pas prévu au programme. J'ai bientôt le regret d'apprendre que ce triomphe n'avait rien de spontané et avait été organisé, moyennant quelques pièces de cuivre, par M. Reinach. Mais les ovations deviennent trop bruyantes et ceux qui les font trop familiers ; ils grimpent dans nos voitures, nous prennent par le bras, nous tirent par nos vêtements. Il faut couper court à cette sympathie qui devient gênante et pourrait nous laisser des souvenirs cuisants et piquants. Nous signifions leur congé à nos jeunes acclamateurs qui ne s'en formalisent pas et nous quittent au cri de : « Vive la France ! »

Nous sommes maintenant au village de *Tamazirt*. Nous faisons deux cents mètres à pied pour aller visiter l'école professionnelle où l'on apprend la menuiserie à dix jeunes kabyles. Les élèves sont rétribués dès leur entrée à l'école : ils touchent successivement 0 fr. 40, 0 fr. 60 et 0 fr. 75 par jour, ce qui, pour un indigène de cette région, habitué à vivre avec fort peu de chose, représente un salaire très alléchant. A ces dix apprentis on fait faire des meubles, des brouettes et des objets divers qui sont ensuite vendus aux Kabyles du pays. Quand ils sortent de cette école, les indigènes trouvent à s'employer chez les menuisiers des villes où ils arrivent à être très bien rémunérés. C'est à la commune mixte de Fort-National que revient l'initiative de cette très intelligente institution. Il serait à désirer que son exemple fut suivi par les autres communes mixtes de la Kabylie.

Au bout du sentier que nous suivons encore pendant quelques instants se trouve l'école française-arabe de *Tamazirt* que nous visitons.

Mais le jour tombe ; il est temps de repartir. Reprenons nos places dans les voitures et, fouette cocher ! Le paysage qui s'étend devant nous est splendide. Le soleil va se coucher : les cimes, couvertes de neige, du Djurdjura ont des teintes rosées, puis violacées : elles se détachent sur le ciel qui est du plus beau rouge. On ne peut se lasser de contempler ce spectacle réellement imposant et tous, nous nous taisons, occupés que nous sommes à admirer ce grandiose panorama. Mais la nuit est venue et la température s'est subitement abaissée : nos pardessus sont fort utiles. Il est plus de sept heures quand nous faisons notre entrée à *Fort-National*. Nous montons rapidement, avec M. de Reinach, chez l'Administrateur qui nous reçoit immédiatement et nous fait connaître que son adjoint, M. Ballero, s'est occupé de nous loger et nous attend au village. Grâce à lui, nous allons pouvoir nous coucher tous à peu près convenablement. Aidé de M. le Capitaine de Reinach et de M. Godin, je distribue les billets de logement : chacun a son lit. Nous sommes répartis dans les trois auberges de la localité.

Après un brin de toilette, nous nous trouvons rassemblés, à sept heures et demie, à l'hôtel des Touristes. Nous avons tous la fringale et les plats retournent à la cuisine dans un état qui fait honneur au maître-queux de l'établissement.

Les recommandations faites pour le lendemain et le dessert terminé, à la demande des dames, on décide de faire un tour de valse. Justement, j'ai aperçu à l'Hôtel Bellevue, un ariston. Vite, on va nous le chercher. Nous l'installons et, quelques instants après, dans la salle à manger, transformée en salle de bal, nous valsons aux accords de « Loin du Bal » et de la « Valse de Faust », les deux seules danses que joue l'instrument.

Mais, à dix heures et demie, les gens sages interviennent. Il faut aller se coucher. On a décidé que, demain on irait voir se lever l'aurore du haut du rempart Sud et il importera d'être debout à six heures du matin. Nous sonnons l'extinction des feux et, chacun, rentré dans la chambre qui lui a été attribuée, s'endort du sommeil du juste.

MARDI 4 AVRIL

A cinq du matin, le patron de l'auberge vient tambouriner aux portes des chambres. Tout le monde debout! Les dames sont les premières prêtes. Voilà, certes, un vrai miracle! Mais Phébus a été plus matinal que nous et lorsqu'à six heures moins un quart, nous sommes réunis devant l'hôtel, il y a déjà longtemps que son disque de feu s'est montré au-dessus des montagnes. Nous prenons, à la hâte, notre café au lait et, sous la conduite de M. le Lieutenant Mingasson, du 1er Zouaves, l'officier le plus aimable qu'on puisse rêver, nous nous dirigeons vers le Rempart, situé près de la Porte d'Alger. De là, on a une vue superbe sur la Kabylie. Notre charmant cicérone nous fournit de très intéressantes explications sur le panorama qui s'offre à nos yeux. Il nous cite les noms des villages que nous apercevons accrochés aux flancs des montagnes. Il nous montre la route suivie, en 1857, lors de la conquête, par les armées françaises et celle parcourue, en 1871, lors de l'insurrection, par les colonnes des Généraux Lallemand et Cerès qui, après deux mois d'un siège héroïque, débloquèrent Fort-National, assiégé par les Kabyles. Nous visitons ensuite en détail les fortifications et les casernements. Nous descendons au « Cimetière de la Défense » où sont enterrés ceux qui tombèrent, du 16 avril au 16 juin 1871, en repoussant les attaques des assiégeants. Enfin, au Cercle Militaire, pendant que les uns examinent les objets recueillis dans les remparts du Fort, au milieu des squelettes qui y furent trouvés en grand nombre, il y a quelques années, d'autres s'amusent avec une petite guenon qui gambade dans la cour, en faisant mille grimaces fort amusantes.

Mais, il est huit heures et demie, le moment convenu pour se mettre en route. Les mulets qui doivent nous conduire chez les Beni-Henni sont là, réunis devant la porte de l'Hôtel des Touristes. Il y en a de toutes les grandeurs ; les harnachements sont loin d'être coquets. Chacun choisit sa monture. Tous les excursionnistes, sauf MM. Gaërtner et Prechez, qui se rendront directement à Michelet avec les voitures et surveilleront les bagages, ont tenu, malgré la perspective d'une journée très fatigante, à faire partie de la caravane. Chaque excursionniste s'arrange le mieux possible sur sa selle. On se fabrique des étriers avec de la cordelette. Enfin, chacun étant plus ou moins confortablement installé, le cortège se met en route. Mais, je me suis occupé de placer tout le monde et je reste seul... sans mulet. Comment faire? Un kabyle passe sur sa bête. Nous l'arrêtons! Il se rend à Tizi-Ouzou! « Tu vas aller à Michelet, lui ordonne le cavalier de la commune mixte, qui doit surveiller notre caravane! » Et sans maugréer, très philosophiquement, le kabyle descend, m'aide à prendre sa place, fait faire demi-tour à sa mule et jusqu'au soir, marchera, à mes côtés, en chantant les louanges d'Allah. Combien d'Européens auraient accepté avec autant de résignation un changement d'itinéraire aussi inopiné? C'était écrit! Mektoub! Et, au lieu de maugréer, mon kabyle chantait! Fit-il pas mieux que de se plaindre?

Notre cortège est réellement très original. Ces trente Européens, juchés sur ces grands mulets kabyles, abrités sous des ombrelles et escortés par ces muletiers déguenillés, qui suivent leurs bêtes en courant, tout cet ensemble est vraiment fort pittoresque. Au moment où nous sortons des remparts de Fort-National, les clairons et les tambours de Zouaves qui s'exercent sonnent aux champs et nous défilons aux sons de la musique militaire.

Nous nous engageons bientôt, à la file indienne, dans des sentiers très escarpés qui côtoient des précipices vertigineux. C'est prodigieux de voir avec quelle sûreté nos mulets passent dans ces chemins rocailleux, sans jamais glisser sur les cailloux roulants qui se trouvent sous leurs pieds.

Nous gravissons des montagnes, nous descendons dans des vallées, nous côtoyons des collines abruptes et pas un de nos mulets, auxquels nous nous abandonnons d'ailleurs entièrement, ne fait un faux pas.

Une des amazones, dont la mule a frôlé de trop près la monture d'un des excursionnistes, perd l'équilibre et tombe. Heureusement que nous sommes à ce moment sur un chemin plat. La chute n'a d'ailleurs aucune gravité : tout se réduit à une jupe déchirée. Avec des épingles, on répare tant bien que mal la blessure. Mais, pendant que nous assistons à cette opération, le cavalier de la commune mixte, Saïd, choisit ce moment pour faire caracoler sa bête : l'avant-garde de la caravane le suit à une allure assez rapide, de sorte que nous nous trouvons complètement séparés de la tête du cortège. Nous la retrouvons bientôt et, après une sévère admonestation adressée au trop fougueux Saïd, la caravane, de nouveau rassemblée, reprend sa marche normale dans les sentiers qui nous mènent, vers neuf heures et demie, au monument d'*Icheridène*.

Ce monument est extrêmement simple. C'est un énorme bloc de pierre blanche de forme triangulaire sur lequel une inscription est gravée qui indique que c'est là que reposent les soldats tués pendant l'insurrection de 1871. Mais l'emplacement choisi pour l'édification de cette énorme pierre tombale est merveilleux. De la plate-forme, située devant le monument, le panorama est admirable. On aperçoit, à perte de vue, accrochés aux flancs des montagnes ou juchés sur le haut des monts, tous ces villages kabyles, qui ressemblent à des troupeaux de chèvres disséminés sur ces collines. C'est un paysage unique qui a son caractère très spécial.

En route ! Nous voulons aller déjeuner chez les Beni-Henni, dans ce village que nous voyons, là-bas, devant nous : nous avons encore plusieurs montagnes à escalader pour y parvenir et nous sommes déjà tous affamés. Mais la descente est devenue extrêmement raide. La plupart d'entre nous mettent pied à terre et en profirent pour lier conversation avec les muletiers Plusieurs parlent assez correctement le français. Leur chef, Aouach, lui, est un lettré. Sous son burnous loqueteux, il cache un parfait gentleman. Il a visité, depuis dix ans, toutes les expositions européennes. Il a été à Paris, à Londres, à Amsterdam et même à Chicago. Il est très amusant et il nous fait bien rire en nous racontant ses impressions de voyage. Mais, dans le feu de son récit, il n'oublie pas les devoirs de la galanterie et quand il aperçoit une jolie fleur, dans la broussaille, il se précipite, la cueille, et court l'offrir, avec un geste tout à fait Régence, aux dames et aux jeunes filles de la caravane. Aussi est-il devenu bientôt la coqueluche du sexe faible ! Et, d'un bout à l'autre du cortège, on n'entend plus que des voix féminines appelant « Aouach » !

Nous sommes enfin au fond de la vallée de l'*oued Djemaà*. Il va falloir traverser à gué le torrent. Les mulets rentrent courageusement dans l'eau et nous transportent, sans incident, sur l'autre rive. Les villages des *Beni-Henni* sont perchés, là-haut, sur la montagne qui s'élève, en pente très rapide, devant nous. Allons du courage ! Grimpons ou plutôt faisons grimper nos montures ! Les courageuses bêtes ! Le sentier est abominable. Il fait une chaleur torride et pas un mulet ne renâcle. Cette partie de l'excursion est très pénible. On étouffe dans ce chemin encaissé ! Enfin nous atteignons le village d'*Aït-el-Hassen* où demeure le Président des *Beni-Henni*. Il nous invite à aller nous installer à l'ombre pour déjeuner avec les provisions apportées de *Fort-National*. Il est midi et demie et nous mourrons de faim et de soif. Vite, nous étalons les victuailles devant l'école, fermée en ce moment à cause des vacances de Pâques. Mais cette maudite hôtelière de *Fort-National* a oublié verres, assiettes et fourchettes. A la guerre comme à la guerre ! On déjeune tout de même de grand appétit et, à force de chercher dans le village, on finit par mobiliser tout ce qui peut servir de récipient pour boire.

Au dessert, le Président des *Beni-Henni*, Sidi Gana, vient nous saluer. M. Godin, notre trésorier, s'avance vers lui et prononce un « leader » discours dans lequel il vante à ce chef indigène les bienfaits de notre civilisation et où il l'assure des sentiments de profonde sympathie de la France à l'égard des Kabyles. Moi qui le connais et qui sais ce que pense ce Kabyle, très intelligent, que j'ai rencontré, à Alger, plusieurs fois au Théâtre et au Casino, je lis dans ses regards que le speach de M. Godin ne porte pas. Notre trésorier a terminé sa harangue. Gana, très correctement et en un français assez pur, lui répond que la France peut être assurée désormais de trouver dans ses coreligionnaires des serviteurs fidèles et dévoués. — Ne parlez pas de serviteurs, dit M. Godin, vous êtes des amis, des frères ! » Et chacun vide sa tasse de café à la santé du Président et à la franche et cordiale amitié des Kabyles et des Français !

La série des discours officiels étant enfin terminée, Sidi Gana nous conduit visiter son douar. Il introduit les dames dans plusieurs maisons où elles sont l'objet de la plus vive curiosité de la part des femmes kabyles qui les examinent sur toutes les coutures, en riant aux éclats. Nous entrons dans des gourbis où des indigènes sont occupés à fabriquer des bijoux. Plusieurs d'entre nous font des achats d'armes et d'objets kabyles.

Le Président nous mène chez lui. Il nous présente sa femme et ses enfants et nous autorise même à prendre leur photographie.

La visite se prolonge outre mesure. On ne veut plus partir. Mes compagnons de voyage sont disséminés aux quatre coins du village. Il est trois heures et il importe de ne pas tarder davantage.

Il nous faut redescendre par le sentier à pic que nos mulets ont escaladé tout à l'heure. Nous préférons faire la route à pied. Nous regrimpons ensuite sur nos bêtes ; nous traversons de nouveau l'*oued Djemaâ* que nous suivons pendant plusieurs kilomètres. Puis, nous gravissons des collines plantées d'oliviers et de figuiers et nous ne tardons pas à rejoindre la route nationale qui nous mène, vers cinq heures et demie, à l'hôpital des *Beni-Menguillet*, tenu par des Pères-Blancs et des Sœurs-Blanches. Dans cet établissement, créé par Monseigneur Dusserre, Archevêque d'Alger, sont recueillis tous les malades de la contrée auxquels sont prodigués, gratuitement, par les religieux et les religieuses, des soins dévoués et éclairés.

Pendant que se continue la visite de l'hôpital, nous prenons les devants avec M. le Capitaine de Reinach et M. Godin, et, escortés de deux cavaliers de la commune mixte que l'Administrateur a envoyés à notre rencontre, nous arrivons à six heures et demie à Michelet.

M. d'Audibert, l'Administrateur, entouré des principaux fonctionnaires de l'endroit, nous attend à l'entrée du village. Avec une extrême amabilité, ces Messieurs nous offrent l'hospitalité et consentent à recevoir chez eux un certain nombre d'entre nous qui trouveraient difficilement à se loger dans l'unique hôtel de la localité. On n'est pas plus courtois et nous remercions nos charmants hôtes du fond du cœur.

A sept heures et demie, nous nous mettons à table à l'Hôtel Calanchini. Le dîner, auquel M. l'Administrateur, en grande tenue, a bien voulu assister, est très gai. On cause, on rit et l'entrain, certes, ne manque pas. Le vin blanc du pays, très capiteux, aidant, les langues finissent par se délier si bien qu'on ne s'entend plus. Personne ne paraît fatigué, et cependant nous venons de faire une rude étape. Au dessert, l'animation est à son comble. Les discussions deviennent même très passionnées. Coquin de vin blanc ! Et nombreux sont les orateurs qui portent des toasts à M. l'Administrateur, aux dames (toujours galant, M. le Lieutenant-Colonel Gaërtner !), aux Kabyles, etc., etc... Mais, il est tard ! Allons nous coucher ! Demain, il faudra que nous soyons réveillés à quatre heures et demie.

MERCREDI 5 AVRIL

A 5 heures 1/2, les voitures sont prêtes à partir. Le break et l'une des diligences se mettent en route, mais la seconde reste en panne ; les chevaux ne veulent pas démarrer. Le cocher a beau les fouetter, rien n'y fait. Il faut les dételer et les remplacer par d'autres. M. d'Audibert, son adjoint et quatre cavaliers de la commune mixte nous escortent jusqu'au col de *Tirourda*. Nous regagnons le temps perdu et rattrapons les autres voitures à la maison forestière. Là, ceux qui veulent faire l'ascention du *Tirourda* mettent pied à terre. Car, en marchant, nous gagnerons près d'une heure sur les voitures et nous aurons le temps de monter au point culminant et d'en redescendre avant que les diligences ne parviennent au sommet du col. Nous traversons les deux tunnels qui marquent l'entrée du col et nous allongeons le pas, précédés par le cavalier indigène que M. l'Administrateur nous a laissé pour nous guider.

Il s'est levé un vent très désagréable qui rend notre marche fort pénible. Sa violence est telle que nous avons de la peine à avancer. Nous sommes au milieu des nuages : nous n'apercevons plus le paysage, ce qui nous désespère. Sur les bords de la route, nous trouvons encore des amas de neige. Nous en ramassons et en faisons quelques boules. Le vent fait toujours rage ; la température s'est fortement abaissée. Le ciel se couvre de plus en plus. Nous arrivons en haut du col ; à cet endroit, la brise souffle avec une intensité inouïe. Nous pouvons à peine nous tenir debout. A notre grand regret, il nous faut renoncer à l'ascension du *Tirourda*. Les jeunes filles sont intrépides. Elles voudraient, malgré tout, tenter l'aventure. Mais ce ne serait pas prudent ; et nous continuons notre route. Nous reprenons nos places dans les voitures. Mais bientôt le chemin devient dangereux. Les tournants sont très raides et beaucoup préfèrent marcher, d'autant plus que l'air est très vif et qu'en faisant la route à pied, on pourra peut-être se réchauffer un peu. Nous dévalons d'une colline, presqu'absolument à pic, déployés en francs-tireurs. Personne ne tombe ; mais c'est un miracle, car nous descendons sur un terrain glissant et il est extraordinaire que personne ne roule jusqu'en bas, la tête la première. Il y a un Dieu pour les touristes !

La promenade a mis en goût plupart d'entre nous, qui refusent énergiquement de faire en voiture les quelques kilomètres qui nous séparent encore de la maison forestière d'*Aïn-Zebda* (la source du beurre) où nous devons déjeuner. Nous y arrivons vers 11 heures 1/2 et nous nous mettons immédiatement en mesure de dévorer le déjeuner froid que nous a préparé l'hôtelière de Michelet. Cette fois, il y a des verres, des assiettes et des fourchettes. Les victuailles ne font pas long feu et le vin blanc capiteux de la veille obtient encore un énorme succès. Aussi, vers la fin du déjeuner, si les estomacs sont satisfaits, les cerveaux sont quelque peu en ébullition. On forme des groupes sympathiques : on parle haut. Certains ont le vin pacifique, d'autres l'ont belliqueux. Heureusement, l'heure du départ sonne sans qu'il y ait eu de mort d'homme à déplorer et bientôt l'air pur a dissipé les querelles et les malentendus. D'autant plus qu'un incident, qui n'était pas compris au programme nous oblige bientôt à nous solidariser étroitement pour surmonter un obstacle très sérieux qui se dresse devant nous. Nous nous trouvons, en effet, devant un pont détruit par les eaux. Impossible de faire passer nos voitures ! Comment nous tirer de là ? Il n'y a pas de temps à perdre. On descend le breack dans l'oued, on le remonte sur l'autre rive. Les bagages y sont entassés. Deux dames s'y installent tandis que courageusement, précédés d'un kabyle qui connaît les raccourcis, nous nous dirigeons à pied sur *Tazmalt* avec la ferme volonté d'arriver avant l'heure du train, qui passe à 4 heures 25. Il est 1 heure 1 2. Nous avons donc 3 heures pour parcourir les quinze kilomètres qui nous séparent de la station du chemin de fer. Les dames ont une énergie étonnante. Elles marchent en tête de la colonne, redonnent de l'énergie à ceux qui faiblissent, enhardissent les courages défaillants et obligent ceux qui demandent grâce à marcher quand même. Mais ce maudit chemin est interminable. Toujours pas de *Tazmalt* à l'horizon ! On interroge les Kabyles que l'on rencontre : « *Tazmalt* tout près ». répondent-ils invariablement. Et l'on franchit les collines et *Tazmalt* n'apparaît toujours pas ! Enfin, au haut du dernier mamelon, nous voyons, en bas, dans la plaine, la gare tant désirée, au milieu d'un carré d'eucalyptus. Encore un dernier effort ! Arriverons-nous ? N'arriverons-nous pas ?

Mais, lorsque nous parvenons sur la route nationale, M. Riquet, Secrétaire général de la Réunion d'Etudes algériennes et délégué du Congrès de Géographie, en ce moment à sa ferme de *Tazmalt*, qui a appris notre mésaventure, nous attend avec sa voiture et le break. Il est accueilli comme le Messie. Les dames les plus fatiguées grimpent dans les véhicules ; et, sans perdre de temps, nous gagnons la gare où nous arrivons juste pour l'heure du train. Nous sommes sauvés, mais fourbus. Rassurés maintenant, nous pensons seulement à médire de M. l'Administrateur de Michelet qui nous avait affirmé que nous pouvions arriver sans encombre à Tazmalt. Enfin ! tout est bien qui finit bien. Et dans les wagons, on plaisante sur cette marche forcée. A 7 heures nous sommes à *Bougie*.

M. Choisnet, le Sous-Préfet de Bougie, nous attend sur le quai de la gare. Il nous invite à monter dans sa voiture et nous conduit, M. de Reinach et moi, à l'Hôtel de France où nous procédons à la répartition des chambres. L'hôtel est très confortable ; les lits sont bons et vont nous permettre de goûter un sommeil réparateur. Mais la fatigue n'a pas enlevé l'appétit à mes commensaux et le menu de Galian est apprécié à sa juste valeur. Au milieu du repas une marche militaire retentit. C'est un bataillon de tirailleurs qui défile, nouba en tête, devant la porte de l'hôtel. Nos serviettes à la main, nous faisons une ovation à nos braves turcos qui paraissent très étonnés de cette patriotique manifestation. Le dîner se termine très joyeusement, mais moins bruyamment que la veille. On voit bien qu'il n'y a plus de vin blanc de Michelet ! Heureusement !

Personne ne se fait prier, ce soir, pour regagner son lit et, à 10 heures, tout le monde dort à poings fermés.

JEUDI, 6 AVRIL

A sept heures du matin, M. Choisnet, Sous-Préfet de Bougie, nous attend pour nous faire lui-même les honneurs de sa jolie cité. Avec une courtoisie, une affabilité dont tous les membres de l'excursion conserveront certainement un inoubliable souvenir, il nous sert de cicerone et nous fournit, sur ce qu'il nous montre, de précieuses et spirituelles indications. Il nous conduit d'abord au haut de la ville et nous fait admirer, de là, le superbe panorama de la rade de Bougie qui rapelle un peu celle d'Alger.

Nous visitons ensuite les fortifs romains, la Casbah, la ville arabe ;

dans une des cours de l'hôpital, nous admirons une magnifique mosaïque, découverte en cet endroit.

Puis, nous redescendons jusqu'à l'église de style roman, assez curieuse extérieurement, mais très pauvre et bien nue intérieurement. Enfin, nous terminons notre promenade par les quais où tous les appareils photographiques se braquent avec ensemble sur la fameuse porte sarrasine (*Bab el Bahar*).

Nous exprimons à M. le Sous-Préfet notre gratitude pour son accueil si cordial et nous montons dans les breacks et les calèches qui vont nous conduire aux gorges du *Chabet-el-Akra*.

La délicieuse promenade que celle que nous allons faire maintenant ! Les environs de Bougie sont charmants et ce chemin en corniche, qui mène de la ville au *Cap Aokas*, est une des plus jolies excursions que l'on puisse rêver. Nous sommes favorisés heureusement par un temps splendide. Les gros nuages qui menaçaient, hier au soir, ont fait place à un ciel azuré. L'air est d'une très grande pureté. Il fait une température printanière. On sent la bonne odeur des herbes marines qui monte des rochers. La mer est très calme. On éprouve une impression de bien-être indéfinissable.

A 11 heures 1/2, après ces deux bonnes heures de promenade apéritive, nous nous mettons à table sous la tonnelle du restaurant du *Cap Aokas*. Nous faisons largement honneur au déjeuner et, vers 2 heures 1/2 de l'après-midi, nous reprenons notre route vers le *Chabet-el-Akra*.

Avant d'arriver aux gorges, on parcourt un chemin des plus pittoresques : on suit la vallée de l'*oued Agrioum*, le torrent qui traverse le *Chabet* ; le paysage est riant et rappelle les sites des Alpes françaises. Mais, nous voilà à l'entrée du « Défilé de l'Agonie », traduction des mots : « *Chabet-el-Akra* ». Quel spectacle admirable ! C'est merveilleux, et l'on se sent très fortement impressionné par la majesté du décor. Entre ces deux gigantesques murailles à pic, dont l'aspect change constamment sur une longueur de plus de sept kilomètres, on éprouve le besoin de s'abstraire, d'admirer sans parler. Réellement de tous les grandioses paysages de la Suisse, bien peu atteignent à ce degré de sauvage beauté, d'imposante majesté. Les cochers font claquer leurs fouets et, de tous les coins de la montagne, s'envolent des bandes de pigeons sauvages. Nous faisons la route à pied ; les voitures vont constamment au pas. Au milieu du défilé, on traverse le torrent, qui mugit dans le fond de l'abîme, sur un magnifique pont en fer qui paraît bien insignifiant, bien petit, au milieu de ces montagnes cyclopéennes.

La traversée des gorges, qui dure plus d'une heure et demie, se fait sans fatigue. Le paysage est tellement empoignant, tellement captivant qu'on marche sans s'en apercevoir, et nous parvenons à la sortie du défilé, vers six heures, enthousiasmés par ce que nous venons de voir. Là-bas, nous apercevons les maisons du village de Kerrata où nous arrivons à 6 heures 1/2.

Comme demain matin notre caravane doit se scinder en deux groupes, les uns se dirigent sur Constantine, les autres revenant à Alger, les premiers sont logés à l'Hôtel du Kerrata, tandis que les seconds couchent à l'Hôtel du Châlet. A 7 heures, nous nous trouvons réunis, pour la dernière fois, tous les trente et un, autour de la même table et ce dernier dîner s'effectue joyeusement bien que, dans l'air, on sente planer la tristesse des adieux. On était déjà bons amis et puis fini, ni, ni, il faut se séparer. Le repas terminé, l'heure du départ a sonné. On se dit : au revoir. Qui sait ? On se reverra peut-être un jour ! Et la jeunesse décide, pour se quitter sur une note gaie, de faire, avant que d'aller se coucher, quelques tours de valse. Il y a précisément, à l'hôtel, un piano ! on l'ouvre et bientôt les couples tourbillonnent. Mais, hélas, tout a une fin en ce monde. Cette fois, on échange la poignée de mains finale et, avec de sincères regrets de se quitter, on va se mettre au lit. Demain, il faudra être sur pieds à 3 heures 1/2 du matin !

MERCREDI, 7 AVRIL

Nous devions aller prendre le train, à Sétif, pour rentrer à Alger, mais le voiturier nous a fait remarquer, hier soir, que nous serions bien plus sûrs d'arriver à temps, en passant par Bougie ; nous retraverserons ainsi une seconde fois les gorges du *Chabet*. Nous avons accepté cette combinaison et aucun de nous ne le regrette. Par cette nuit étoilée, les gorges ressemblent à un décor fantastique de quelque opéra wagnérien. Là-haut, entre les deux murailles qui se découpent sur le ciel noir, la lune montre son croissant doré. Le spectacle est vraiment imposant.

Mais le jour s'est levé. Nous sommes sortis des gorges et nous parcourons de nouveau la route suivie la veille. A 7 heures 1/2, nous prenons une sérieuse collation au restaurant du cap Aokas, car nous ne pourrons déjeuner qu'à 1 heures 45, à Beni-Mansour.

A 10 heures 1/2, nous arrivons, en gare de Bougie, juste pour prendre le train.

Pour rompre la monotonie du voyage, nous faisons, dans notre wagon, d'interminables parties de trente et un, avec un jeu de cartes emporté de Bougie.

Nous descendons pour déjeuner au buffet de Beni-Mansour. A 4 heures, nous grimpons dans le train d'Alger et, jusqu'à la nuit tombante, nous recommençons à jouer. Nous sommes tellement occupés que nous oublions de dîner à Bouïra !

Dix heures ! Alger la Blanche montre, à l'horizon, la ligne de feux du boulevard de la République.

Voici terminé ce voyage, très pittoresque, fait, dans un pays superbe, avec de très aimables compagnons de route. Puissent-ils garder de leur excursion un agréable souvenir et dire de notre chère Algérie tout le bien que, j'en suis convaincu, ils pensent d'elle maintenant.

TABLE DES MATIÈRES

INTRODUCTION

	Pages
Liste des Membres du Congrès	1
Bureau de la Société d'Alger	9

TRAVAUX DU CONGRÈS

Journée du Dimanche 26 Mars 1899

Ouverture solennelle du Congrès	10
Discours de M. C. DE VARIGNY, Présiddent de la S..G. A	10
Discours de M. SAVORGNAN DE BRAZZA, Président du Congrès	13
Discours de M. LAFERRIÈRE, Gouverneur général de l'Algérie	16
Réception des Congressistes par la Chambre de Commerce	19

Journée du Lundi 27 Mars 1899

Séance du matin : Présidence de M. DE BRAZZA. — *Réunion du Comité du Congrès et rapports des délégués des Sociétés sur les travaux de l'année.*	20
Rapport de MM. BONNARD (S. G. C. P., S. T.)	21
— F. GAILLARD DE LA DIONNERIE (S. G. P.)	22
— E. PORT (S. G. C. St-N.)	22
— GASTU (A. F.)	24
— Ch. NOUFFLARD (V. C. F.)	25
— Ch. NOUFFLARD (C. M.)	27
— Le Lieutenant-Colonel PÉRISSÉ (S. T. F.)	29
— Le Capitaine LACROIX (S. G. A.)	30
— Ch. BÉNARD (S. G. G. B. et S. O.)	31
— CORCELLE (S. G. A.)	33
— Le Lieutenant-Colonel GÆRTNER (S. G. C.)	34
— E. FOURNIER (S. A. B.)	35
— Le Lieutenant AZAN (S. B. G. et H.)	37
— PRESCHEZ (S. G. C. H.)	38
— A. BERNARD (S. B. G.)	39
— J. LÉOTARD (S. G. M.)	40
— P. COLESSON (S. G. E.)	47
— Le Lieutenant-Colonel DERRIEN (S. G. A. O.)	48
— C. GUY (S. G. P.)	51
— Ch. GAUTHIOT (S. G. C. P.)	55
— G. FOREST (S. G. C. P., L. St-E.)	58

Séance de l'après-midi : Présidence d'honneur de M. REVEST, Consul général d'Italie à Alger, présidence effective de M. le Lieutenant-Colonel GÆRTNER 59
Discours de M. REVEST 59
Progrès réalisés par l'heure décimale depuis un an, par M. de SARRAUTON . 60
Du rôle de l'armée en Algérie, par M. le Capitaine GODCHOT 67
Les Pêcheries françaises, à la côte de Terre-Neuve, par M. DELORME . . 77
La France et l'Islam, par M. le Commandant NAPOLÉON NEY 79
L'Étiologie du Lathyrisme médullaire spasmodique en Algérie, par M. le Docteur BLAISE 86
L'Industrie du crin végétal et de l'Alfa, par M. CHANTELOUBE 95
Séance du soir : Présidence de M. PONEL, délégué du Congo français . 96
La Femme, l'Anthropophagie, l'Esclavage au Continent noir, conférence par M. BRUNACHE 96

Journée du Mardi 28 Mars 1899

Séance du matin : Présidence d'honneur de M. BALDASANO, Consul général d'Espagne à Alger, présidence effective de M. le Lieutenant-Colonel Périssé 108
Discours de M. BALDASANO 108
La Naturalisation des immigrés coloniaux, par M. BUSSON 110
Discussion générale 115
Mort de M. Mizon, Gouverneur de Djibouti, par M. BASSET 118
Séance de l'après-midi : Présidence de M. BONNARD, délégué de la S. G. C. P. (section de Tunisie) 119
Les moutons en Algérie, par M. COUPUT 119
Géothermie et Refroidissements nocturnes en Algérie, par M. RIVIÈRE. 128
La géographie de l'olivier dans l'Afrique du Nord, par M. COUPUT . . 155
Le climat d'Alger au point de vue de la cure à air libre de la tuberculose, par M. le Docteur PASCAL 167
Les Instituts Cantonaux considérés au point de vue de la diffusion des Sciences géographiques, par M. DUJARDIN 171
Choix d'un premier méridien universel, par M. JACOTIN 177
Excursion à la Ferme de la BRIDJA 178

Journée du Mercredi 29 Mars 1899

Séance du matin : Présidence de M. GASTU, ancien député, Président du Comité régional d'Alger et de la Société l'Alliance française . . . 180
La fusion des races européennes en Algérie par les mariages croisés, par M. de SOLIERS 180
Les causes et les effets du développement du port d'Alger, par M. SIMIAN. 184
La répartition géographique de la criminalité en Algérie, par M. SABATIER. 190
L'origine et les destinées des races de l'Afrique du Nord, par M. le Baron de VIALAR 194

	Pages
Séance de l'après-midi : Présidence de M. JEANMAIRE, Recteur de l'académie d'Alger	206
Visite du plan relief de l'Algérie et visite aux Écoles supérieures.	206
Les premiers habitants des Hauts-Plateaux et du Sahara algérien d'après les monuments rupestres, par M. FLAMAND.	207
Visite au Jardin d'Essai et à la Grotte de CERVANTÈS.	218
Séance du soir : Présidence de M. le Contre-Amiral SERVAN, commandant la marine en Algérie : La mission GENTIL, conférence par M. de ROVIRA.	219

Journée du Jeudi 30 Mars 1899

Séance du matin : Présidence d'honneur de M. WOLFROM, Consul de France à Tunis ; présidence effective de M. de VARIGNY.	230
Observations sur l'étude de M. de SOLIERS, par MM. SABATIER et le Capitaine GODCHOT.	231
Commission d'initiative pour le rapprochement de la France avec l'Islam vœu présenté par M. le Commandant N. NEY.	233
Construction d'une mosquée à Paris, vœu présenté par M. BÉNARD.	234
Communications postales et télégraphiques entre la France et les Colonies françaises de l'Afrique, par M. BASCOU.	235
Création de ports francs en France, à Dunkerque, le Havre, Saint-Nazaire Bordeaux, Marseille et Alger, par M. BÉNARD.	245
La main-d'œuvre indigène aux colonies et spécialement en Algérie, par M. CAZENAVE.	249
Généralisation à la main-d'œuvre européenne, vœu présenté par M. TARDRES.	254
Etude clinique des maladies des pays chauds, par M. le Docteur BLAISE	257
Séance du soir : Présidence de M. Etienne PORT, délégué de la S. G. C. de Saint-Nazaire.	259
Acclimatation des races européennes en Algérie, par M. DEMONTÈS.	259
Récentes contributions à la Géographie du Maroc, par M. DOUTTÉ.	276
Les chaînes calcaires du littoral algérien, par M. FICHEUR.	278
Les grandes dépressions du Sud de l'Oranie, par M. FLAMAND.	279
Le M'zab d'après les géographes et les voyageurs, par M. le médecin-major HUGUET	281
L'Horosphère, par M. BATAIL.	291
La colonisation par voie ferrée, par M. LEBOURGEOIS.	292
Adoption d'un chiffre uniforme pour représenter la valeur de l'aplatissement terrestre, par M. GAUDOT	298

Journée du Vendredi 31 Mars 1899

Séance du matin : Présidence d'honneur de M. A. BASSET, Chef adjoint de Cabinet du Ministre, délégué adjoint du Ministère des Colonies : Présidence effective de M. GUY, agrégé de l'Université.	300
Les chemins de fer africains et transafricains, par M. BROUSSAIS.	301

	Pages
Séance du soir : Présidence d'honneur de M. Houdas, délégué de l'École des langues orientales vivantes ; présidence effective de M. Bénard, délégué de la S. G. C. P.	322
Le tracé oriental du transsaharien, par M. Bonnard	322
Observations sur ce tracé, par M. Cornetz	323
Le transsaharien et le cours du Niger, par M. le Contre-Amiral Servan	325
Observations sur ces tracés, par M. Flamand	327
Divers tracés de transsahariens, par M. Bouty	329
Délibération de la Chambre de Commerce d'Oran au sujet du transsaharien, par M. Ruff	358
Observations sur le transsaharien, par M. le médecin-major Huguet	361
Observations de la Chambre de Commerce d'Alger sur le transsaharien, par M. Simian	362
Vœu au sujet d'un transsaharien, présenté par M. Sabatier	364
Projet de construction du transsaharien, par M. Vivarez	366

Journée du Samedi 1er Avril 1899

	Pages
Séance du matin : Présidence d'honneur de M. Lugeon, délégué de la S. G. de Genève ; présidence effective de M. Guy, délégué de S. G. P.	371
La question du transsaharien, par M. Bernard	372
Vœu au sujet d'un transsaharien, présenté par M. Bonnard	383
La pénétration africaine par les voies ferrées, par M. Laurens	384
Réponse aux objections contre le transsaharien, par M. Broussais	397
Discussion générale.	406
Séance du soir : Présidence de M. de Brazza, Commissaire général honoraire du Congo français	408
Lecture des vœux.	408
Excursion en Kabylie et aux Gorges du Chabet-el-Akra.	412

www.ingramcontent.com/pod-product-compliance
Lightning Source LLC
Chambersburg PA
CBHW070542230426
43665CB00014B/1780